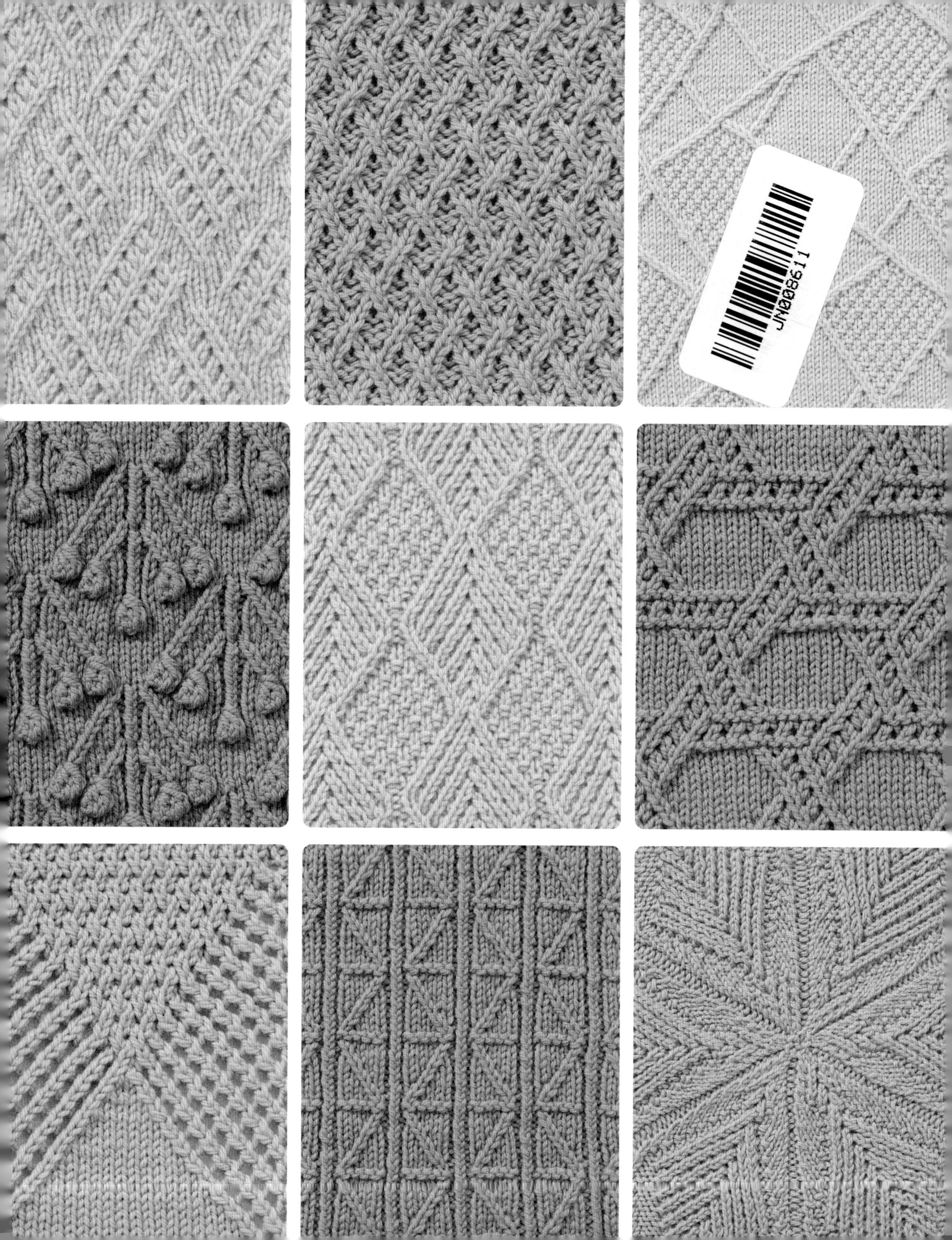

First published in the English language in 2021
By Abrams, an imprint of ABRAMS, New York
ORIGINAL ENGLISH TITLE :
NORAH GAUGHAN'S TWISTED STITCH SOURCEBOOK

Japanese translation rights arranged with
Harry N. Abrams, Inc.
through Japan UNI Agency, Inc., Tokyo.

This Japanese edition was produced and published in Japan in 2022
by SHOGAKUKAN Inc.
2-3-1 Hitotsubashi, Chiyodaku,
Tokyo 101-8001, Japan
Japanese translation

Japanese edition creative staff
Translation : Tomoko Nishimura
Editor : Yoshiko Kasai
(Shogakukan Codex Inc.)
ISBN 978-4-09-307012-6 C2076
Printed in Japan

ノラ・ゴーンの

ツイストステッチソースブック

Norah Gaughan's Twisted Stitch Sourcebook

翻訳 西村知子
Translation by Tomoko Nishimura

小学館

Contents

もくじ

はじめに 6

PART I
模様を編む

CHAPTER 1
ツイストステッチの基本 10

CHAPTER 2
斜めに続く模様 18

1 Diamond
2 Diamond Filled
3 Double Diamond
4 Double Diamond Filled
5 Diamonds Allover
6 Stack
7 Pyramids Overlap
8 Pyramid Columns
9 Pyramid Half Drop
10 Zirconia
11 Pyramid Split
12 Triangle Half Drop
13 Triangle Shift
14 Slash
15 Plaid Vast
16 Plaid Medium
17 Bricks
18 Bricks Alternate
19 Brick Lines
20 Woven
21 Woven Alternate
22 Woven Lines
23 Woven Filled
24 Triplet Weave
25 Triplet Weave Garter
26 Triplet Weave Filled
27 Triplet Weave Filled Carved
28 Wonky Weave
29 Wonky Weave Carved
30 Pine Cone Shadow
31 Pine Cone Outline
32 Zigzag Panel

CHAPTER 3
小さな模様 51

33 Diagonal Columns
34 Braids
35 Mini Os
36 Mock Cables
37 Hilary
38 Houndstooth
39 Rhinestones
40 Rune
41 Chevron
42 Interrupted
43 Sprouts
44 Perpendicular
45 Carp
46 Carp Rib
47 Lizard
48 Lattice
49 Carved Lattice
50 Crossed
51 Plaid Small Garter
52 Plaid Small

CHAPTER 4
水平に続く模様 71

53 Tri
54 Random Tris
55 Multiple Tris
56 Flowers Allover
57 Single Flowers
58 Nested Vortex
59 X & O Lattice
60 Rattan
61 Rattan Filled
62 Stars Abound
63 Diamond Star
64 Smocking
65 Smocking Half Step
66 Smocking Grow
67 Smocking Fancy
68 Twirl
69 Twirl Allover
70 Arrows
71 Blanket Star
72 Big Star

CHAPTER 5
垂直に続く模様 95

73 Starburst
74 Spruce
75 Spire
76 Deco Dragon Left
77 Seahook
78 Deco Dragon Right
79 Pleated
80 Quiver
81 Pine Cone Column
82 Mossy Pine Cone
83 Pine Cone Carved
84 Tafoni
85 Blackwork
86 Wheat
87 Droplets
88 Carpet Allover

89 Carpet Column
90 Barbed
91 Cherries
92 Carved Cherries

CHAPTER 6
あらゆる方向へ 120

93 Always
94 Pi
95 Damask
96 Hugs & Kisses
97 Swedish Star
98 Swedish Star Allover
99 Chain Mesh
100 Small Mesh
101 Mesh Columns

CHAPTER 7
透かしを加えて 130

102 Eyelet Zigzag
103 Open Pyramids
104 Alberta
105 Jagged
106 Open Lattice
107 Collision
108 Boxes
109 Tents

CHAPTER 8
限界を超えて 139

110 Finger Trap
111 Kilim
112 Sashiko
113 Sashiko Compact

114 Folded
115 Sketch
116 Fountain
117 Watch

CHAPTER 9
万華鏡のように 151

118 Water Lily
119 Whirlwind
120 Balsam
121 Wheel Folds
122 Droid
123 Prism Plaid
124 Spiderweb
125 Snowflake
126 Lotus

PART II
ウエアや小物を編む

インフィニティカウル 172
ディープヨークプルオーバー 176
アイランドプルオーバー 182
グランドパップス 188
ロマンティックプルオーバー 194
ミッシェルスリーブレス 198
クロップドカーディ 202
トッパー 208
ハット＆ミッツ 212
ベーシックプルオーバー 217
ショーティ 222
エクストリームヨーク
　プルオーバー 226
スケッチコート 232
スノーフレークスカーフ 238
ヘキサゴンプルオーバー 242

PART III
自分でデザインする

CHAPTER 10
始めましょう 250

インスピレーションの種 251
パーツライブラリー 252
プランニンググリッド 253
＋ 斜めのグリッド 254
＋ 斜め＋水平のグリッド 255
＋ 斜め＋垂直のグリッド 256
＋ 縦＋横＋斜めのグリッド 257
自分だけの特別なデザインに 258

CHAPTER 11
模様作りのレッスン 10 260

1 角の作り方 261
2 裏目で模様を際立てる 262
3 サイズを変えてみる 263
4 取り除いてみる 264
5 線の太さを変えてみる 265
6 模様を進化させる 265
7 リピートをテストする 266
8 バリエーションの作り方 267
9 もう1歩先へ 268
10 より簡単な方法を探る 269

スペシャルテクニック 270
謝辞 271

Introduction
はじめに

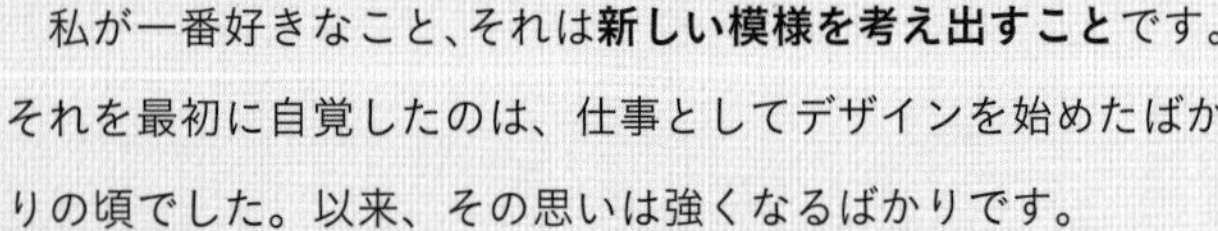

私が一番好きなこと、それは**新しい模様を考え出すこと**です。それを最初に自覚したのは、仕事としてデザインを始めたばかりの頃でした。以来、その思いは強くなるばかりです。

ひらめきの瞬間は、ある雑誌が主催する恒例デザインミーティングから帰宅したときに訪れました。編集者による刺激的なスライドショーで目にした素敵な質感の模様が記憶に残っていますが、何から手をつければよいかわからず何冊も模様集をあさり、Barbara Walkerの『Treasury of Knitting Patterns』シリーズでついに私が求めていた“ツール”を発見しました。

その“ツール”がツイストステッチ。私が記憶した模様、または見たものを変換して頭の中にしまい込んでいた模様を編むには、ツイストステッチが必要だったのです。

その本には何通りかのツイストステッチの編み方が掲載されていました。全部試してみたところ、私が一番気に入ったのは著者もお気に入りとして挙げていた方法で、以来何十年もその手法でライトツイスト（Right Twist／右へ移動する［左の目が上になる］交差編み）とレフトツイスト（Left Twist／左へ移動する［右の目が上になる］交差編み）を編んでいました。そしてつい最近、レフトツイストの手順をよりライトツイストの手順に近づけるべく調整しました（P.12参照）。

新たなテクニックを活用して、まずはツイストステッチを用いた模様をたくさん考案しました。その過程で、シンプルな編み目を少しアレンジするだけでもとても楽しめることがわかりました。表目、裏目、ライトツイスト、そしてレフトツイスト。これらをまったく新鮮なフォーメーションに組み替えました。数年後、私の興味はさらに広がり、ケーブル（なわ編み）も要素に加わるようになりました。早くからツイストステッチに没頭したことがケーブル模様作りに情熱を注ぐことにつながり、『Norah Gaughan's Knitted Cable Sourcebook』（日本語版タイトル『ノラ・ゴーンのケーブル編みソースブック』）の出版に結びついたのです。キャリアを通してツイストステッチを随所に取り入れてはきましたが、最近になってツイストステッチに対する思いを新たにしました。

ツイストステッチとは、いったい何でしょう？　編み物では状況によって意味が異なることがあります。針にかかったループの後ろ側に針を入れて表目または裏目を編むと、編み目がツイストしますが、それは「ねじり目」で本書がテーマとする「ツイストステッチ」とは違います。本書のツイストステッチとは、並んだ2目の位置を入れ替えることをさし、むしろ1目交差編みに近い技法です。ただし、**一度に編んだ2目を左針から外さず、1目だけをもう一度編む**という特別な方法で編みます。見た目は1目交差編みに似ていますが、ツイストステッチは1目めと2目めの位置を入れ替える交差編みよりも編み目が浮き上がり、目立ちます。

なぜ私は、こんなにもツイストステッチが好きなのでしょう？　交差模様も好きですが、編み目をなわ編み針に移したり、なわ編み針を使わずに編む方法に工夫を凝らしたりすることなく、精巧な模様編みができることに満足感を覚えるのです。シンプルな操作だけで大きな可能性が広がることに、とても興味をそそられます。

基本的なところでは、ツイストステッチを垂直に重ねるとミニケーブルになり、ずらしながら重ねると右または左に傾く斜線になります。これらのいずれか、または両方を表目や裏目と組み合わせることで無限の可能性が広がるのです。

本書は「模様を編む」、「ウエアや小物を編む」、「自分でデザインする」という3部構成になっています。PART Iの「模様を編む」には126の模様を収録。ベーシックな模様もありますが多くは新たに考案したものです。複数の模様をまとめている場合もあり、実際の数はもう少し多くなっています。

PART I冒頭のCHAPTER 2、CHAPTER 3には、斜線で構成

した模様をまとめました。

多くの場合、模様のパーツや背景を変えることでひとつの模様から次の模様へと展開しています。CHAPTER 4 〜 6 では横や縦に伸びるパーツを加え、組み合わせています。さらに透かしや裏面で編むツイストを加えてより複雑に。最後の CHAPTER 9 には、模様入りの三角形をくり返すことで、まるで万華鏡をのぞいたときに見えるような六角形の模様を集めました。

PART II は「ウエアや小物を編む」。セーター 12 点、スカーフを 2 点、そして帽子とミトンのセットという 15 作品を収録しています。セーターは XS 〜 6L まで 9 サイズで展開。じつは包括的なサイズ展開を実現することは、長年の課題でした。若い頃はやせているべきという社会的プレッシャーを感じていましたが、昨今はすてきな洋服がいまだかつてないほど幅広いサイズで展開されています。それをとてもうれしく思うと同時に、自分のデザインでも実現したかったのです。

またニッターのみなさんが自分で編んだ作品を身につけることで自分を表現できるのも、とても大切なこと。だから各作品のパターンの最後には、使用した模様を好みの模様に置き替える方法も記載しました。

模様の置き替えを補助する要素として、本書では「メリヤス編み比率」（Percentage of Stockinette Stitch または PSS）も記載しています。これは模様とメリヤス編みのスワッチを同じ糸、同じ号数の針で編んでゲージの差を測定し、模様の横幅が同じ目数のメリヤス編みの何％にあたるかを算出した数値。この数値を活用すると、模様の置き替えが簡単にできます。こうしたアレンジはオリジナルデザインへの第一歩。その先にどんな未来が待っているかわかりません。

PART III の「自分でデザインする」は、新しいツイストステッチ模様を創り出すためのガイドです。着想の題材探しや、新しいデザインは過去のものの上に成り立つということについて述べています。便利なツールとして新しい模様を展開するための各種のグリッド（方眼）も用意しています。

デザインの権利と利用について

本書中の模様は、ニットウエアのデザイナーに使用されることも想定しています。自由にご自身の作品に取り入れ、そしてアレンジしてください。発展とはそのようにして実現するものです。本書はそのために存在しています。しかしながら、本書中のチャートや写真、図表を営利目的で使用することは法律で禁じられています。デザイナーのみなさんはご自身でチャートを作成し、オリジナルのイラストや画像を使用してください。

拙著の『ケーブル編みソースブック』でもお伝えしていますが、すべてを網羅した完全な模様集などは存在し得ないと思っています。今回のツイストステッチのコレクションは出発点でしかなく、新しい発見をするためのたたき台です。心がときめくような冒険にようこそ。

PART I

STITCHES

模様を編む

このパートの CHAPTER 2 からの模様集が、本書のメインです。
まずは斜線だけのシンプルな模様から始まり、
水平、垂直方向のパーツを加えて複雑度が増し、
そこからすべてのパーツを組み合わせた模様へと展開します。
以降のチャプターでは透かし編みをツイストステッチと並べたり、
私にとって初の試みだった毎段のツイストステッチにも挑戦したり。
探求を続け、最後のチャプターでは、
ツイストステッチの模様を六角形にアレンジすることで、
私が長年憧れ続けている“万華鏡の魔法”を落とし込んだ模様が登場します。

CHAPTER 1

Essentials

ツイストステッチの基本

ツイストステッチは簡単に編めます。
単純な操作だけで、これだけ多くの模様ができるのは驚きです。
編み始める前に、糸選び、チャートの読み方、ツイストの編み方、
そしてスタンダードニッターとコンビネーションニッターの
違いなど、基本的なことがらを理解しておきましょう。

糸選び

ツイストステッチを編む糸として、私が最も気に入っているのはウールまたはウール混の糸で、とりわけなめらかで断面が丸いものが好みです。羊毛や動物由来の製品の使用をひかえている方には、ツイストステッチに適した性質をもった軽くて弾力性のあるコットンとアクリル、またはアクリルとナイロンなどの素敵な混紡糸がおすすめです。

繊維が何であれ、3プライ（3本撚り）、4プライ（4本撚り）などのマルチプライの糸は丸く弾力があるため、ツイストステッチで描くミニケーブルや斜線、そして模様を積み重ねた場合も編み目がきれいに浮き出ます。個人的にはツイストステッチを使うときは2プライ（2本撚り、双糸）の糸は避けるようにしています。それは立体感が十分出ないように感じるため。しかしシングルプライ（単糸）やロービング（甘撚り）の糸は絶好のチョイスです。色はソリッド（単色）が最適です。セミソリッド（ムラのある単色）も効果的ですが、濃淡のコントラストがありすぎるとツイストステッチの模様と喧嘩してしまいます。PART I のスワッチには、お気に入りのマルチプライの毛糸を使用しました。使用したのは以下の糸です。

+ CHAPTER 2：Valley Yarns の Wachusett ／美しくやわらかなウールとカシミヤの混紡糸。並太。

+ CHAPTER 3 と 9：Rowan の Alpaca Soft DK ／マルチプライのウールとアルパカの混紡糸で伝統的な撚糸 。

+ CHAPTER 4 と 5：Brooklyn Tweed の Arbor ／ 3 プライで弾力性のあるアメリカ産ターギーウール。合太〜並太。

+ CHAPTER 6：Kelbourne Woolens の Germantown ／ 1800 年代に作れられていたマルチプライ糸の復刻版。並太。

+ CHAPTER 7：Quince & Co. の Chickadee ／やわらかなアメリカ産ウールの 3 プライ糸。

+ CHAPTER 8：Brooklyn Tweed の Peerie ／アメリカ産メリノウールのフィンガリング（中細）4 プライ糸。

ウエアや小物用の糸では、さらに冒険的な糸も使っています。たとえば、Grandpops（P.188）に使用した Quince & Co. の Puffin。シングルプライの超極太糸で、ツイストステッチの編み目が大きく、くっきりと浮き出るため、幾何学的な花の模様が立体的に、しかもカーディガンの身頃中で伸び広がるような大きさに仕上がりました。Cropped Cardi（P.202）に使用した Jill Draper Makes Stuff の Valkill も単糸です。Valkill は比較的コントラストの強いセミソリッドの手染め糸で、同じ色相で明度の異なるものが豊富です。濃淡のコントラストを取り入れる初めての挑戦でしたが、編み目が鮮明になり効果的でした。

Hat & Mitts（P.212）で使用した Neighborhood Fiber Co. の Studio DK もセミソリッドですが、濃淡がひかえめなので編み目と喧嘩することはなく、むしろ引き立ててくれます。

プライ（撚り）についてひんぱんに述べていますが、すべての毛糸に撚りがかかっているとはかぎりません。

Rowan の Softyak DK はチューブ状のリボンヤーンで、Deep Yoke Pullover（P.177）で見られるように編み上がりがとてもきれい。ツイードや杢調の糸も避ける必要はありません。Berroco Ultra Wool を使用した Infinity Cowl（P.172）のように、杢調の色でおもしろみを加えながらも模様が損なわれることはありません。必要以上の質感を加えることはひかえますが、やわらかなツヤがあっても心配いりません。Blue Sky Fibers の Eco-Cashmere（P.198 の Michelle Sleeveless に使用）、mYak の Baby Yak（P.242 の Hexagon Pullover に使用）、Quince & Co. の Crane（P.195 の Romantic Pullover に使用）は、どれもやわらかなツヤを放ちます。洗ったあとはとくにツヤ感が強く感じられます。表面が軽く起毛していても模様の邪魔をすることはまったくありません。個人的に好む糸や避けるべき糸の性質についてアドバイスすることはできますが、まず惜しみなくスワッチを編んでみてください、というのが最大のアドバイスです。数種類の糸を、それぞれ号数を変えて編んでみましょう。ツイストステッチの場合、テンションはきつめにしたほうがゆるめよりもよいことがわかっています。

そしてブロッキングを怠らないこと。ツイストステッチで編むと、編み地がゆるく透けているように見えても、洗うと糸がふくらみ、求めていた表情に変身することがあります。ブロッキングによって仕上がりがよくなり、糸によってはゲージも変わることがあります。このためスワッチも作品と同じ方法でブロッキングをします。ニットの衣類はほぼ手洗いすると思いますが、洗濯機で洗うものもあります。個人的にはスチームでブロッキングするのが好きです。それも貯水タンクとスタンドつきのスチーマーを使って。ほとんどの糸は水通ししたあとのブロッキングと同様の効果が得られます。スーパーウォッシュなど防縮加工された糸は水に通すと伸びる性質があるため、特別な手入れが必要です。これに対し、素朴な繊維はふっくらとふくらむ性質があります。スチームはどちらにも対応します。

ツイストステッチを編む前に

ところで、みなさんはコンビネーションニッターですか？それともスタンダードニッターですか？

「コンビネーションニッターって何？」という方のために説明すると、コンビネーションニッターとはフランス式（編み糸を左手に持つ編み方）で編む人のうち、裏目をねじれた状態に編んでいる人をさします。このタイプの人は、裏目を編むときに編みやすさを優先して、本来は右針の上から下へとかける糸を下から上へとかけていて、結果的に編み目がねじれているのです。そのねじれは、次段で表目を編むときに一般的にはねじり目を編むときのように（編み目の右側から）右針を入れて編むことで解消しています。そのコンビネーションニッターが、ツイストステッチのレッスンをすると必ず１～２人はいます。対して、通常通りに裏目を編んでいるニッターがスタンダードニッターです。イギリス式（右手に編み糸を持つ編み方）のコンビネーションニッターには会ったことがありませんが、イギリス式の人のなかにもコンビネーションニッターはいるかもしれません。

さて、あなたはどちらのタイプでしょうか？

もしコンビネーションニッターなら、ライトツイスト（Right Twist、略して RT）とレフトツイスト（Left Twist、略して LT）の操作が違ってくるため、編み始める前に確認してみてください。

確認するには、往復編みでメリヤス編みを編んでみます。裏編みで１段編み、編み地を返したとき、編み目のかかり方はどうなっているでしょう？　編み目のループの左側が編み針の手前になっていたらコンビネーションニッター、右側が編み針の手前になっていたらスタンダードニッターです。

スタンダードニッターの RT と LT の編み方

●ライトツイスト（RT）を表面の段で編む

左針の２目を一度に（左上２目一度のように）表目に編むが、左針から目を外さず、１目めにだけもう一度表目を編み、左針から２目とも外す。

●レフトツイスト（LT）を表面の段で編む

左針の２目を１目ずつ、表目を編むように右針を入れて右針に移し、編み目の方向を変えて２目とも左針に戻す。２目めの後ろ側に右針を入れて（普段ねじり目を編むときのように右針を入れる）表目を編み、続けて２目に右から（普段ねじり目を編むときのように）右針を入れて２目一緒に表目を編み、左針から２目とも外す。

ツイストステッチは裏面で編むほうが高度なテクニックが求められるように思いがちですが、実際にはそれほど難しくありません。編み目が目視で確認しにくいだけなので、ぜひ挑戦してみてください。

●ライトツイスト（RT）を裏面の段で編む

編み地の手前で左針の２目めを裏目に編み、１目めと２目めを裏目の左上２目一度に編む。最後に２目とも左針から外す。

●レフトツイスト（LT）を裏面の段で編む

左針の２目を１目ずつ、表目を編むように右針を入れて右針に移し、編み目の方向を変えて２目とも左針に戻す。（編み地の後ろから）裏目のねじり目を編むように２目一緒に編むが左針から目を外さず、１目めだけもう一度後ろ側から裏目のねじり目のように編む。最後に２目とも左針から外す。

コンビネーションニッターの RT と LT の編み方

レッスンなどで教えるなかで、気づいたことがあります。それは、そもそもコンビネーションニッターは裏目を編み終えたとき針にかかった編み目の向きが違うのだから、次の段でツイストステッチを編むときに右針をどう入れるか、つまり表目を編むように入れるか、裏目を編むように入れるかを説明しても、混乱するだけで無意味なのかもしれないということです。たとえば、編み目のループの左側が編み針の手前にある場合、「表目を編むように」右針を入れて編み目の向きを変えると、ねじれた目がさらにねじれてしまいます。そこで、コンビネーションニッターが RT、LT を編む方法を考えました。異なる編み方が必要になるのは（編み目のねじれを解消する必要がある）表面で編む場合のみで、裏面で編む方法はスタンダードニッターと同じなので、前記を参照してください。

●コンビネーション RT を表面の段で編む

左針の 2 目を 1 目ずつ右針に移してループの右側が手前になるように向きを変え、2 目とも左針に戻す。その 2 目を一緒に表目（編み目の左側から右針を入れる一般的な表目の編み方で編む）に編むが、左針から目を外さず、1 目めにだけもう一度表目（こちらも一般的な表目）を編む。最後に 2 目とも左針から外す。

●コンビネーション LT を表面の段で編む。

編み地の向こう側で（普段表目を編むときのように）2 目めに右針を入れて表目を編み、続けて 1 目めと 2 目めに（こちらも普段表目を編むときのように）右針を入れて 2 目一緒に表目に編む。最後に 2 目とも左針から外す。

トラブルシューティング

問題や間違いの修正方法をお伝えする前に、まずお願いしておきたいのは、完璧さを追求しすぎないでくださいということです。本書中のスワッチはほとんど私が編んだものですが、よく見ると 2 種類の斜線は完全に同じではありません。LT でできる左上がりの斜線のほうが、RT でできる右上がりの斜線よりなめらかです。右上がりの斜線は個々の編み目に大小があり、左上がりの斜線とくらべて不ぞろいです。でも、私はこれをとくに気にせず、これで上出来だと思っています。このように自分の編み地を細かく精査しすぎると、必ずアラが見えてくるもの。個人的にはなぜそうなるのかを探りながら編むことに楽しみを見出しています。

ただ、簡単に修正できるポイントもいくつかあり、それについては気をつけるようにしています。斜線はなるべく編み地から同じくらい浮き上がるように見せたいですから。

ツイストステッチのレッスンなどでは、左上がりの斜線がほとんど浮き上がらず、右上がりの斜線ほど目立たない人がいます。もしご自分がそれに該当する場合は、左針の針先より内側で編み、新しい目を引き出すときにループを大きめにしてみてください。また次のように、編み目の向きを変えない方法で編んでみるのもいいかもしれません。ちなみにこれは、私が 20 年間何の問題もなく続けていたレフトツイストの編み方です。

#43 Chevron（上写真参照）のスワッチを編んだとき、レフトツイストが浮き上がらず困った結果、この方法で編んだほうがよいとわかったことがありました。写真を注意深く見ると、1 段おきに編み目がねじれています。

●スタンダードニッター向け LT（表面の段）［代替方法］

編み地の向こう側で 2 目めに右針を入れてねじり目を編み、1 目めと 2 目めに同時に右針を入れて 2 目を一度にねじり目に編む。最後に 2 目とも左針から外す。（2 目はねじり目のツイストステッチになる）

コンビネーションニッターの場合、同じようなことがライトツイストで起こりやすいと思います。この場合も解決策は同じで「編む前に編み目の方向を変える」という手順を省いて、次のように編む方法があります。

●**コンビネーションニッター向け RT（表面の段）［代替方法］**

左針の２目を一緒に表目（編み目の左側から右針を入れる一般的な表目の編み方で編む）に編み、編み目は左針から外さず、１目めにだけをもう一度表目（こちらも一般的な表目）を編む。最後に２目とも左針から外す。（2 目はねじり目のツイストステッチになる）

PSS について

本書を作るにあたり、ニッターのみなさんに本書中の模様を自由に置き替えて編む方法を伝えたいと思っていました。

ツイストステッチを使う模様がすべて同じゲージであれば簡単なのですが､実際のところ模様によって収縮率が異なります。

ツイストの密度が高い模様やゴム編みを多用する模様は収縮率が高くなります。このタイプの編み地は、同じ糸と同じ号数の針を使ってもメリヤス編みよりもきついゲージになります。そこで、糸の太さに関係なく、目数でメリヤス編みと模様編みを比較する方法を考えました。それが PSS（Percentage of Stockinette Stitch ／メリヤス編み比率）です。この数値は、次のようにして算出しました。

最初に、各チャプターのスワッチに使用した糸と号数の針でメリヤス編みのスワッチを編み､目数ゲージを確認｡次にスワッチの模様部分の幅を測り、寸法（A）と目数を記録しました。そしてスワッチと同じ目数のメリヤス編みの寸法（B）を目数ゲージを使って計算。A ÷ B の答えがスワッチの PSS です。

たとえば、Zirconia（#10）のスワッチの模様部分は、40 目＝ 17 cm（A)。同じ糸と号数の針を使ったメリヤス編みの目数ゲージは 22 目＝ 10cm、40 目＝ 18.2cm（B)。A ÷ B なので、17cm を 18.2cm で割ると、0.93。そこから、Zirconia の幅はメリヤス編みの約 90% に縮むことがわかります（PSS は 5% 単位の切り捨て計算をしています)。

PSS が同じ値の模様であれば、簡単に置き替えることができます。また、± 5%の範囲内であれば、そのまま置き替えても大きな不具合はないと思います。たとえば身頃全体に模様が入るウエアの場合、PSS が 5 違う模様に置き替えるとバスト寸法が 5%大きく、または小さくなりますが、この差は許容範囲なのではないでしょうか。

より厳密に、数値で変化を確認したいタイプの方のために、以下にバスト寸法が 112cm のセーターのツイストステッチ模様を置き替える場合の例を挙げてみましょう。

① PSS が 5 小さい模様に置き替えた場合

112cm × 95％＝ 106.4　バスト寸法は約 106.5cm になる

② PSS が 5 大きい模様に置き替えた場合

112cm × 105％＝ 117.6　バスト寸法は約 117.5cm になる

各作品に合わせた置き替えができるよう、ウエアと小物の編み方の最後に模様の置き替えに関する解説とヒントを加えましたので、参考にしてみてください。

間違いを修正する

ちょっとした間違いを直すために、部分的に 1 段下の目をほどいて修正することがあると思います。そしてツイストステッチ模様のような地模様を編む際にそれが必要になるのは、たいてい編み地に表目と裏目が混在しているためどちらかを編み忘れ、次の段でそのことに気がついたときだと思います。

今回、模様はなるべくツイストステッチとメリヤス編みで構成し、裏メリヤス編みが混在しないように心がけましたが、部分的に裏メリヤス編みが登場することもあります。こうした部分を編み間違えてしまったときのために、1 段下の目をほどいて修正する方法だけでなく、さらに数段分ほどいて修正する方法を習得しておく価値はあると思います。一度試してみてください。失うものは何もありません。失敗したとしてもほどくことには代わりはありませんので。

ただし、ツイストステッチの編み目を多数ほどいてメリヤス編みに編み直す、またその逆もおすすめできません。ツイストステッチはメリヤス編みより多くの糸を必要とします。そのためツイストステッチをほどいてメリヤス編みで編み直すと、編み目がゆるんで伸びてしまいます。逆にメリヤス編みをほどいてツイストステッチに編み直すと糸が足りず、ツイストステッチがきつくなります。これは経験から学んだことです。

チャートを使って編む

あなたがいわゆる「スプレッドシート脳」の持ち主であれば、理想的なパターンとは、1段ずつの編み方が逐一文章で書かれているものでしょう。1段編み終えるごとに印をつけ、手順がわかりにくいときには、1段ずつスプレッドシートに書き込んだり、手書きで書き出して整理するタイプなのではないでしょうか。

もし「チャート脳」の持ち主であれば、作品を視覚的に表現したチャート（編み図）を好むでしょう。編もうとしているケーブルの手順をひとつひとつ書き記した文章を読むより、そのケーブルに似た記号を見ながら編むほうが自分にとっては編みやすいと感じるでしょう。

個人的には1段1段、文章で手順を読むよりもチャートを使って編むほうが好きです。ツイストステッチやケーブル編みとなればなおのこと。チャートで編んでいると、仮に中断して席を外したとしても、文章で確認するよりも手元の編み地とチャートを見くらべるだけで、再開すべき場所がひと目でわかります。文章を読みながら編んでいる場合は、文中に印をつける方法があるものの、実際のところつねに印をつけることは難しく、編んでいる場所を特定するのに苦労することが多いようです。

その点、チャートは比較的編み間違いも発見しやすく、何段ほどく必要があるのか、もしくは今編んでいる目から何段下までほどいて修正すればよいかもわかりやすいです。手元の編み地とチャートを見くらべるだけでわかります。さらにツイストステッチのチャートでは、ツイストステッチの種類が連想できるように記号が作られているので、慣れると一目瞭然です。

どれだけ注意してもデザイナーも間違うことがあり、厳しい目によるテクニカル編集や校閲を終えたあとでさえも、出版物に誤りがまぎれ込むことがあります。しかし一度編み始めて編み地に誤りを発見しても、チャートを見ることで本来あるべき姿がわかり、修正方法も導き出せるようになります。

ツイストステッチの模様の中で行う増し目や減目も、文章を読んで編むよりもチャートで見るほうがわかりやすいです。文章では単に「パターン通りに編み続ける」と書いて、読み手の判断にゆだねることもありますが、チャートでは前後関係も見えるので視覚的に手がかりがつかめます。

チャートの読み方

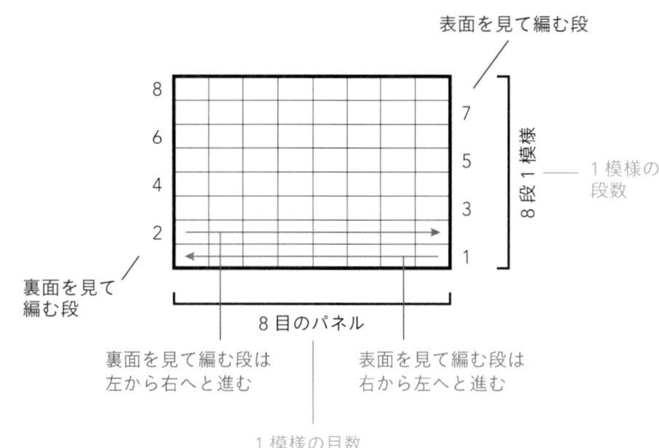

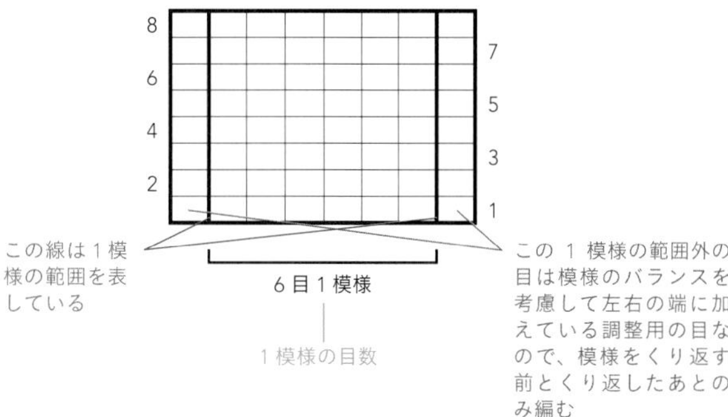

チャートの読み方の基本がわかれば、あとは自然と読めるようになります。一般的なガイドラインを以下にまとめてみます。

- チャートは編み地を表面から見た様子を表しています。記号もすべて表面から編み目を見た状態のものです。

• チャートの１マスは１目をさします。

• 表面を見て編む段はチャートの右から左へ、裏面を見て編む段はチャートの左から右に編み進めます。

• 段数表示は段を編み始める位置、つまり表面の段ではチャートの右端に、裏面の段では左端に記しています。

• 編み地の表面から見た状態ですべての要素をラベルに書き記していると思ってください。そのラベルを編み地にピンで留めているかのように。表面の段が編めたら、次は裏面を編むために編み地を返します。編み糸の位置は、編み地の左端から右端に変わります。このままいつものように右から左に向かって編み進めますが、編み地の裏側を編んでいるため、その段は表面から見たときの「左側」から「右側」に向かって編み進めます。チャートも「ラベル」を裏から見るように左から右に編み進めます。頭の中で整理できなくても､心配することはありません。しばらく編んでみて、あとになってからしっくりと理解できるようになることもあります。

• チャートの凡例で表面と裏面の段それぞれの編み方を記載している場合もあります。チャートの記号は編み地の表面での「見た目」を表しているため、裏面の段ではその逆になるよう編みます。つまり、表目は表面では白いマスで示されますが、裏面の段でこの白いマスを編む場合は裏目を編みます。裏面で裏目を編むと、表面ではその目が表目になるからです。この点については凡例で「表面で表目」、「裏面で裏目」と明記しています。

• 輪に編むときには、段の始まりはつねに右端になります。本書中のチャートはどれも輪に編むこともでき、凡例はそれを前提として記載しています。(手順が文章で書かれている場合は輪編みではなく往復編みを前提にして記述しています。輪に編むにはチャートを見て編むようにしてください)。裏面と表面の両面の手順が書かれた記号を輪に編む場合は、つねに表面の編み方で編みます。

＊チャートは（他者に配布するのではなく）個人利用のためであればコピーしてもかまいません。

＊チャートが見づらい場合には拡大コピーをするとよいでしょう。チャートが長い場合には２回に分けてコピーします。このときコピーからもれる段がないよう注意しましょう。幅の広いチャートの場合は半分に分けてコピーし、それぞれを貼り合わせて１枚のチャートにします。こうすると２枚を別々に見ながら編むのではなく、１段を端から端までひと続きに見ながら編み進めることができます。このときも貼り合わせた部分で編み目が欠けないよう注意しましょう。

＊マグネットボード、ハイライターテープ、マスキングテープ、大きめの付箋紙などで編んでいる段の上を押えておくと、すぐにその場所に目を移すことができ、チャートが見やすくなります。編んでいる場所の下を押えたほうが使いやすければそれでもかまいません。ただし、下を押えると編みながら前段を確認したいときに隠れてしまっているので、私は不便を感じます。また粘着性の強いテープ類を目印に使う場合は、チャートのコピーをクリアファイルに入れてそのファイルにテープを貼ると、チャートがダメージを受けずにすみます。

表面で表目、裏面で裏目

表面で裏目、裏面で表目

表面で表目のねじり目、裏面で裏目のねじり目

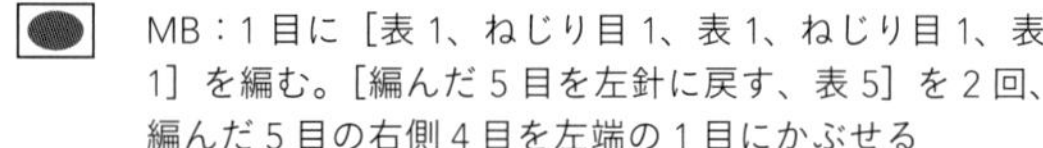

MB：1目に［表1、ねじり目1、表1、ねじり目1、表1］を編む。［編んだ5目を左針に戻す、表5］を2回、編んだ5目の右側4目を左端の1目にかぶせる

かけ目

表面で左上2目一度、裏面で裏目の左上2目一度

表面で右上2目一度、裏面で裏目の右上2目一度

表面で裏目の左上2目一度、裏面で左上2目一度

表面で裏目の左上3目一度、裏面で左上3目一度

RT：表面で編むライトツイスト

RT：裏面で編むライトツイスト

LT：表面で編むレフトツイスト

LT：裏面で編むレフトツイスト

※RT、LTの編み方はP.12〜13参照

記号

本書中の記号はひと目でツイストステッチ、隙間を埋める編み目、背景の地模様がわかるように設計しています。アメリカのニット業界で使用する標準的な編み目記号にもとづき、見やすさを考慮して記号を色づけしています。本書で使用しているのは、おもに左ページの 13 種類の記号です。

端と減目の編み方

個人的には、往復編みの場合には端に表目を少なくとも 1 目立てる（表面から見たときの表目を 1 目加える）ようにします。そうすることでとじ合わせる作業がきれいに、そして簡単になります。模様編みで減目をするときには端目を表目にしてその内側で行い、端でツイストが編めないときには余った目を表目に編みます。

輪に編むには

本書中のチャートは、輪に編むことを前提としている CHAPTER 9 以外は、往復編みを前提として書いています。ただ、CHAPTER 9 以外のチャートも、模様のくり返し部分の左右に調整用の編み目がなければ簡単に輪に編めます。

下の例をご覧ください。

左の模様は、くり返し部分の左右に編み目がないタイプです。このパターンの場合、そのまま模様をくり返して輪に編むことができます。

いっぽう、右の模様はくり返す模様の左右に編み目があるタイプ。このタイプの模様を輪に編む場合は、くり返し部分以外の編み目は省き、くり返し部分だけを編みます。この模様の場合、輪に編むには 12 目の倍数の目数で作り目をし、チャートの 2 目めから編み始め、12 目の模様をくり返します。くり返し部分の右側にある 1 目めは除外し、最後まで編みません。

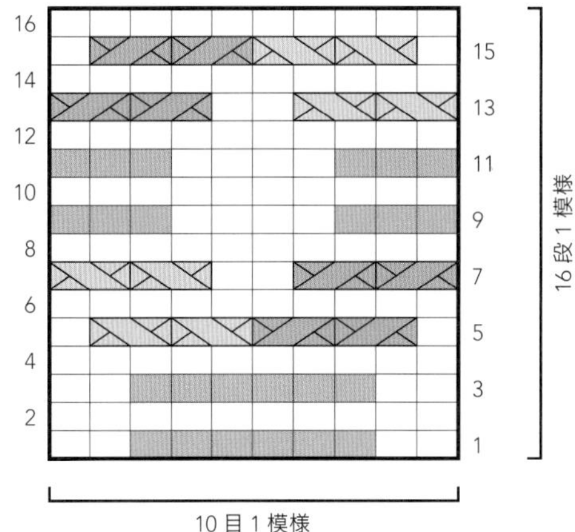

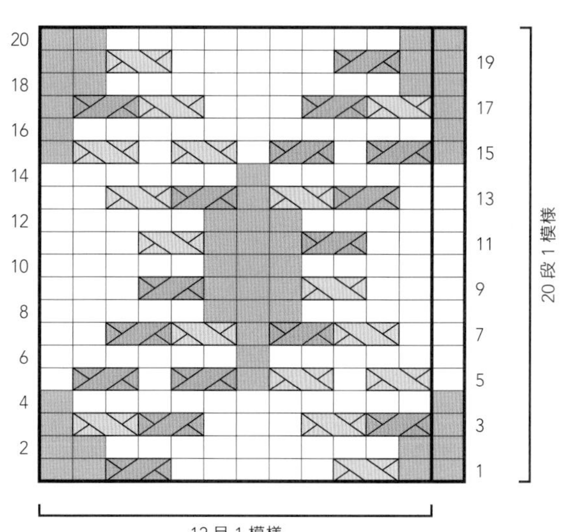

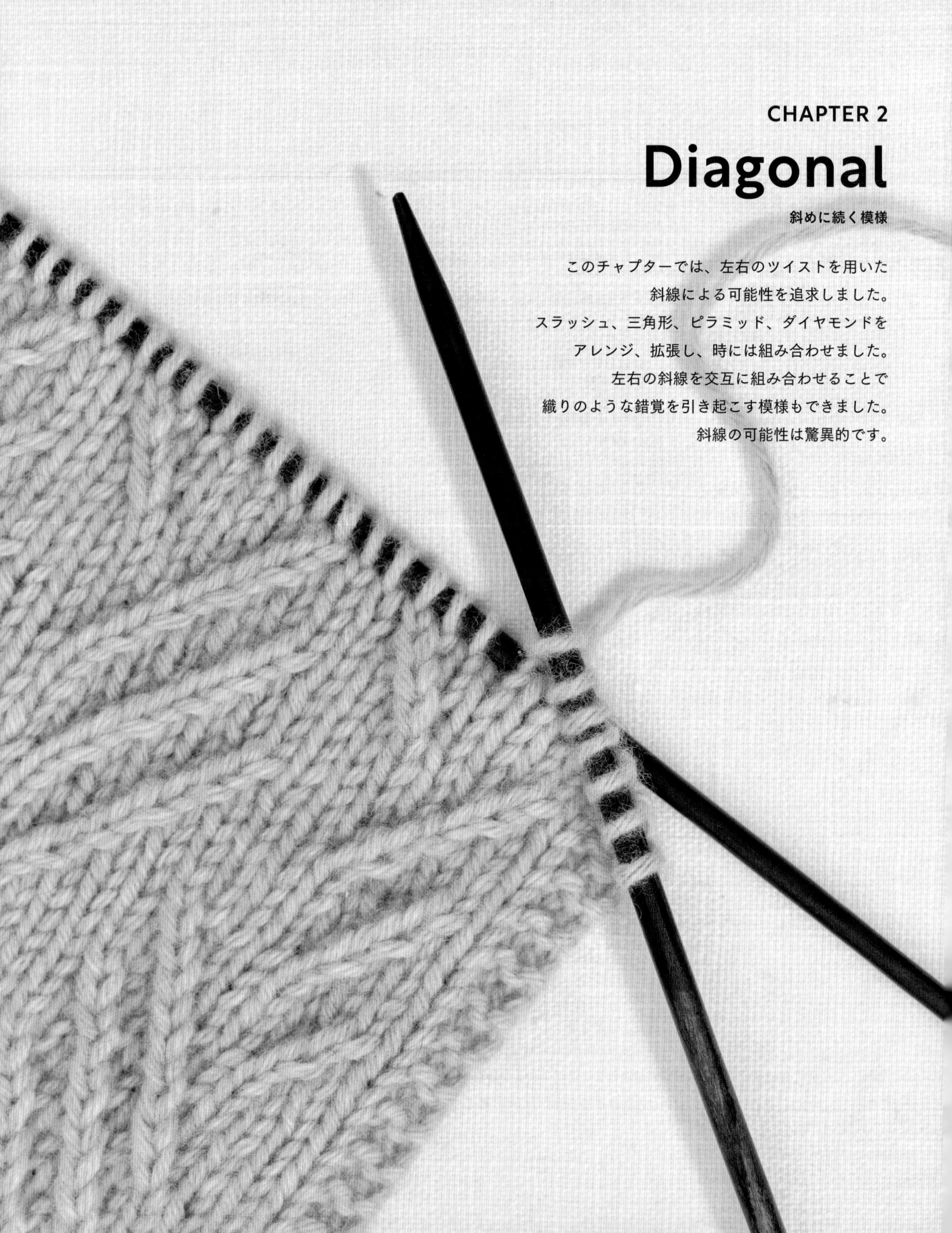

CHAPTER 2

Diagonal

斜めに続く模様

このチャプターでは、左右のツイストを用いた
斜線による可能性を追求しました。
スラッシュ、三角形、ピラミッド、ダイヤモンドを
アレンジ、拡張し、時には組み合わせました。
左右の斜線を交互に組み合わせることで
織りのような錯覚を引き起こす模様もできました。
斜線の可能性は驚異的です。

① Diamond

ダイヤモンド

このダイヤモンドは単独で戦略的に配置したり、またはランダムに散りばめたり、規則的にくり返したり、好みの方法でアレンジできます。配置のアイディアについてはCHAPTER 11、P.267 のレッスン 8 を参照してください。

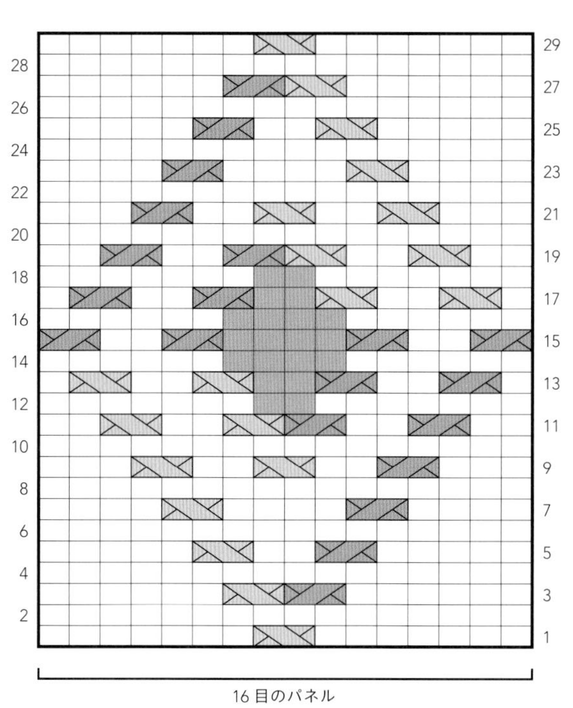

表面で表目、裏面で裏目

表面で裏目、裏面で表目

RT（表面）

LT（表面）

〈1 模様＝ 16 目× 29 段〉

PSS：90

1 段め（表面）：表 7、LT、表 7。

2・4・6・8・10 段め：裏編み。

3 段め：表 6、RT、LT、表 6。

5 段め：表 5、RT、表 2、LT、表 5。

7 段め：表 4、RT、表 4、LT、表 4。

9 段め：表 3、RT、[表 2、LT] を 2 回、表 3。

11 段め：[表 2、RT] を 2 回、[LT、表 2] を 2 回。

12 段め：裏 7、表 2、裏 7。

13 段め：表 1、RT、表 2、RT、裏 2、LT、表 2、LT、表 1。

14 段め：裏 6、表 4、裏 6。

15 段め：RT、表 2、RT、裏 4、RT、表 2、RT。

16 段め：14 段めと同様に編む。

17 段め：表 1、LT、表 2、LT、裏 2、RT、表 2、RT、表 1。

18 段め：12 段めと同様に編む。

19 段め：[表 2、LT] を 2 回、[RT、表 2] を 2 回。

20・22・24・26・28 段め：裏編み。

21 段め：表 3、[LT、表 2] を 2 回、RT、表 3。

23 段め：表 4、LT、表 4、RT、表 4。

25 段め：表 5、LT、表 2、RT、表 5。

27 段め：表 6、LT、RT、表 6。

29 段め：1 段めと同様に編む。

② Diamond Filled

ダイヤモンドフィルド

このモチーフはDiamond（#1）と同じ編み目の配置をベースに、斜線の間の２目をツイストステッチで埋めています。この模様では、追加したツイストステッチの方向がダイヤモンドの線と逆になっているため、４つの角にはミニダイヤモンドができます。

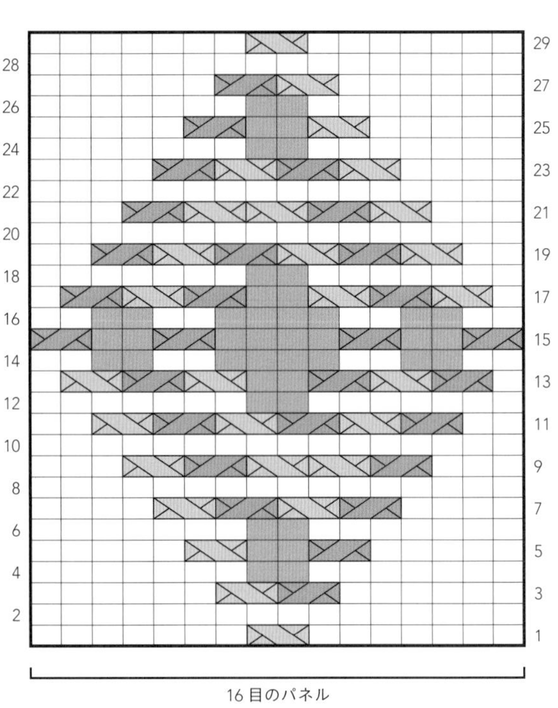

- 表面で表目、裏面で裏目
- 表面で裏目、裏面で表目
- RT（表面）
- LT（表面）

〈1 模様＝ 16 目× 29 段〉

PSS：80

1 段め（表面）：表 7、LT、表 7。

2 段め：裏編み。

3 段め：表 6、RT、LT、表 6。

4 段め：裏 7、表 2、裏 7。

5 段め：表 5、RT、裏 2、LT、表 5。

6 段め：4 段めと同様に編む。

7 段め：表 4、［RT、LT］を 2 回、表 4。

8 段め：裏編み。

9 段め：表 3、RT、LT を 2 回、RT、LT、表 3。

10 段め：裏編み。

11 段め：表 2、［RT、LT］を 3 回、表 2。

12 段め：4 段めと同様に編む。

13 段め：表 1、RT、LT、RT、裏 2、LT、RT、LT、表 1。

14 段め：裏 2、表 2、裏 2、表 4、裏 2、表 2、裏 2。

15 段め：RT、裏 2、RT、裏 4、RT、裏 2、RT。

16 段め：14 段めと同様に編む。

17 段め：表 1、LT、RT、LT、裏 2、RT、LT、RT、表 1。

18 段め：4 段めと同様に編む。

19 段め：表 2、［LT、RT］を 3 回、表 2。

20 段め：裏編み。

21 段め：表 3、LT、RT、LT を 2 回、RT、表 3。

22 段め：裏編み。

23 段め：表 4、［LT、RT］を 2 回、表 4。

24 段め：4 段めと同様に編む。

25 段め：表 5、LT、裏 2、RT、表 5。

26 段め：4 段めと同様に編む。

27 段め：表 6、LT、RT、表 6。

28 段め：裏編み。

29 段め：1 段めと同様に編む。

③ Double Diamond

ダブルダイヤモンド

ふたつのダイヤモンドを上下に積み重ね、ひとつめを編み終える前にふたつめを編み始めます。スワッチのチャート通りに編むほかに、真ん中のセクションをくり返し編んでダイヤモンドの数を増やしていくこともできます。

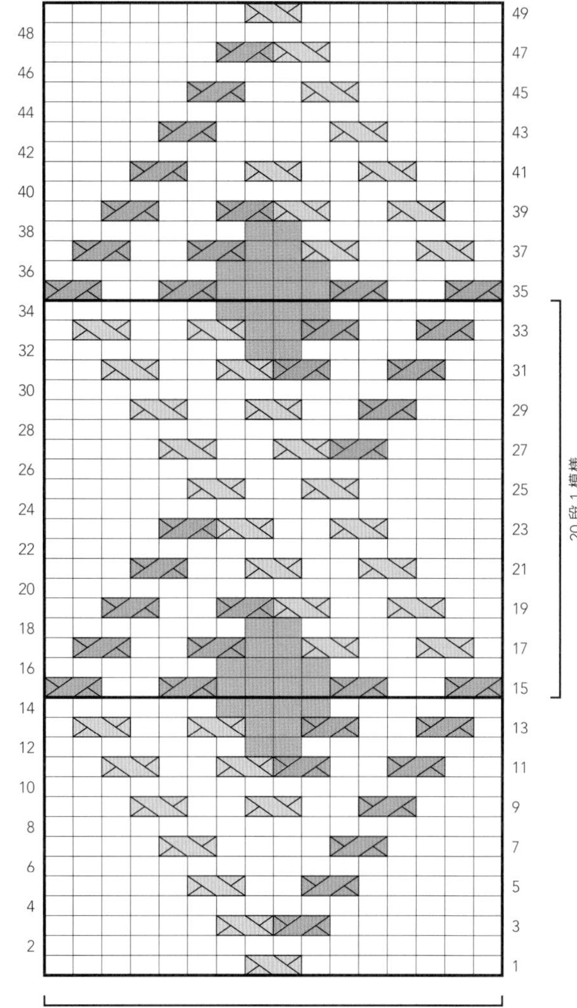

表面で表目、裏面で裏目

表面で裏目、裏面で表目

RT（表面）

LT（表面）

〈1模様＝16目×20段〉

PSS：90

1段め（表面）：表7、LT、表7。

2～10段めの偶数段（裏面）：裏編み。

3段め：表6、RT、LT、表6。

5段め：表5、RT、表2、LT、表5。

7段め：表4、RT、表4、LT、表4。

9段め：表3、RT、[表2、LT]を2回、表3。

11段め：[表2、RT]を2回、[LT、表2]を2回。

12段め：裏7、表2、裏7。

13段め：表1、RT、表2、RT、裏2、LT、表2、LT、表1。

14段め：裏6、表4、裏6。

15段め：RT、表2、RT、裏4、RT、表2、RT。

16段め：裏6、表4、裏6。

17段め：表1、LT、表2、LT、裏2、RT、表2、RT、表1。

18段め：裏7、表2、裏7。

19段め：[表2、LT]を2回、[RT、表2]を2回。

20～30段めの偶数段：裏編み。

21段め：表3、[LT、表2]を2回、RT、表3。

23段め：表4、LT、表2、LT、RT、表4。

25段め：表5、LT、表2、LT、表5。

27段め：表4、RT、LT、表2、LT、表4。

29段め：表3、RT、[表2、LT]を2回、表3。

31段め：[表2、RT]を2回、[LT、表2]を2回。

32段め：18段めと同様に編む。

33段め：表1、RT、表2、RT、裏2、LT、表2、LT、表1。

34段め：16段めと同様に編む。

必要に応じて15～34段めをくり返す。

35～42段め：15～22段めをくり返す。

43段め：表4、LT、表4、RT、表4。

44段め：裏編み。

45段め：表5、LT、表2、RT、表5。

46段め：裏編み。

47段め：表6、LT、RT、表6。

48段め：裏編み。

49段め：表7、LT、表7。

4 Double Diamond Filled

ダブルダイヤモンドフィルド

Double Diamond（#3）の2本の輪郭線の間をツイストステッチで埋めると、より華やかなモチーフに仕上がります。この模様は、1目の交差をさらに加える、編み目を入れ替える、透かし模様を加える、左右対称の形にする、異なるケーブルを組み合わせる、などのアレンジを加えたいろいろな模様のベースにもなっています。

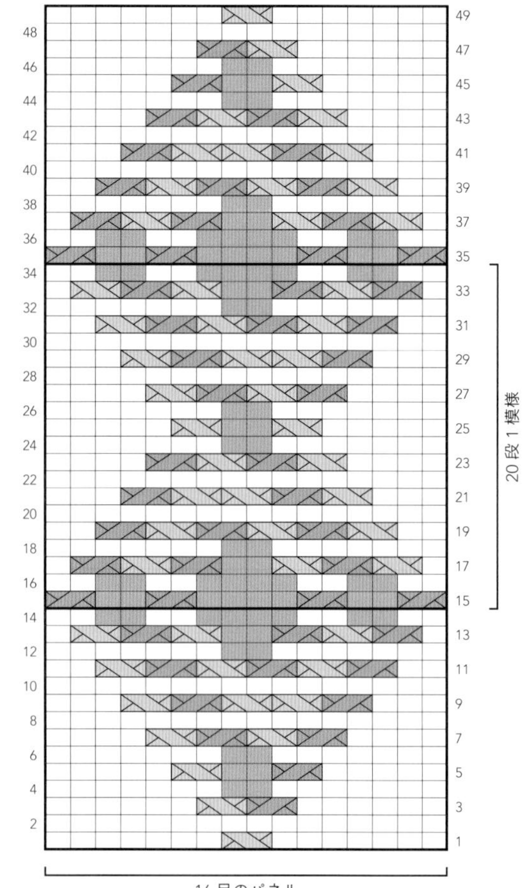

表面で表目、裏面で裏目

表面で裏目、裏面で表目

RT（表面）

LT（表面）

〈1模様＝16目×20段〉

PSS：80

1段め（表面）：表7、LT、表7。

2段め：裏編み。

3段め：表6、RT、LT、表6。

4段め：裏7、表2、裏7。

5段め：表5、RT、裏2、LT、表5。

6段め：4段めと同様に編む。

7段め：表4、[RT、LT]を2回、表4。

8段め：裏編み。

9段め：表3、RT、LTを2回、RT、LT、表3。

10段め：裏編み。

11段め：表2、[RT、LT]を3回、表2。

12段め：4段めと同様に編む。

13段め：表1、RT、LT、RT、裏2、LT、RT、LT、表1。

14段め：裏2、表2、裏2、表4、裏2、表2、裏2。

15段め：RT、裏2、RT、裏4、RT、裏2、RT。

16段め：14段めと同様に編む。

17段め：表1、LT、RT、LT、裏2、RT、LT、RT、表1。

18段め：裏7、表2、裏7。

19段め：表2、[LT、RT]を3回、表2。

20段め：裏編み。

21段め：表3、LT、RT、LTを2回、RT、表3。

22段め：裏編み。

23段め：表4、[LT、RT]を2回、表4。

24段め：18段めと同様に編む。

25段め：表5、LT、裏2、LT、表5。

26段め：18段めと同様に編む。

27段め：表4、[RT、LT]を2回、表4。

28段め：裏編み。

29段め：表3、RT、LTを2回、RT、LT、表3。

30段め：裏編み。

31段め：表2、[RT、LT]を3回、表2。

32段め：18段めと同様に編む。

33段め：表1、RT、LT、RT、裏2、LT、RT、LT、表1。

34段め：14段めと同様に編む。

必要に応じて15～34段めをくり返す。

35～44段め：15～24段めをくり返す。

45段め：表5、LT、裏2、RT、表5。

46段め：18段めと同様に編む。

47段め：表6、LT、RT、表6。

48段め：裏編み。

49段め：表7、LT、表7。

5 Diamonds Allover

ダイヤモンズオールオーバー

Double Diamond（#3）に縦横のリピートをつけて総柄にアレンジしました。ダイヤモンドの輪郭線の間を埋める部分と埋めない部分を作ることで、埋めていない部分のタイヤモンドが浮き上がって見えるようにしました。

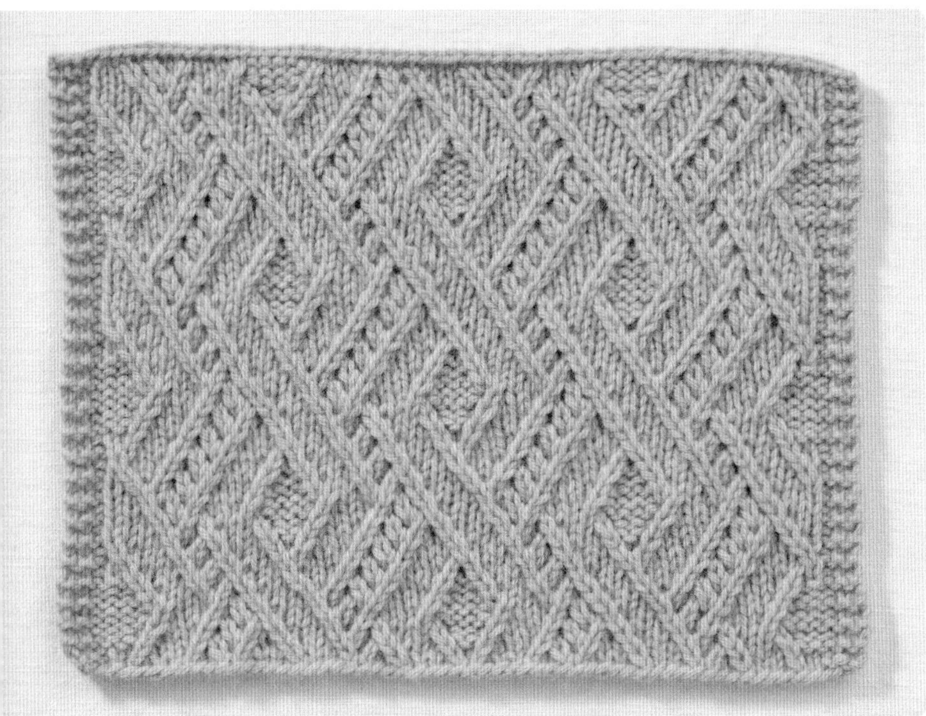

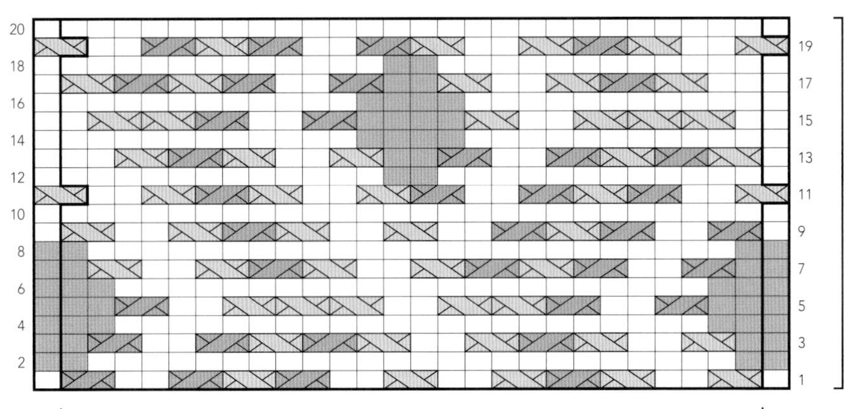

表面で表目、裏面で裏目

表面で裏目、裏面で表目

RT（表面）

LT（表面）

〈1模様＝（26の倍数＋2目）× 20段〉

PSS：85

1段め（表面）：表1、*LT、表2、LT、RT、LT、表2、LT、表2、RT、LT、RT、表2、RT；、*～；を残り1目までくり返す、表1。

2段め：表2、*裏24、表2；、*～；を最後までくり返す。

3段め：裏2、*LT、表2、LT、RT、LT、表2、[LT、RT]を2回、表2、RT、裏2；、*～；を最後までくり返す。

4段め：表3、裏22、*表4、裏22；、*～；を残り3目までくり返す、表3。

5段め：*裏3、RT、表2、RT、LTを2回、表2、LTを3回、表2、RT、裏1；、*～；を残り2目までくり返す、裏2。

6段め：4段めと同様に編む。

7段め：裏2、*RT、表2、[RT、LT]を2回、表2、LT、RT、LT、表2、LT、裏2；、*～；を最後までくり返す。

8段め：2段めと同様に編む。

9段め：表1、*RT、表2、RT、LT、RT、[表2、LT]を2回、RT、LT、表2、LT；、*～；を残り1目までくり返す、表1。

10段め：裏編み。

11段め：LT、*表2、RT、LT、RT、表2、RT、LT、表2、LT、RT、LT、表2、LT；、*～；を最後までくり返す。

12段め：裏13、表2、*裏24、表2；、*～；を残り13目までくり返す、裏13。

13段め：表1、*[LT、RT]を2回、表2、RT、裏2、LT、表2、LT、RT、LT、表2；、*～；を残り1目までくり返す、表1。

14段め：裏12、表4、*裏22、表4；、*～；を残り12目までくり返す、裏12。

15段め：表2、*LTを3回、表2、LT、裏4、RT、表2、RT、LTを2回、表2；、*～；を最後までくり返す。

16段め：14段めと同様に編む。

17段め：表1、*表2、LT、RT、LT、表2、LT、裏2、RT、表2、[RT、LT]を2回；、*～；を残り1目までくり返す、表1。

18段め：12段めと同様に編む。

19段め：LT、*表2、LT、RT、LT、表2、LT、RT、表2、RT、LT、RT、表2、LT；、*～；を最後までくり返す。

20段め：裏編み。

⑥ Stack
スタック

この縦長のモチーフは、ダイヤモンドを３つ積み重ねたように見えます。背景と中心部分に裏メリヤス編みを用いることで、細部の鮮明さを引き立てています。

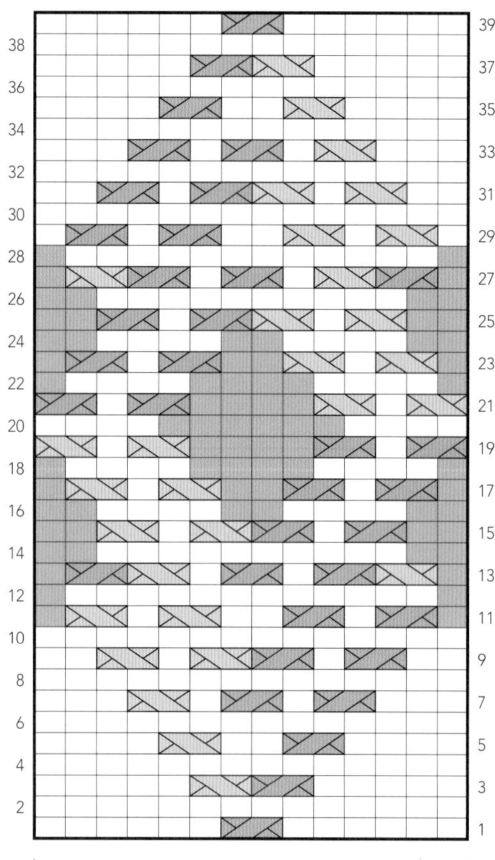

14 目のパネル

〈1 模様＝ 14 目× 39 段〉
PSS：95
1 段め（表面）：表 6、RT、表 6。
2 〜 10 段めの偶数段（裏面）：裏編み。
3 段め：表 5、RT、LT、表 5。
5 段め：表 4、RT、表 2、LT、表 4。
7 段め：表 3、[RT、表 1] を 2 回、LT、表 3。
9 段め：表 2、RT、表 1、RT、LT、表 1、LT、表 2。
11 段め：裏 1、RT、表 1、RT、表 2、LT、表 1、LT、裏 1。
12 段め：表 1、裏 12、表 1。
13 段め：裏 1、LT、[RT、表 1] を 2 回、LT、RT、裏 1。
14 段め：表 2、裏 10、表 2。
15 段め：裏 2、RT、表 1、RT、LT、表 1、LT、裏 2。
16 段め：[表 2、裏 4] を 2 回、表 2。
17 段め：裏 1、RT、表 1、RT、裏 2、LT、表 1、LT、裏 1。
18 段め：表 1、裏 4、表 4、裏 4、表 1。
19 段め：RT、表 1、RT、裏 4、LT、表 1、LT。
20 段め：裏 4、表 6、裏 4。
21 段め：LT、表 1、LT、裏 4、RT、表 1、RT。
22 段め：18 段めと同様に編む。
23 段め：裏 1、LT、表 1、LT、裏 2、RT、表 1、RT、裏 1。
24 段め：16 段めと同様に編む。
25 段め：裏 2、LT、表 1、LT、RT、表 1、RT、裏 2。
26 段め：14 段めと同様に編む。
27 段め：裏 1、RT、LT、[表 1、RT] を 2 回、LT、裏 1。
28 段め：12 段めと同様に編む。
29 段め：[表 1、LT] を 2 回、表 2、[RT、表 1] を 2 回。
30 〜 38 段めの偶数段：裏編み。
31 段め：表 2、LT、表 1、LT、RT、表 1、RT、表 2。
33 段め：表 3、LT、[表 1、RT] を 2 回、表 3。
35 段め：表 4、LT、表 2、RT、表 4。
37 段め：表 5、LT、RT、表 5。
39 段め：表 6、RT、表 6。

⑦ Pyramids Overlap

ピラミッドオーバーラップ

無限に増え続けるような斜線からなるピラミッド形をチェス盤の配置に並べました。CHAPTER 11、P.268 のレッスン 9 では、モチーフ同士を離しておくより近く寄せることにした経緯や思考過程について解説しています。

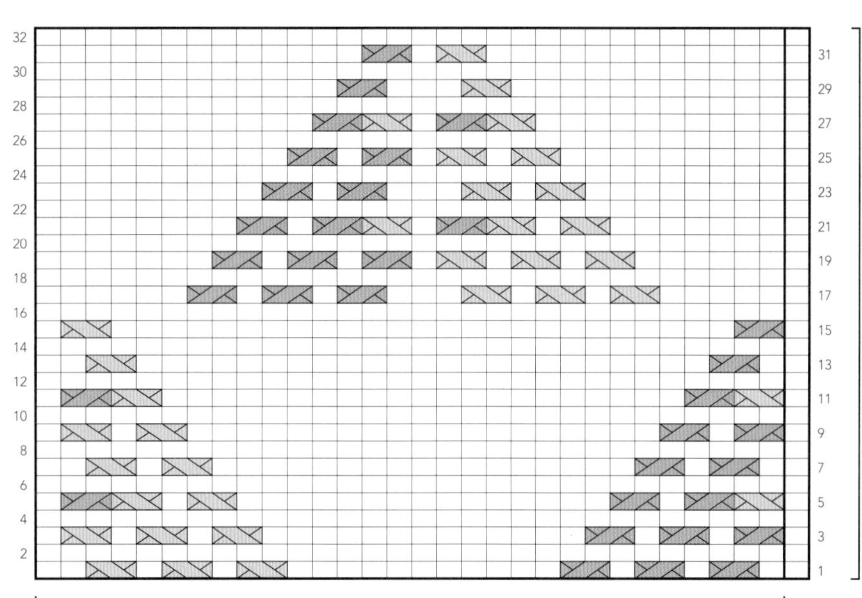

表面で表目、裏面で裏目

RT（表面）

LT（表面）

〈1 模様＝（30 の倍数＋１目）× 32 段〉

PSS：90

1 段め（表面）：表 1、*［表 1、RT］を 3 回、表 11、LT、［表 1、LT］を 2 回、表 2；、*～；を最後までくり返す。

2 段め以降の偶数段（裏面）：裏編み。

3 段め：表 1、*RT、［表 1、RT］を 2 回、表 13、［LT、表 1］を 3 回；、*～；を最後までくり返す。

5 段め：表 1、*LT、RT、表 1、RT、表 15、LT、表 1、LT、RT、表 1；、*～；を最後までくり返す。

7 段め：表 1、*［表 1、RT］を 2 回、表 17、LT、表 1、LT、表 2；、*～；を最後までくり返す。

9 段め：表 1、*RT、表 1、RT、表 19、［LT、表 1］を 2 回；、*～；を最後までくり返す。

11 段め：表 1、*LT、RT、表 21、LT、RT、表 1；、*～；を最後までくり返す。

13 段め：表 1、* 表 1、RT、表 23、LT、表 2；、*～；を最後までくり返す。

15 段め：表 1、*RT、表 25、LT、表 1；、*～；を最後までくり返す。

17 段め：表 1、* 表 5、LT、［表 1、LT］を 2 回、表 3、RT、［表 1、RT］を 2 回、表 6；、*～；を最後までくり返す。

19 段め：表 1、* 表 6、LT、［表 1、LT］を 2 回、［表 1、RT］を 3 回、表 7；、*～；を最後までくり返す。

21 段め：表 1、* 表 7、LT、表 1、LT、RT、表 1、LT、RT、表 1、RT、表 8；、*～；を最後までくり返す。

23 段め：表 1、* 表 8、LT、表 1、LT、表 3、RT、表 1、RT、表 9；、*～；を最後までくり返す。

25 段め：表 1、* 表 9、［LT、表 1］を 2 回、RT、表 1、RT、表 10；、*～；を最後までくり返す。

27 段め：表 1、* 表 10、LT、RT、表 1、LT、RT、表 11；、*～；を最後までくり返す。

29 段め：表 12、LT、表 3、RT、* 表 23、LT、表 3、RT；、*～；を残り 12 目までくり返す、表 12。

31 段め：表 13、LT、表 1、RT、* 表 25、LT、表 1、RT；、*～；を残り 13 目までくり返す、表 13。

Pyramid Columns

ピラミッドコラムズ

16段をくり返すことで、単独でも複数でも使えるコラム（縦方向の模様の連なり）ができます。チャートに記載しているようにピラミッドのコラムの間は1目で区切っており、そのわずかな空間のおかげで心地よい総柄ができています。

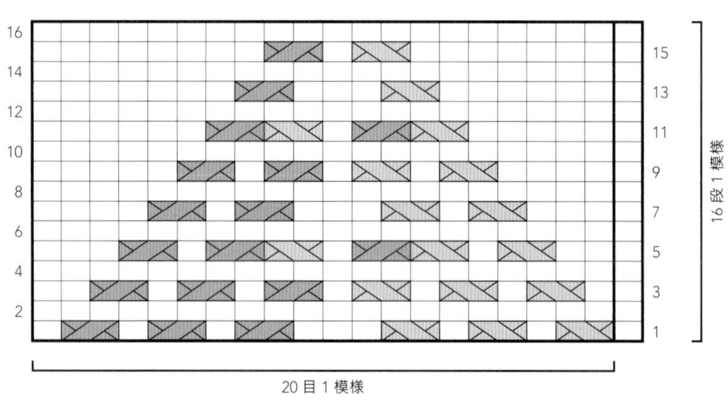

表面で表目、裏面で裏目

RT（表面）

LT（表面）

〈1模様＝（20の倍数＋1目）× 16段〉

PSS：90

1段め（表面）：表1、*LT、［表1、LT］を2回、表3、［RT、表1］を3回；、*〜；を最後までくり返す。

2段め以降の偶数段（裏面）：裏編み。

3段め：表2、LT、［表1、LT］を2回、［表1、RT］を3回、*表3、LT、［表1、LT］を2回、［表1、RT］を3回；、*〜；を残り2目までくり返す、表2。

5段め：表3、LT、表1、［LT、RT、表1］を2回、RT、*表5、LT、表1、［LT、RT、表1］を2回、RT；、*〜；を残り3目までくり返す、表3。

7段め：表4、LT、表1、LT、表3、RT、表1、RT、*表7、LT、表1、LT、表3、RT、表1、RT；、*〜；を残り4目までくり返す、表4。

9段め：表5、LT、表1、LT、［表1、RT］を2回、*表9、LT、表1、LT、［表1、RT］を2回；、*〜；を残り5目までくり返す、表5。

11段め：表6、LT、RT、表1、LT、RT、*表11、LT、RT、表1、LT、RT；、*〜；を残り6目までくり返す、表6。

13段め：表7、LT、表3、RT、*表13、LT、表3、RT；、*〜；を残り7目までくり返す、表7。

15段め：表8、LT、表1、RT、*表15、LT、表1、RT；、*〜；を残り8目までくり返す、表8。

⑨ Pyramid Half Drop

ピラミッドハーフドロップ

#8 の Pyramid Columns のコラムを半模様下にずらして横に並べた模様が Pyramid Half Drop です。コラムの間の間隔は 1 目のままですが、視覚的には互い違いに食い込み合っているように見えます。

〈1 模様＝(40 の倍数＋1 目) × 16 段〉

PSS：90

1 段め (表面)：表 1、* 表 4、LT、表 1、LT、[表 1、RT] を 2 回、表 5、LT、[表 1、LT] を 2 回、表 3、[RT、表 1] を 3 回；、* ～；を最後までくり返す。

2 段め以降の偶数段 (裏面)：裏編み。

3 段め：表 1、* 表 5、LT、RT、表 1、LT、RT、表 7、LT、[表 1、LT] を 2 回、[表 1、RT] を 3 回、表 2；、* ～；を最後までくり返す。

5 段め：表 1、* 表 6、LT、表 3、RT、表 9、LT、表 1、LT、RT、表 1、LT、RT、表 1、RT、表 3；、* ～；を最後までくり返す。

7 段め：表 1、* 表 7、LT、表 1、RT、表 11、LT、表 1、LT、表 3、RT、表 1、RT、表 4；、* ～；を最後までくり返す。

9 段め：表 1、*LT、[表 1、LT] を 2 回、表 3、RT、[表 1、RT] を 2 回、表 5、LT、表 1、LT、[表 1、RT] を 2 回、表 5；、* ～；を最後までくり返す。

11 段め：表 1、* 表 1、LT、[表 1、LT] を 2 回、[表 1、RT] を 3 回、表 7、LT、RT、表 1、LT、RT、表 6；、* ～；を最後までくり返す。

13 段め：表 1、* 表 2、LT、表 1、[LT、RT、表 1] を 2 回、RT、表 9、LT、表 3、RT、表 7；、* ～；を最後までくり返す。

15 段め：表 1、* 表 3、LT、表 1、LT、表 3、RT、表 1、RT、表 11、LT、表 1、RT、表 8；、* ～；を最後までくり返す。

□ 表面で表目、裏面で裏目

RT (表面)

LT (表面)

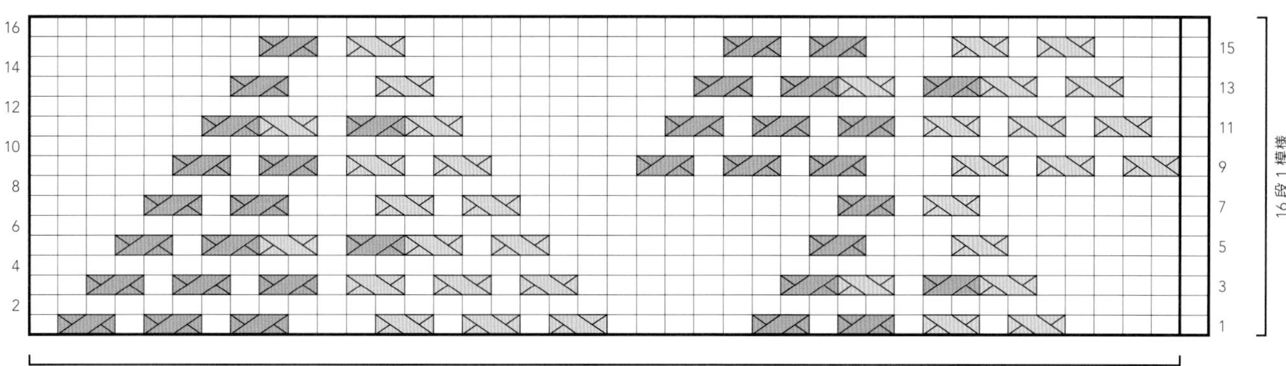

⑩ Zirconia

ジルコニア

それぞれのZirconiaはふたつのPyramidでできているのがわかるでしょうか。上下に並ぶPyramidの下側を反転させると、大きなダイヤモンド形に変身します。アレンジダイヤモンドということでZirconia（人造ダイヤ）と名づけました。CHAPTER 11、P.267のレッスン8では、ひとつの要素から複数のパターンを生み出す方法を紹介しています。

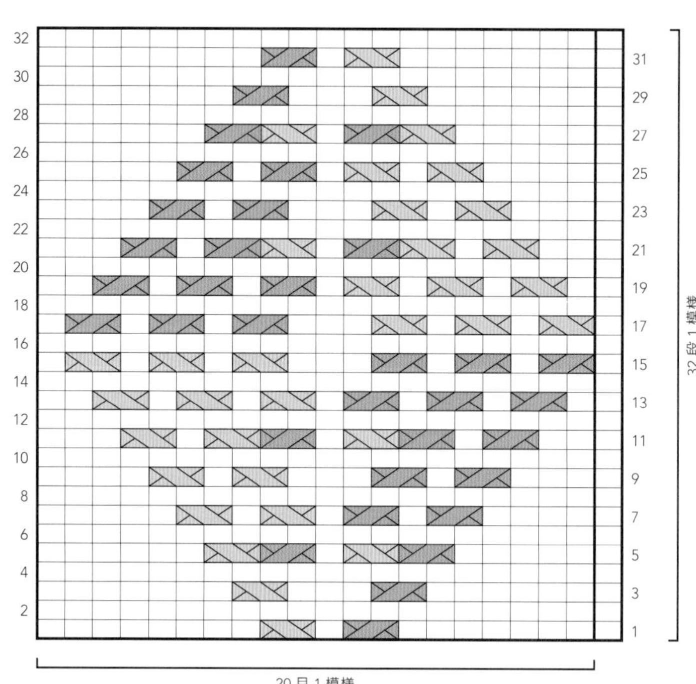

〈1模様＝(20の倍数＋1目)×32段〉
PSS：90
1段め（表面）：表1、*表7、RT、表1、LT、表8；、*～；を最後までくり返す。
2段め以降の偶数段（裏面）：裏編み。
3段め：表1、*表6、RT、表3、LT、表7；、*～；を最後までくり返す。
5段め：表1、*表5、RT、LT、表1、RT、LT、表6；、*～；を最後までくり返す。
7段め：表1、*表4、RT、表1、RT、[表1、LT]を2回、表5；、*～；を最後までくり返す。
9段め：表1、*表3、RT、表1、RT、表3、LT、表1、LT、表4；、*～；を最後までくり返す。
11段め：表1、*表2、RT、表1、RT、LT、表1、RT、LT、表1、LT、表3；、*～；を最後までくり返す。
13段め：表1、*表1、RT、[表1、RT]を2回、[表1、LT]を3回、表2；、*～；を最後までくり返す。
15段め：表1、*RT、[表1、RT]を2回、表3、[LT、表1]を3回；、*～；を最後までくり返す。
17段め：表1、*LT、[表1、LT]を2回、表3、[RT、表1]を3回；、*～；を最後までくり返す。
19段め：表1、*[表1、LT]を3回、[表1、RT]を3回、表2；、*～；を最後までくり返す。
21段め：表1、*表2、LT、表1、LT、RT、表1、LT、RT、表1、RT、表3；、*～；を最後までくり返す。
23段め：表1、*表3、LT、表1、LT、表3、RT、表1、RT、表4；、*～；を最後までくり返す。
25段め：表1、*表4、LT、表1、LT、[表1、RT]を2回、表5；、*～；を最後までくり返す。
27段め：表1、*表5、LT、RT、表1、LT、RT、表6；、*～；を最後までくり返す。
29段め：表1、*表6、LT、表3、RT、表7；、*～；を最後までくり返す。
31段め：表1、*表7、LT、表1、RT、表8；、*～；を最後までくり返す。

11 Pyramid Split

ピラミッドスプリット

この模様の中央にあるのは、#8 の Pyramid Columns のコラムです。Pyramid のモチーフを構成する左右の三角形は、つながっていないため簡単に 2 分割することができます。中央のコラムの左右の三角形は、何度くり返してもかまいません。

〈1 模様＝（10 目の模様 2 個分＋ 1 目）× 16 段〉

PSS：90

1 段め（表面）：表 1、*LT、[表 1、LT] を 2 回、表 2；、* ～；をもう 1 回編む、** 表 1、[RT、表 1] を 3 回；、** ～；をもう 1 回編む。

2 段め以降の偶数段（裏面）：裏編み。

3 段め：表 1、* 表 1、[LT、表 1] を 3 回；、* ～；をもう 1 回編む、**RT、[表 1、RT] を 2 回、表 2；、** ～；をもう 1 回編む。

5 段め：表 1、* 表 2、LT、表 1、LT、RT、表 1；、* ～；をもう 1 回編む、**LT、RT、表 1、RT、表 3；、** ～；をもう 1 回編む。

7 段め：表 1、* 表 3、LT、表 1、LT、表 2；、* ～；をもう 1 回編む、**[表 1、RT] を 2 回、表 4；、** ～；をもう 1 回編む。

9 段め：表 1、* 表 4、[LT、表 1] を 2 回；、* ～；をもう 1 回編む、**RT、表 1、RT、表 5；、** ～；をもう 1 回編む。

11 段め：表 1、* 表 5、LT、RT、表 1；、* ～；をもう 1 回編む、**LT、RT、表 6；、** ～；をもう 1 回編む。

13 段め：表 1、* 表 6、LT、表 2；、* ～；をもう 1 回編む、** 表 1、RT、表 7；、** ～；をもう 1 回編む。

15 段め：表 1、* 表 7、LT、表 1；、* ～；をもう 1 回編む、**RT、表 8；、** ～；をもう 1 回編む。

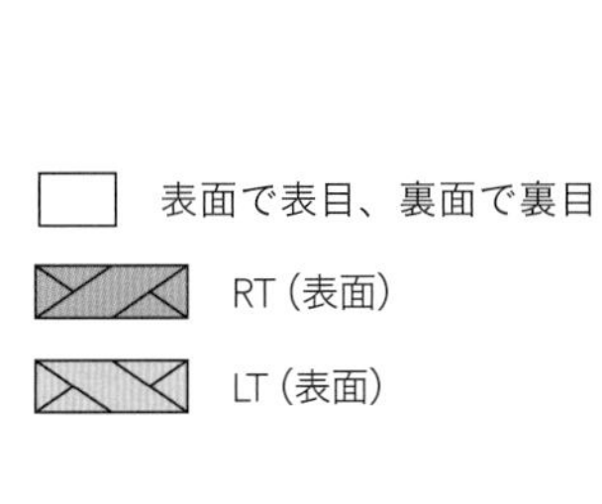

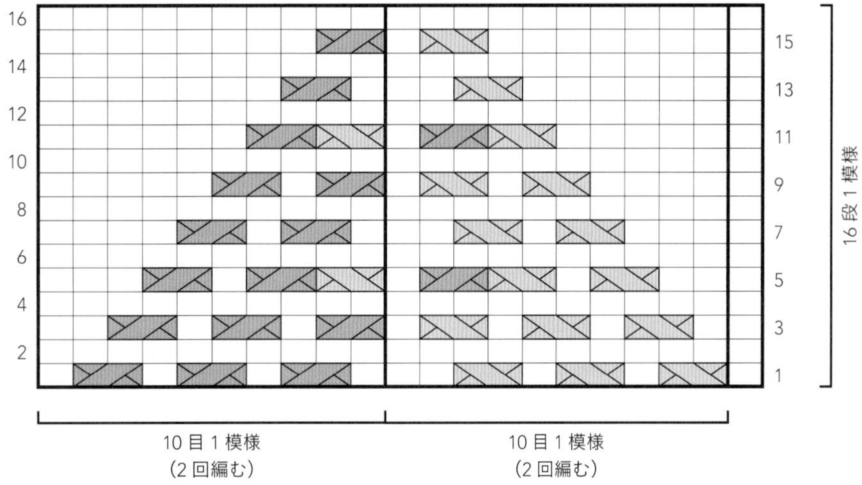

12 Triangle Half Drop

トライアングルハーフドロップ

Pyramidのモチーフを2分割してふたつの直角三角形にすることで、新たなデザインへの道が開かれます。このようにこぶりな三角形を縦に重ねて配置したコラムを半模様ずつずらすことで、左右非対称な総柄ができます。

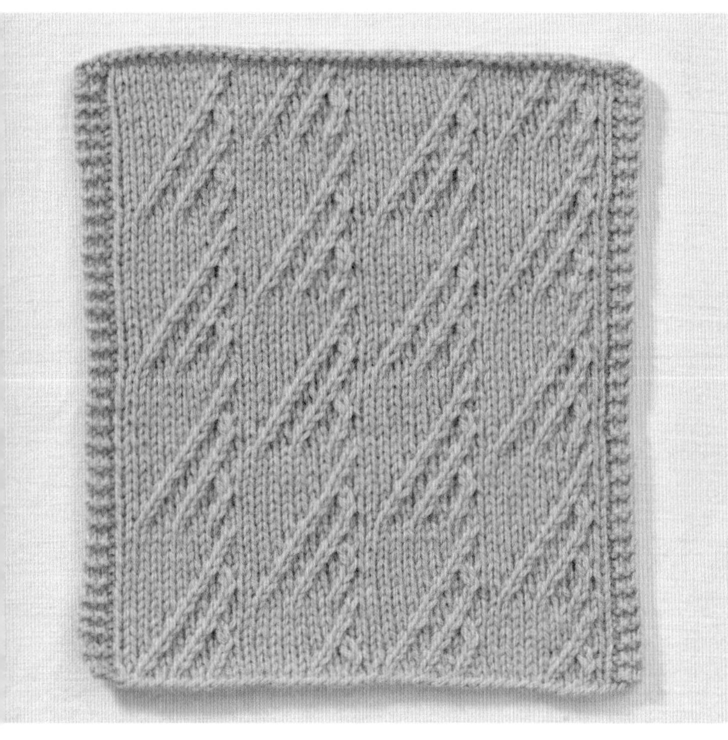

〈1模様＝(20の倍数＋1目)×16段〉
PSS：90
1段め(表面)：表1、*RT、表1、RT、表6、[RT、表1]を3回；、*～；を最後までくり返す。
2段め以降の偶数段(裏面)：裏編み。
3段め：表1、*LT、RT、表6、RT、[表1、RT]を2回、表2；、*～；を最後までくり返す。
5段め：表2、RT、表7、LT、RT、表1、RT、*表4、RT、表7、LT、RT、表1、RT；、*～；を残り3目までくり返す、表3。
7段め：表1、*RT、表9、RT、表1、RT、表4；、*～；を最後までくり返す。
9段め：表2、RT、[表1、RT]を4回、*表6、RT、[表1、RT]を4回；、*～；を残り5目までくり返す、表5。
11段め：表1、*RT、[表1、RT]を2回、表2、LT、RT、表6；、*～；を最後までくり返す。
13段め：表1、*LT、RT、表1、RT、表4、RT、表7；、*～；を最後までくり返す。
15段め：表2、RT、表1、RT、表4、RT、*表9、RT、表1、RT、表4、RT；、*～；を残り8目までくり返す、表8。

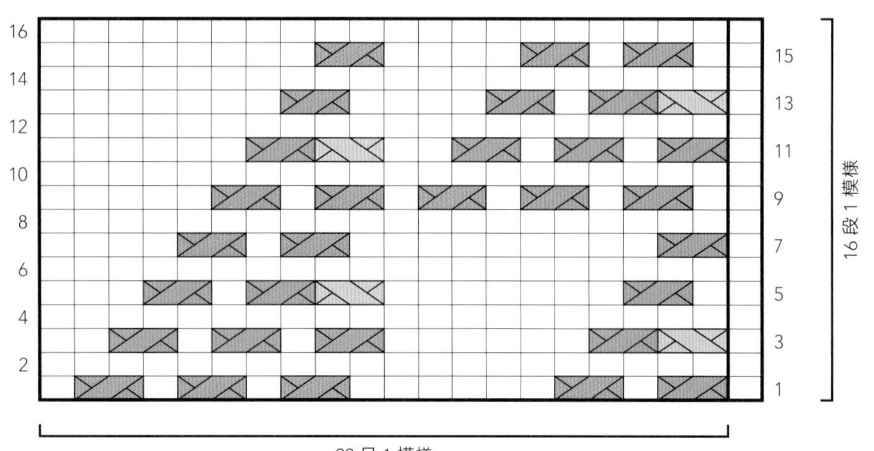

⑬ Triangle Shift

トライアングルシフト

Triangle Half Drop（#12）を眺めながら、三角形の最も長い斜線をつなげて整列させることを思いつきました。結果にはとても満足しましたが１模様が 80 段になったことに納得できず、斜線の間に編み目を置き直すと、１模様の段数が 48 段に減って扱いやすくなりました。

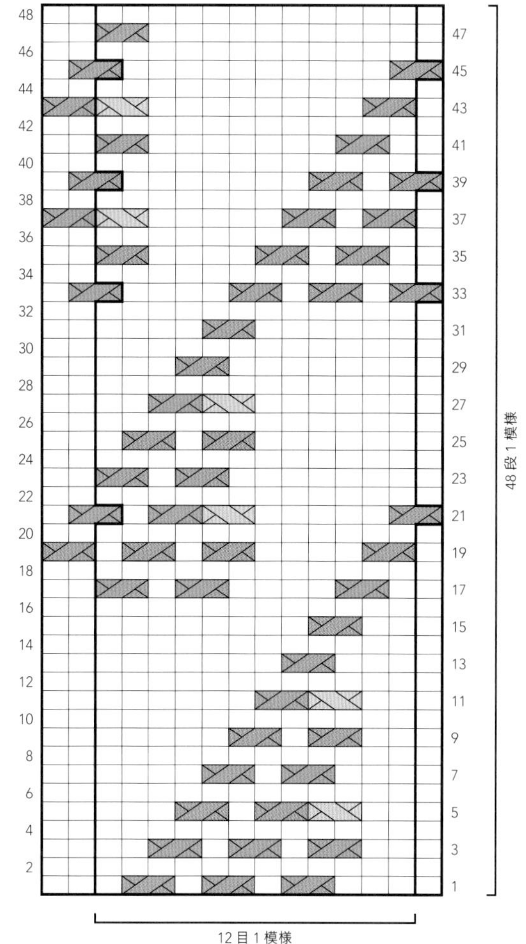

〈1 模様＝（12 の倍数＋ 3 目）× 48 段〉

PSS：95

1 段め（表面）：＊表 4、RT、［表 1、RT］を 2 回；、＊～；を残り 3 目までくり返す、表 3。

2 段め以降の偶数段（裏面）：裏編み。

3 段め：表 3、＊RT、［表 1、RT］を 2 回、表 4；、＊～；を最後までくり返す。

5 段め：表 3、＊LT、RT、表 1、RT、表 5；、＊～；を最後までくり返す。

7 段め：表 4、RT、表 1、RT、＊表 7、RT、表 1、RT；、＊～；を残り 6 目までくり返す、表 6。

9 段め：表 3、＊RT、表 1、RT、表 7；、＊～；を最後までくり返す。

11 段め：表 3、＊LT、RT、表 8；、＊～；を最後までくり返す。

13 段め：表 4、RT、＊表 10、RT；、＊～；を残り 9 目までくり返す、表 9。

15 段め：表 3、＊RT、表 10；、＊～；を最後までくり返す。

17 段め：表 1、＊表 1、RT、表 4、RT、表 1、RT；、＊～；を残り 2 目までくり返す、表 2。

19 段め：表 1、RT、＊表 4、RT、［表 1、RT］を 2 回；、＊～；を最後までくり返す。

21 段め：RT、＊表 5、LT、RT、表 1、RT；、＊～；を残り 1 目までくり返す、表 1。

23 段め：表 8、RT、表 1、RT、＊表 7、RT、表 1、RT；、＊～；を残り 2 目までくり返す、表 2。

25 段め：＊表 7、RT、表 1、RT；、＊～；を残り 3 目までくり返す、表 3。

27 段め：表 7、LT、RT、＊表 8、LT、RT；、＊～；を残り 4 目までくり返す、表 4。

29 段め：表 8、RT、＊表 10、RT；、＊～；を残り 5 目までくり返す、表 5。

31 段め：表 7、RT、＊表 10、RT；、＊～；を残り 6 目までくり返す、表 6。

33 段め：＊RT、［表 1、RT］を 2 回、表 4；、＊～；を残り 3 目までくり返す、RT、表 1。

35 段め：表 1、＊［表 1、RT］を 2 回、表 4、RT；、＊～；を残り 2 目までくり返す、表 2。

37 段め：［表 1、RT］を 2 回、表 5、＊LT、RT、表 1、RT、表 5；、＊～；を残り 4 目までくり返す、LT、RT。

39 段め：＊RT、表 1、RT、表 7；、＊～；を残り 3 目までくり返す、RT、表 1。

41 段め：表 2、RT、表 7、＊RT、表 1、RT、表 7；、＊～；を残り 4 目までくり返す、RT、表 2。

43 段め：表 1、RT、＊表 8、LT、RT；、＊～；を最後までくり返す。

45 段め：RT、＊表 10、RT；、＊～；を残り 1 目までくり返す、表 1。

47 段め：表 11、RT、＊表 10、RT；、＊～；を残り 2 目までくり返す、表 2。

Slash

スラッシュ

同じテーマのバリエーションの続きで、三角形をふたつ合わせて長いスラッシュにしました。CHAPTER 11、P.267 のレッスン 8 で紹介しているように、この模様から新しい模様がいくつできるか、遊びながら試してみてはいかがでしょう？　Eyelet Zigzag（#102）は透かしを加えたバリエーションです。

表面で表目、裏面で裏目

RT（表面）

LT（表面）

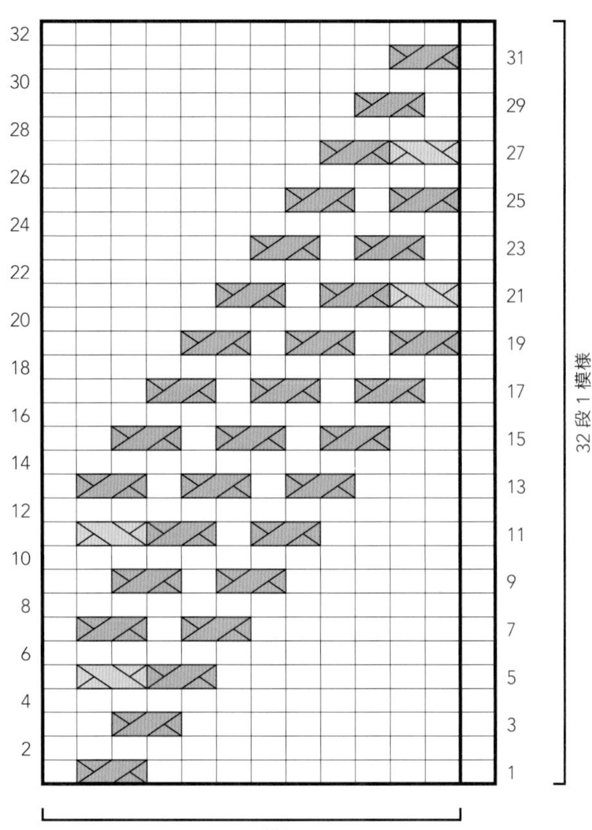

〈1 模様＝（12 の倍数＋ 1 目）× 32 段〉

PSS：95

1 段め（表面）： * 表 10、RT；、* 〜；を残り 1 目までくり返す、表 1。

2 段め以降の偶数段（裏面）： 裏編み。

3 段め： 表 9、RT、* 表 10、RT；、* 〜；を残り 2 目までくり返す、表 2。

5 段め： * 表 8、RT、LT；、* 〜；を残り 1 目までくり返す、表 1。

7 段め： * 表 7、RT、表 1、RT；、* 〜；を残り 1 目までくり返す、表 1。

9 段め： 表 6、RT、表 1、RT、* 表 7、RT、表 1、RT；、* 〜；を残り 2 目までくり返す、表 2。

11 段め： * 表 5、RT、表 1、RT、LT；、* 〜；を残り 1 目までくり返す、表 1。

13 段め： * 表 4、RT、[表 1、RT] を 2 回；、* 〜；を残り 1 目までくり返す、表 1。

15 段め： 表 3、RT、[表 1、RT] を 2 回、* 表 4、RT、[表 1、RT] を 2 回；、* 〜；を残り 2 目までくり返す、表 2。

17 段め： 表 2、RT、[表 1、RT] を 2 回、* 表 4、RT、[表 1、RT] を 2 回；、* 〜；を残り 3 目までくり返す、表 3。

19 段め： 表 1、*RT、[表 1、RT] を 2 回、表 4；、* 〜；を最後までくり返す。

21 段め： 表 1、*LT、RT、表 1、RT、表 5；、* 〜；を最後までくり返す。

23 段め： 表 2、RT、表 1、RT、* 表 7、RT、表 1、RT；、* 〜；を残り 6 目までくり返す、表 6。

25 段め： 表 1、*RT、表 1、RT、表 7；、* 〜；を最後までくり返す。

27 段め： 表 1、*LT、RT、表 8；、* 〜；を最後までくり返す。

29 段め： 表 2、RT、* 表 10、RT；、* 〜；を残り 9 目までくり返す、表 9。

31 段め： 表 1、*RT、表 10；、* 〜；を最後までくり返す。

⑮ Plaid Vast

プレイドバースト

左ページのSlash(#14)の斜線部分からこの模様に展開できることに、じつのところあとあとまで気づきませんでした。実際にはこのPlaid VastがSlashより先にできたのですが、ふたつの模様の関連性は否めません。(スウォッチの写真はP.34)

〈1模様＝(26の倍数＋1目)×52段〉

PSS：90

- 表面で表目、裏面で裏目
- 表面で裏目、裏面で表目
- RT(表面)
- LT(表面)

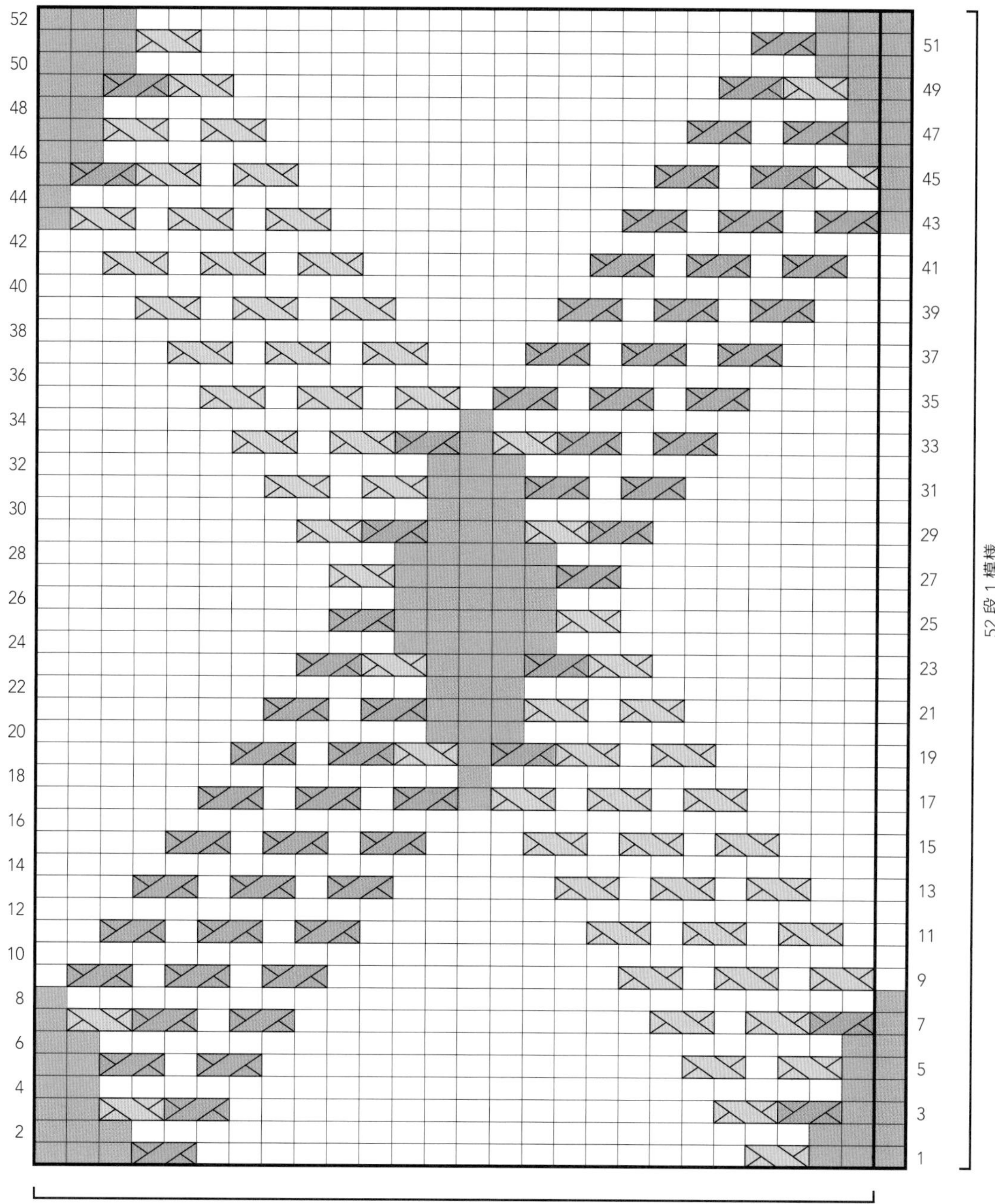

⑯ Plaid Medium

プレイドミディアム

Plaid Vast（#15）の小さないとこともいえる模様で、くり抜いたような中心部分は共通していますが、斜線が短めになっているため1模様の目数が8目少なく、PSSも変わります。この模様のシリーズ中、最も小さいバージョンはCHAPTER 3、P.70のPlaid Small（#52）です。

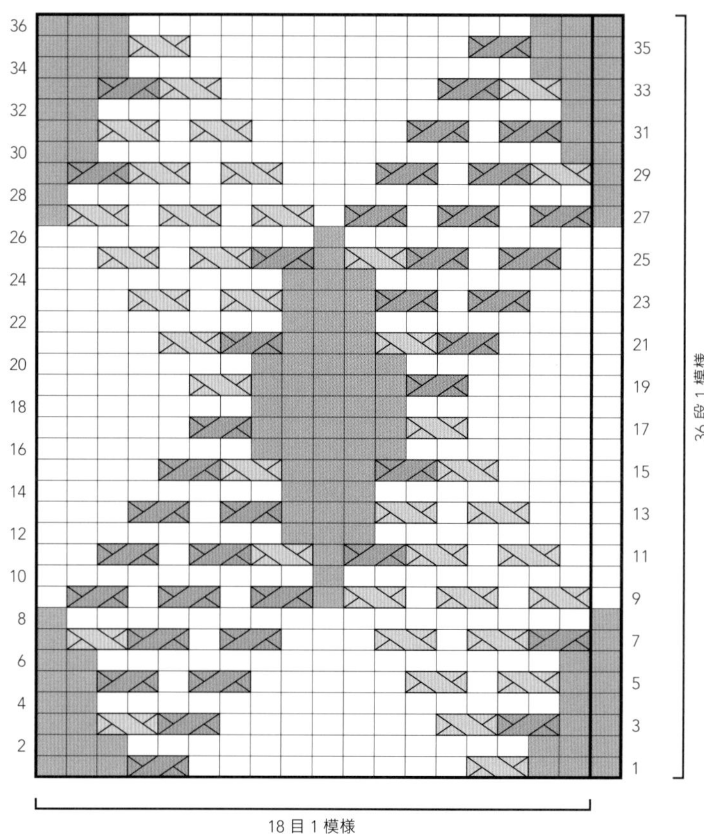

□（白）	表面で表目、裏面で裏目
■（グレー）	表面で裏目、裏面で表目
RT記号	RT（表面）
LT記号	LT（表面）

〈1模様＝（18の倍数＋1目）× 36段〉

PSS：85

1段め（表面）：裏3、LT、表9、RT、*裏5、LT、表9、RT；、*〜；を残り3目までくり返す、裏3。

2段め：表3、裏13、*表5、裏13；、*〜；を残り3目までくり返す、表3。

3段め：裏2、RT、LT、表7、RT、LT、*裏3、RT、LT、表7、RT、LT；、*〜；を残り2目までくり返す、裏2。

4〜28段めの偶数段（12・16段めを除く）：（前段の目を裏面から見た状態で）表目は表目、裏目は裏目に編む。

5段め：裏2、LT、表1、LT、表5、RT、表1、RT、*裏3、LT、表1、LT、表5、RT、表1、RT；、*〜；を残り2目までくり返す、裏2。

7段め：裏1、*RT、LT、表1、LT、表3、RT、表1、RT、LT、裏1；、*〜；を最後までくり返す。

9段め：表1、*LT、[表1、LT]を2回、裏1、[RT、表1]を3回；、*〜；を最後までくり返す。

11段め：表2、LT、表1、LT、RT、裏1、LT、RT、表1、RT、*表3、LT、表1、LT、RT、裏1、LT、RT、表1、RT；、*〜；を残り2目までくり返す、表2。

12段め：裏8、表3、*裏15、表3；、*〜；を残り8目までくり返す、裏8。

13段め：表3、LT、表1、LT、裏3、RT、表1、RT、*表5、LT、表1、LT、裏3、RT、表1、RT；、

＊～；を残り 3 目までくり返す、表 3。
15 段め：表 4、LT、RT、裏 3、LT、RT、＊表 7、LT、RT、裏 3、LT、RT；、＊～；を残り 4 目までくり返す、表 4。
16 段め：裏 7、表 5、＊裏 13、表 5；、＊～；を 7 目残るまでくり返す、裏 7。
17 段め：表 5、LT、裏 5、RT、＊表 9、LT、裏 5、RT；、＊～；を残り 5 目までくり返す、表 5。
19 段め：表 5、RT、裏 5、LT、＊表 9、RT、裏 5、LT；、＊～；を残り 5 目までくり返す、表 5。
21 段め：表 4、RT、LT、裏 3、RT、LT、＊表 7、RT、LT、裏 3、RT、LT；、＊～；を残り 4 目までくり返す、表 4。
23 段め：表 3、RT、表 1、RT、裏 3、LT、表 1、LT、＊表 5、RT、表 1、RT、裏 3、LT、表 1、LT；、＊～；を残り 3 目までくり返す、表 3。
25 段め：表 2、RT、表 1、RT、LT、裏 1、RT、LT、表 1、LT、＊表 3、RT、表 1、RT、LT、裏 1、RT、LT、表 1、LT；、＊～；を残り 2 目までくり返す、表 2。
27 段め：裏 1、＊RT、［表 1、RT］を 2 回、［表 1、LT］を 3 回、裏 1；、＊～；を最後までくり返す。
29 段め：裏 1、＊LT、RT、表 1、RT、表 3、LT、表 1、LT、RT、裏 1；、＊～；を最後までくり返す。
30 段め：表 2、裏 15、＊表 3、裏 15；、＊～；を残り 2 目までくり返す、表 2。
31 段め：裏 2、RT、表 1、RT、表 5、LT、表 1、LT、＊裏 3、RT、表 1、RT、表 5、LT、表 1、LT；、＊～；を残り 2 目までくり返す、裏 2。
32 段め：30 段めと同様に編む。
33 段め：裏 2、LT、RT、表 7、LT、RT、＊裏 3、LT、RT、表 7、LT、RT；、＊～；を残り 2 目までくり返す、裏 2。
34 段め：2 段めと同様に編む。
35 段め：裏 3、RT、表 9、LT、＊裏 5、RT、表 9、LT；、＊～；を残り 3 目までくり返す、裏 3。
36 段め：2 段めと同様に編む。

17 Bricks

ブリックス

ヘリンボーン模様状に敷き詰められたレンガから着想を得て、左右のツイストでできた斜線によってレンガの輪郭線を描くと同時に、レンガ同士の隙間部分も描き出しています。

〈1 模様＝(8 の倍数＋ 5 目) × 12 段〉
PSS：90
1 段め (表面)：表 1、＊LT、RT、LT、表 2；、＊～；を残り 4 目までくり返す、LT を 2 回。
2 段め以降の偶数段 (裏面)：裏編み。
3 段め：表 2、＊LT、RT、LT、表 2；、＊～；を残り 3 目までくり返す、LT、表 1。
5 段め：表 3、RT、＊表 2、LT、表 2、RT；、＊～；を最後までくり返す。
7 段め：LT、RT、＊表 2、RT、LT、RT；、＊～；を残り 1 目までくり返す、表 1。
9 段め：表 1、RT、表 2、＊RT、LT、RT、表 2；、＊～；を最後までくり返す。
11 段め：LT、表 2、＊RT、表 2、LT、表 2；、＊～；を残り 1 目までくり返す、表 1。

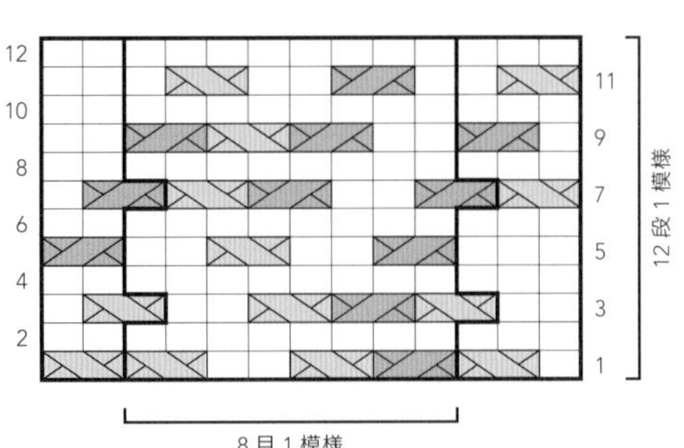

表面で表目、裏面で裏目
RT (表面)
LT (表面)

18 Bricks Alternate

ブリックスオルタネート

右に傾くレンガの中を輪郭線と平行に走る直線で埋め、左に傾くレンガはそのままにしておくことで、質感の異なるベルトを織り合わせたように見える模様になりました。

〈1 模様＝(8 の倍数＋5 目) × 12 段〉

PSS：90

1 段め (表面)：表 1、*LT、RT、LT、表 2；、*～；を残り 4 目までくり返す、LT を 2 回。

2 段め以降の偶数段 (裏面)：裏編み。

3 段め：表 2、*LT、RT、LT、表 2；、*～；を残り 3 目までくり返す、LT、表 1。

5 段め：表 3、*RT を 2 回、LT、表 2；、*～；を残り 2 目までくり返す、RT。

7 段め：LT、*RT を 3 回、LT；、*～；を残り 3 目までくり返す、RT、表 1。

9 段め：表 1、*RT を 3 回、LT；、*～；を残り 4 目までくり返す、RT を 2 回。

11 段め：*LT、RT を 2 回、表 2；、*～；を残り 5 目までくり返す、LT、RT、表 1。

表面で表目、裏面で裏目

RT (表面)　LT (表面)

12 段 1 模様

8 目 1 模様

19 Brick Lines

ブリックラインズ

空いたスペースに直線を加えた Bricks シリーズ（#17 ～ 19）のなかでも、編み目が最も密集した複雑なバージョンです。

〈1 模様＝(8 の倍数＋5 目) × 12 段〉

PSS：90

1 段め (表面)：表 1、LT、*RT、LT を 3 回；、*～；を残り 2 目までくり返す、LT。

2 段め以降の偶数段 (裏面)：裏編み。

3 段め：LT を 2 回、*RT、LT を 3 回；、*～；を残り 1 目までくり返す、表 1。

5 段め：表 1、LT、*RT を 2 回、LT を 2 回；、*～；を残り 2 目までくり返す、RT。

7 段め：LT、*RT を 3 回、LT；、*～；を残り 3 目までくり返す、RT、表 1。

9 段め：表 1、*RT を 3 回、LT；、*～；を残り 4 目までくり返す、RT を 2 回。

11 段め：LT、*RT を 2 回、LT を 2 回；、*～；を残り 3 目までくり返す、RT、表 1。

表面で表目、裏面で裏目

RT (表面)　LT (表面)

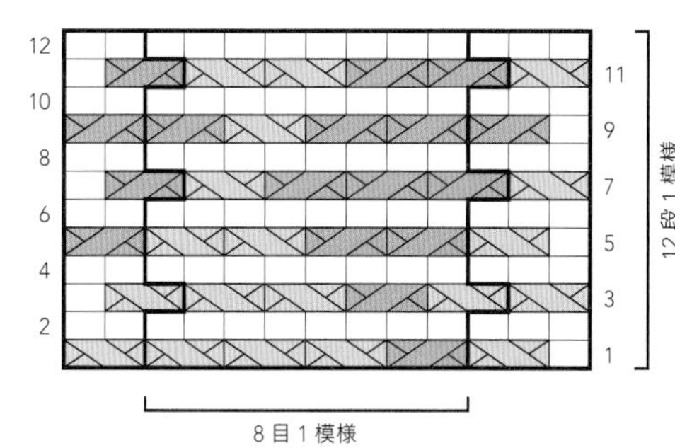

20 Woven

ウォーブン

この模様をはじめとする #22 までの 3 模様は、互いに関連性があるだけでなく、レンガ模様の Bricks シリーズ（#19 ～ 21）とも関連しています。この模様は斜線の間隔が広く、ゆとりが多めで、裏メリヤス編みを加えたことで背景に奥行きが出ています。

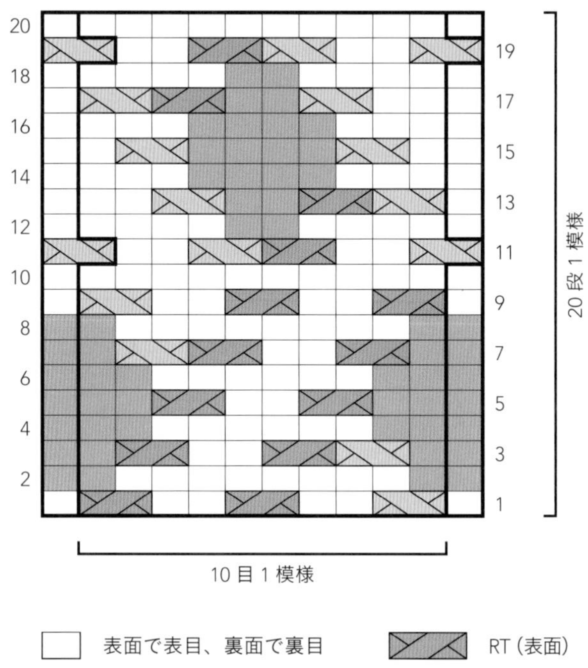

〈1 模様＝（10 の倍数＋ 2 目）× 20 段〉

PSS：85

1 段め（表面）：表 1、*LT、［表 2、RT］を 2 回；、*～；を残り 1 目までくり返す、表 1。

2 段め：表 2、* 裏 8、表 2；、* ～；を最後までくり返す。

3 段め：裏 2、*LT、RT、表 2、RT、裏 2；、* ～；を最後までくり返す。

4 段め：表 3、裏 6、* 表 4、裏 6；、* ～；を残り 3 目までくり返す、表 3。

5 段め：裏 3、RT、表 2、RT、* 裏 4、RT、表 2、RT；、* ～；を残り 3 目までくり返す、裏 3。

6 段め：4 段めと同様に編む。

7 段め：裏 2、*RT、表 2、RT、LT、裏 2；、* ～；を最後までくり返す。

8 段め：2 段めと同様に編む。

9 段め：表 1、*［RT、表 2］を 2 回、LT；、* ～；を残り 1 目までくり返す、表 1。

10 段め：裏編み。

11 段め：LT、* 表 2、RT、LT、表 2、LT；、* ～；を最後までくり返す。

12 段め：裏 5、表 2、* 裏 8、表 2；、* ～；を残り 5 目までくり返す、裏 5。

13 段め：表 1、*LT、RT、裏 2、LT、表 2；、* ～；を残り 1 目までくり返す、表 1。

14 段め：裏 4、表 4、* 裏 6、表 4；、* ～；を残り 4 目までくり返す、裏 4。

15 段め：表 2、*LT、裏 4、LT、表 2；、* ～；を最後までくり返す。

16 段め：14 段めと同様に編む。

17 段め：表 1、* 表 2、LT、裏 2、RT、LT；、* ～；を残り 1 目までくり返す、表 1。

18 段め：12 段めと同様に編む。

19 段め：LT、* 表 2、LT、RT、表 2、LT；、* ～；を最後までくり返す。

20 段め：裏編み。

21 Woven Alternate

ウォーブンオルタネート

Woven（#20）のバリエーションで、右に傾くセクションの中にラインを１本平行に配置しました。左右に傾く２種類のセクションが並ぶ様子は、２色の織り地のようです。

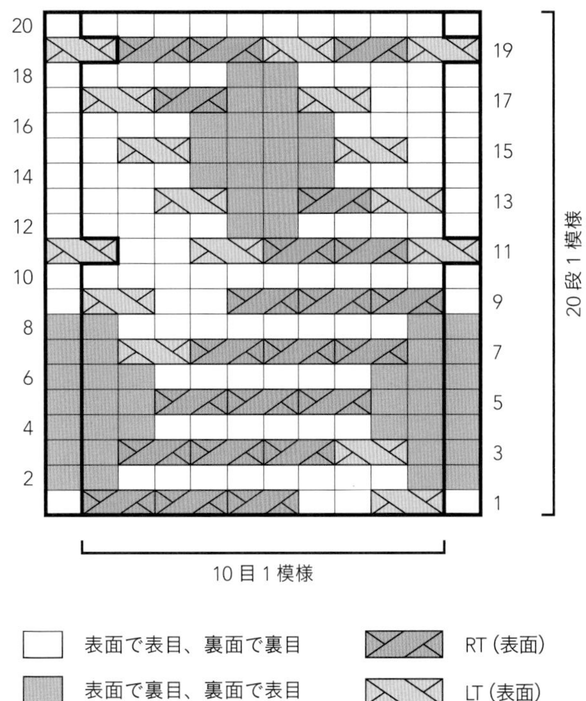

〈1模様＝（10の倍数＋2目）× 20段〉

PSS：85

1段め（表面）：表1、*LT、表2、RTを3回；、*〜；を残り1目までくり返す、表1。

2段め：表2、*裏8、表2；、*〜；を最後までくり返す。

3段め：裏2、*LT、RTを3回、裏2；、*〜；を最後までくり返す。

4段め：表3、裏6、*表4、裏6；、*〜；を残り3目までくり返す、表3。

5段め：裏3、RTを3回、*裏4、RTを3回；、*〜；を残り3目までくり返す、裏3。

6段め：4段めと同様に編む。

7段め：裏2、*RTを3回、LT、裏2；、*〜；を最後までくり返す。

8段め：2段めと同様に編む。

9段め：表1、*RTを3回、表2、LT；、*〜；を残り1目までくり返す、表1。

10段め：裏編み。

11段め：LT、*RTを2回、LT、表2、LT；、*〜；を最後までくり返す。

12段め：裏5、表2、*裏8、表2；、*〜；を残り5目までくり返す、裏5。

13段め：表1、*LT、RT、裏2、LT、表2；、*〜；を残り1目までくり返す、表1。

14段め：裏4、表4、*裏6、表4；、*〜；を残り4目までくり返す、裏4。

15段め：表2、*LT、裏4、LT、表2；、*〜；を最後までくり返す。

16段め：14段めと同様に編む。

17段め：表1、*表2、LT、裏2、RT、LT；、*〜；を残り1目までくり返す、表1。

18段め：12段めと同様に編む。

19段め：*LT、RT、LT、RTを2回；、*〜；を残り2目までくり返す、LT。

20段め：裏編み。

22 Woven Lines

ウォーブンラインズ

この模様では、Woven（#20）から Woven Alternate（#21）へのアレンジをもう一歩先まで進め、内側に空間を残していた左に傾くセクションを右と同様に直線で埋めることにしました。

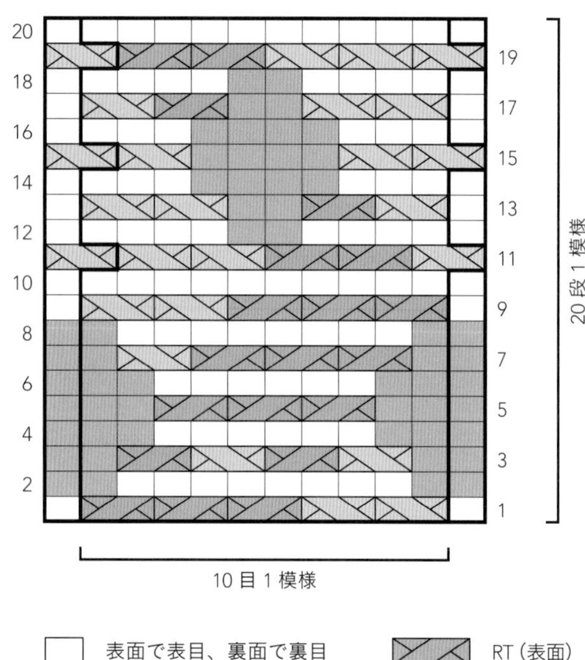

〈1 模様＝（10 の倍数＋２目）× 20 段〉

PSS：80

1 段め（表面）：表 1、*LT を２回、RT を３回；、*～；を残り１目までくり返す、表 1。

2 段め：表 2、* 裏 8、表 2；、*～；を最後までくり返す。

3 段め：裏 2、*［LT、RT］を２回、裏 2；、*～；を最後までくり返す。

4 段め：表 3、裏 6、* 表 4、裏 6；、*～；を残り３目までくり返す、表 3。

5 段め：裏 3、RT を３回、* 裏 4、RT を３回；、*～；を残り３目までくり返す、裏 3。

6 段め：4 段めと同様に編む。

7 段め：裏 2、*RT を３回、LT、裏 2；、*～；を最後までくり返す。

8 段め：2 段めと同様に編む。

9 段め：表 1、*RT を３回、LT を２回；、*～；を残り１目までくり返す、表 1。

10 段め：裏編み。

11 段め：LT、*RT を２回、LT を３回；、*～；を最後までくり返す。

12 段め：裏 5、表 2、* 裏 8、表 2；、*～；を残り５目までくり返す、裏 5。

13 段め：表 1、*LT、RT、裏 2、LT を２回；、*～；を残り１目までくり返す、表 1。

14 段め：裏 4、表 4、* 裏 6、表 4；、*～；を残り４目までくり返す、裏 4。

15 段め：*LT を２回、裏 4、LT；、*～；を残り２目までくり返す、LT。

16 段め：14 段めと同様に編む。

17 段め：表 1、*LT を２回、裏 2、RT、LT；、*～；を残り１目までくり返す、表 1。

18 段め：12 段めと同様に編む。

19 段め：*LT を３回、RT を２回；、*～；を残り２目までくり返す、LT。

20 段め：裏編み。

㉓ Woven Filled

ウォーブンフィルド

Woven（#20）の４つめのバリエーションでは、元々中抜きになっていた部分に輪郭線と反対向きのツイストステッチを加えました。追加したツイストの方向が異なるだけで生まれる表情の違いを、Woven Lines（#22）と見くらべてみてください。

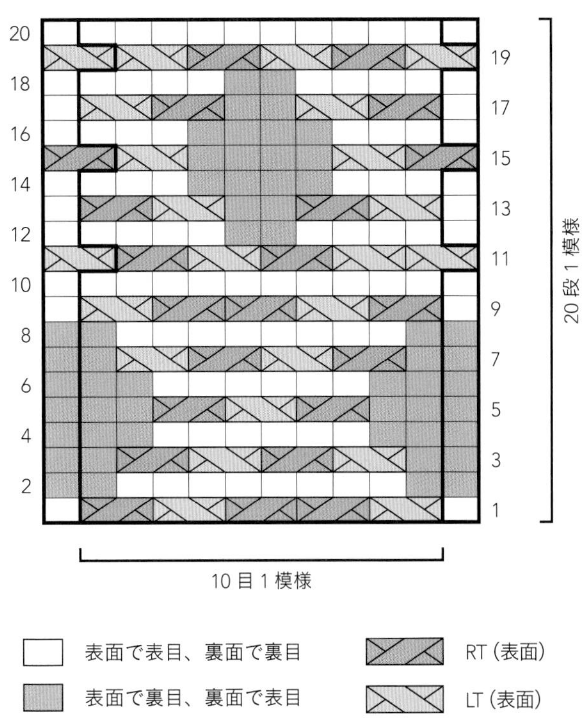

〈1模様＝（10の倍数＋2目）× 20段〉

PSS：80

1段め（表面）：表1、*LT、RTを2回、LT、RT；、*～；を残り1目までくり返す、表1。

2段め：表2、*裏8、表2；、*～；を最後までくり返す。

3段め：裏2、*[LT、RT]を2回、裏2；、*～；を最後までくり返す。

4段め：表3、裏6、*表4、裏6；、*～；を残り3目までくり返す、表3。

5段め：裏3、RT、LT、RT、*裏4、RT、LT、RT；、*～；を残り3目までくり返す、裏3。

6段め：4段めと同様に編む。

7段め：裏2、*[RT、LT]を2回、裏2；、*～；を最後までくり返す。

8段め：2段めと同様に編む。

9段め：表1、*RT、LT、RTを2回、LT；、*～；を残り1目までくり返す、表1。

10段め：裏編み。

11段め：*LTを2回、RT、LT、RT；、*～；を残り2目までくり返す、LT。

12段め：裏5、表2、*裏8、表2；、*～；を残り5目までくり返す、裏5。

13段め：表1、*LT、RT、裏2、LT、RT；、*～；を残り1目までくり返す、表1。

14段め：裏4、表4、*裏6、表4；、*～；を残り4目までくり返す、裏4。

15段め：RT、*LT、裏4、LT、RT；、*～；を最後までくり返す。

16段め：14段めと同様に編む。

17段め：表1、*LT、RT、裏2、RT、LT；、*～；を残り1目までくり返す、表1。

18段め：12段めと同様に編む。

19段め：*LT、[RT、LT]を2回；、*～；を残り2目までくり返す、LT。

20段め：裏編み。

㉔ Triplet Weave

トリプレットウィーブ

メリヤス編みの背景に平行な直線を3本走らせることで上下に折り重なっているようにも見えますが、その錯覚はWovenシリーズ（#20〜23）ほど強くはありません。

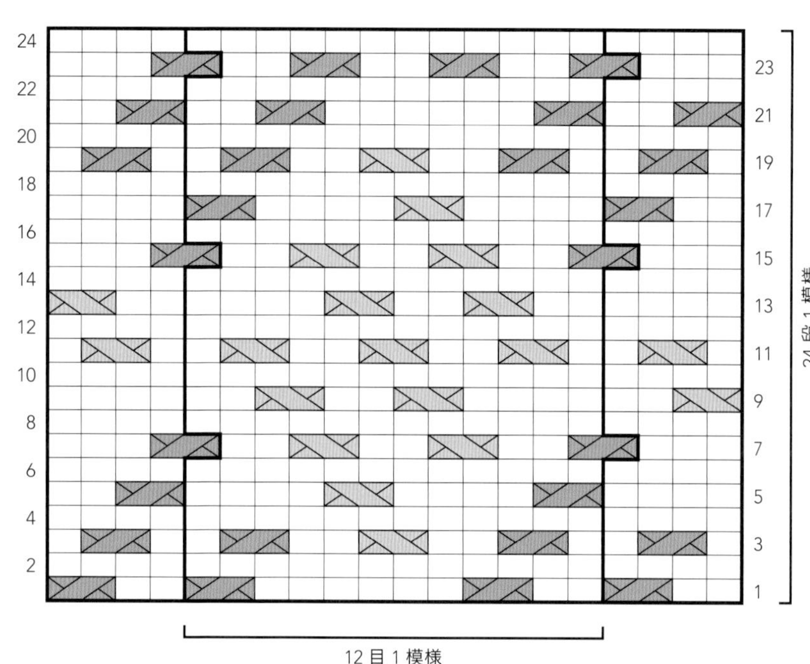

表面で表目、裏面で裏目

RT（表面）

LT（表面）

〈1模様＝（12の倍数＋8目）×24段〉

PSS：90

1段め（表面）：[表2、RT]を2回、*表6、RT、表2、RT；、*〜；を最後までくり返す。

2段め以降の偶数段（裏面）：裏編み。

3段め：表1、RT、表2、RT、*表2、LT、[表2、RT]を2回；、*〜；を残り1目までくり返す、表1。

5段め：表4、RT、*表4、LT、表4、RT；、*〜；を残り2目までくり返す、表2。

7段め：表3、RT、*表2、[LT、表2]を2回、RT；、*〜；を残り3目までくり返す、表3。

9段め：LT、表6、*LT、表2、LT、表6；、*〜；を最後までくり返す。

11段め：表1、LT、*表2、LT；、*〜；を残り1目までくり返す、表1。

13段め：表6、LT、*表2、LT、表6、LT；、*〜；を最後までくり返す。

15段め：7段めと同様に編む。

17段め：表2、RT、表4、*LT、表4、RT、表4；、*〜；を最後までくり返す。

19段め：3段めと同様に編む。

21段め：RT、表2、RT、*表6、RT、表2、RT；、*〜；を残り2目までくり返す、表2。

23段め：表3、RT、*表2、RT；、*〜；を残り3目までくり返す、表3。

25 Triplet Weave Garter

トリプレットウィーブガーター

Triplet Weave（#24）の平行な直線の間にガーター編みを入れることで、模様が編みやすくなります。ガーター編み部分は毎段裏編みで編むため、裏面は目数をカウントせず裏編みだけで編める休憩段になります。

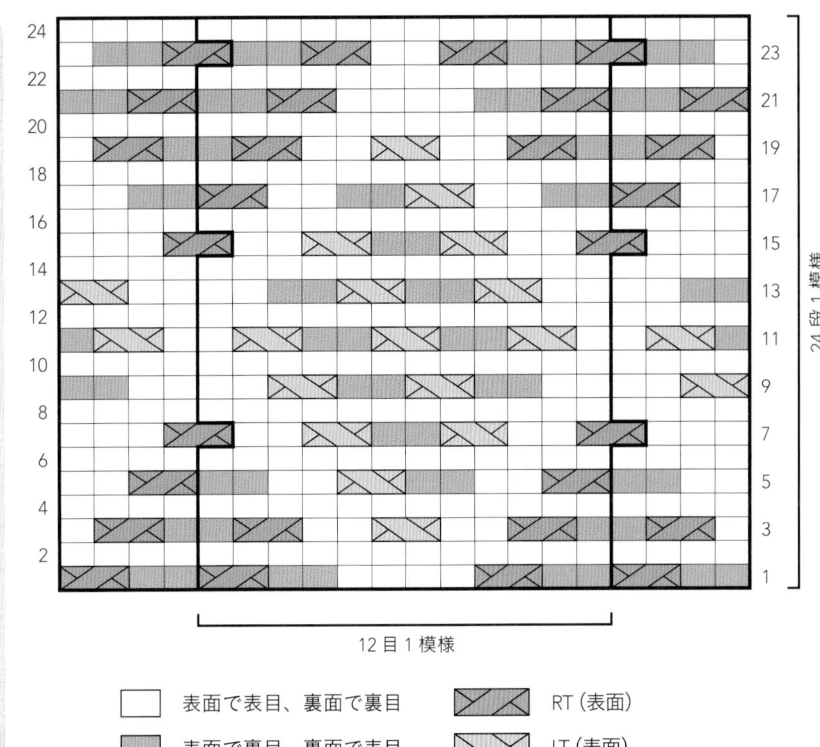

〈1模様＝（12の倍数＋8目）× 24段〉

PSS：90

1段め（表面）：[裏2、RT]を2回、*表4、[裏2、RT]を2回；、*～；を最後までくり返す。

2段め以降の偶数段（裏面）：裏編み。

3段め：表1、RT、裏2、RT、*表2、LT、表2、RT、裏2、RT；、*～；を残り1目までくり返す、表1。

5段め：表2、裏2、RT、*表2、裏2、LT、表2、裏2、RT；、*～；を残り2目までくり返す、表2。

7段め：表3、RT、*表2、LT、裏2、LT、表2、RT；、*～；を残り3目までくり返す、表3。

9段め：LT、表4、*[裏2、LT]を2回、表4；、*～；を残り2目までくり返す、裏2。

11段め：裏1、LT、表2、*LT、[裏2、LT]を2回、表2；、*～；を残り3目までくり返す、LT、裏1。

13段め：裏2、表4、*[LT、裏2]を2回、表4；、*～；を残り2目までくり返す、LT。

15段め：7段めと同様に編む。

17段め：表2、RT、裏2、表2、*LT、裏2、表2、RT、裏2、表2；、*～；を最後までくり返す。

19段め：3段めと同様に編む。

21段め：[RT、裏2]を2回、*表4、[RT、裏2]を2回；、*～；を最後までくり返す。

23段め：表1、[裏2、RT]を2回、表2、*RT、[裏2、RT]を2回、表2；、*～；を残り9目までくり返す、[RT、裏2]を2回、表1。

26 Triplet Weave Filled

トリプレットウィーブフィルド

こちらも Triplet Weave（#24）のバリエーションで、平行な直線の間に反対方向のツイストを編んでいます。3 本線を含むひし形が鮮明になり、この一手で織りのように見える錯覚が起こらなくなりました。

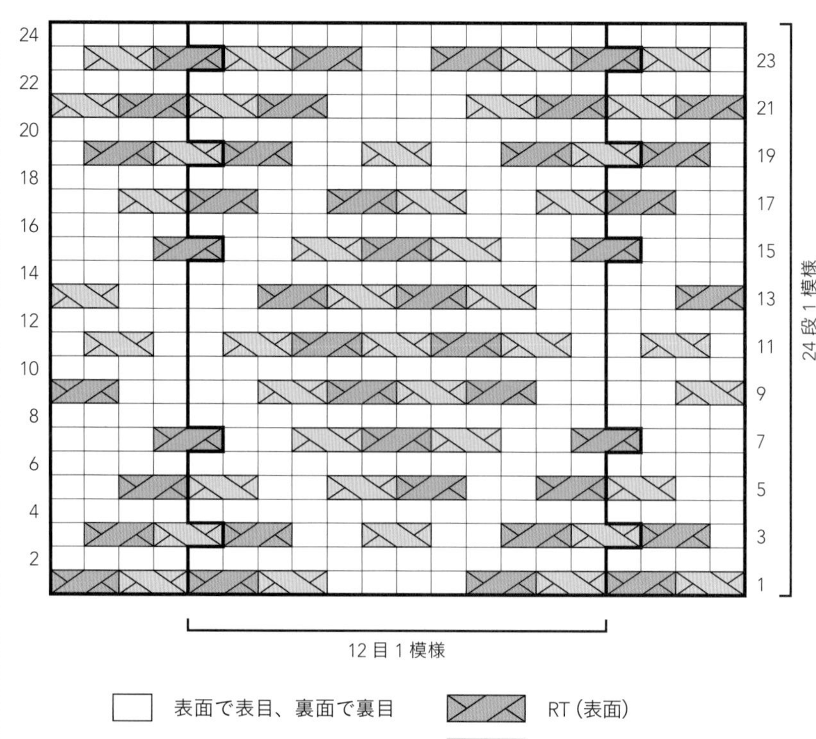

〈1 模様＝（12 の倍数＋ 8 目）× 24 段〉

PSS：85

1 段め（表面）：[LT、RT] を 2 回、* 表 4、[LT、RT] を 2 回；、*〜；を最後までくり返す。

2 段め以降の偶数段（裏面）：裏編み。

3 段め：表 1、RT、LT、RT、* 表 2、LT、表 2、RT、LT、RT；、*〜；を残り 1 目までくり返す、表 1。

5 段め：表 2、LT、RT、表 2、*RT、LT、表 2、LT、RT、表 2；、*〜；を最後までくり返す。

7 段め：表 3、RT、* 表 2、LT、RT、LT、表 2、RT；、*〜；を残り3目までくり返す、表3。

9 段め：LT、表 4、*[RT、LT] を 2 回、表 4；、*〜；を残り 2 目までくり返す、RT。

11 段め：表 1、LT、表 2、*LT、[RT、LT] を 2 回、表 2；、*〜；を残り 3 目までくり返す、LT、表 1。

13 段め：RT、表 4、*[LT、RT] を 2 回、表 4；、*〜；を残り 2 目までくり返す、LT。

15 段め：7 段めと同様に編む。

17 段め：表 2、RT、LT、表 2、*LT、RT、表 2、RT、LT、表 2；、*〜；を最後までくり返す。

19 段め：3 段めと同様に編む。

21 段め：[RT、LT] を 2 回、* 表 4、[RT、LT] を 2 回；、*〜；を最後までくり返す。

23 段め：表 1、[LT、RT] を 2 回、表 2、*RT、[LT、RT] を 2 回、表 2；、*〜；を残り 9 目までくり返す、[RT、LT] を 2 回、表 1。

㉗ Triplet Weave Filled Carved

トリプレットウィーブフィルドカーブド

この模様のツイスト部分は Triplet Weave Filled (#26) とまったく同じです。しかし背景を裏メリヤス編みにしているため、編み目がさらに隆起すると同時に奥行きが生まれ、まるで彫刻刀で彫ったような表情になります。ただし、裏面で目数を数えながら編むことになるので、Triplet Weave Filled より編みにくいかもしれません。

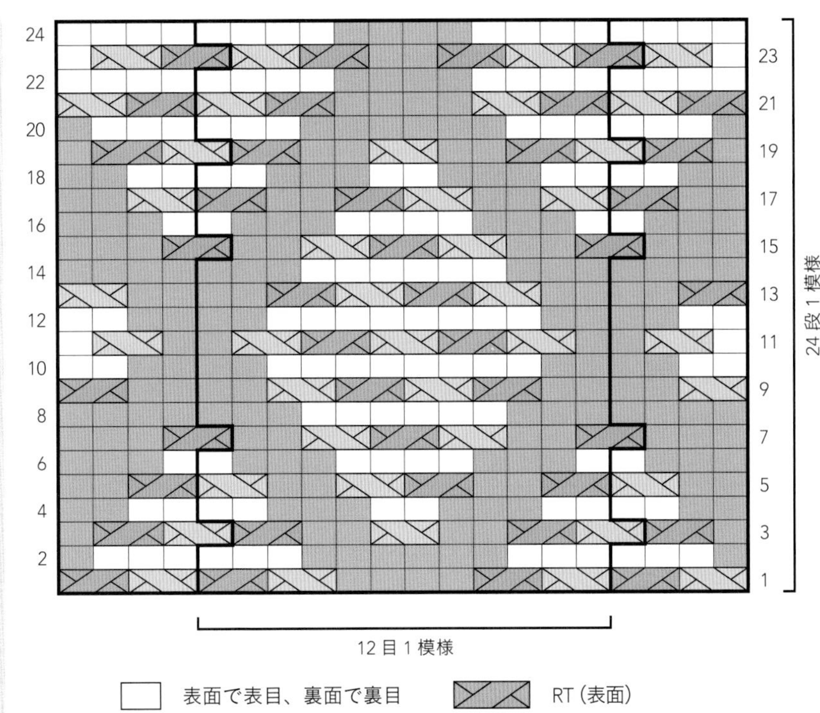

〈1模様＝(12の倍数＋8目) × 24段〉

PSS：85

1段め (表面)：[LT、RT] を2回、* 裏4、[LT、RT] を2回；、* 〜；を最後までくり返す。

2段め：表1、裏6、* 表6、裏6；、* 〜；を残り1目までくり返す、表1。

3段め：裏1、RT、LT、RT、* 裏2、LT、裏2、RT、LT、RT；、* 〜；を残り1目までくり返す、裏1。

4段め：表2、裏4、* 表3、裏2、表3、裏4；、* 〜；を残り2目までくり返す、表2。

5段め：裏2、LT、RT、裏2、*RT、LT、裏2、LT、RT、裏2；、* 〜；を最後までくり返す。

6段め：表3、裏2、表3、* 裏4、表3、裏2、表3；、* 〜；を最後までくり返す。

7段め：裏3、RT、* 裏2、LT、RT、LT、裏2、RT；、* 〜；を残り3目までくり返す、裏3。

8段め：表7、裏6、* 表6、裏6；、* 〜；を残り7目までくり返す、表7。

9段め：LT、裏4、* [RT、LT] を2回、裏4；、* 〜；を残り2目までくり返す、RT。

10段め：裏2、表4、* 裏8、表4；、* 〜；を残り2目までくり返す、裏2。

11段め：表1、LT、裏2、*LT、[RT、LT] を2回、裏2；、* 〜；を残り3目までくり返す、LT、表1。

12段め：10段めと同様に編む。

13段め：RT、裏4、* [LT、RT] を2回、裏4；、* 〜；を残り2目までくり返す、LT。

14段め：8段めと同様に編む。

15段め：7段めと同様に編む。

16段め：6段めと同様に編む。

17段め：裏2、RT、LT、裏2、*LT、RT、裏2、RT、LT、裏2；、* 〜；を最後までくり返す。

18段め：4段めと同様に編む。

19段め：3段めと同様に編む。

20段め：2段めと同様に編む。

21段め：[RT、LT] を2回、* 裏4、[RT、LT] を2回；、* 〜；を最後までくり返す。

22段め：裏8、* 表4、裏8；、* 〜；を最後までくり返す。

23段め：表1、[LT、RT] を2回、裏2、*RT、[LT、RT] を2回、裏2；、* 〜；を残り9目までくり返す、[RT、LT] を2回、表1。

24段め：22段めと同様に編む。

㉘ Wonkey Weave

ウォンキーウィーブ

ここまでの Triplet weave シリーズの 4 模様とは、模様の配置が少し違っています。平行な斜線の間隔を 2 目ではなく 1 目にすることで直線同士を近づけました。これにより直線の模様同士の間に不規則な空間が生まれ、全体に動きが出ておもしろみが増しました。

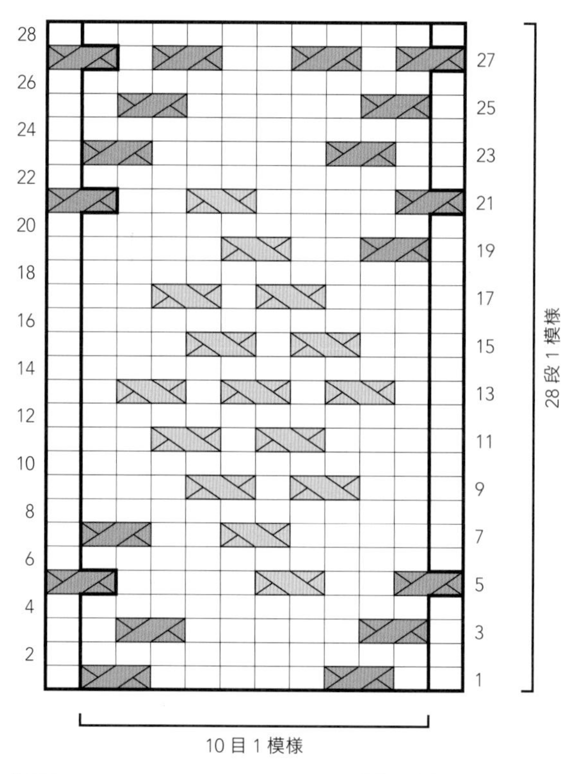

〈1 模様＝(10 の倍数＋ 2 目) × 28 段〉

PSS：90

1 段め (表面)：表 2、*RT、表 5、RT、表 1；、*～；を最後までくり返す。

2 段め以降の偶数段 (裏面)：裏編み。

3 段め：表 1、*RT、表 5、RT、表 1；、*～；を残り 1 目までくり返す、表 1。

5 段め：RT、* 表 2、LT、表 4、RT；、*～；を最後までくり返す。

7 段め：表 1、* 表 4、LT、表 2、RT；、*～；を残り 1 目までくり返す、表 1。

9 段め：表 3、LT、表 1、LT、* 表 5、LT、表 1、LT；、*～；を残り 4 目までくり返す、表 4。

11 段め：表 4、LT、表 1、LT、* 表 5、LT、表 1、LT；、*～；を残り 3 目までくり返す、表 3。

13 段め：表 2、*LT、[表 1、LT] を 2 回、表 2；、*～；を最後までくり返す。

15 段め：9 段めと同様に編む。

17 段め：11 段めと同様に編む。

19 段め：表 1、*RT、表 2、LT、表 4；、*～；を残り 1 目までくり返す、表 1。

21 段め：RT、* 表 4、LT、表 2、RT；、*～；を最後までくり返す。

23 段め：表 2、*RT、表 5、RT、表 1；、*～；を最後までくり返す。

25 段め：3 段めと同様に編む。

27 段め：RT、* 表 1、RT、表 2、RT、表 1、RT；、*～；を最後までくり返す。

29 Wonkey Weave Carved

ウォンキーウィーブカーブド

メリヤス編みでＳ字形やＺ字形の曲線を描き出すことで、背景部分に対して３本線が浮き上がり、Wonky Weave（#28）とは表情がずいぶん違う模様になりました。

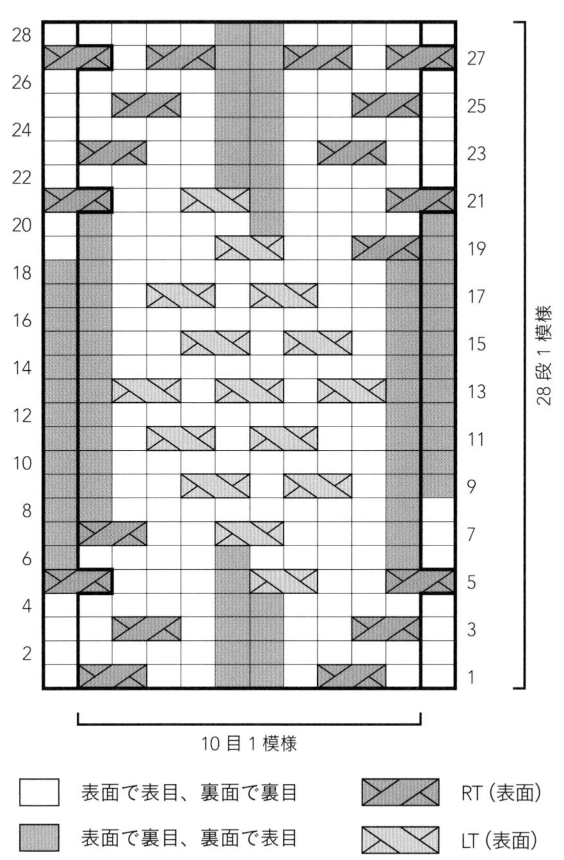

〈1模様＝（10の倍数＋２目）× 28段〉
PSS：85
1段め（表面）：表２、*RT、表１、裏２、表２、RT、表１；、*～；を最後までくり返す。
2段め：裏５、表２、*裏８、表２；、*～；を残り５目までくり返す、裏５。
3段め：表１、*RT、表２、裏２、表１、RT、表１；、*～；を残り１目までくり返す、表１。
4段め：２段めと同様に編む。
5段め：RT、*表２、LT、裏１、表３、RT；、*～；を最後までくり返す。
6段め：表１、*裏４、表１；、*～；を残り１目までくり返す、裏１。
7段め：表１、裏１、*表３、LT、表２、RT、裏１；、*～；を最後までくり返す。
8段め：*表２、裏８；、*～；を残り２目までくり返す、表１、裏１。
9段め：裏２、*[表１、LT]を２回、表２、裏２；、*～；を最後までくり返す。
10～18段めの偶数段：８段めと同様に編む。
11段め：裏２、*表２、[LT、表１]を２回、裏２；、*～；を最後までくり返す。
13段め：裏２、*LT、[表１、LT]を２回、裏２；、*～；を最後までくり返す。
15段め：９段めと同様に編む。
17段め：11段めと同様に編む。
19段め：裏１、*RT、表２、LT、表３、裏１；、*～；を残り１目までくり返す、表１。
20段め：裏１、表１、*裏４、表１；、*～；を最後までくり返す。
21段め：RT、*表３、裏１、LT、表２、RT；、*～；を最後までくり返す。
22段め：２段めと同様に編む。
23～26段め：１～４段めと同様に編む。
27段め：RT、*表１、RT、裏２、RT、表１、RT；、*～；を最後までくり返す。
28段め：２段めと同様に編む。

Pine Cone Shadow

パインコーンシャドー

松ぼっくりを表現した模様は、左右の斜線を重ね合わせることでうろこ状の表情を出しています。裏メリヤス編みで作る凹部により、松ぼっくりと背景のかのこ編みが切り離されます。

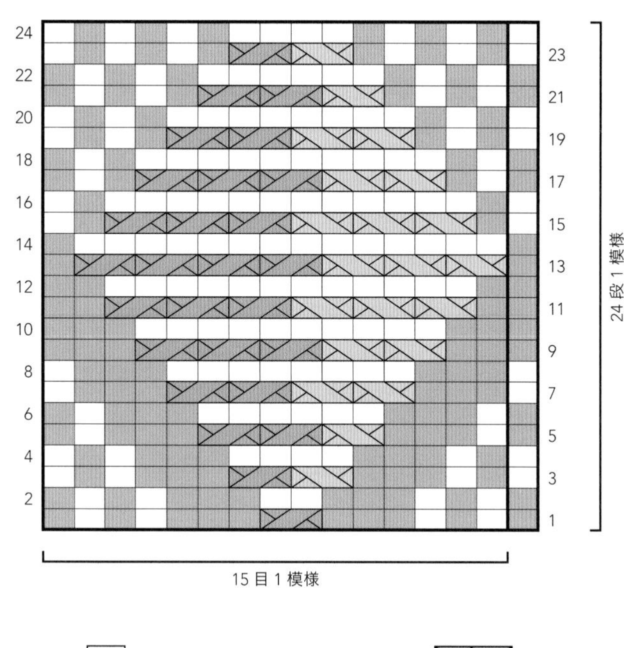

表面で表目、裏面で裏目

表面で裏目、裏面で表目

RT（表面）

LT（表面）

〈1模様＝（15の倍数＋1目）×24段〉

PSS：90

1段め（表面）：[裏1、表1]を2回、裏3、RT、裏3、*表1、[裏1、表1]を3回、裏3、RT、裏3；、*～；を残り4目までくり返す、[表1裏1]を2回。

2段め以降の偶数段（裏面）：（前段の目を裏面から見た状態で）表目は表目、裏目は裏目に編む。

3段め：表1、裏1、表1、裏3、LT、RT、裏3、*表1、[裏1、表1]を2回、裏3、LT、RT、裏3；、*～；を残り3目までくり返す、表1、裏1、表1。

5段め：裏1、表1、裏3、LT、RTを2回、裏3、*表1、裏1、表1、裏3、LT、RTを2回、裏3；、*～；を残り2目までくり返す、表1、裏1。

7段め：表1、*裏3、LTを2回、RTを2回、裏3、表1；、*～；を最後までくり返す。

9段め：裏3、LTを2回、RTを3回、*裏5、LTを2回、RTを3回；、*～；を残り3目までくり返す、裏3。

11段め：裏2、LTを3回、RTを3回、*裏3、LTを3回、RTを3回；、*～；を残り2目までくり返す、裏2。

13段め：裏1、*LTを3回、RTを4回、裏1；、*～；を最後までくり返す。

15段め：表1、裏1、LTを3回、RTを3回、*裏1、表1、裏1、LTを3回、RTを3回；、*～；を残り2目までくり返す、裏1、表1。

17段め：裏1、表1、裏1、LTを2回、RTを3回、*裏1、[表1、裏1]を2回、LTを2回、RTを3回；、*～；を残り3目までくり返す、裏1、表1、裏1。

19段め：[表1、裏1]を2回、LTを2回、RTを2回、*裏1、[表1、裏1]を3回、LTを2回、RTを2回；、*～；を残り4目までくり返す、[裏1、表1]を2回。

21段め：裏1、[表1、裏1]を2回、LT、RTを2回、*裏1、[表1、裏1]を4回、LT、RTを2回；、*～；を残り5目までくり返す、裏1、[表1、裏1]を2回。

23段め：[表1、裏1]を3回、LT、RT、*裏1、[表1、裏1]を5回、LT、RT；、*～；を残り6目までくり返す、[裏1、表1]を3回。

Pine Cone Outline

パインコーンアウトライン

ツイストステッチをさらに追加して Pine Cone Shadow（#30）で生まれた松ぼっくりのモチーフに輪郭線を加え、背景のかのこ編みとの高低差をつけています。

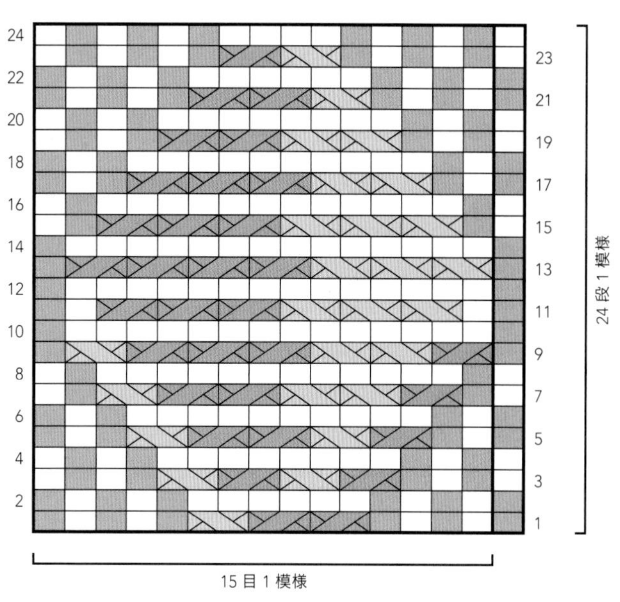

表面で表目、裏面で裏目

表面で裏目、裏面で表目

RT（表面）

LT（表面）

〈1 模様＝（15 の倍数＋1 目）× 24 段〉

PSS：90

1 段め（表面）：裏 1、[表 1、裏 1] を 2 回、RT を 2 回、LT、* 裏 1、[表 1、裏 1] を 4 回、RT を 2 回、LT；、* ～；を残り 5 目までくり返す、裏 1、[表 1、裏 1] を 2 回。

2 段め以降の偶数段（裏面）：（前段の目を裏面から見た状態で）表目は表目、裏目は裏目に編む。

3 段め：[表 1、裏 1] を 2 回、[RT、LT] を 2 回、* 裏 1、[表 1、裏 1] を 3 回、[RT、LT] を 2 回；、* ～；を残り 4 目までくり返す、[裏 1、表 1] を 2 回。

5 段め：裏 1、表 1、裏 1、RT、LT、RT を 2 回、LT、* 裏 1、[表 1、裏 1] を 2 回、RT、LT、RT を 2 回、LT；、* ～；を残り 3 目までくり返す、裏 1、表 1、裏 1。

7 段め：表 1、裏 1、RT、LT を 2 回、RT を 2 回、LT、* 裏 1、表 1、裏 1、RT、LT を 2 回、RT を 2 回、LT；、* ～；を残り 2 目までくり返す、裏 1、表 1。

9 段め：裏 1、*RT、LT を 2 回、RT を 3 回、LT、裏 1；、* ～；を最後までくり返す。

11 段め：裏 1、表 1、LT を 3 回、RT を 3 回、* 表 1、裏 1、表 1、LT を 3 回、RT を 3 回；、* ～；を残り 2 目までくり返す、表 1、裏 1。

13 段め：裏 1、*LT を 3 回、RT を 4 回、裏 1；、* ～；を最後までくり返す。

15 段め：表 1、裏 1、LT を 3 回、RT を 3 回、* 裏 1、表 1、裏 1、LT を 3 回、RT を 3 回；、* ～；を残り 2 目までくり返す、裏 1、表 1。

17 段め：裏 1、表 1、裏 1、LT を 2 回、RT を 3 回、* 裏 1、[表 1、裏 1] を 2 回、LT を 2 回、RT を 3 回；、* ～；を残り 3 目までくり返す、裏 1、表 1、裏 1。

19 段め：[表 1、裏 1] を 2 回、LT を 2 回、RT を 2 回、* 裏 1、[表 1、裏 1] を 3 回、LT を 2 回、RT を 2 回；、* ～；を残り 4 目までくり返す、[裏 1、表 1] を 2 回。

21 段め：裏 1、[表 1、裏 1] を 2 回、LT、RT を 2 回、* 裏 1、[表 1、裏 1] を 4 回、LT、RT を 2 回；、* ～；を残り 5 目までくり返す、裏 1、[表 1、裏 1] を 2 回。

23 段め：[表 1、裏 1] を 3 回、LT、RT、* 裏 1、[表 1、裏 1] を 5 回、LT、RT；、* ～；を残り 6 目までくり返す、[裏 1、表 1] を 3 回。

㉜ Zigzag Panel

ジグザグパネル

引き続き、平行な３本線をテーマに、間隔が広めの３本線の両端を間隔がせまめの３本線で囲ってみました。結果としてできた模様は麦の穂のようにも見えます。

〈1 模様＝ 27 目× 20 段〉

PSS：85

1 段め(表面)：表 6、RT を 3 回、[表 2、RT] を 2 回、LT を 3 回、表 1。

2 段め以降の偶数段(裏面)：裏編み。

3 段め：表 5、RT を 3 回、LT、[RT、表 2] を 2 回、LT を 3 回。

5 段め：表 4、RT を 3 回、表 2、LT、[表 2、RT] を 2 回、表 5。

7 段め：表 3、RT を 3 回、LT、表 2、LT、RT、表 2、RT、表 6。

9 段め：表 2、RT を 3 回、表 2、[LT、表 2] を 2 回、RT、表 7。

11 段め：表 1、RT を 3 回、[LT、表 2] を 2 回、LT を 3 回、表 6。

13 段め：RT を 3 回、[表 2、LT] を 2 回、RT、LT を 3 回、表 5。

15 段め：表 5、[LT、表 2] を 2 回、RT、表 2、LT を 3 回、表 4。

17 段め：表 6、LT、表 2、LT、RT、表 2、RT、LT を 3 回、表 3。

19 段め：表 7、LT、表 2、[RT、表 2] を 2 回、LT を 3 回、表 2。

表面で表目、裏面で裏目

RT (表面)

LT (表面)

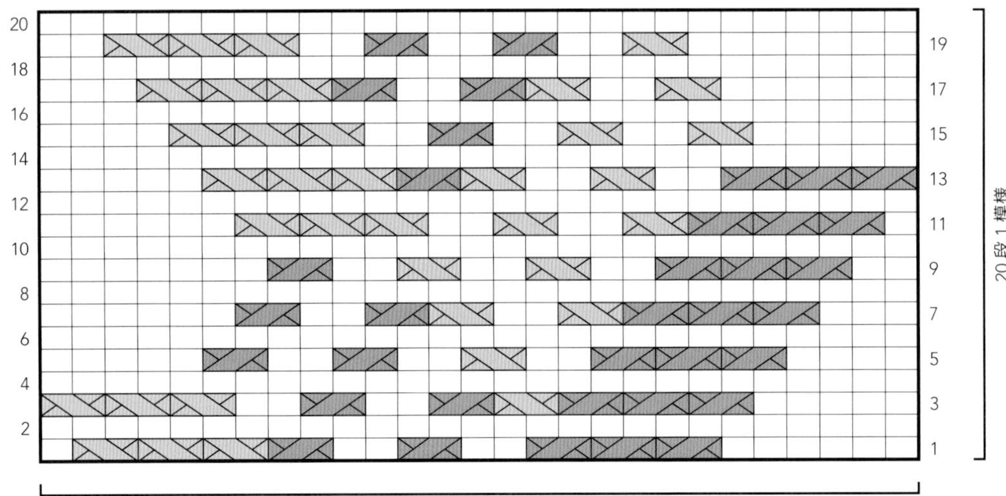

CHAPTER 3

Small

小さな模様

このチャプターには、
細いコラムや反復できる
シェブロン模様などを組み合わせて
総柄にまとめた模様を集めました。
どれもくり返し部分が細く短いです。
大きな模様の輪郭を描く、
隙間を埋める、仕切るなど、
組み合わせて使えます。
これらの模様のベースは斜線で
そのところどころに
横線や縦線を加えています。

㉝ Diagonal Columns

ダイアゴナルコラムス

斜めのストライプを描くコラムを４つと、それを左右反転させたものを１枚のスワッチにまとめました。どれも簡単かつベーシックな模様で、個別に使うことも、大きな模様の輪郭としても使うこともできます。最も小さいバリエーションとして個人的にミニケーブルと呼んでいるＡとＨは、表面ごとにツイストの上にツイストを重ねて編みます。

A
〈1 模様＝２目×２段〉
1 段め（表面）：RT。
2 段め：裏編み。

B
〈1 模様＝３目×４段〉
1 段め（表面）：表 1、RT。
2 段め：裏編み。
3 段め：RT、表 1。
4 段め：裏編み。

C
〈1 模様＝４目×４段〉
1 段め（表面）：RT を２回。
2 段め：裏編み。
3 段め：表 1、RT、表 1。
4 段め：裏編み。

D
〈1 模様＝４目×６段〉
1 段め（表面）：表 2、RT。
2 段め：裏編み。
3 段め：表 1、RT、表 1。
4 段め：裏編み。
5 段め：RT、表 2。
6 段め：裏編み。

E
〈1 模様＝４目×６段〉
1 段め（表面）：LT、表 2。
2 段め：裏編み。
3 段め：表 1、LT、表 1。
4 段め：裏編み。
5 段め：表 2、LT。
6 段め：裏編み。

F
〈1 模様＝４目×４段〉
1 段め（表面）：LT を２回。
2 段め：裏編み。
3 段め：表 1、LT、表 1。
4 段め：裏編み。

G
〈1 模様＝３目×４段〉
1 段め（表面）：LT、表 1。
2 段め：裏編み。
3 段め：表 1、LT。
4 段め：裏編み。

H
〈1 模様＝２目×２段〉
1 段め（表面）：LT。
2 段め：裏編み。

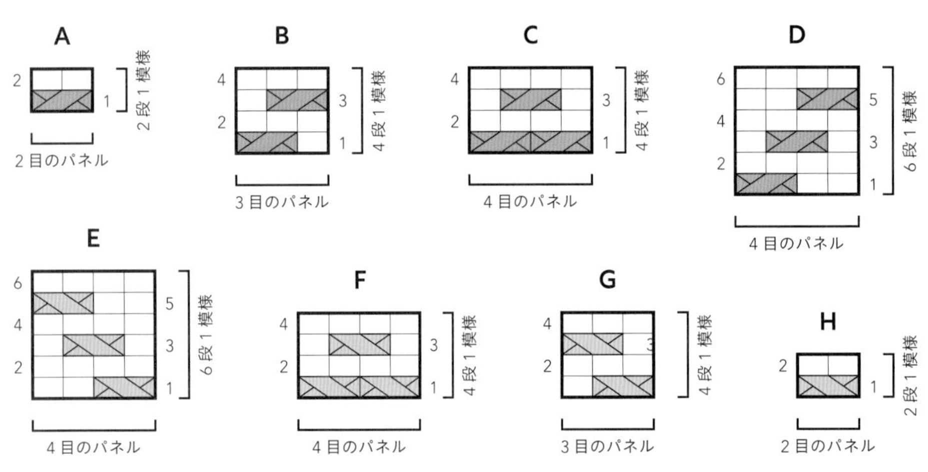

㉞ Braids

ブレード

4つのコラムはひとつのテーマから展開するバリエーションの例でもあります。からみ合う模様が、ひとつのアイディアから別のアイディアへと次々に発展します。B～Dのように裏メリヤス編みを加えると空間が生まれ、アクセントを添えられます。

A

〈1模様＝4目×4段〉

1段め（表面）：LT、RT。

2段め：裏編み。

3段め：表1、RT、表1。

4段め：裏編み。

B

〈1模様＝4目×6段〉

1段め（表面）：表1、RT、表1。

2段め：裏編み。

3段め：LT、RT。

4段め：表1、裏2、表1。

5段め：裏1、RT、裏1。

6段め：4段めと同様に編む。

C

〈1模様＝6目×8段〉

1段め（表面）：表1、裏1、RT、裏1、表1。

2段め：裏1、表1、裏2、表1、裏1。

3段め：LT、RTを2回。

4段め：裏編み。

5段め：表1、LT、RT、表1。

6段め：2段めと同様に編む。

7・8段め：1・2段めと同様に編む。

D

〈1模様＝8目×8段〉

1段め（表面）：表2、裏1、RT、裏1、表2。

2段め：裏2、［表1、裏2］を2回。

3段め：表1、LT、RTを2回、表1。

4段め：裏編み。

5段め：［RT、LT］を2回。

6段め：2段めと同様に編む。

7・8段め：1・2段めと同様に編む。

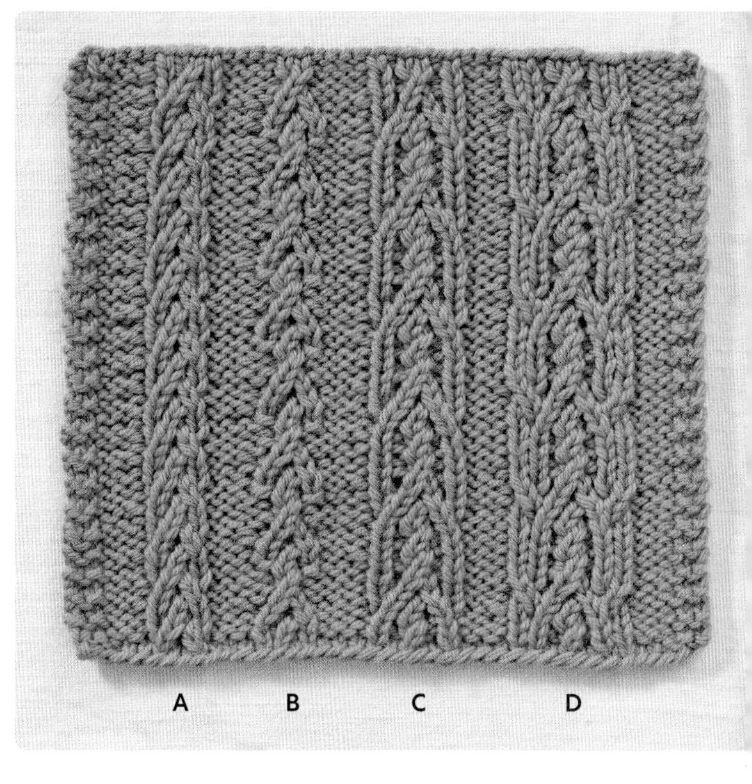

表面で表目、裏面で裏目

表面で裏目、裏面で表目

RT（表面）

LT（表面）

A

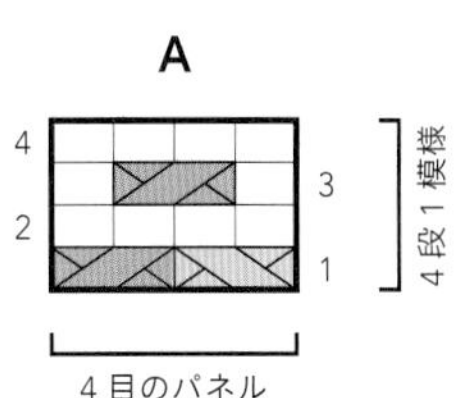

B

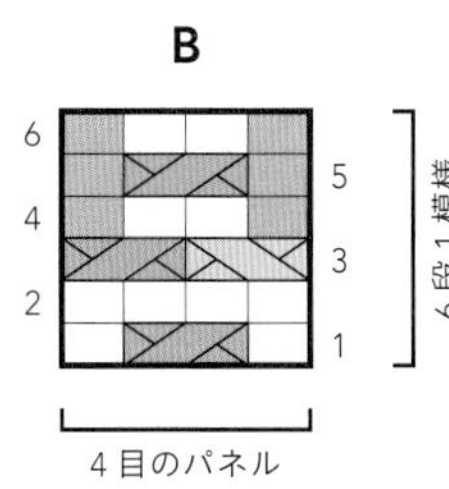

C

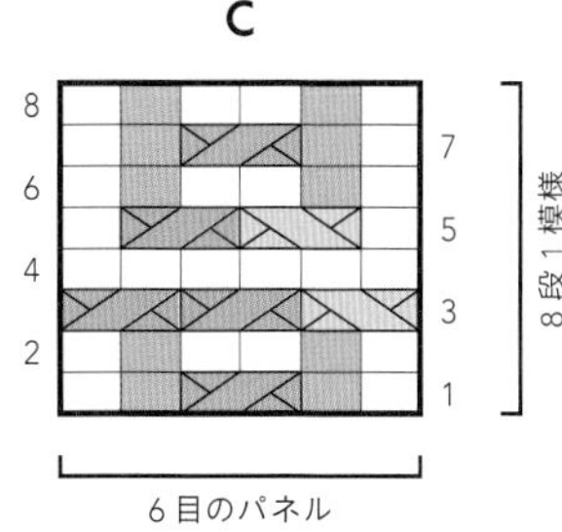

D

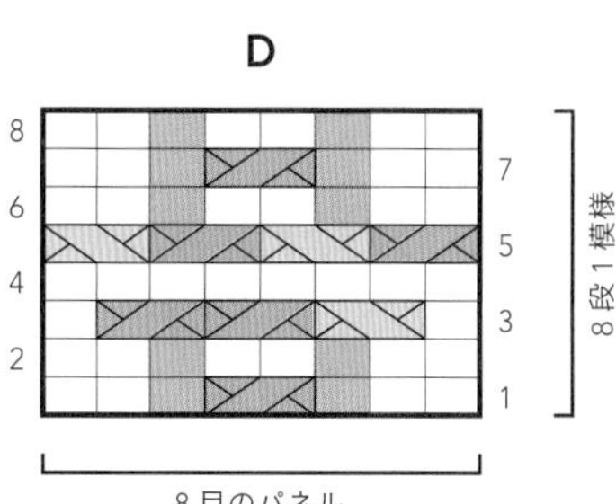

㉟ Mini Os

ミニオーズ

円形のモチーフをくり返す5つのコラムは、左から右に進むほど華やかになります。チャートを見るとどう変化しているかがひと目でわかります。

A

〈1 模様＝ 4 目× 6 段〉

1 段め（表面）：RT、LT。

2 段め以降の偶数段（裏面）：裏編み。

3 段め：LT、RT。

5 段め：表 1、RT、表 1。

B

〈1 模様＝ 4 目× 8 段〉

1 段め（表面）：RT、LT。

2 段め以降の偶数段（裏面）：裏編み。

3 段め：表編み。

5 段め：LT、RT。

7 段め：表編み。

C

〈1 模様＝ 4 目× 8 段〉

1 段め（表面）：表 1、RT、表 1。

2 段め以降の偶数段（裏面）：裏編み。

3 段め：RT、LT。

5 段め：表編み。

7 段め：LT、RT。

D

〈1 模様＝ 6 目× 16 段〉

1 段め（表面）：表 1、RT、LT、表 1。

2 段め以降の偶数段（裏面）：裏編み。

3 段め：RT、表 2、LT。

5 段め：1 段めと同様に編む。

7 段め：表 1、LT、RT、表 1。

9 段め：LT、表 2、RT。

11 段め：7 段めと同様に編む。

13 段め：9 段めと同様に編む。

15 段め：3 段めと同様に編む。

E

〈1 模様＝ 6 目× 14 段〉

1 段め（表面）：表 2、RT、表 2。

2 段め以降の偶数段（裏面）：裏編み。

3 段め：表 1、RT、LT、表 1。

5 段め：RT を 2 回、LT。

7 段め：3 段めと同様に編む。

9 段め：表 1、LT、RT、表 1。

11 段め：LT、RT を 2 回。

13 段め：9 段めと同様に編む。

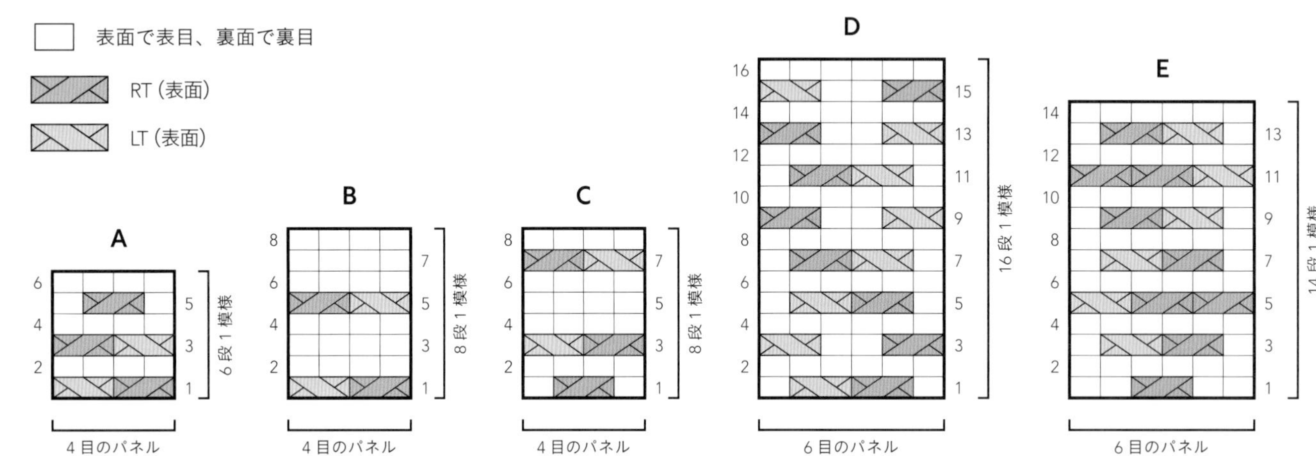

36 Mock Cables

モックケーブルズ

広めの幅のコラムに、ツイストステッチを組み合わせてケーブル模様のように見せようと試みた模様です。ケーブル模様に似ているだけでなく、幅が広いので、ケーブル模様と置き替えることもできます。

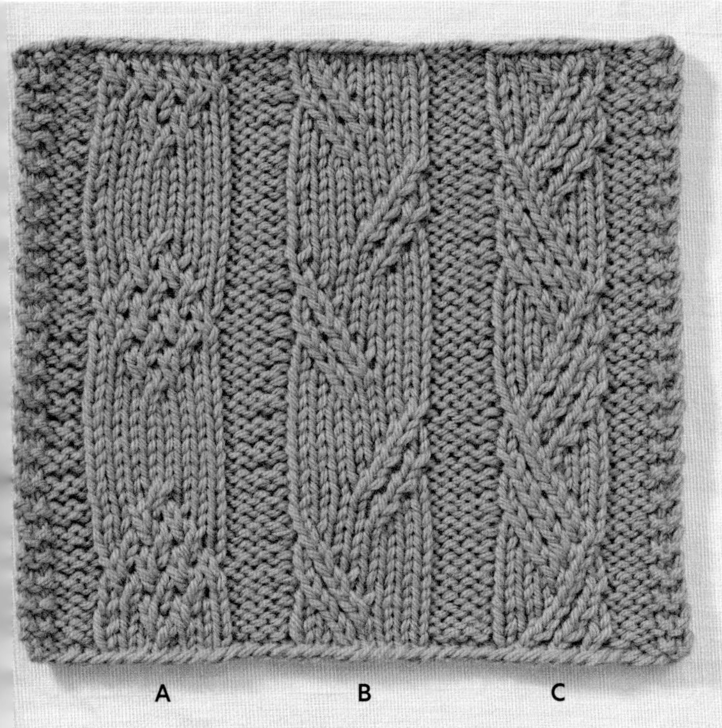

A

〈1 模様＝ 8 目× 20 段〉

PSS：95

1 段め（表面）：表 3、RT、表 3。

2 段め以降の偶数段（裏面）：裏編み。

3 段め：表 2、LT を 2 回、表 2。

5 段め：表 1、RT を 3 回、表 1。

7 段め：LT を 4 回。

9 段め：5 段めと同様に編む。

11 段め：3 段めと同様に編む。

13 段め：1 段めと同様に編む。

15・17・19 段め：表編み。

B

〈1 模様＝ 8 目× 20 段〉

PSS：95

1 段め（表面）：表 4、LT、表 2。

2 段め以降の偶数段（裏面）：裏編み。

3 段め：表 3、LT を 2 回、表 1。

5 段め：表 4、LT を 2 回。

7 段め：表 5、LT、表 1。

9 段め：表 6、LT。

11 段め：表 2、RT、表 4。

13 段め：表 1、RT を 2 回、表 3。

15 段め：RT を 2 回、表 4。

17 段め：表 1、RT、表 5。

19 段め：RT、表 6。

C

〈1 模様＝ 7 目× 20 段〉

PSS：95

1 段め（表面）：RT を 3 回、表 1。

2 段め以降の偶数段（裏面）：裏編み。

3 段め：表 1、RT を 2 回、表 2。

5 段め：RT を 2 回、表 3。

7 段め：表 1、RT、LT、表 2。

9 段め：RT、LT を 2 回、表 1。

11 段め：表 1、LT を 3 回。

13 段め：表 2、LT を 2 回、表 1。

15 段め：表 3、LT を 2 回。

17 段め：表 2、RT、LT、表 1。

19 段め：表 1、RT を 2 回、LT。

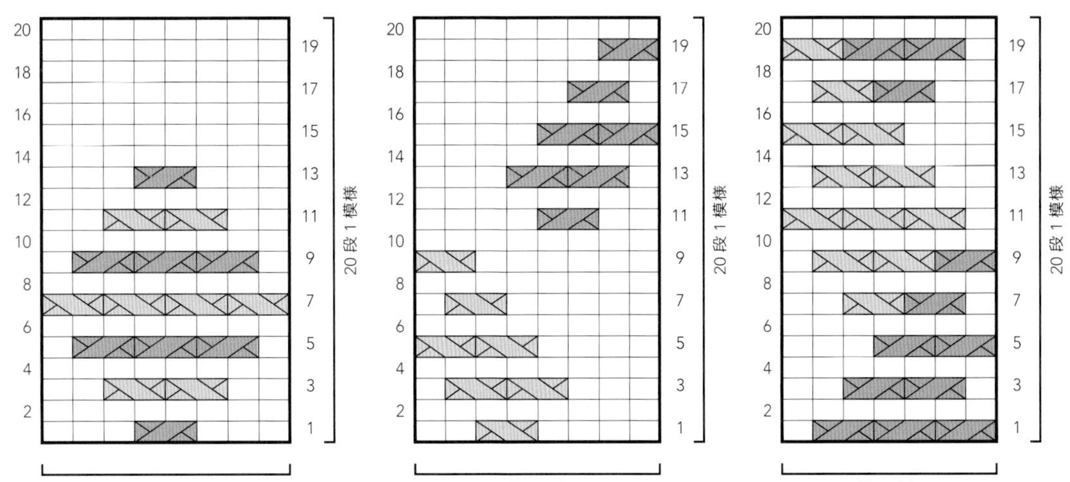

37 Hilary

ヒラリー

アルファベットのＨの形のモチーフを左右に傾け、間隔を十分に開けながら編み地全体に散りばめた模様です。

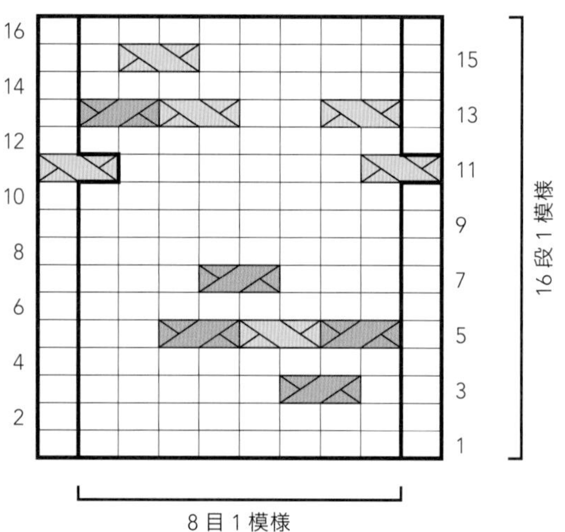

〈1模様＝（8の倍数＋2目）×16段〉

PSS：95

1段め（表面）：表編み。

2段め以降の偶数段（裏面）：裏編み。

3段め：表2、*RT、表6；、*～；を最後までくり返す。

5段め：表1、*RT、LT、RT、表2；、*～；を残り1目までくり返す、表1。

7段め：表4、RT、*表6、RT；、*～；を残り4目までくり返す、表4。

9段め：表編み。

11段め：LT、*表6、LT；、*～；を最後までくり返す。

13段め：表1、*LT、表2、LT、RT；、*～；を残り1目までくり返す、表1。

15段め：*表6、LT；、*～；を残り2目までくり返す、表2。

㊳ Houndstooth
ハウンズストゥース

4本の直線を交差させて小さな風車の形にして、千鳥格子のモチーフを作りました。モチーフ同士の間隔を目数・段数ともに開けることで、総柄として効果的な模様に仕上げています。

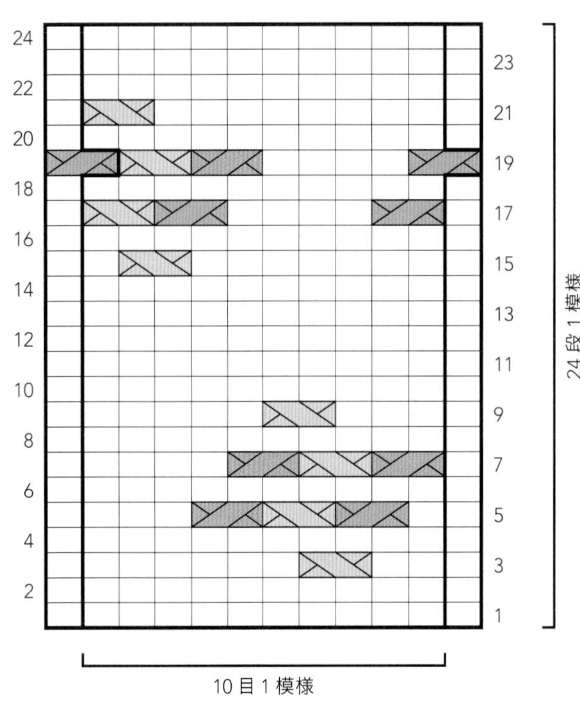

〈1模様＝（10の倍数＋2目）× 24段〉

PSS：95

1段め（表面）：表編み。

2段め以降の偶数段（裏面）：裏編み。

3段め：表3、LT、* 表8、LT；、* ～；を残り7目までくり返す、表7。

5段め：表2、*RT、LT、RT、表4；、* ～；を最後までくり返す。

7段め：表1、*RT、LT、RT、表4；、* ～；を残り1目までくり返す、表1。

9段め：表4、LT、* 表8、LT；、* ～；を残り6目までくり返す、表6。

11・13段め：表編み。

15段め：* 表8、LT；、* ～；を残り2目までくり返す、表2。

17段め：表1、*RT、表4、RT、LT；、* ～；を残り1目までくり返す、表1。

19段め：RT、* 表4、RT、LT、RT；、* ～；を最後までくり返す。

21段め：表9、LT、* 表8、LT；、* ～；を残り1目までくり返す、表1。

23段め：表編み。

39 Rhinestones

ラインストーンズ

輝きを放つラインストーンはメリヤス編みを背景に等間隔で配置しているので、総柄またはセンターパネル（編み地の中央に配置するメインの模様）としても使えます。

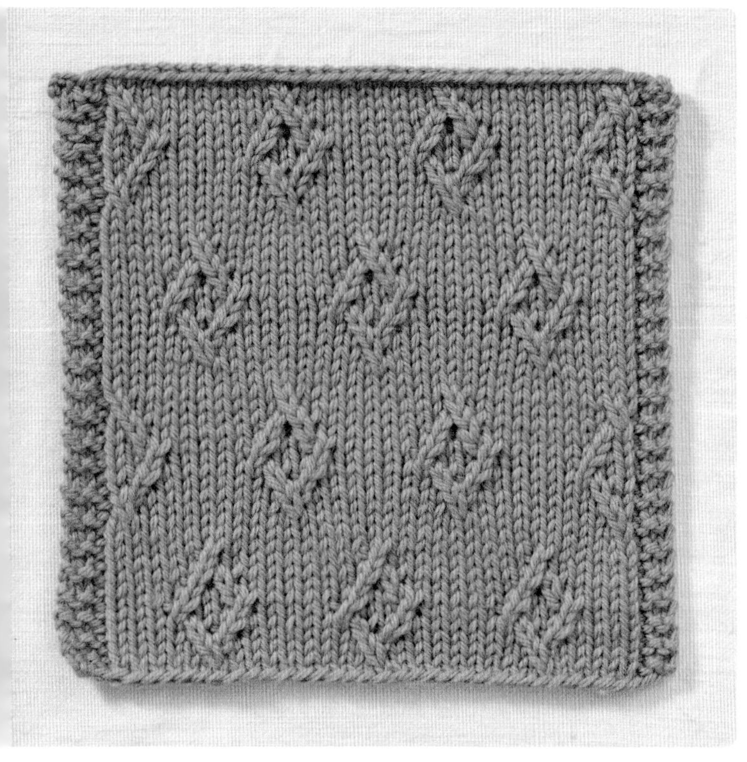

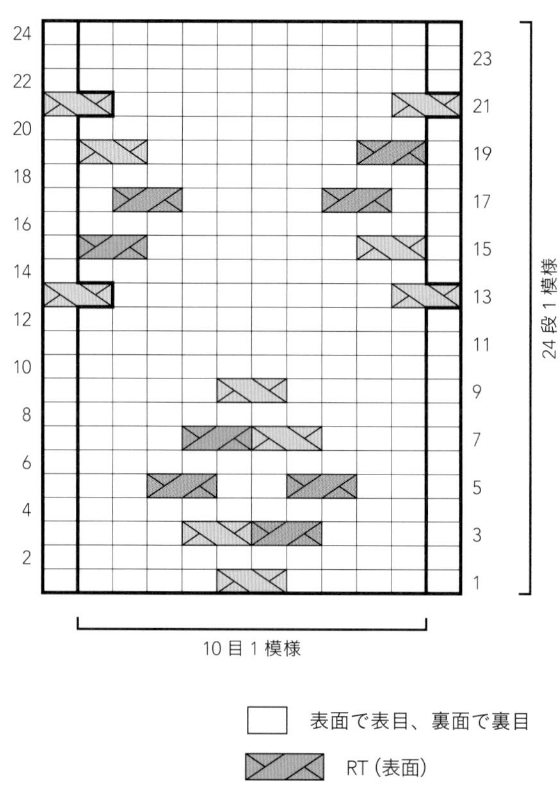

〈1模様＝（10の倍数＋2目）×24段〉

PSS：95

1段め（表面）：表5、LT、* 表8、LT；、* ～；を残り5目までくり返す、表5。

2段め以降の偶数段（裏面）：裏編み。

3段め：表4、RT、LT、* 表6、RT、LT；、* ～；を残り4目までくり返す、表4。

5段め：表3、RT、表2、RT、* 表4、RT、表2、RT；、* ～；を残り3目までくり返す、表3。

7段め：表4、LT、RT、* 表6、LT、RT；、* ～；を残り4目までくり返す、表4。

9段め：1段めと同様に編む。

11段め：表編み。

13段め：LT、* 表8、LT；、* ～；を最後までくり返す。

15段め：表1、*LT、表6、RT；、* ～；を残り1目までくり返す、表1。

17段め：表2、*RT、表4、RT、表2；、* ～；を最後までくり返す。

19段め：表1、*RT、表6、LT；、* ～；を残り1目までくり返す、表1。

21段め：13段めと同様に編む。

23段め：表編み。

40 Rune

ルーン

Rhinestones (#39) の直線をダイヤモンド形を超えるまで延長すると、古代のルーン文字のように見える Rune ができました。

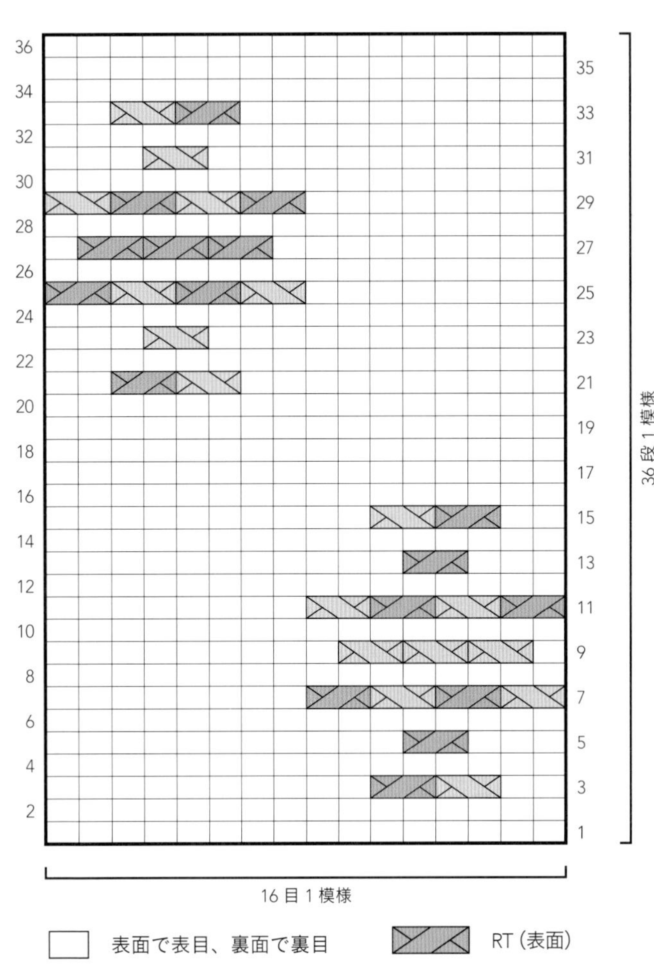

〈1 模様＝16 の倍数目× 36 段〉

PSS：95

1 段め (表面)：表編み。

2 段め以降の偶数段 (裏面)：裏編み。

3 段め：表 2、LT、RT、* 表 12、LT、RT；、* ～；を残り 10 目までくり返す、表 10。

5 段め：表 3、RT、* 表 14、RT；、* ～；を残り 11 目までくり返す、表 11。

7 段め：* [LT、RT] を 2 回、表 8；、* ～；を最後までくり返す。

9 段め：表 1、LT を 3 回、* 表 10、LT を 3 回；、* ～；を残り 9 目までくり返す、表 9。

11 段め：* [RT、LT] を 2 回、表 8；、* ～；を最後までくり返す。

13 段め：5 段めと同様に編む。

15 段め：表 2、RT、LT、* 表 12、RT、LT；、* ～；を残り 10 目までくり返す、表 10。

17・19 段め：表編み。

21 段め：表 10、LT、RT、* 表 12、LT、RT；、* ～；を残り 2 目までくり返す、表 2。

23 段め：表 11、LT、* 表 14、LT；、* ～；を残り 3 目までくり返す、表 3。

25 段め：* 表 8、[LT、RT] を 2 回；、* ～；を最後までくり返す。

27 段め：表 9、RT を 3 回、* 表 10、RT を 3 回；、* ～；を残り 1 目までくり返す、表 1。

29 段め：* 表 8、[RT、LT] を 2 回；、* ～；を最後までくり返す。

31 段め：23 段めと同様に編む。

33 段め：表 10、RT、LT、* 表 12、RT、LT；、* ～；を残り 2 目までくり返す、表 2。

35 段め：表編み。

41 Chevron

シェブロン

この模様と、これに続く3模様のチャートは、どれも2通りに使えます。ひとつは、チャートと同様に、左右対称に編むパターン。もうひとつは、左右どちらかのくり返し部分だけを使うパターンです。スワッチは左右対称パターンで、反対方向の斜線が中央で出会い、頂点は右側の目が上になるようにLTを編んでシェブロンをしめくくっています。

〈1模様＝（6目の模様2個分の倍数＋12目）×12段〉

PSS：95

NOTE：中央の6目の左右にマーカー①、②を入れる。SMは「マーカーを移す」の略。

1段め（表面）：表3、*LT、表4；、*～；をマーカーまでくり返す、SM①、表1、LT、RT、表1、SM②、**表4、RT；、**～；を残り3目までくり返す、表3。

2段め以降の偶数段（裏面）：裏編み。

3段め：表3、*表1、LT、表3；、*～；をマーカーまでくり返す、SM①、表2、LT、表2、SM②、**表3、RT、表1；、**～；を残り3目までくり返す、表3。

5段め：表3、*表2、LT、表2；、*～；をマーカーまでくり返す、SM①、表6、SM②、**表2、RT、表2；、**～；を残り3目までくり返す、表3。

7段め：LT、表1、*表3、LT、表1；、*～；をマーカーまでくり返す、SM①、表6、SM②、**表1、RT、表3；、**～；を残り3目までくり返す、表1、RT。

9段め：表1、LT、*表4、LT；、*～；をマーカーまでくり返す、SM①、表6、SM②、**RT、表4；、**～；を残り3目までくり返す、RT、表1。

11段め：表2、*LT、表4；、*～；をマーカーまで残り1目までくり返す、LT（マーカーをLTの2目の間に移す）、表4、RT（マーカーをRTの2目の間に移す）、**表4、RT；、**～；を残り2目までくり返す、表2。

表面で表目、裏面で裏目

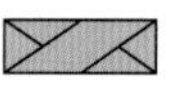
RT（表面）

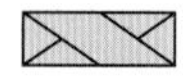
LT（表面）

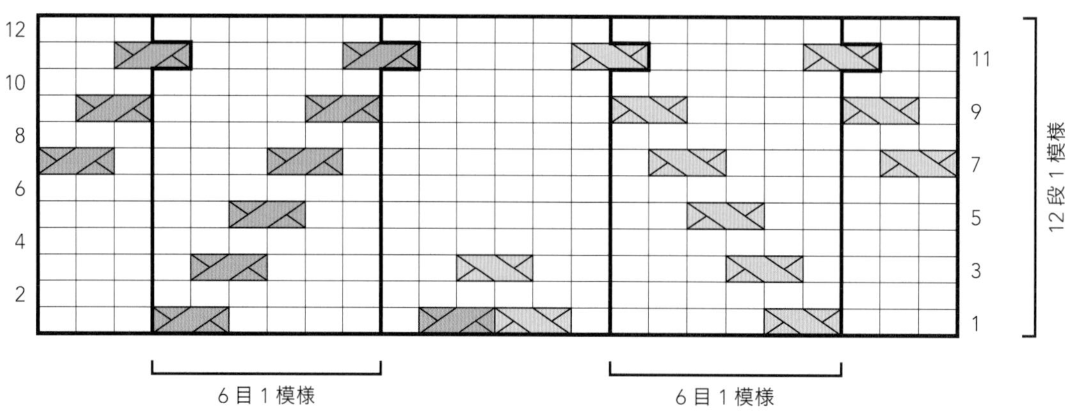

㊷ Interrupted

インターラプテッド

Chevron（#41）の左右対称の斜線はこの模様では中央で出会わず、間にブレードが入ります。スワッチのチャートにある3つのセクションは、全部編んでもいいですし、斜線部分を左右どちらかだけにして編んでもかまいません。

〈1模様＝（6目の模様2個分の倍数＋13目）× 12段〉

PSS：90

NOTE：中央の9目の左右にマーカー①、②を入れる。SMは「マーカーを移す」の略。

1段め（表面）：表2、*LT、表4；、*〜；をマーカーまでくり返す、SM ①、LT、裏1、表1、RT、裏1、RT、SM ②、** 表4、RT；、**〜；を残り2目までくり返す、表2。

2段め以降の偶数段（裏面）：（前段の目を裏面から見た状態で）表目は表目、裏目は裏目に編む。

3段め：表2、* 表1、LT、表3；、*〜；をマーカーまでくり返す、SM ①、表2、裏1、LT、表1、裏1、表2、SM ②、** 表3、RT、表1；、**〜；を残り2目までくり返す、表2。

5段め：表2、* 表2、LT、表2；、*〜；をマーカーまでくり返す、SM ①、表2、裏1、表1、RT、裏1、表2、SM ②、** 表2、RT、表2；、**〜；を残り2目までくり返す、表2。

7段め：表2、* 表3、LT、表1；、*〜；をマーカーまでくり返す、SM ①、表2、裏1、LT、表1、裏1、表2、SM ②、** 表1、RT、表3；、**〜；を残り2目までくり返す、表2。

9段め：LT、* 表4、LT；、*〜；をマーカーまでくり返す、SM ①、表2、裏1、表1、RT、裏1、表2、SM ②、**RT、表4；、**〜；を残り2目までくり返す、RT。

11段め：表1、*LT、表4；、*〜；をマーカーまで残り1目までくり返す、LT（マーカーをLTの2目の間に移す）、表1、裏1、LT、表1、裏1、表1、RT（マーカーをRTの2目の間に移す）、** 表4、RT；、**〜；を残り1目までくり返す、表1。

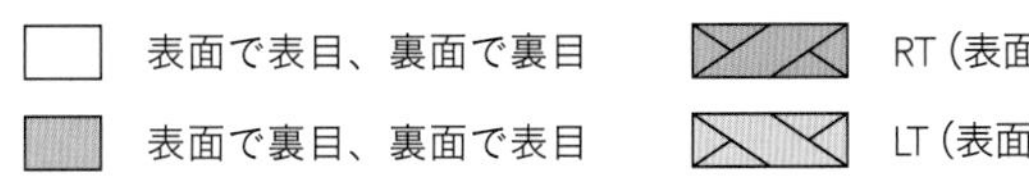

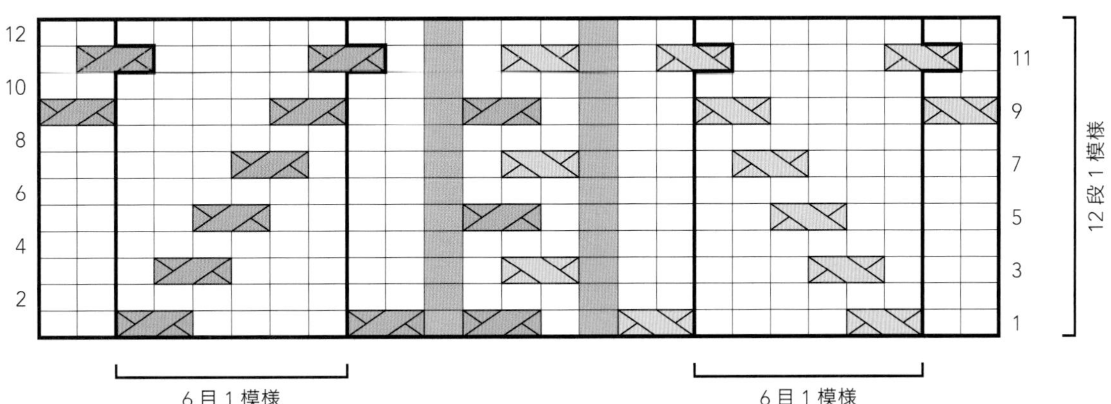

43 Sprouts

スプラウト

#41 ～ 44 の Chevron シリーズのなかで、最も装飾性が高い模様です。平行な斜線で始まり、線の内側がミニケーブルで飾られ、それが編み地の真ん中で合流し、芽と根のようになります。

〈1 模様＝（12 目の模様 2 個分の倍数＋ 12 目）× 24 段〉

PSS：90

NOTE：中央の 4 目の左右にマーカー①、②を入れる。SM は「マーカーを移す」の略。

1 段め（表面）：LT、RT、* 裏 1、LT、表 5、LT、RT；、* ～；をマーカーまでくり返す、SM ①、裏 1、LT、裏 1、SM ②、**LT、RT、表 5、RT、裏 1；、** ～；を残り 4 目までくり返す、LT、RT。

2 段め以降の偶数段（6・12・18・24 段めは除く）：（前段の目を裏面から見た状態で）表目は表目、裏目は裏目に編む。

3 段め：表 1、RT、表 1、* 裏 1、表 1、RT、表 5、RT、表 1；、* ～；をマーカーまでくり返す、SM ①、裏 1、LT、裏 1、SM ②、** 表 1、LT、表 5、LT、表 1、裏 1；、** ～；を残り 4 目までくり返す、表 1、LT、表 1。

5 段め：表 2、LT、* 裏 1、RT、LT、表 5、LT；、* ～；をマーカーまでくり返す、SM ①、裏 1、LT、裏 1、SM ②、**RT、表 5、RT、LT、裏 1；、** ～；を残り 4 目までくり返す、RT、表 2。

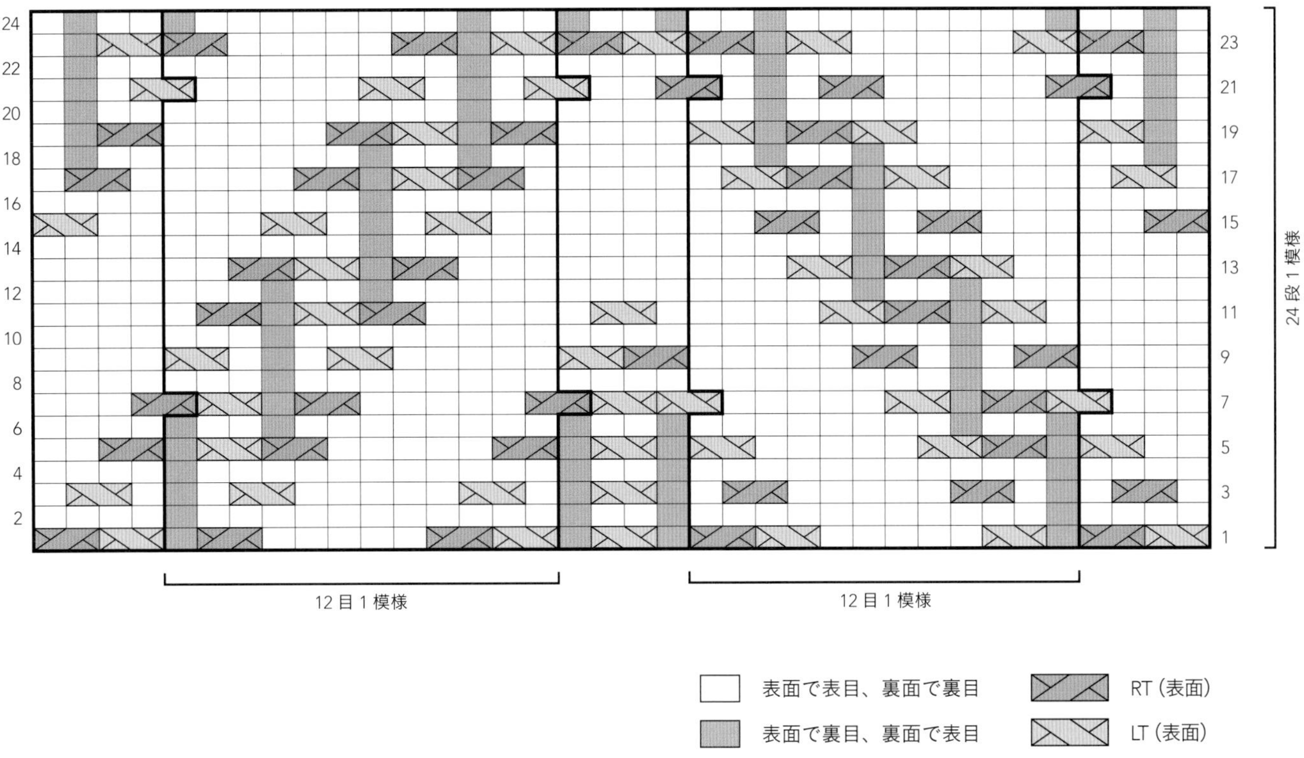

6段め：裏4、*表1、裏2、表1、裏8；、*～；をマーカーまでくり返す、SM ②、表1、裏2、表1、SM ①、**裏8、表1、裏2、表1；、**～；を残り4目までくり返す、裏4。

7段め：表3、*LT、RT、裏1、LT、表5；、*～；をマーカーまで残り1目までくり返す、LT（LTの2目の間にマーカーを移す）、LT、RT（RTの2目の間にマーカーを移す）、**表5、RT、裏1、LT、RT；、**～；を残り3目までくり返す、表3。

9段め：表4、*RT、表1、裏1、表1、RT、表5；、*～；をマーカーまでくり返す、SM ①、RT、LT、SM ②、**表5、LT、表1、裏1、表1、LT；、**～；を残り4目までくり返す、表4。

11段め：表4、*表1、LT、裏1、RT、LT、表4；、*～；をマーカーまでくり返す、SM ①、表1、LT、表1、SM ②、**表4、RT、LT、裏1、RT、表1；、**～；を残り4目までくり返す、表4。

12段め：裏4、*裏3、表1、裏2、表1、裏5；、*～；をマーカーまでくり返す、SM ②、裏4、SM ①、**裏5、表1、裏2、表1、裏3；、**～；を残り4目までくり返す、裏4。

13段め：表4、*表2、LT、RT、裏1、LT、表3；、*～；をマーカーまでくり返す、SM ①、表4、SM ②、**表3、RT、裏1、LT、RT、表2；、**～；を残り4目までくり返す、表4。

15段め：RT、表2、*表3、RT、表1、裏1、表1、RT、表2；、*～；をマーカーまでくり返す、SM ①、表4、SM ②、**表2、LT、表1、裏1、表1、LT、表3；、**～；を残り4目までくり返す、表2、LT。

17段め：表1、LT、表1、*表4、LT、裏1、RT、LT、表1；、*～；をマーカーまでくり返す、SM ①、表4、SM ②、**表1、RT、LT、裏1、RT、表4；、**～；を残り4目までくり返す、表1、RT、表1。

18段め：裏1、表1、裏2、*裏6、[表1、裏2] を2回；、*～；をマーカーまでくり返す、SM ②、裏4、SM ①、**[裏2、表1] を2回、裏6；、**～；を残り4目までくり返す、裏2、表1、裏1。

19段め：表1、裏1、LT、*表5、LT、RT、裏1、LT；、*～；をマーカーまでくり返す、SM ①、表4、SM ②、**RT、裏1、LT、RT、表5；、**～；を残り4目までくり返す、RT、裏1、表1。

21段め：表1、裏1、表1、*RT、表5、RT、表1、裏1、表1；、*～；をマーカーまで残り1目までくり返す、RT（RTの2目の間にマーカーを移す）、表2、LT（LTの2目の間にマーカーを移す）、**表1、裏1、表1、LT、表5、LT；、**～；を残り3目までくり返す、表1、裏1、表1。

23段め：表1、裏1、RT、*LT、表5、LT、裏1、RT；、*～；をマーカーまでくり返す、SM ①、LT、RT、SM ②、**LT、裏1、RT、表5、RT；、**～；を残り4目までくり返す、LT、裏1、表1。

24段め：裏1、表1、裏2、*表1、裏8、表1、裏2；、*～；をマーカーまでくり返す、SM ②、表1、裏2、表1、SM ①、**裏2、表1、裏8、表1；、**～；を残り4目までくり返す、裏2、表1、裏1。

Perpendicular

パーペンディキュラー

この華やかなシェブロン模様は、斜線の上に反対方向のツイストを編みます。そしてすべてが中央で合流し、交差します。チャートにある３つのセクションは、全部編んでもいいですし、斜線部分を左右どちらかだけにして編んでもかまいません。

〈1 模様＝（8 目の模様 2 個分＋4 目）× 16 段〉

PSS：90

NOTE：中央の２目の左右にマーカー①、②を入れる。SM は「マーカーを移す」の略。

1 段め（表面）：表 1、*RT、LT、表 4；、*～；をマーカーまでくり返す、SM ①、RT、SM ②、** 表 4、RT、LT；、** ～；を残り１目までくり返す、表 1。

2 段め以降の偶数段（裏面）：裏編み。

3 段め：表 1、* 表 1、RT、LT、表 3；、* ～；をマーカーまでくり返す、SM ①、表 2、SM ②、** 表 3、RT、LT、表 1；、** ～；を残り１目までくり返す、表 1。

5 段め：表 1、* 表 2、RT、LT、表 2；、* ～；をマーカーまでくり返す、SM ①、表 2、SM ②、** 表 2、RT、LT、表 2；、** ～；を残り１目までくり返す、表 1。

7 段め：表 1、* 表 3、RT、LT、表 1；、* ～；をマーカーまでくり返す、SM ①、表 2、SM ②、** 表 1、RT、LT、表 3；、** ～；を残り１目までくり返す、表 1。

9 段め：表 1、* 表 4、RT、LT；、* ～；をマーカーまでくり返す、SM ①、表 2、SM ②、**RT、LT、表 4；、** ～；を残り１目までくり返す、表 1。

11 段め：*LT、表 4、RT；、* ～；をマーカーまで残り１目までくり返す、LT（LT の２目の間にマーカーを移す）、RT（RT の２目の間にマーカーを移す）、**LT、表 4、RT；、** ～；を最後までくり返す。

13 段め：表 1、*LT、表 4、RT；、* ～；をマーカーまでくり返す、SM ①、RT、SM ②、**LT、表 4、RT；、** ～；を残り１目までくり返す、表 1。

15 段め：RT、LT、* 表 4、RT、LT；、* ～；を最後までくり返す、マーカー①②はそれぞれ RT、LT の２目の間に移す。

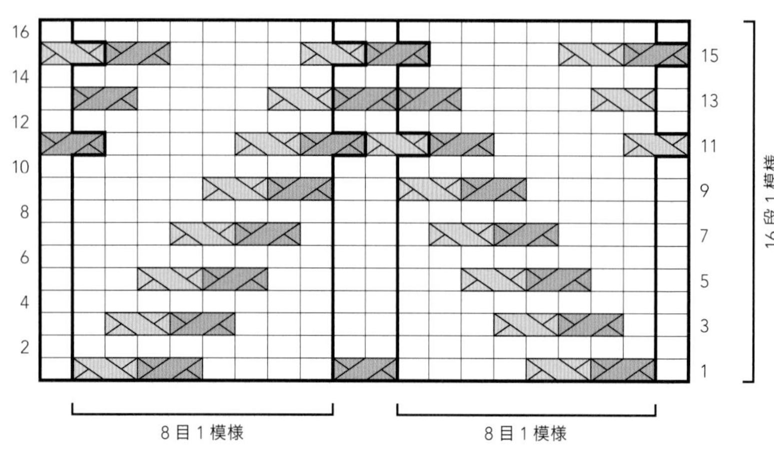

Carp

カーブ

まるでコイのうろこのように、カーブし重なったように見える総柄です。

〈1 模様＝ 8 の倍数目× 8 段〉

PSS：95

1 段め (表面)：表 1、RT、表 2、LT、* 表 2、RT、表 2、LT；、* ～；を残り 1 目までくり返す、表 1。

2 段め以降の偶数段 (裏面)：裏編み。

3 段め：*RT、表 4、LT；、* ～；を最後までくり返す。

5 段め：表 1、LT、表 2、RT、* 表 2、LT、表 2、RT；、* ～；を残り 1 目までくり返す、表 1。

7 段め： 表 2、LT、RT、* 表 4、LT、RT；、* ～；を残り 2 目までくり返す、表 2。

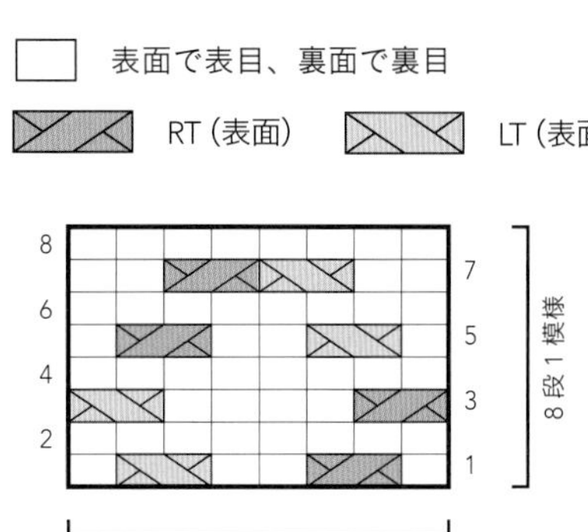

Carp Rib

カーブリブ

Carp (#45) の中央にゴム編みを加えると、斜線が際立ちます。模様選びでこの模様と Carp とで迷ったときには、この模様はゴム編みが入るため裏面の操作が少し複雑になることがひとつの基準になるかもしれません。

〈1 模様＝ 8 の倍数目× 8 段〉

PSS：90

1 段め (表面)：表 1、RT、表 2、LT、* 表 2、RT、表 2、LT；、* ～；を残り 1 目までくり返す、表 1。

2 段め：[裏 2、表 1] を 2 回、* 裏 4、表 1、裏 2、表 1；、* ～；を残り 2 目までくり返す、裏 2。

3 段め：*RT、裏 1、表 2、裏 1、LT；、* ～；を最後までくり返す。

4 段め：2 段めと同様に編む。

5 段め：表 1、LT、表 2、RT、* 表 2、LT、表 2、RT；、* ～；を残り 1 目までくり返す、表 1。

6 段め：裏 1、表 1、裏 4、表 1、* 裏 2、表 1、裏 4、表 1；、* ～；を残り 1 目までくり返す、裏 1。

7 段め：表 1、裏 1、LT、RT、裏 1、* 表 2、裏 1、LT、RT、裏 1；、* ～；を残り 1 目までくり返す、表 1。

8 段め：6 段めと同様に編む。

表面で表目、裏面で裏目

表面で裏目、裏面で表目

RT (表面)　LT (表面)

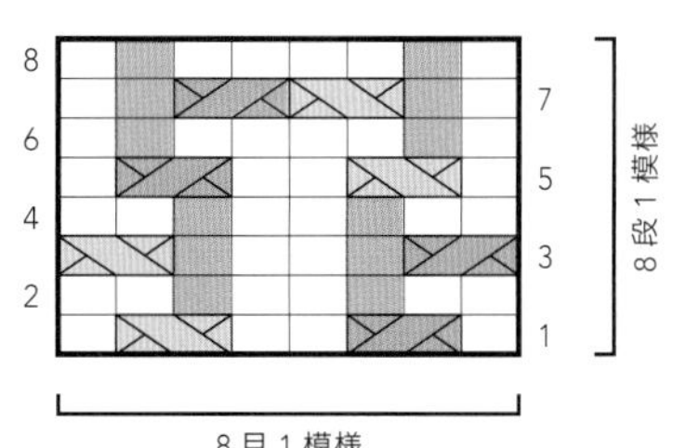

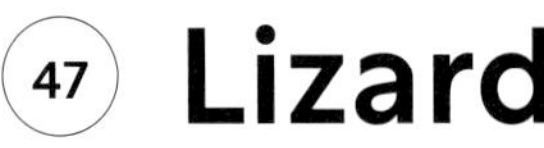

(47) Lizard

リザード

次のチャプターの伏線になりますが、この模様では左右の斜線の交点に水平な点線のようなガーター編みを重ねました。その結果できた模様から連想したのはイグアナの皮。そこから Lizard（とかげ）と名づけました。

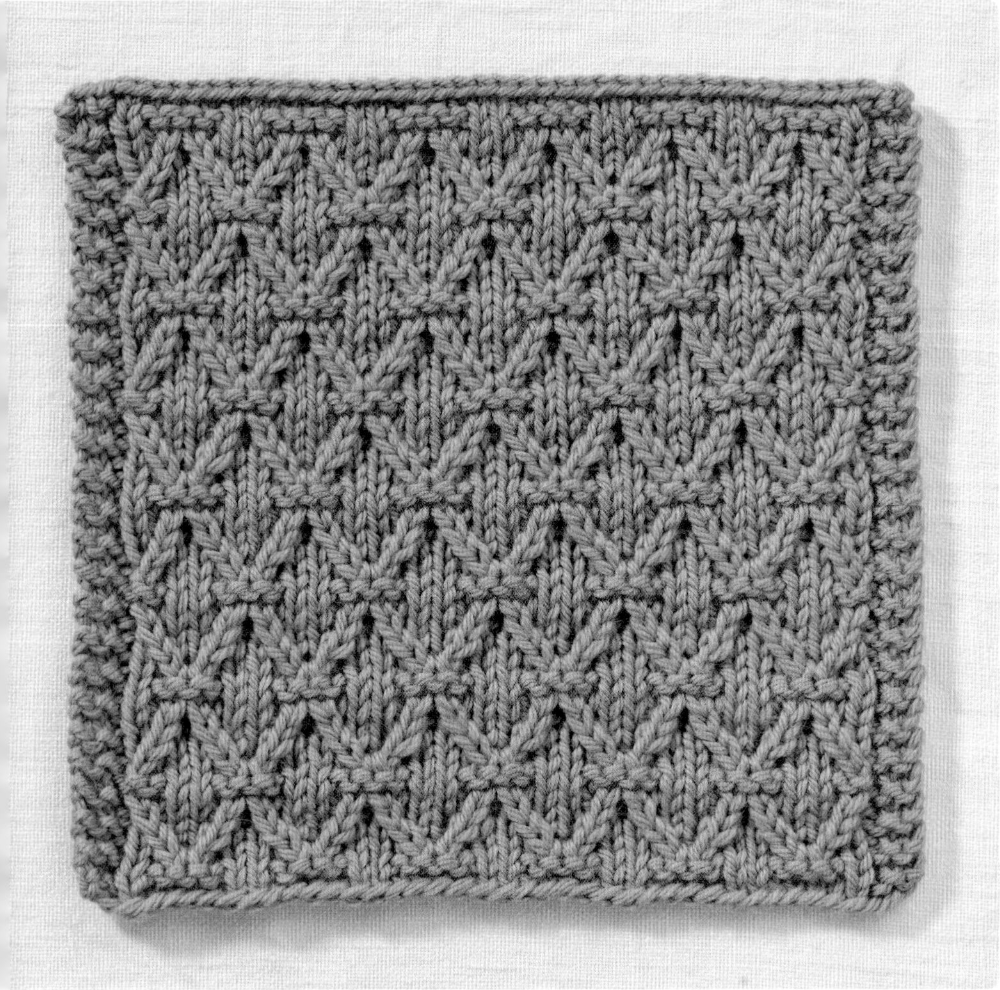

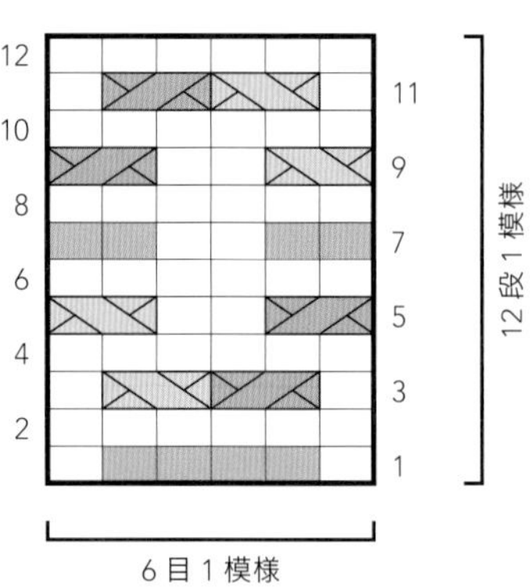

12
11
10
9
8
7
6
5
4
3
2
1
12 段 1 模様
6 目 1 模様
表面で表目、裏面で裏目
表面で裏目、裏面で表目
RT（表面）
LT（表面）

〈1 模様＝ 6 の倍数目× 12 段〉
PSS：90
1 段め（表面）：表 1、裏 4、* 表 2、裏 4；、* ～；を残り 1 目までくり返す、表 1。
2 段め以降の偶数段（裏面）：裏編み。
3 段め：表 1、RT、LT、* 表 2、RT、LT；、* ～；を残り 1 目までくり返す、表 1。
5 段め：*RT、表 2、LT；、* ～；を最後までくり返す。
7 段め：裏 2、表 2、* 裏 4、表 2；、* ～；を残り 2 目までくり返す、裏 2。
9 段め：*LT、表 2、RT；、* ～；を最後までくり返す。
11 段め：表 1、LT、RT、* 表 2、LT、RT；、* ～；を残り 1 目までくり返す、表 1。

48 Lattice

ラティス

それぞれのラインが互いに折り重なり、ベーシックなラティス模様を作ります。背景がメリヤス編みなので編みやすい模様です。

〈1 模様＝(8 の倍数＋ 2 目) × 8 段〉

PSS：90

1 段め (表面)：表 2、*RT、表 2；、* 〜；を最後までくり返す。

2 段め以降の偶数段 (裏面)：裏編み。

3 段め：表 1、*RT、LT；、* 〜；を残り 1 目までくり返す、表 1。

5 段め：LT、* 表 2、LT；、* 〜；を最後までくり返す。

7 段め：表 1、*LT、RT；、* 〜；を残り 1 目までくり返す、表 1。

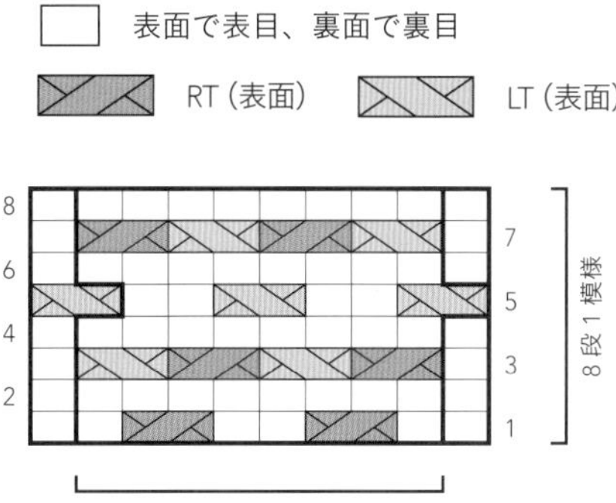

49 Carved Lattice

カーブドラティス

Lattice (#48) の背景を裏メリヤス編みに置き替えることで、隙間部分を削り取ったかのように斜線が劇的に浮き上がります。ただし、こちらの模様のほうが裏面の操作は複雑です。

〈1 模様＝(8 の倍数＋ 2 目) × 8 段〉

PSS：85

1 段め (表面)：裏 2、*RT、裏 2；、* 〜；を最後までくり返す。

2 段め：表 2、* 裏 2、表 2；、* 〜；を最後までくり返す。

3 段め：表 1、*RT、LT；、* 〜；を残り 1 目までくり返す、表 1。

4 段め：裏 2、* 表 2、裏 2；、* 〜；を最後までくり返す。

5 段め：LT、* 裏 2、LT；、* 〜；を最後までくり返す。

6 段め：4 段めと同様に編む。

7 段め：表 1、*LT、RT；、* 〜；を残り 1 目までくり返す、表 1。

8 段め：2 段めと同様に編む。

表面で表目、裏面で裏目

表面で裏目、裏面で表目

RT (表面)　LT (表面)

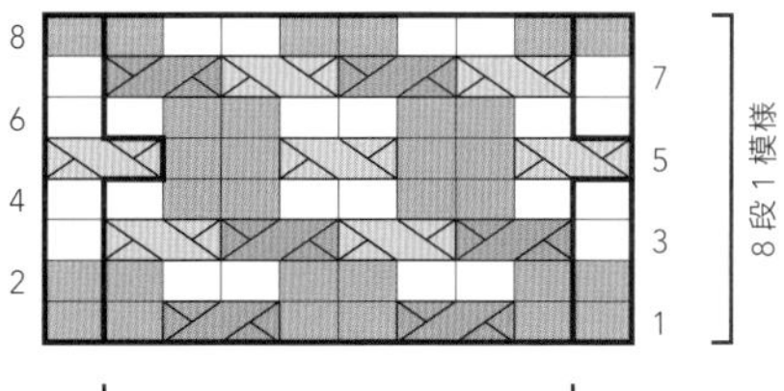

50 Crossed

クロスド

こちらも Lattice (#48) のバリエーションで、斜線 2 本を 1 組として各組の間隔を広げています。さらに間にできる小さいダイヤモンド形の中をツイストで埋めることで、より大きく華やかなラティスを作りました。

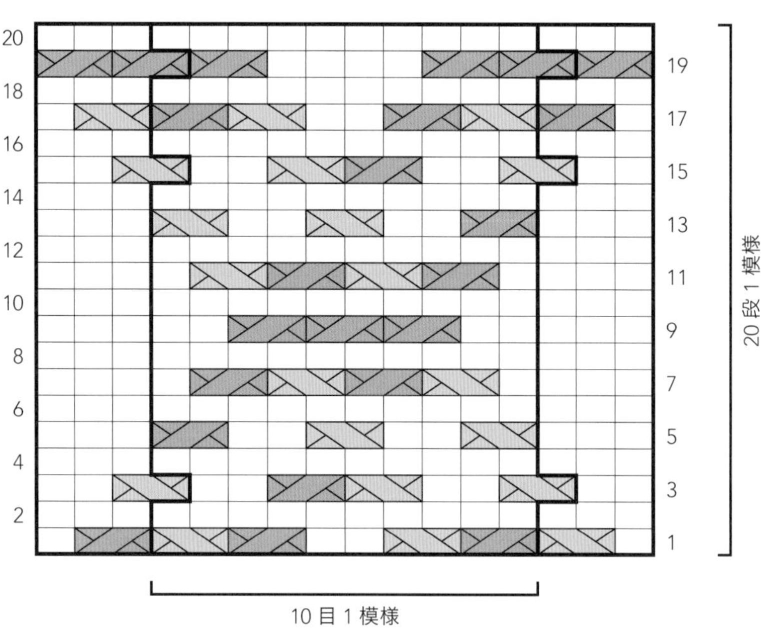

□ 表面で表目、裏面で裏目

RT (表面)

LT (表面)

〈1 模様＝(10 の倍数＋ 6 目) × 20 段〉

PSS：90

1 段め (表面)：表 1、LT、*RT、LT、表 2、RT、LT；、* 〜；を残り 3 目までくり返す、RT、表 1。

2 段め以降の偶数段 (裏面)：裏編み。

3 段め：表 2、*LT、表 2、LT、RT、表 2；、* 〜；を残り 4 目までくり返す、LT、表 2。

5 段め：表 3、* [LT、表 2] を 2 回、RT；、* 〜；を残り 3 目までくり返す、表 3。

7 段め：表 4、* [LT、RT] を 2 回、表 2；、* 〜；を残り 2 目までくり返す、表 2。

9 段め：表 5、*RT を 3 回、表 4；、* 〜；を残り 1 目までくり返す、表 1。

11 段め：表 4、* [RT、LT] を 2 回、表 2；、* 〜；を残り 2 目までくり返す、表 2。

13 段め：表 3、*RT、[表 2、LT] を 2 回；、* 〜；を残り 3 目までくり返す、表 3。

15 段め：表 2、LT、表 2、*RT、LT、表 2、LT、表 2；、* 〜；を最後までくり返す。

17 段め：表 1、RT、LT、*RT、表 2、LT、RT、LT；、* 〜；を残り 1 目までくり返す、表 1。

19 段め：RT を 3 回、* 表 4、RT を 3 回；、* 〜；を最後までくり返す。

51 Plaid Small Garter

プレイドスモールガーター

平行四辺形が合流してX字形を作り、その間の背景にはダイヤモンド形ができます。厳密なラティスではありませんが、市松模様を抽象化しています。ガーター編みのセンター部分は毎段表編みではなく裏編みなので、裏面が編みやすくなっています。

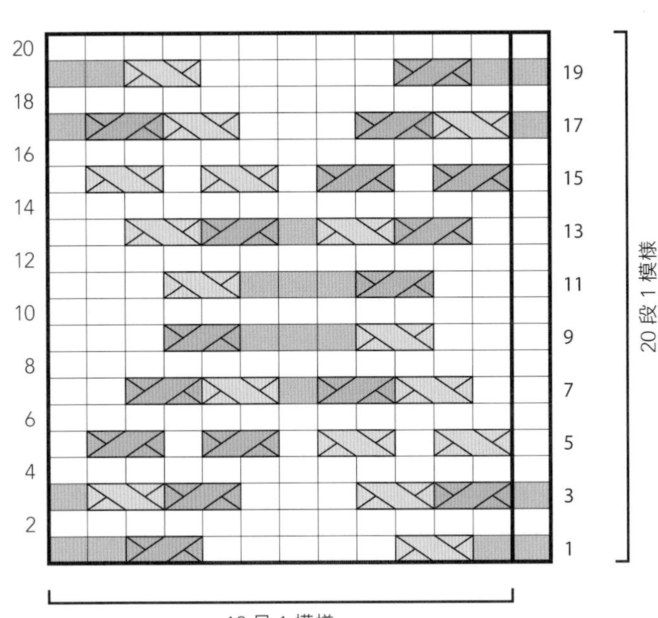

□	表面で表目、裏面で裏目
■	表面で裏目、裏面で表目
RT	RT（表面）
LT	LT（表面）

〈1模様＝（12の倍数＋1目）× 20段〉

PSS：90

1段め（表面）：裏2、LT、表5、RT、*裏3、LT、表5、RT；、*〜；を残り2目までくり返す、裏2。

2段め以降の偶数段（裏面）：裏編み。

3段め：裏1、*RT、LT、表3、RT、LT、裏1；、*〜；を最後までくり返す。

5段め：表1、*[LT、表1]を2回、[RT、表1]を2回；、*〜；を最後までくり返す。

7段め：表2、LT、RT、裏1、LT、RT、*表3、LT、RT、裏1、LT、RT；、*〜；を残り2目までくり返す、表2。

9段め：表3、LT、裏3、RT、*表5、LT、裏3、RT；、*〜；を残り3目までくり返す、表3。

11段め：表3、RT、裏3、LT、*表5、RT、裏3、LT；、*〜；を残り3目までくり返す、表3。

13段め：表2、RT、LT、裏1、RT、LT、*表3、RT、LT、裏1、RT、LT；、*〜；を残り2目までくり返す、表2。

15段め：表1、*[RT、表1]を2回、[LT、表1]を2回；、*〜；を最後までくり返す。

17段め：裏1、*LT、RT、表3、LT、RT、裏1；、*〜；を最後までくり返す。

19段め：裏2、RT、表5、LT、*裏3、RT、表5、LT；、*〜；を残り2目までくり返す、裏2。

52 Plaid Small

プレイドスモール

Plaid Small Garter (#51) のセンター部分のガーター編みを裏メリヤス編みに置き替えた模様です。裏面は編み目が見づらいため、目数を数えながら編むことが欠かせません。

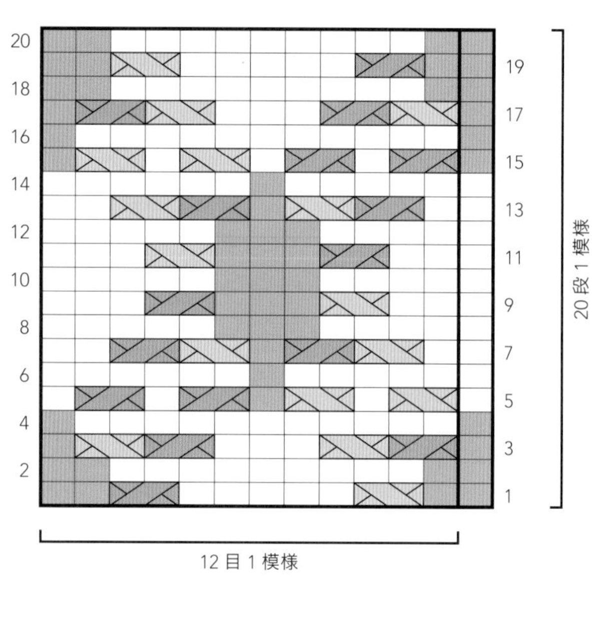

表面で表目、裏面で裏目

表面で裏目、裏面で表目

RT (表面)

LT (表面)

〈1 模様＝(12 の倍数＋ 1 目) × 20 段〉

PSS：90

1 段め (表面)：裏 2、LT、表 5、RT、* 裏 3、LT、表 5、RT；、* 〜；を残り 2 目までくり返す、裏 2。

2 段め以降の偶数段 (8・18 段めは除く)：(前段の目を裏面から見た状態で) 表目は表目、裏目は裏目に編む。

3 段め：裏 1、*RT、LT、表 3、RT、LT、裏 1；、* 〜；を最後までくり返す。

5 段め：表 1、*LT、表 1、LT、裏 1、[RT、表 1] を 2 回；、* 〜；を最後までくり返す。

7 段め：表 2、LT、RT、裏 1、LT、RT、* 表 3、LT、RT、裏 1、LT、RT；、* 〜；を残り 2 目までくり返す、表 2。

8 段め：裏 5、表 3、* 裏 9、表 3；、* 〜；を残り 5 目までくり返す、裏 5。

9 段め：表 3、LT、裏 3、RT、* 表 5、LT、裏 3、RT；、* 〜；を残り 3 目までくり返す、表 3。

11 段め：表 3、RT、裏 3、LT、* 表 5、RT、裏 3、LT；、* 〜；を残り 3 目までくり返す、表 3。

13 段め：表 2、RT、LT、裏 1、RT、LT、* 表 3、RT、LT、裏 1、RT、LT；、* 〜；を残り 2 目までくり返す、表 2。

15 段め：裏 1、* [RT、表 1] を 2 回、LT、表 1、LT、裏 1；、* 〜；を最後までくり返す。

17 段め：裏 1、*LT、RT、表 3、LT、RT、裏 1；、* 〜；を最後までくり返す。

18 段め：表 2、裏 9、* 表 3、裏 9；、* 〜；を残り 2 目までくり返す、表 2。

19 段め：裏 2、RT、表 5、LT、* 裏 3、RT、表 5、LT；、* 〜；を残り 2 目までくり返す、裏 2。

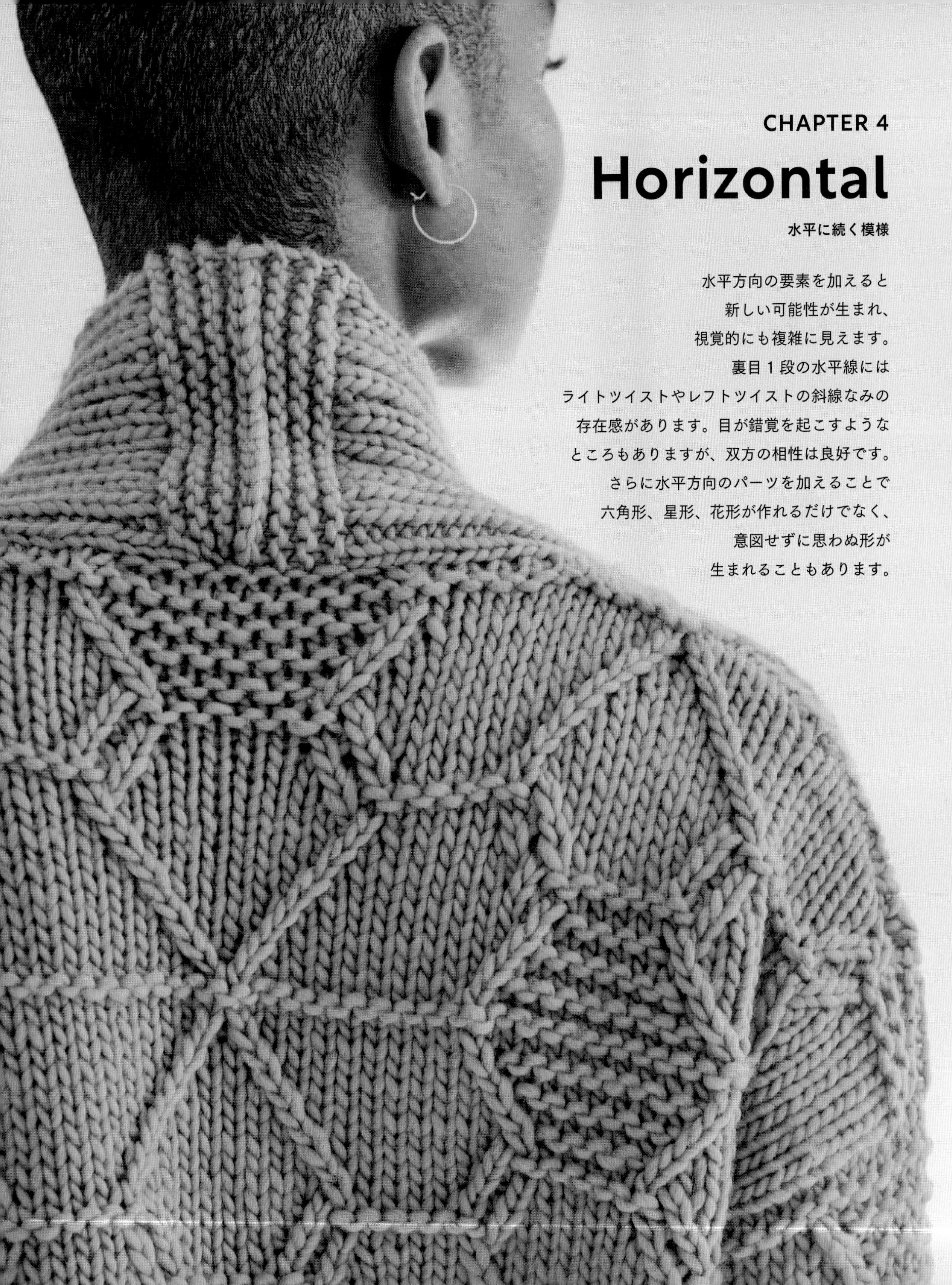

CHAPTER 4

Horizontal

水平に続く模様

水平方向の要素を加えると
新しい可能性が生まれ、
視覚的にも複雑に見えます。
裏目１段の水平線には
ライトツイストやレフトツイストの斜線なみの
存在感があります。目が錯覚を起こすような
ところもありますが、双方の相性は良好です。
さらに水平方向のパーツを加えることで
六角形、星形、花形が作れるだけでなく、
意図せずに思わぬ形が
生まれることもあります。

Tri

トライ

三角形を上下対称に配置し、その下にガーター編みのラインを引くことで小さな三角形の集合体ができます。

〈1 模様＝ 6 の倍数目× 12 段〉
PSS：85
1 段め（表面）：裏編み。
2 段め以降の偶数段（裏面）：裏編み。
3 段め：表 1、RT、LT、* 表 2、RT、LT；、* ～；を残り 1 目までくり返す、表 1。
5 段め：*RT、表 2、LT；、* ～；を最後までくり返す。
7 段め：裏編み。
9 段め：*LT、表 2、RT；、* ～；を最後までくり返す。
11 段め：表 1、LT、RT、* 表 2、LT、RT；、* ～；を残り 1 目までくり返す、表 1。

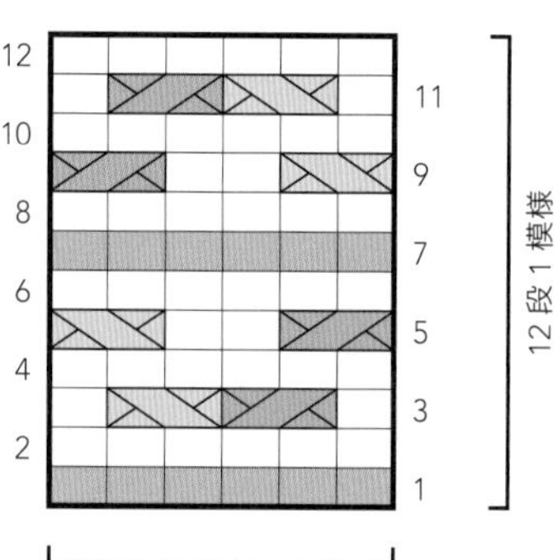

6 目 1 模様

表面で表目、裏面で裏目
表面で裏目、裏面で表目
RT（表面）
LT（表面）

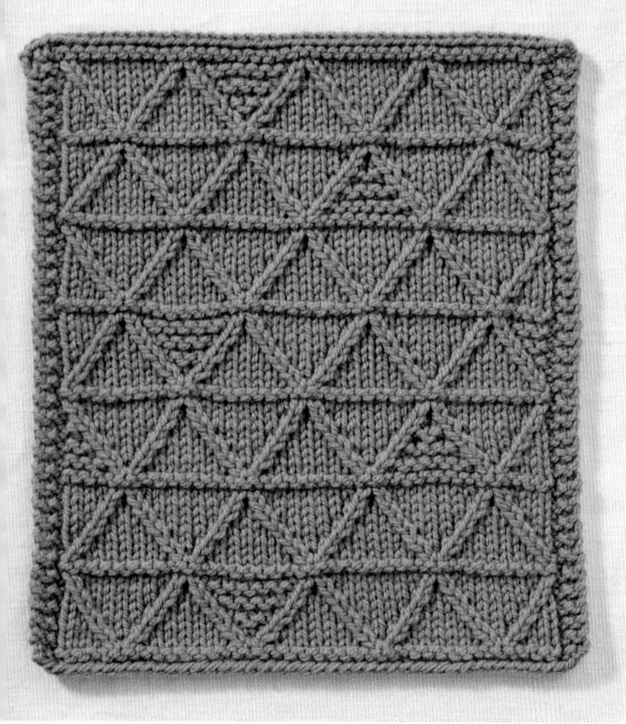

54 Random Tris

ランダムトライズ

Tri（#53）の斜線にツイストステッチを 1 個加えて三角形を拡大し、ひと回り大きな模様に。三角形の中をランダムにガーター編みで埋めているように見えますが、実際は規則的にくり返しています。

〈1 模様＝ 30 の倍数目× 60 段〉
PSS：90
1 段め（表面）：裏編み。
2 段め以降の偶数段（裏面）：裏編み。
3 段め：* 表 3、RT、LT、表 3；、* ～；を最後までくり返す。
5 段め：* 表 2、[RT、表 2、LT、表 4] を 2 回、RT、裏 2、LT、表 2；、* ～；を最後までくり返す。
7 段め：* 表 1、[RT、表 4、LT、表 2] を 2 回、RT、裏 4、LT、表 1；、* ～；を最後までくり返す。
9 段め：* [LT、表 6、RT] を 2 回、LT、裏 6、RT；、* ～；を最後までくり返す。
11 段め：裏編み。
13 段め：* [LT、表 6、RT] を 3 回；、* ～；を最後までくり返す。
15 段め：* 表 1、LT、表 4、RT、表 1；、* ～；を最後までくり返す。
17 段め：* 表 2、LT、表 2、RT、表 2；、* ～；を最後までくり返す。
19 段め：* 表 3、LT、RT、表 3；、* ～；を最後までくり返す。
21 段め：裏編み。
23 段め：* 表 3、RT、LT、裏 6、RT、LT、表 6、RT、LT、表 3；、* ～；を最後までくり返す。
25 段め：* 表 2、RT、表 2、LT、裏 4、RT、表 2、LT、表 4、RT、表 2、LT、表 2；、* ～；を最後までくり返す。
27 段め：* 表 1、RT、表 4、LT、裏 2、

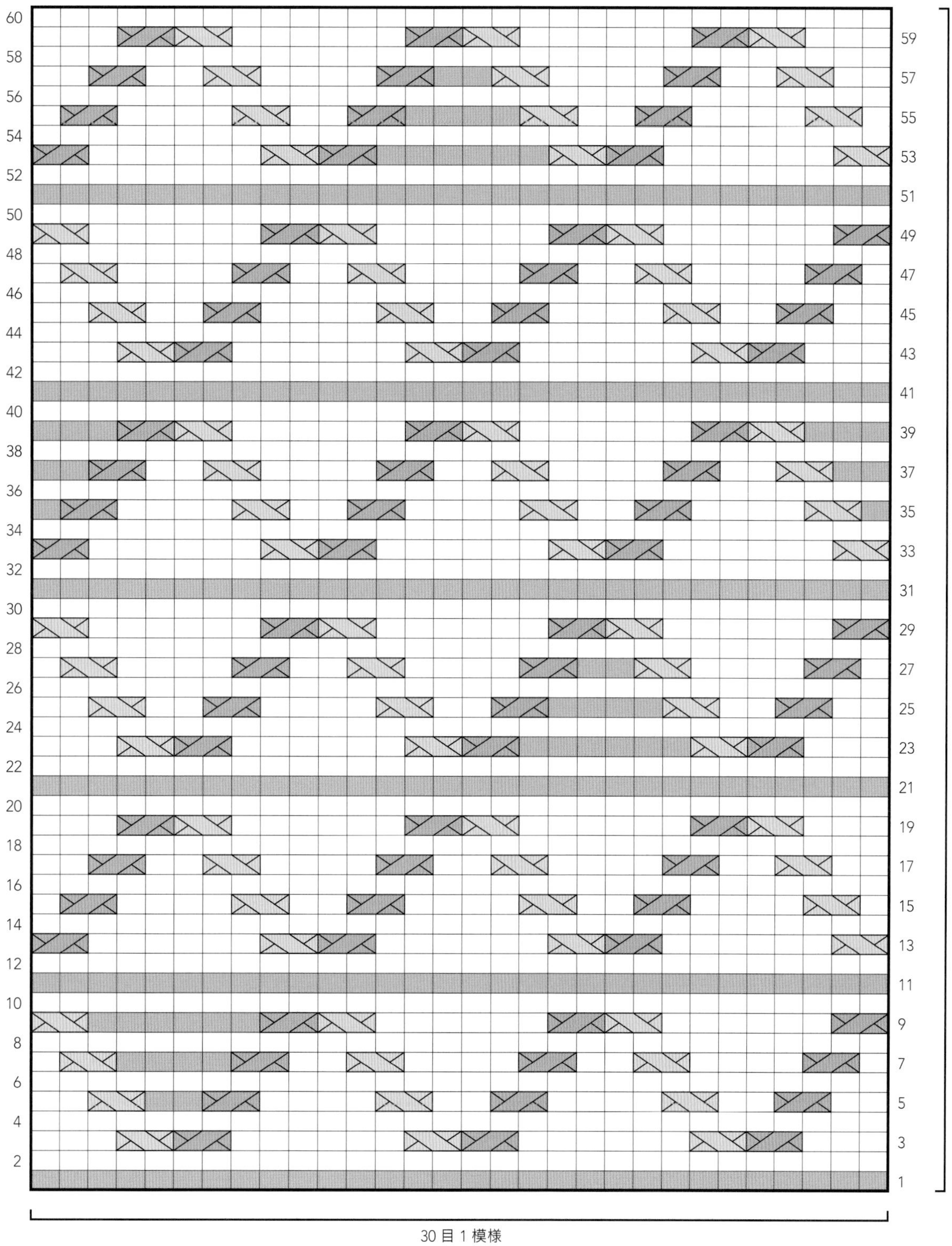

60段1模様

30目1模様

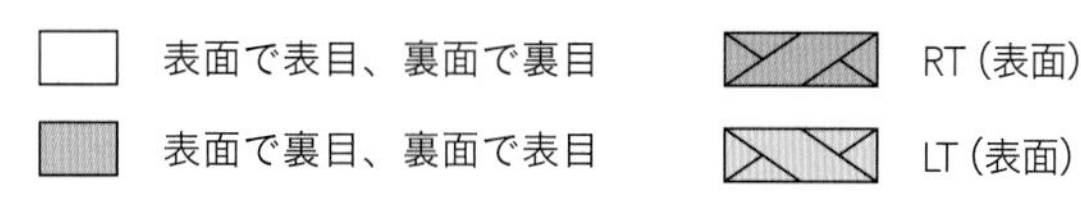

RT、表 4、LT、表 2、RT、表 4、LT、表 1；、*～；を最後までくり返す。
29 段め：*RT、表 6、LT；、*～；を最後までくり返す。
31 段め：裏編み。
33 段め：13 段めと同様に編む。
35 段め：*裏 1、LT、表 4、RT、[表 2、LT、表 4、RT]を 2 回、裏 1；、*～；を最後までくり返す。
37 段め：*裏 2、LT、表 2、RT、[表 4、LT、表 2、RT]を 2 回、裏 2；、*～；を最後までくり返す。
39 段め：*裏 3、LT、RT、[表 6、LT、RT]を 2 回、裏 3；、*～；を最後までくり返す。
41 段め：裏編み。
43 段め：3 段めと同様に編む。
45 段め：*表 2、RT、表 2、LT、表 2；、*～；を最後までくり返す。
47 段め：*表 1、RT、表 4、LT、表 1；、*～；を最後までくり返す。
49 段め：29 段めと同様に編む。
51 段め：裏編み。
53 段め：*LT、表 6、RT、LT、裏 6、RT、LT、表 6、RT；、*～；を最後までくり返す。
55 段め：*表 1、LT、表 4、RT、表 2、LT、裏 4、RT、表 2、LT、表 4、RT、表 1；、*～；を最後までくり返す。
57 段め：*表 2、LT、表 2、RT、表 4、LT、裏 2、RT、表 4、LT、表 2、RT、表 2；、*～；を最後までくり返す。
59 段め：19 段めと同様に編む。

55 Multiple Tris

マルチプルトライズ

この模様では 3 通り大きさの三角形が混在し、コラージュのような配置になっています。ここでは数学的関係が成立していて、最も小さい三角形 4 つの幅とその次のサイズの三角形 3 つの幅、そして最も大きい三角形 2 つの幅はどれも同じです。

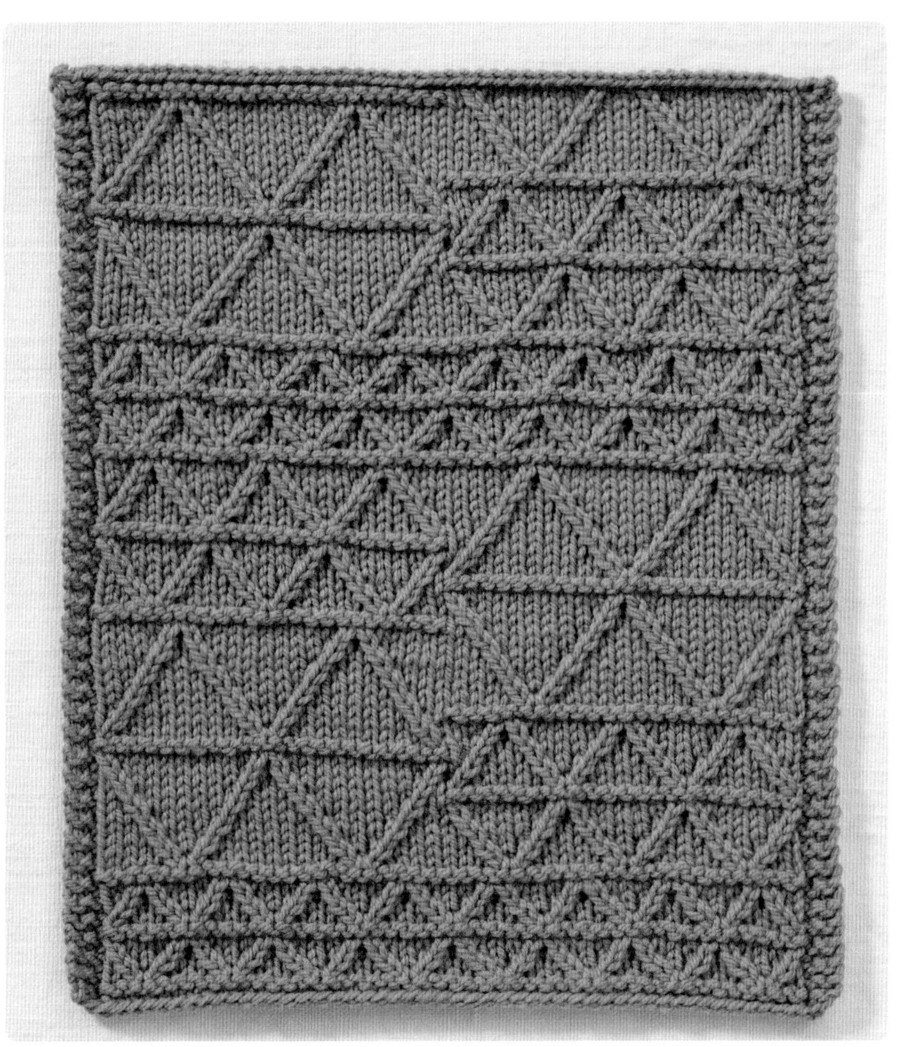

〈1 模様＝ 48 の倍数目× 52 段〉
PSS：90
1 段め（表面）：裏編み。
2 段め以降の偶数段（裏面）：裏編み。
3 段め：*表 1、RT、LT、表 1；、*～；を最後までくり返す。
5 段め：*RT、表 2、LT；、*～；を最後までくり返す。
7 段め：裏編み。
9 段め：*LT、表 2、RT；、*～；を最後までくり返す。
11 段め：*表 1、LT、RT、表 1；、*～；を最後までくり返す。
13 段め：裏編み。
15 段め：*[表 2、RT、LT、表 2] を 3 回、[表 4、RT、LT、表 4] を 2 回；、*～；を最後ま

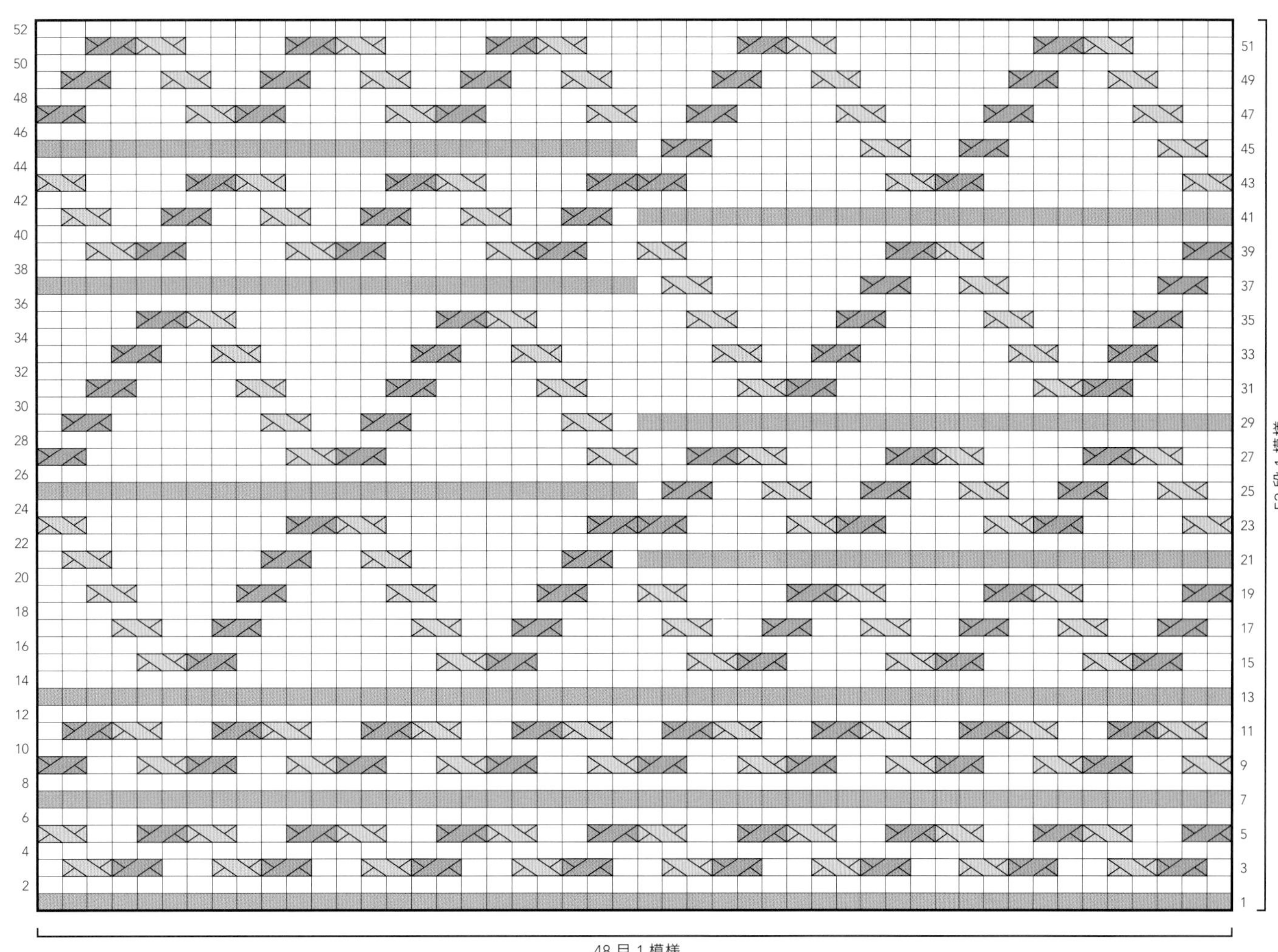

でくり返す。

17 段め： *［表 1、RT、表 2、LT、表 1］を 3 回、［表 3、RT、表 2、LT、表 3］を 2 回；、*～；を最後までくり返す。

19 段め： *［RT、表 4、LT］を 3 回、［表 2、RT、表 4、LT、表 2］を 2 回；、*～；を最後までくり返す。

21 段め： *裏 24、［表 1、RT、表 6、LT、表 1］を 2 回；、*～；を最後までくり返す。

23 段め： *［LT、表 4、RT］を 3 回、［RT、表 8、LT］を 2 回；、*～；を最後までくり返す。

25 段め： *［表 1、LT、表 2、RT、表 1］を 3 回、裏 24；、*～；を最後までくり返す。

27 段め： *［表 2、LT、RT、表 2］を 3 回、［LT、表 8、RT］を 2 回；、*～；を最後までくり返す。

29 段め： *裏 24、［表 1、LT、表 6、RT、表 1］を 2 回；、*～；を最後までくり返す。

31 段め： *［表 4、RT、LT、表 4］を 2 回、［表 2、LT、表 4、RT、表 2］を 2 回；、*～；を最後までくり返す。

33 段め： *［表 3、RT、表 2、LT、表 3］を 2 回、［表 3、LT、表 2、RT、表 3］を 2 回；、*～；を最後までくり返す。

35 段め： *［表 2、RT、表 4、LT、表 2］を 2 回、［表 4、LT、RT、表 4］を 2 回；、*～；を最後までくり返す。

37 段め： *［表 1、RT、表 6、LT、表 1］を 2 回、裏 24；、*～；を最後までくり返す。

39 段め： *［RT、表 8、LT］を 2 回、［表 2、RT、LT、表 2］を 3 回；、*～；を最後までくり返す。

41 段め： *裏 24、［表 1、RT、表 2、LT、表 1］を 3 回；、*～；を最後までくり返す。

43 段め： *［LT、表 8、RT］を 2 回、［RT、表 4、LT］を 3 回；、*～；を最後までくり返す。

45 段め： *［表 1、LT、表 6、RT、表 1］を 2 回、裏 24；、*～；を最後までくり返す。

47 段め： *［表 2、LT、表 4、RT、表 2］を 2 回、［LT、表 4、RT］を 3 回；、*～；を最後までくり返す。

49 段め： *［表 3、LT、表 2、RT、表 3］を 2 回、［表 1、LT、表 2、RT、表 1］を 3 回；、*～；を最後までくり返す。

51 段め： *［表 4、LT、RT、表 4］を 2 回、［表 2、LT、RT、表 2］を 3 回；、*～；を最後までくり返す。

⑯ Flowers Allover

フラワーズオールオーバー

巨大で幾何学的な花を組み合わせた模様です。六角形の空間をガーター編みで埋めることで、花を際立たせています。

〈1 模様＝ 32 の倍数目× 48 段〉

PSS：90

- 表面で表目、裏面で裏目
- 表面で裏目、裏面で表目
- RT (表面)
- LT (表面)

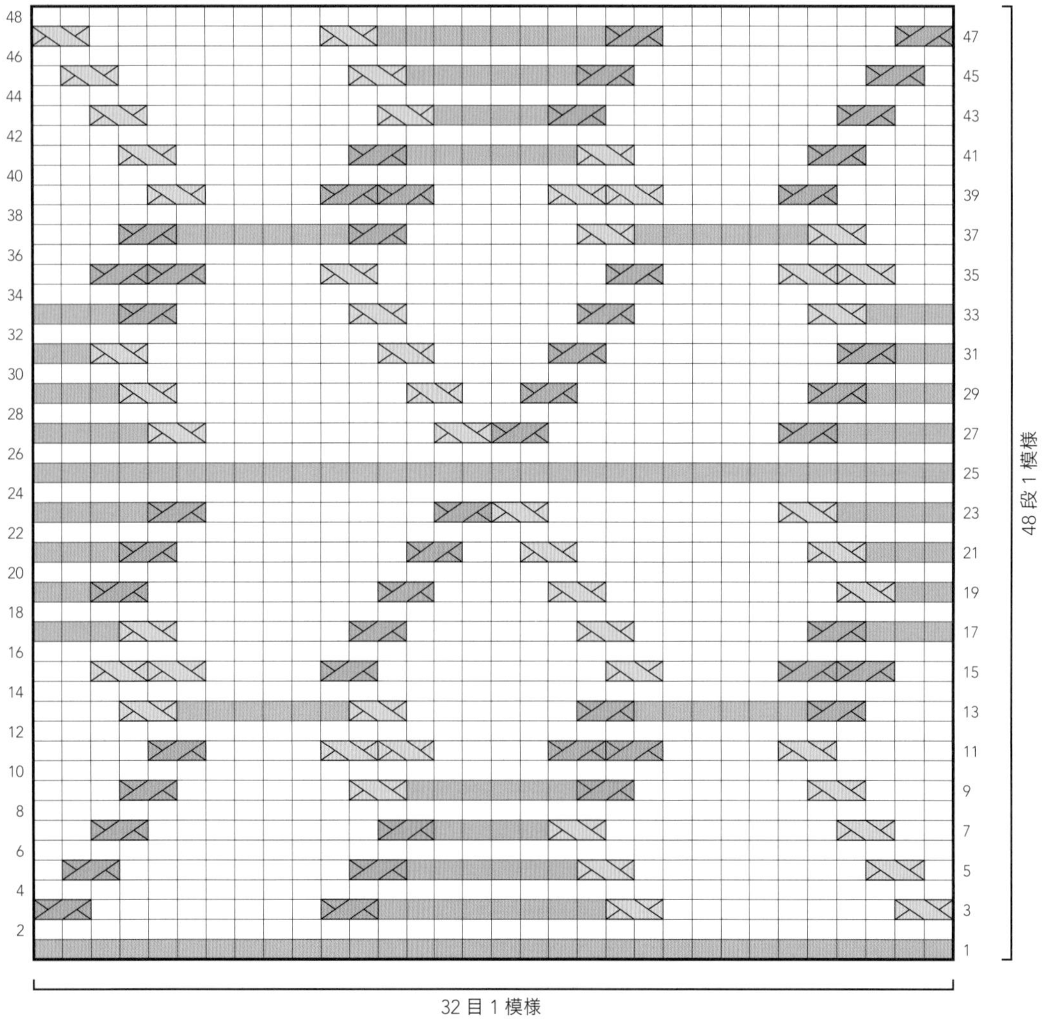

48 段 1 模様

32 目 1 模様

57 Single Flowers

シングルフラワーズ

1枚のスワッチに4つの花を配置しました。大きさと、輪郭線を一重にするか二重にするかで変化をつけています。単独で好みの位置に配置することも、格子と組み合わせることも、ランダムに散りばめることもできます。

A

〈1模様＝22目×29段〉

PSS：85

1段め（表面）：表8、裏6、表8。

2段め以降の偶数段（裏面）：裏編み。

3段め：表7、RTを2回、LTを2回、表7。

5段め：表6、RTを2回、表2、LTを2回、表6。

7段め：表2裏6、表6、裏6、表2。

9段め：表1、RTを2回、LTを2回、表4、RTを2回、LTを2回、表1。

11段め：[LTを2回、表2]を2回、RTを2回、表2、RTを2回。

13段め：表1、LTを2回、表2、LTを2回、RTを2回、表2、RTを2回、表1。

15段め：表2、裏18、表2。

17段め：表1、RTを2回、表2、RTを2回、LTを2回、表2、LTを2回、表1。

19段め：[RTを2回、表2]を2回、LTを2回、表2、LTを2回。

21段め：表1、LTを2回、RTを2回、表4、LTを2回、RTを2回、表1。

23段め：7段めと同様に編む。

25段め：表6、LTを2回、表2、RTを2回、表6。

27段め：表7、LTを2回、RTを2回、表7。

29段め：1段めと同様に編む。

B

〈1模様＝28目×41段〉

PSS：85

1段め（表面）：表11、裏6、表11。

2段め以降の偶数段（裏面）：裏編み。

3段め：表10、RT、表4、LT、表10。

5段め：表9、RT、表6、LT、表9。

7段め：表8、RT、表8、LT、表8。

9段め：表3、裏6、表10、裏6、表3。

11段め：表2、RT、表4、LT、表8、RT、表4、LT、表2。

13段め：表1、RT、表6、LT、表6、RT、表6、LT、表1。

15段め：LT、表8、LT、表4、RT、表8、RT。

17段め：表1、LT、表8、LT、表2、RT、表8、RT、表1。

19段め：表2、LT、表8、LT、RT、表8、RT、表2。

21段め：表3、裏22、表3。

23段め：表2、RT、表8、RT、LT、表8、LT、表2。

25段め：表1、RT、表8、RT、表2、LT、表8、LT、表1。

27段め：RT、表8、RT、表4、LT、表8、LT。

29段め：表1、LT、表6、RT、表6、LT、表6、LT、表1。

31段め：表2、LT、表4、RT、表8、LT、表4、RT、表2。

33段め：9段めと同様に編む。

35段め：表8、LT、表8、RT、表8。

37段め：表9、LT、表6、RT、表9。

39段め：表10、LT、表4、RT、表10。

41段め：1段めと同様に編む。

C

〈1模様＝28目×41段〉

PSS：85

1段め（表面）：表11、裏6、表11。

2段め以降の偶数段（裏面）：裏編み。

3段め：表10、RTを2回、LTを2回、表10。

5段め：表9、RTを2回、表2、LTを2回、表9。

7段め：表8、RTを2回、表4、LTを2回、表8。

9段め：表3、裏6、RT、表6、LT、裏6、表3。

11段め：表2、RTを2回、LTを2回、表8、RTを2回、LTを2回、表2。

13段め：表1、RTを2回、表2、LTを2回、表6、RTを2回、表2、LTを2回、表1。

15段め：[LTを2回、表4]を2回、RTを2回、表4、RTを2回。

17段め：表1、LTを2回、表4、LTを2回、表2、RTを2回、表4、RTを2回、表1。

19段め：表2、LTを2回、表4、LTを2回、RTを2回、表4、RTを2回、表2。

21段め：表3、裏22、表3。

23段め：表2、RTを2回、表4、RTを2回、LTを2回、表4、LTを2回、表2。

25段め：表1、RTを2回、表4、RTを2回、表2、LTを2回、表4、LTを2回、表1。

27段め：[RTを2回、表4]を2回、LTを2回、表4、LTを2回。

29段め：表1、LTを2回、表2、RTを2回、表6、LTを2回、表2、RTを2回、表1。

31段め：表2、LTを2回、RTを2回、表8、LTを2回、RTを2回、表2。

33段め：表3、裏6、LT、表6、RT、裏6、表3。

35段め：表8、LTを2回、表4、RTを2回、表8。

37段め：表9、LTを2回、表2、RTを2回、表9。

39段め：表10、LTを2回、RTを2回、表10。

41段め：1段めと同様に編む。

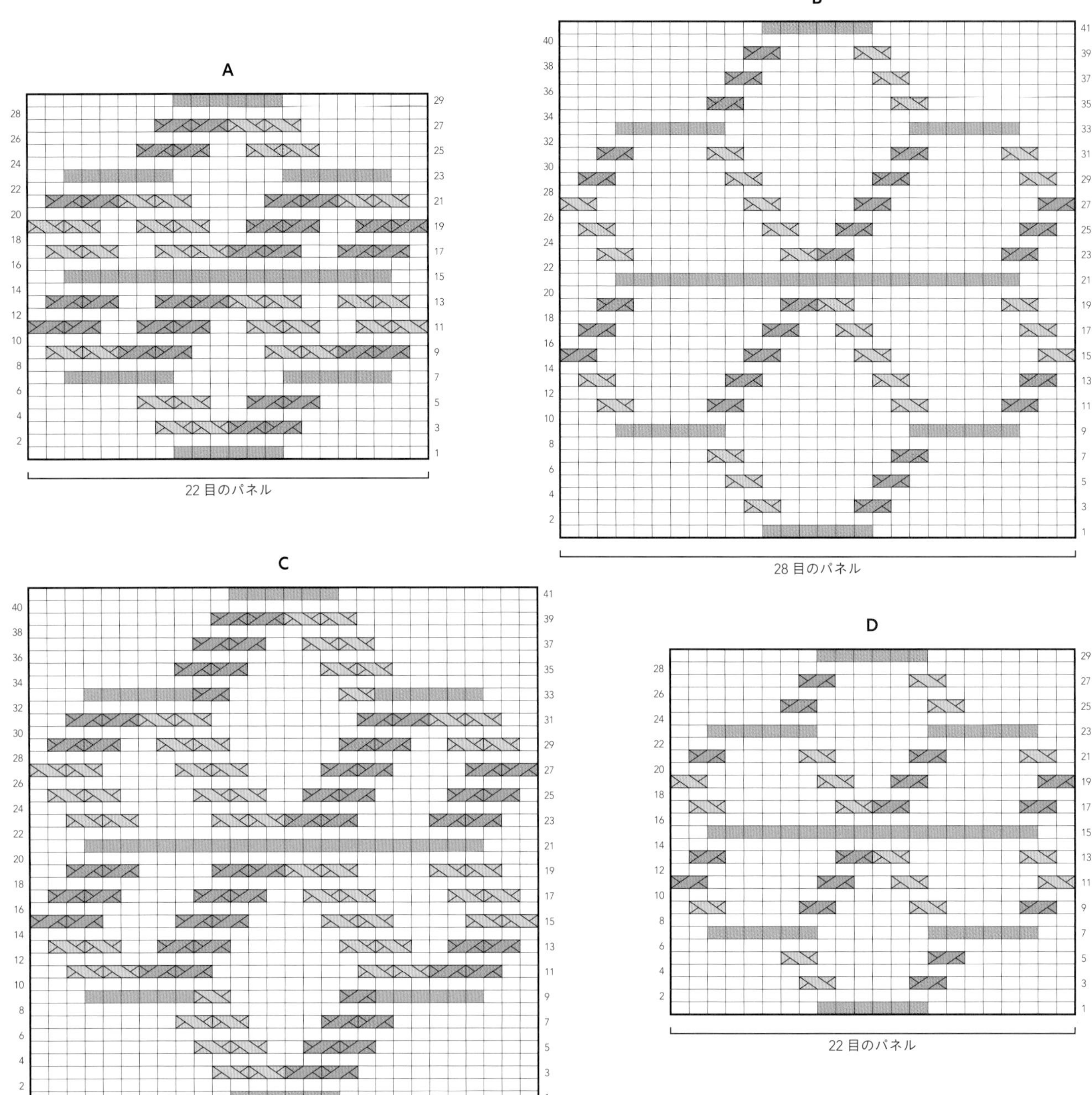

D

〈1 模様＝ 22 目× 29 段〉

PSS：85

1 段め（表面）：表 8、裏 6、表 8。

2 段め以降の偶数段（裏面）：裏編み。

3 段め：表 7、RT、表 4、LT、表 7。

5 段め：表 6、RT、表 6、LT、表 6。

7 段め：表 2、裏 6、表 6、裏 6、表 2。

9 段め：表 1、RT、表 4、LT、表 4、RT、表 4、LT、表 1。

11 段め：LT、表 6、LT、表 2、RT、表 6、RT。

13 段め：表 1、LT、表 6、LT、RT、表 6、RT、表 1。

15 段め：表 2、裏 18、表 2。

17 段め：表 1、RT、表 6、RT、LT、表 6、LT、表 1。

19 段め：RT、表 6、RT、表 2、LT、表 6、LT。

21 段め：表 1、LT、表 4、RT、表 4、LT、表 4、RT、表 1。

23 段め：7 段めと同様に編む。

25 段め：表 6、LT、表 6、RT、表 6。

27 段め：表 7、LT、表 4、RT、表 7。

29 段め：1 段めと同様に編む。

⑤⑧ Nested Vortex

ネステッドボルテックス

ダイヤモンドの端を切り落とし、その中心にはひげつきの小さなダイヤモンドを入れました。できた模様は、アメリカで使われるハリケーンの記号に角をつけたような形になりました。

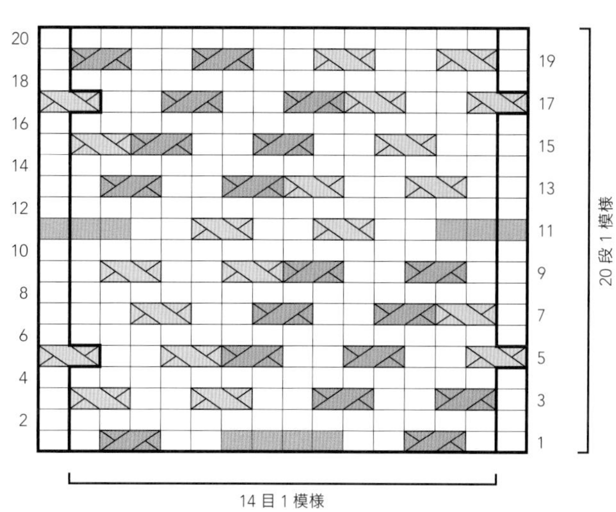

□ 表面で表目、裏面で裏目
■ 表面で裏目、裏面で表目
RT（表面）
LT（表面）

〈1 模様＝（14 の倍数＋ 2 目）× 20 段〉

PSS：85

1 段め（表面）：表 2、*RT、表 2、裏 4、表 2、RT、表 2；、* 〜；を最後までくり返す。

2 段め以降の偶数段（裏面）：裏編み。

3 段め：表 1、*［RT、表 2］を 2 回、LT、表 2、LT；、* 〜；を残り 1 目までくり返す、表 1。

5 段め：LT、*［表 2、RT］を 2 回、LT、表 2、LT；、* 〜；を最後までくり返す。

7 段め：表 1、*LT、［RT、表 2］を 2 回、LT、表 2；、* 〜；を残り 1 目までくり返す、表 1。

9 段め：表 2、*RT、表 2、RT、［LT、表 2］を 2 回；、* 〜；を最後までくり返す。

11 段め：裏 3、表 2、［LT、表 2］を 2 回、* 裏 4、表 2、［LT、表 2］を 2 回；、* 〜；を残り 3 目までくり返す、裏 3。

13 段め：表 2、*LT、表 2、LT、［RT、表 2］を 2 回；、* 〜；を最後までくり返す。

15 段め：表 1、* 表 2、LT、［表 2、RT］を 2 回、LT；、* 〜；を残り 1 目までくり返す、表 1。

17 段め：LT、* 表 2、LT、［RT、表 2］を 2 回、LT；、* 〜；を最後までくり返す。

19 段め：表 1、*LT、表 2、LT、［表 2、RT］を 2 回；、* 〜；を残り 1 目までくり返す、表 1。

59 X & O Lattice

エックスアンドオーラティス

XとOは、ハグとキスを表す記号としてよく知られています。それを斜線で作るラティスの中に入れ、上下に水平なラインを置いて箱詰めされたような状態に。XとOを並べるアイディアからスタートし、より華やかに、からみ合うように展開させました。

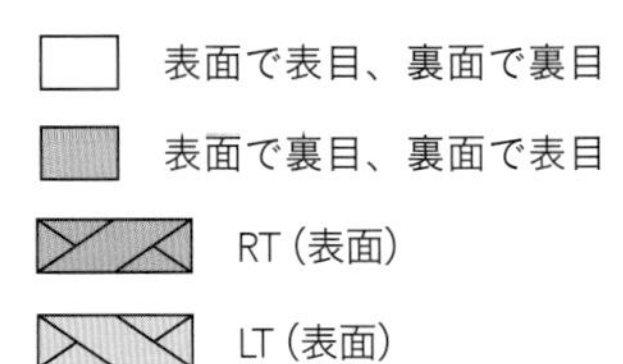

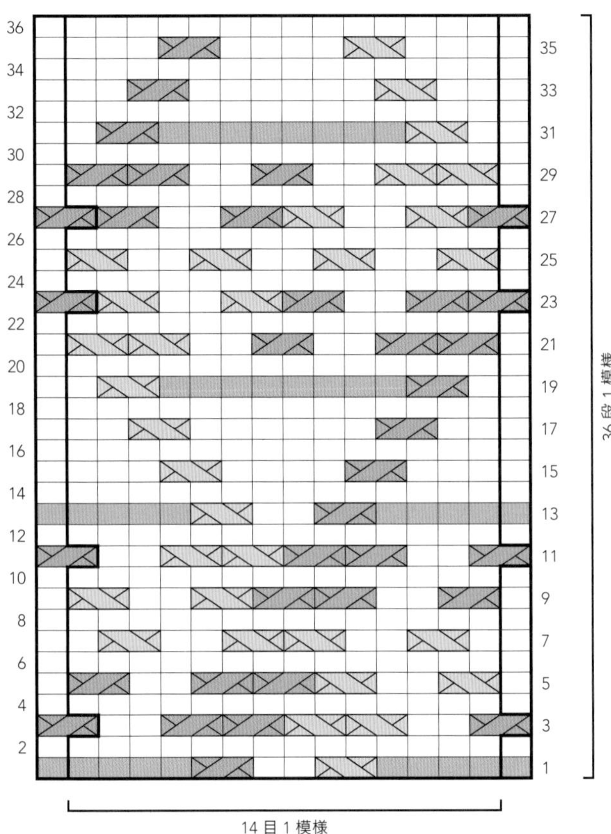

〈1模様＝（14の倍数＋2目）× 36段〉

PSS：80

1段め（表面）：裏5、LT、表2、RT、*裏8、LT、表2、RT；、*〜；を残り5目までくり返す、裏5。

2段め以降の偶数段（裏面）：裏編み。

3段め：RT、*表2、LTを2回、RTを2回、表2、RT；、*〜；を最後までくり返す。

5段め：表1、*LT、表2、LT、RTを2回、表2、RT；、*〜；を残り1目までくり返す、表1。

7段め：表2、*LT、表2、LTを2回、表2、LT、表2；、*〜；を最後までくり返す。

9段め：表1、*RT、表2、RTを2回、LT、表2、LT；、*〜；を残り1目までくり返す、表1。

11段め：RT、*表2、RTを2回、LTを2回、表2、RT；、*〜；を最後までくり返す。

13段め：裏5、RT、表2、LT、*裏8、RT、表2、LT；、*〜；を残り5目までくり返す、裏5。

15段め：表4、RT、表4、LT、*表6、RT、表4、LT；、*〜；を残り4目までくり返す、表4。

17段め：表3、RT、表6、LT、*表4、RT、表6、LT；、*〜；を残り3目までくり返す、表3。

19段め：表2、*RT、裏8、LT、表2；、*〜；を最後までくり返す。

21段め：表1、*RTを2回、表2、RT、表2、LTを2回；、*〜；を残り1目までくり返す、表1。

23段め：*RTを2回、表2、RT、LT、表2、LT；、*〜；を残り2目までくり返す、RT。

25段め：表1、*LT、［表2、LT］を3回；、*〜；を残り1目までくり返す、表1。

27段め：RT、*LT、表2、LT、RT、表2、RTを2回；、*〜；を最後までくり返す。

29段め：表1、*LTを2回、表2、RT、表2、RTを2回；、*〜；を残り1目までくり返す、表1。

31段め：表2、*LT、裏8、RT、表2；、*〜；を最後までくり返す。

33段め：表3、LT、表6、RT、*表4、LT、表6、RT；、*〜；を残り3目までくり返す、表3。

35段め：表4、LT、表4、RT、*表6、LT、表4、RT；、*〜；を残り4目までくり返す、表4。

60 Rattan

ラタン

二重の斜線と横線を組み合わせると、六角形の空間ができます。3 種類の方向の線を折り重ねた模様は、ラタン家具を彷彿とさせます。

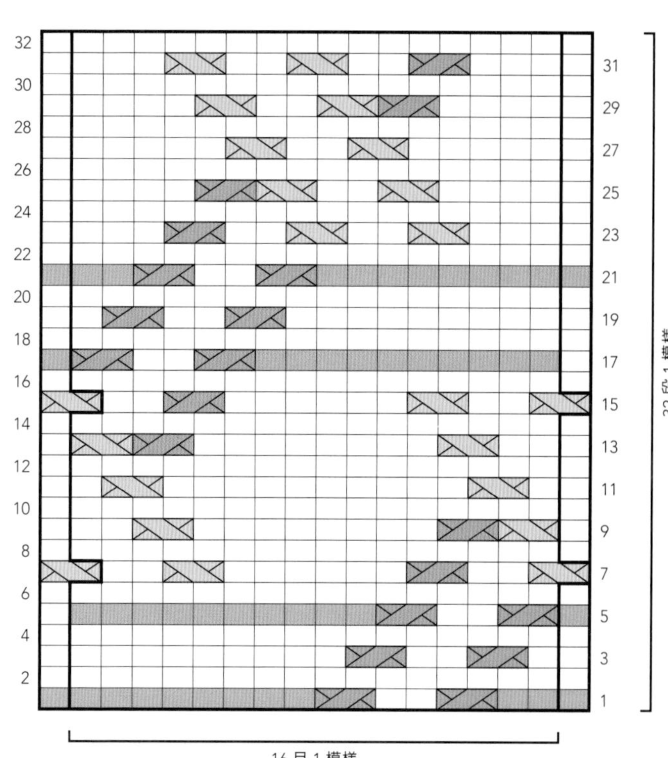

〈1 模様＝（16 の倍数＋ 2 目）× 32 段〉

PSS：90

1 段め（表面）：裏 3、RT、表 2、RT、* 裏 10、RT、表 2、RT；、* ～；を残り 9 目までくり返す、裏 9。

2 段め以降の偶数段（裏面）：裏編み。

3 段め：表 2、*RT、表 2、RT、表 10；、* ～；を最後までくり返す。

5 段め：裏 1*RT、表 2、RT、裏 10；、* ～；を残り 1 目までくり返す、表 1。

7 段め：LT、* 表 2、RT、表 6、LT、表 2、LT；、* ～；を最後までくり返す。

9 段め：表 1、*LT、RT、表 8、LT、表 2；、* ～；を残り 1 目までくり返す、表 1。

11 段め：表 2、*LT、表 10、LT、表 2；、* ～；を最後までくり返す。

13 段め：表 1、* 表 2、LT、表 8、RT、LT；、* ～；を残り 1 目までくり返す、表 1。

15 段め：LT、* 表 2、LT、表 6、RT、表 2、LT；、* ～；を最後までくり返す。

17 段め：表 1、* 裏 10、RT、表 2、RT；、* ～；を残り 1 目までくり返す、裏 1。

19 段め：* 表 10、LT、表 2、LT；、* ～；を残り 2 目までくり返す、表 2。

21 段め：裏 9、RT、表 2、RT、* 裏 10、RT、表 2、RT；、* ～；を残り 3 目までくり返す、裏 3。

23 段め：表 4、[LT、表 2] を 2 回、RT、* 表 6、[LT、表 2] を 2 回、RT；、* ～；を残り 4 目までくり返す、表 4。

25 段め：表 5、LT、表 2、LT、RT、* 表 8、LT、表 2、LT、RT；、* ～；を残り 5 目までくり返す、表 5。

27 段め：表 6、LT、表 2、LT、* 表 10、LT、表 2、LT；、* ～；を残り 6 目までくり返す、表 6。

29 段め：表 5、RT、LT、表 2、LT、* 表 8、RT、LT、表 2、LT；、* ～；を残り 5 目までくり返す、表 5。

31 段め：表 4、RT、[表 2、LT] を 2 回、* 表 6、RT、[表 2、LT] を 2 回；、* ～；を残り 4 目までくり返す、表 4。

⑥1 Rattan Filled

ラタンフィルド

Rattan (#60) の二重線を、より豪華で存在感のあるラインにしました。元々は、斜線2本の間隔は2目、水平な2本の線の間はメリヤス編み3段。どちらもツイストを追加するには最適な幅でした。

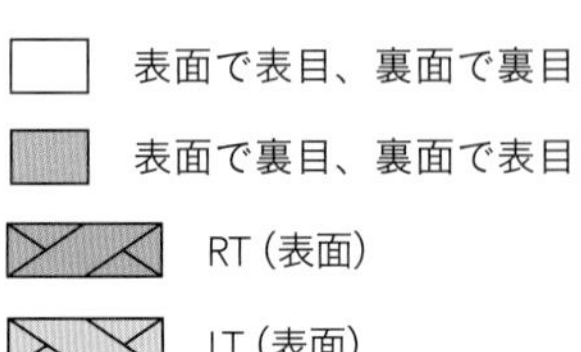

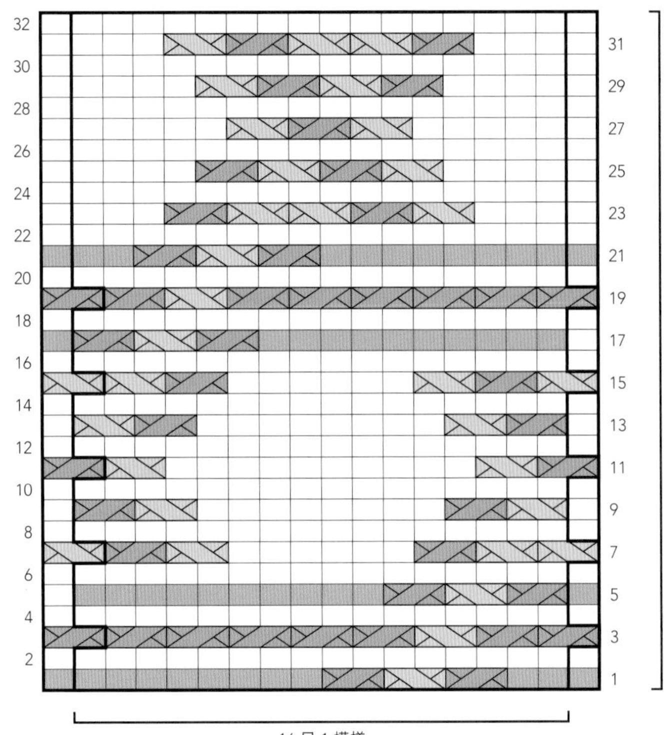

〈1模様＝(16の倍数＋2目) × 32段〉

PSS：85

1段め (表面)：裏3、RT、LT、RT、*裏10、RT、LT、RT；、*〜；を残り9目までくり返す、裏9。

2段め以降の偶数段 (裏面)：裏編み。

3段め：*RTを2回、LT、RTを5回；、*〜；を残り2目までくり返す、RT。

5段め：裏1、*RT、LT、RT、裏10；、*〜；を残り1目までくり返す、表1。

7段め：*LTを2回、RT、表6、LT、RT；、*〜；を残り2目までくり返す、LT。

9段め：表1、*LT、RT、表8、LT、RT；、*〜；を残り1目までくり返す、表1。

11段め：RT、*LT、表10、LT、RT；、*〜；を最後までくり返す。

13段め：表1、*RT、LT、表8、RT、LT；、*〜；を残り1目までくり返す、表1。

15段め：LT、*RT、LT、表6、RT、LTを2回；、*〜；を最後までくり返す。

17段め：表1、*裏10、RT、LT、RT；、*〜；を残り1目までくり返す、裏1。

19段め：*RTを6回、LT、RT；、*〜；を残り2目までくり返す、RT。

21段め：裏9、RT、LT、RT、*裏10、RT、LT、RT；、*〜；を残り3目までくり返す、裏3。

23段め：表4、LT、RT、LTを2回、RT、*表6、LT、RT、LTを2回、RT；、*〜；を残り4目までくり返す、表4。

25段め：表5、[LT、RT]を2回、*表8、[LT、RT]を2回；、*〜；を残り5目までくり返す、表5。

27段め：表6、LT、RT、LT、*表10、LT、RT、LT；、*〜；を残り6目までくり返す、表6。

29段め：表5、[RT、LT]を2回、*表8、[RT、LT]を2回；、*〜；を残り5目までくり返す、表5。

31段め：表4、RT、LTを2回、RT、LT、*表6、RT、LTを2回、RT、LT；、*〜；を残り4目までくり返す、表4。

(62) Stars Abound

スターズアバウンド

ひとつひとつの星形は、シンプルな輪郭線でできています。これらを積み重ねて星形の先端同士が接すると、キラキラと輝くイリュージョンが起こります。とがった三つ葉のクローバーと星形、どちらが先に見えましたか？

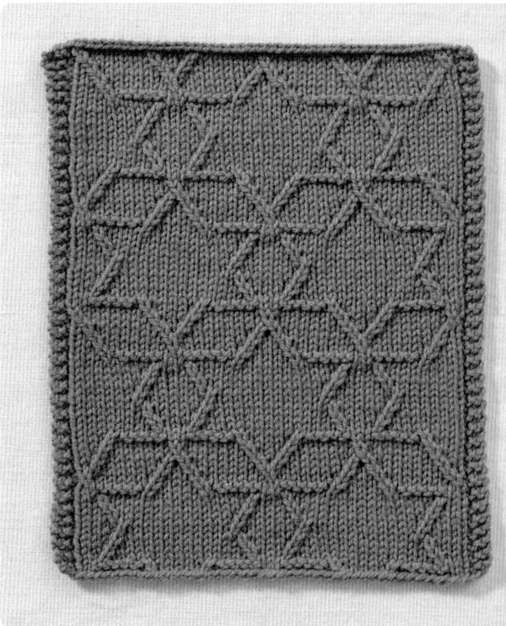

〈1 模様＝（20 の倍数＋ 2 目）× 40 段〉

PSS：90

1 段め（表面）：表 2、* 裏 5、RT、表 4、LT、裏 5、表 2；、* 〜；を最後までくり返す。

2 段め以降の偶数段（裏面）：裏編み。

3 段め：表 2、*LT、表 14、RT、表 2；、* 〜；を最後までくり返す。

5 段め：表 3、LT、表 12、RT、* 表 4、LT、表 12、RT；、* 〜；を残り 3 目までくり返す、表 3。

7 段め：表 4、RT、表 10、RT、* 表 6、RT、表 10、RT；、* 〜；を残り 4 目までくり返す、表 4。

9 段め：表 3、RT、表 12、LT、* 表 4、RT、表 12、LT；、* 〜；を残り 3 目までくり返す、表 3。

11 段め：表 2、*RT、表 14、LT、表 2；、* 〜；を最後までくり返す。

13 段め：表 2、* 裏 5、LT、表 4、RT、裏 5、表 2；、* 〜；を最後までくり返す。

15 段め：LT、* 表 6、LT、表 2、RT、表 6、LT；、* 〜；を最後までくり返す。

17 段め：表 1、*LT、表 6、LT、RT、表 6、RT；、* 〜；を残り 1 目までくり返す、表 1。

19 段め：表 2、*［LT、表 6］を 2 回、RT、表 2；、* 〜；を最後までくり返す。

21 段め：表 3、LT、裏 5、表 2、裏 5、RT、* 表 4、LT、裏 5、表 2、裏 5、RT；、* 〜；を残り 3 目までくり返す、表 3。

23 段め：表 8、RT、表 2、LT、* 表 14、RT、表 2、LT；、* 〜；を残り 8 目までくり返す、表 8。

25 段め：表 7、RT、表 4、LT、* 表 12、RT、表 4、LT；、* 〜；を残り 7 目までくり返す、表 7。

27 段め：［表 6、RT］を 2 回、* 表 10、RT、表 6、RT；、* 〜；を残り 6 目までくり返す、表 6。

29 段め：表 7、LT、表 4、RT、* 表 12、LT、表 4、RT；、* 〜；を残り 7 目までくり返す、表 7。

31 段め：表 8、LT、表 2、RT、* 表 14、LT、表 2、RT；、* 〜；を残り 8 目までくり返す、表 8。

33 段め：表 3、RT、裏 5、表 2、裏 5、LT、* 表 4、RT、裏 5、表 2、裏 5、LT；、* 〜；を残り 3 目までくり返す、表 3。

35 段め：表 2、*RT、［表 6、LT］を 2 回、表 2；、* 〜；を最後までくり返す。

37 段め：表 1、*RT、表 6、RT、LT、表 6、LT；、* 〜；を残り 1 目までくり返す、表 1。

39 段め：LT、* 表 6、RT、表 2、LT、表 6、LT；、* 〜；を最後までくり返す。

□ 表面で表目、裏面で裏目
■ 表面で裏目、裏面で表目
RT（表面）
LT（表面）

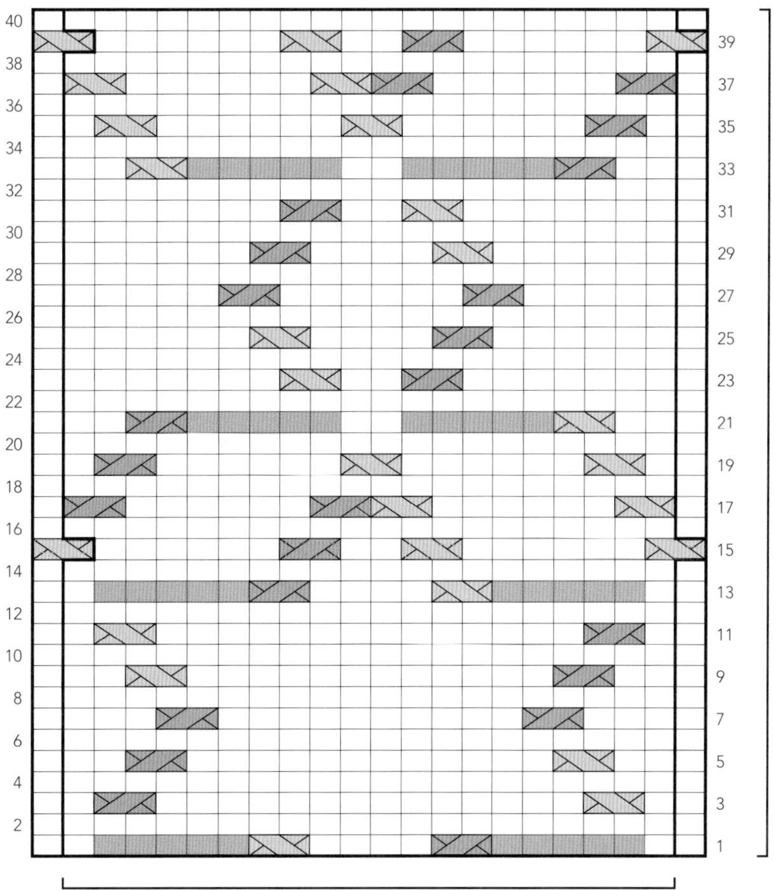

20目1模様

63 Diamond Star

ダイヤモンドスター

斜線と水平線を組み合わせることで、六芒星（ろくぼうせい）が簡単に作れます。よく見ると三角形がふたつからまっています。斜線を二重にすることで力強さとおもしろさが加わり、交点では編み目を織り重ねることもできます。

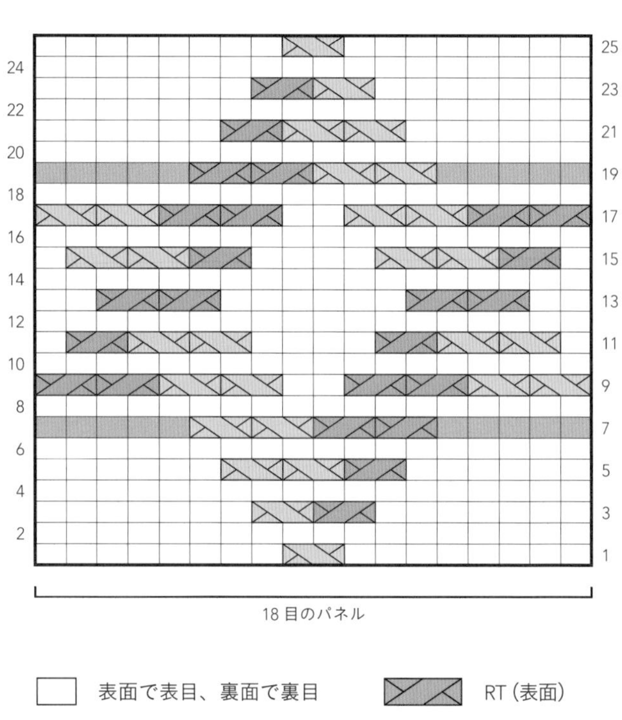

〈1 模様＝ 18 目× 25 段〉

PSS：90

1 段め (表面)：表 8、LT、表 8。

2 段め以降の偶数段 (裏面)：裏編み。

3 段め：表 7、RT、LT、表 7。

5 段め：表 6、RT、LT を 2 回、表 6。

7 段め：裏 5、RT を 2 回、LT を 2 回、裏 5。

9 段め：LT を 2 回、RT を 2 回、表 2、LT を 2 回、RT を 2 回。

11 段め：表 1、LT を 2 回、RT、表 4、LT を 2 回、RT、表 1。

13 段め：表 2、RT を 2 回、表 6、RT を 2 回、表 2。

15 段め：表 1、RT、LT を 2 回、表 4、RT、LT を 2 回、表 1。

17 段め：RT を 2 回、LT を 2 回、表 2、RT を 2 回、LT を 2 回。

19 段め：裏 5、LT を 2 回、RT を 2 回、裏 5。

21 段め：表 6、LT を 2 回、RT、表 6。

23 段め：表 7、LT、RT、表 7。

25 段め：表 8、LT、表 8。

64 Smocking

スモッキング

#47 の Lizard とよく似た模様です。じつはこちらを先に編んでいたのですが、ふたつを見くらべると、Smocking は Lizard を縦にも横にも延長しつつ、Lizard の要素をすべて二重にしていることがわかります。

〈1 模様＝ 10 の倍数目× 16 段〉

PSS：90

1 段め（表面）：表 2、裏 6、* 表 4、裏 6；、* 〜；を残り 2 目までくり返す、表 2。

2 段め以降の偶数段（裏面）：裏編み。

3 段め：1 段めと同様に編む。

5 段め：表 1、RT を 2 回、LT を 2 回、* 表 2、RT を 2 回、LT を 2 回；、* 〜；を残り 1 目までくり返す、表 1。

7 段め：*RT を 2 回、 表 2、LT を 2 回；、* 〜；を最後までくり返す。

9・11 段め：* 裏 3、表 4、裏 3；、* 〜；を最後までくり返す。

13 段め：*LT を 2 回、表 2、RT を 2 回；、* 〜；を最後までくり返す。

15 段め：表 1、LT を 2 回、RT を 2 回、* 表 2、LT を 2 回、RT を 2 回；、* 〜；を残り 1 目までくり返す、表 1。

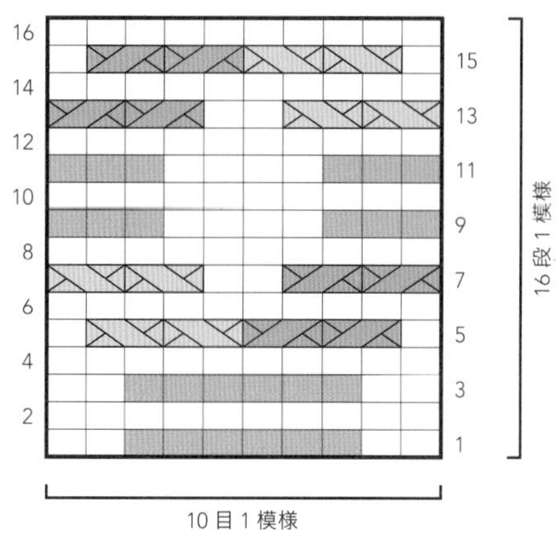

表面で表目、裏面で裏目

表面で裏目、裏面で表目

RT（表面）

LT（表面）

Smocking Half Step

スモッキングハーフステップ

ダイヤモンド形とガーター編みを8段ごとに5目ずつずらすことで、メリヤス編みから総柄へとゆるやかに移り変わります。

〈1模様＝10目×8段　※1模様で編み始め、8段ごとに模様位置を5目分ずらし、1模様増やす〉

PSS：90

note：10目の模様の左右にマーカーを入れ、最初の8段はマーカーの間で模様を編む。

1段め(表面)：表2、裏6、表2。

2段め以降の偶数段(裏面)：裏編み。

3段め：1段めと同様に編む。

5段め：表1、RTを2回、LTを2回、表1。

7段め：RTを2回、表2、LTを2回。

次の8段：最初の8段で編んだ模様の5目手前に新たなマーカーを入れ、そこから模様の1段めを編みながら最初の8段で編んだ模様の5目先まで、10目おきに新たなマーカーを入れる(最初の8段で使用していたマーカーは外す)。次の段からは新たなマーカーを目印に1模様増やして2～8段めをくり返す。以降も必要に応じて8段ごとにマーカーを入れ直し、1模様増やして編む。

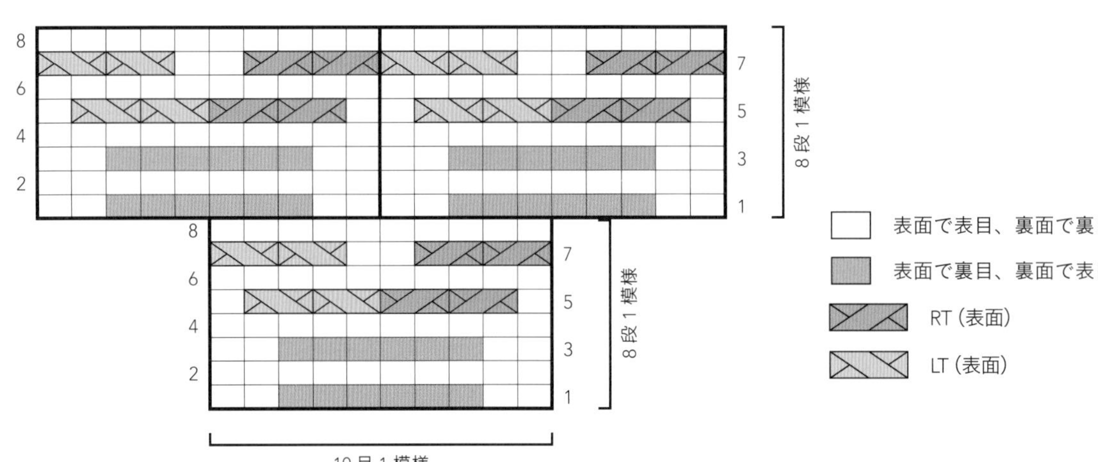

66

Smocking Grow

スモッキンググロウ

16段編むと2模様ずつ増えるという点では、Smocking Half Step (#65) と同じです。ただし、こちらは端がギザギザします。

〈1模様＝10目×16段　※1模様で編み始め、16段ごとに左右に1模様ずつ追加して編む〉

NOTE：10目の模様の左右にマーカーを入れ、最初の16段はマーカーの間で模様を編む。

PSS：90

1段め(表面)：表2、裏6、表2。

2段め以降の偶数段(裏面)：裏編み。

3段め：1段めと同様に編む。

5段め：表1、RTを2回、LTを2回、表1。

7段め：RTを2回、表2、LTを2回。

9・11段め：裏3、表4、裏3。

13段め：LTを2回、表2、RTを2回。

15段め：表1、LTを2回、RTを2回、表1。

次の16段：最初の16段で編んだ模様の10目手前に新たなマーカーを入れ、そこから模様の1段めを編みながら最初の16段で編んだ模様の10目先まで、10目おきに新たなマーカーを入れる（最初の16段で使用していたマーカーは続けて使う）。次の段からは新たなマーカーを目印に2模様増やして2〜16段めをくり返す。以降も必要に応じて16段ごとにマーカーを追加し、2模様ずつ増やして編む。

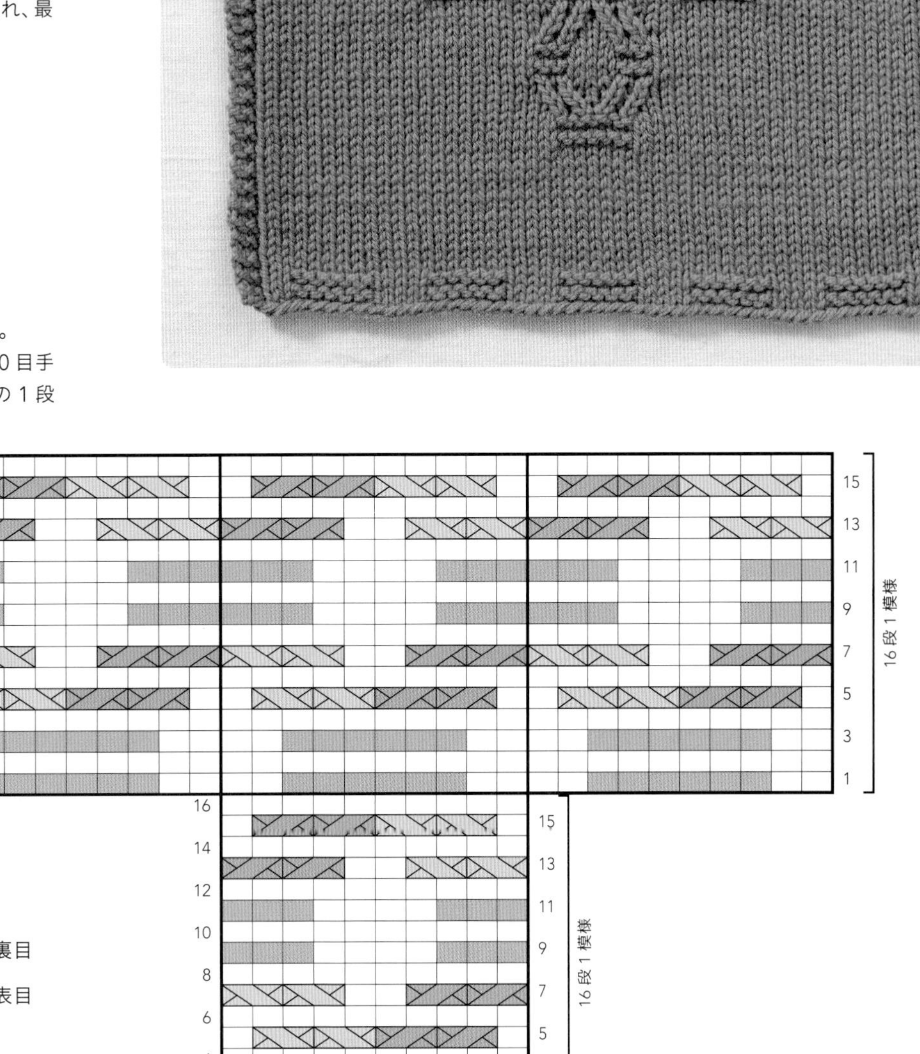

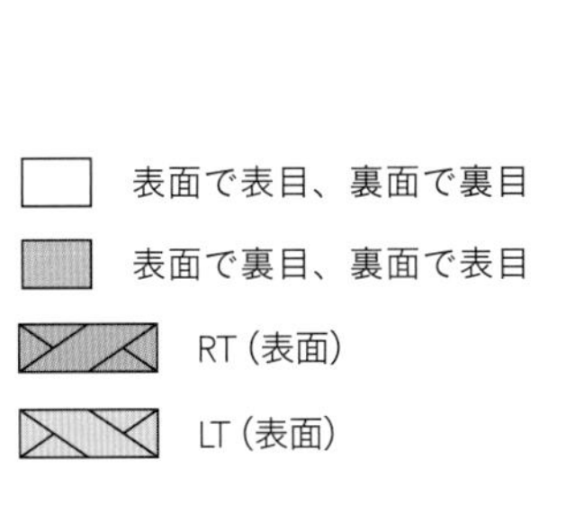

67 Smocking Fancy

スモッキングファンシー

Smocking Grow (#66) の内側の模様を一部取り除くと、レース模様のようなバロック調の表情になりました。

〈1 模様＝(50 目× 32 段) ＋ 32 段〉

PSS：90

1 段め(表面)：表 22、裏 6、表 22。

2 段め以降の偶数段(裏面)：裏編み。

3 段め：1 段めと同様に編む。

5 段め：表 21、RT を 2 回、LT を 2 回、表 21。

7 段め：表 20、RT を 2 回、表 2、LT を 2 回、表 20。

9・11 段め：表 20、裏 3、表 4、裏 3、表 20。

13 段め：表 20、LT を 2 回、表 2、RT を 2 回、表 20。

15 段め：表 21、LT を 2 回、RT を 2 回、表 21。

17・19 段め：表 12、裏 6、[表 4、裏 6] を 2 回、表 12。

21 段め：表 11、RT を 2 回、LT を 2 回、[表 2、RT を 2 回、LT を 2 回] を 2 回、表 11。

23 段め：表 10、[RT を 2 回、表 2、LT を 2 回] を 3 回、表 10。

25・27 段め：表 10、裏 3、表 4、[裏 6、表 4] を 2 回、裏 3、表 10。

29 段め：[表 10、LT を 2 回、表 2、RT を 2 回] を 2 回、表 10。

31 段め：表 11、LT を 2 回、RT を 2 回、表 12、LT を 2 回、RT を 2 回、表 11。

33・35 段め：表 2、裏 6、表 4、裏 6、表 14、裏 6、表 4、裏 6、表 2。

37 段め：表 1、RT を 2 回、LT を 2 回、表 2、RT を 2 回、LT を 2 回、表 12、RT を 2 回、LT を 2 回、表 2、RT を 2 回、LT を 2 回、表 1。

39 段め：[RT を 2 回、表 2、LT を 2 回] を 2 回、表 10、[RT を 2 回、表 2、LT を 2 回] を 2 回。

41・43 段め：裏 3、表 4、[裏 6、表 4] を 4 回、裏 3。

45 段め：LT を 2 回、表 2、RT を 2 回、[表 10、LT を 2 回、表 2、RT を 2 回] を 2 回。

47 段め：表 1、LT を 2 回、RT を 2 回、[表 12、LT を 2 回、RT を 2 回] を 2 回、表 1。

49・51 段め：表 2、裏 6、[表 14、裏 6] を 2 回、表 2。

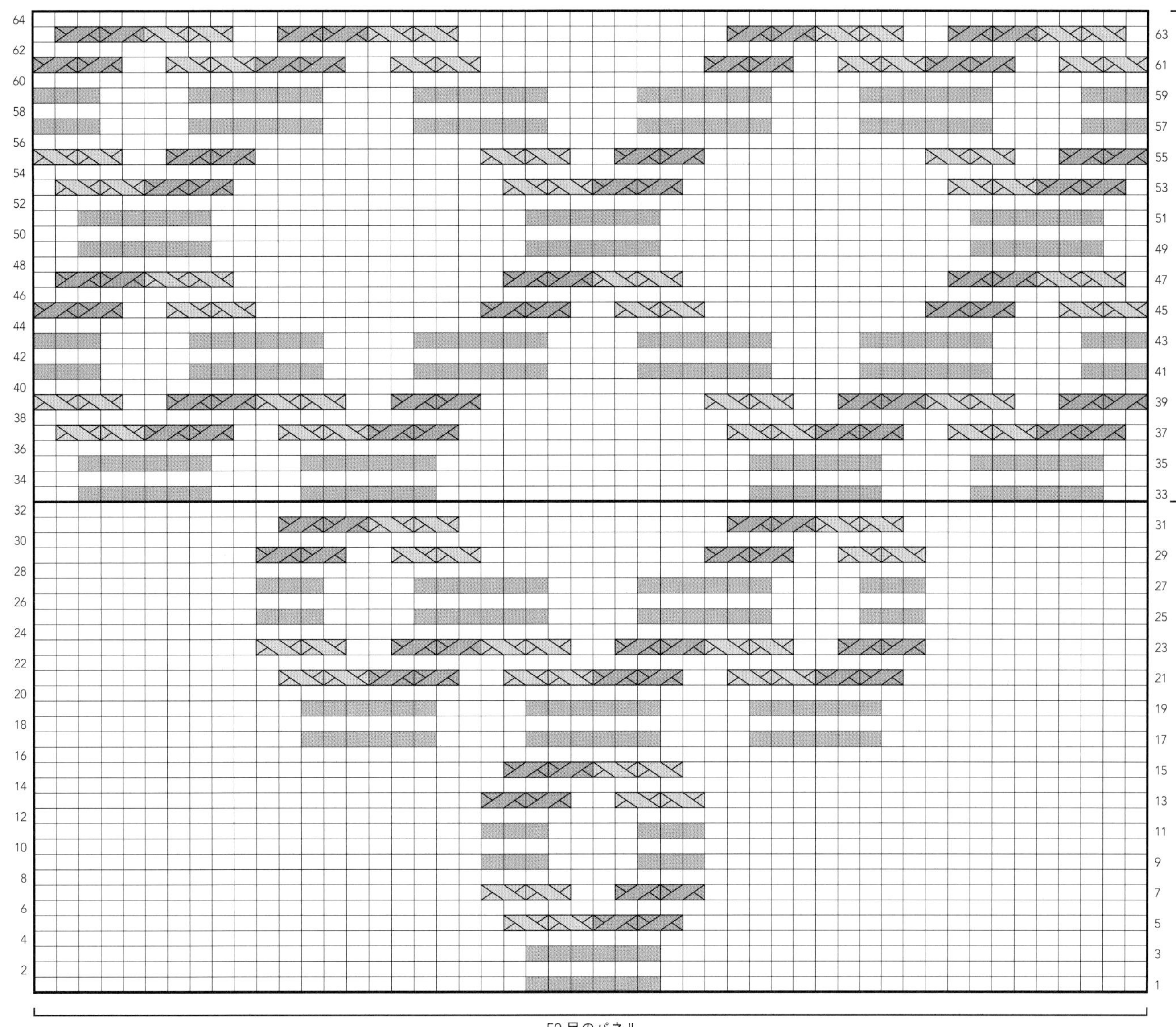

53段め：表1、RTを2回、LTを2回、[表12、RTを2回、LTを2回]を2回、表1。
55段め：RTを2回、表2、LTを2回、[表10、RTを2回、表2、LTを2回]を2回。
57・59段め：41段めと同様に編む。
61段め：[LTを2回、表2、RTを2回]を2回、表10、[LTを2回、表2、RTを2回]を2回。
63段め：表1、LTを2回、RTを2回、表2、LTを2回、RTを2回、表12、LTを2回、RTを2回、表2、LTを2回、RTを2回、表1。
※65段め以降は33～64段めをくり返す。

(68) Twirl
トゥワール

斜線と水平線の組み合わせによって、3通りの平行四辺形ができ、これらを風車の形に配置しました。センターにできた星形は思いがけないサプライズでした。

〈1模様＝28目×37段〉
PSS：90
1段め（表面）：表10、LT、裏2、LT、表12。
2段め以降の偶数段（裏面）：裏編み。
3段め：表11、LT、表2、LT、表11。
5段め：表12、LT、表2、LT、表10。
7段め：表13、LT、表2、LT、表9。
9段め：表2、RT、裏8、RT、LT、表2、LT、表4、RT、表2。
11段め：表1、RT、表8、RT、表2、[LT、表2]を2回、RT、LT、表1。
13段め：RT、裏8、RT、表4、LT、裏2、LT、RT、表2、RT。
15段め：表5、RT、表14、RT、表2、RT、表1。
17段め：表4、RT、LT、表12、[RT、表2]を2回。
19段め：表3、RT、表2、RT、表10、RT、表2、RT、表3。
21段め：[表2、RT]を2回、表12、LT、RT、表4。
23段め：表1、RT、表2、RT、表14、RT、表5。
25段め：RT、表2、RT、LT、裏2、LT、表4、RT、裏8、RT。
27段め：表1、LT、RT、表2、[LT、表2]を2回、RT、表8、RT、表1。
29段め：表2、RT、表4、LT、表2、LT、RT、裏8、RT、表2。
31段め：表9、LT、表2、LT、表13。
33段め：表10、LT、表2、LT、表12。
35段め：表11、LT、表2、LT、表11。
37段め：表12、LT、裏2、LT、表10。

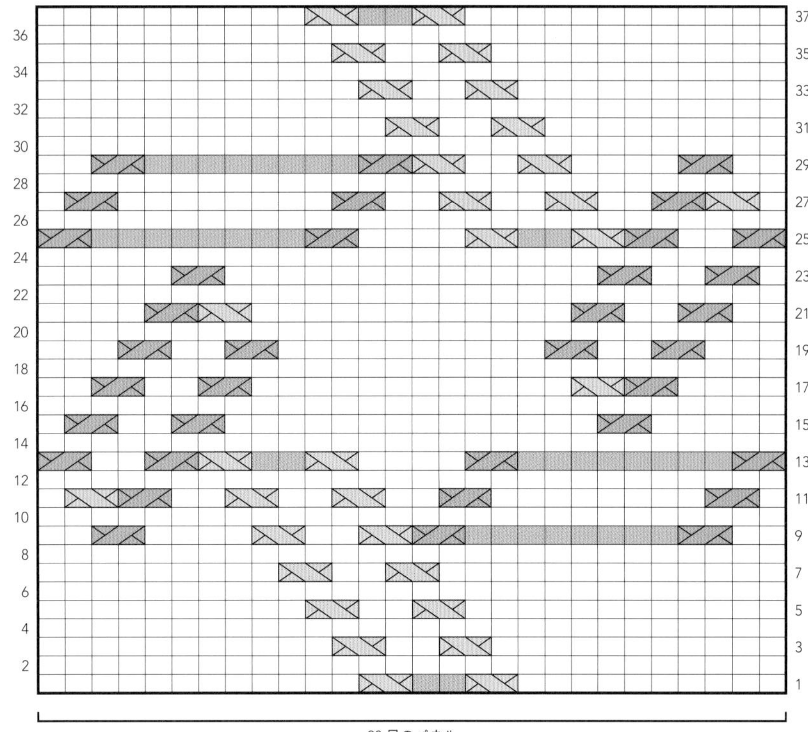

表面で表目、裏面で裏目
表面で裏目、裏面で表目
RT（表面）
LT（表面）

69 Twirl Allover

トウワールオールオーバー

Twirl (#68) の風車をくり返したら、おもしろい総柄ができました。

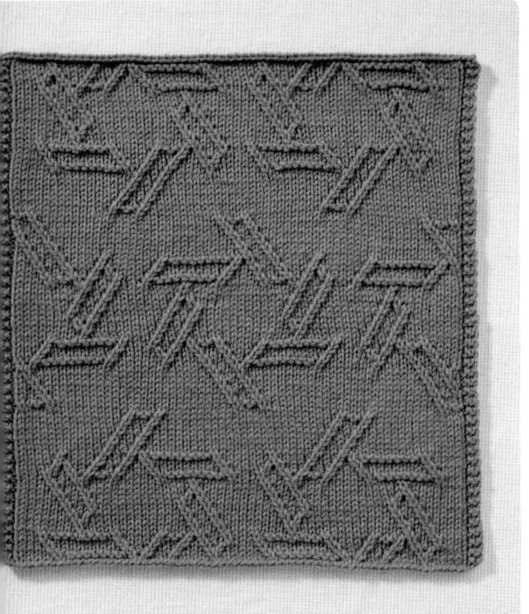

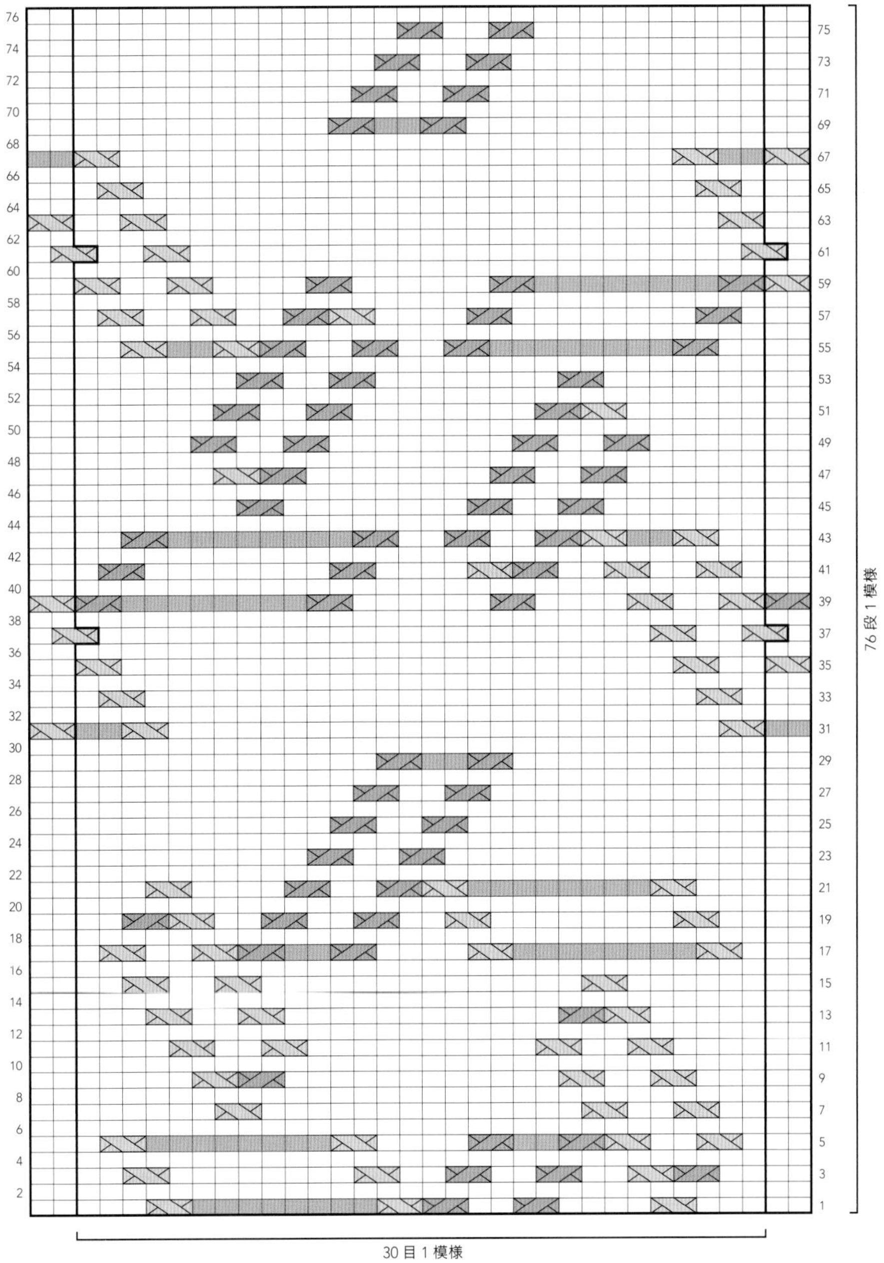

〈1 模様＝（30 の倍数＋ 4 目× 76 段〉

PSS：90

表面で表目、裏面で裏目

表面で裏目、裏面で表目

RT (表面)

LT (表面)

30 目 1 模様

76 段 1 模様

70 Arrows

アローズ

Twirl (#68) の3つの平行四辺形の配置を変えて、大きな矢印形に。上から下へ、反転させたものを交互に並べました。

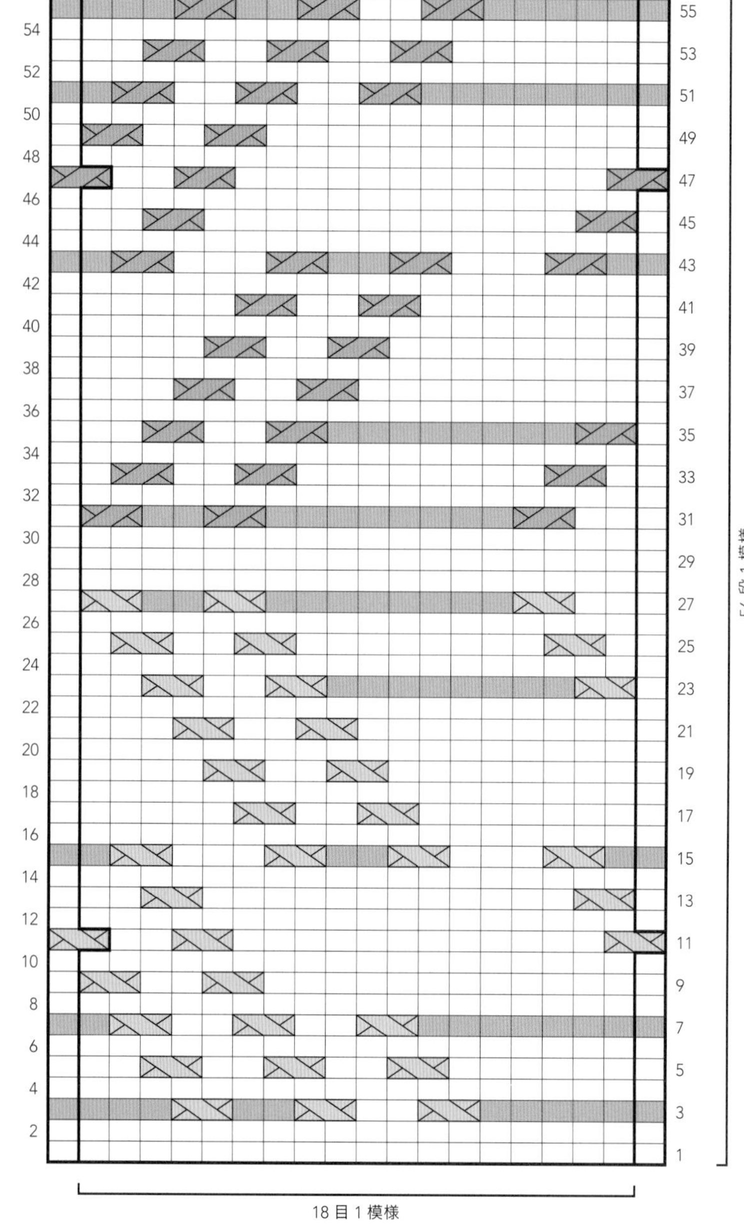

〈1模様＝(18の倍数＋2目)×56段〉

PSS：90

表面で表目、裏面で裏目

表面で裏目、裏面で表目

RT (表面)

LT (表面)

71 Blanket Star

ブランケットスター

初見ではわかりにくいですが、Blanket Star は Twirl (#68) を構成するふたつのパーツとそれらを反転させたパーツでできています。

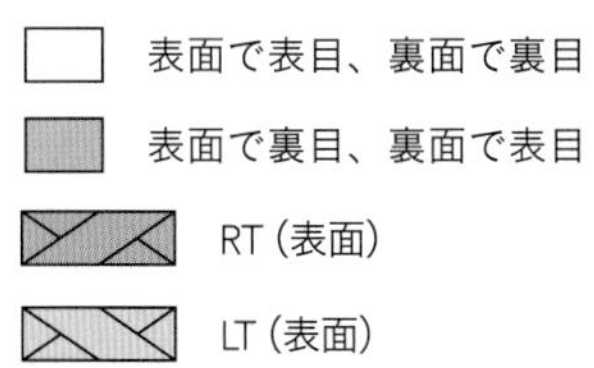

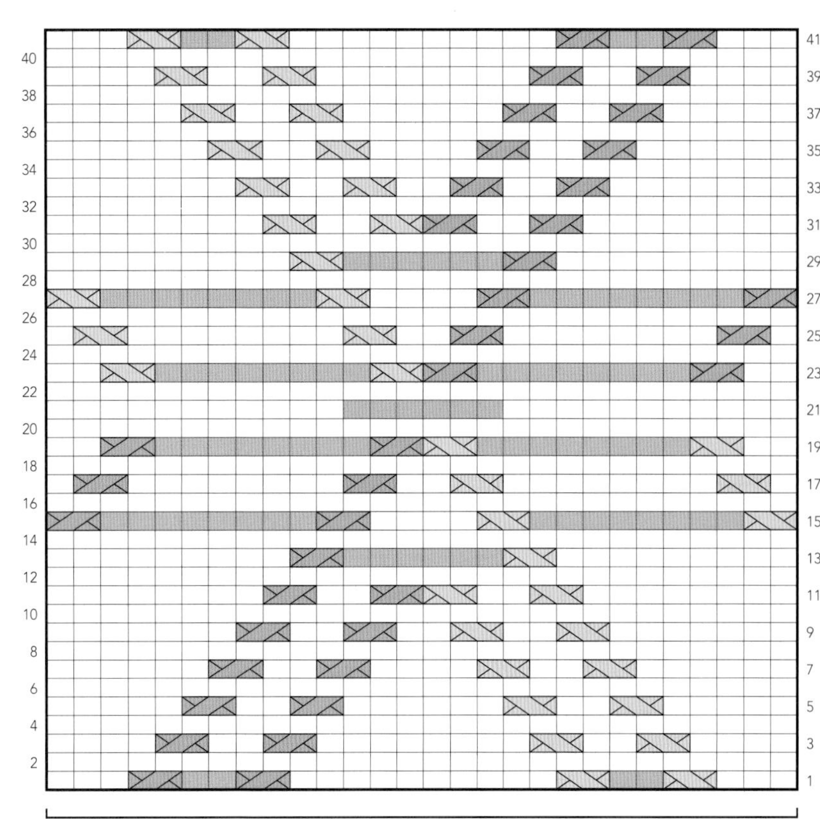

〈1 模様＝ 28 目× 41 段〉

PSS：90

1 段め (表面)：表 3、LT、裏 2、LT、表 10、RT、裏 2、RT、表 3。

2 段め以降の偶数段 (裏面)：裏編み。

3 段め：表 4、LT、表 2、LT、表 8、RT、表 2、RT、表 4。

5 段め：表 5、LT、表 2、LT、表 6、RT、表 2、RT、表 5。

7 段め：表 6、LT、表 2、LT、表 4、RT、表 2、RT、表 6。

9 段め：表 7、[LT、表 2] を 2 回、RT、表 2、RT、表 7。

11 段め：表 8、LT、表 2、LT、RT、表 2、RT、表 8。

13 段め：表 9、LT、裏 6、RT、表 9。

15 段め：LT、裏 8、LT、表 4、RT、裏 8、RT。

17 段め：表 1、LT、表 8、LT、表 2、RT、表 8、RT、表 1。

19 段め：表 2、LT、裏 8、LT、RT、裏 8、RT、表 2。

21 段め：表 11、裏 6、表 11。

23 段め：表 2、RT、裏 8、RT、LT、裏 8、LT、表 2。

25 段め：表 1、RT、表 8、RT、表 2、LT、表 8、LT、表 1。

27 段め：RT、裏 8、RT、表 4、LT、裏 8、LT。

29 段め：表 9、RT、裏 6、LT、表 9。

31 段め：表 8、RT、表 2、RT、LT、表 2、LT、表 8。

33 段め：表 7、[RT、表 2] を 2 回、LT、表 2、LT、表 7。

35 段め：表 6、RT、表 2、RT、表 4、LT、表 2、LT、表 6。

37 段め：表 5、RT、表 2、RT、表 6、LT、表 2、LT、表 5。

39 段め：表 4、RT、表 2、RT、表 8、LT、表 2、LT、表 4。

41 段め：表 3、RT、裏 2、RT、表 10、LT、裏 2、LT、表 3。

⑦② Big Star

ビッグスター

Big Star は Blanket Star (#71) をさらに展開した模様で、パーツを短くし、ダイヤモンドを添えました。

〈1 模様＝36 目× 51 段〉

PSS：90

1 段め（表面）：表 17、RT、表 17。

2 ～ 24 段めの偶数段（裏面）：裏編み。

3 段め：表 16、RT、LT、表 16。

5 段め：表 15、RT、表 2、LT、表 15。

7 段め：表 14、RT、表 4、LT、表 14。

9 段め：表 13、RT、表 6、LT、表 13。

11 段め：表 6、LT、裏 2、LT、表 2、LT、表 4、RT、表 2、RT、裏 2、RT、表 6。

13 段め：表 7、[LT、表 2] を 3 回、RT、[表 2、RT] を 2 回、表 7。

15 段め：表 8、LT、[表 2、LT] を 2 回、RT、[表 2、RT] を 2 回、表 8。

17 段め：表 9、[LT、表 2] を 2 回、RT、[表 2、RT] を 2 回、表 9。

19 段め：LT、裏 5、LT、表 1、LT、表 2、LT、表 4、RT、表 2、RT、表 1、RT、裏 5、RT。

21 段め：表 1、LT、表 5、LT、表 1、[LT、表 2] を 2 回、RT、表 2、RT、表 1、RT、表 5、RT、表 1。

23 段め：表 2、LT、裏 5、LT、表 1、LT、裏 2、LT、RT、裏 2、RT、表 1、RT、裏 5、RT、表 2。

25 段め：表編み。

26 段め：裏 3、表 30、裏 3。

27 段め：表編み。

28 ～ 50 段めの偶数段：裏編み。

29 段め：表 2、RT、裏 5、RT、表 1、RT、裏 2、RT、LT、裏 2、LT、表 1、LT、裏 5、LT、表 2。

31 段め：表 1、RT、表 5、RT、表 1、[RT、表 2] を 2 回、LT、表 2、LT、表 1、LT、表 5、LT、表 1。

33 段め：RT、裏 5、RT、表 1、RT、表 2、RT、表 4、LT、表 2、LT、表 1、LT、裏 5、LT。

35 段め：表 9、[RT、表 2] を 3 回、LT、表 2、LT、表 9。

37 段め：表 8、RT、[表 2、RT] を 2 回、LT、[表 2、LT] を 2 回、表 8。

39 段め：表 7、[RT、表 2] を 3 回、LT、[表 2、LT] を 2 回、表 7。

41 段め：表 6、RT、裏 2、RT、表 2、RT、表 4、LT、表 2、LT、裏 2、LT、表 6。

43 段め：表 13、LT、表 6、RT、表 13。

45 段め：表 14、LT、表 4、RT、表 14。

47 段め：表 15、LT、表 2、RT、表 15。

49 段め：表 16、LT、RT、表 16。

51 段め：表 17、RT、表 17。

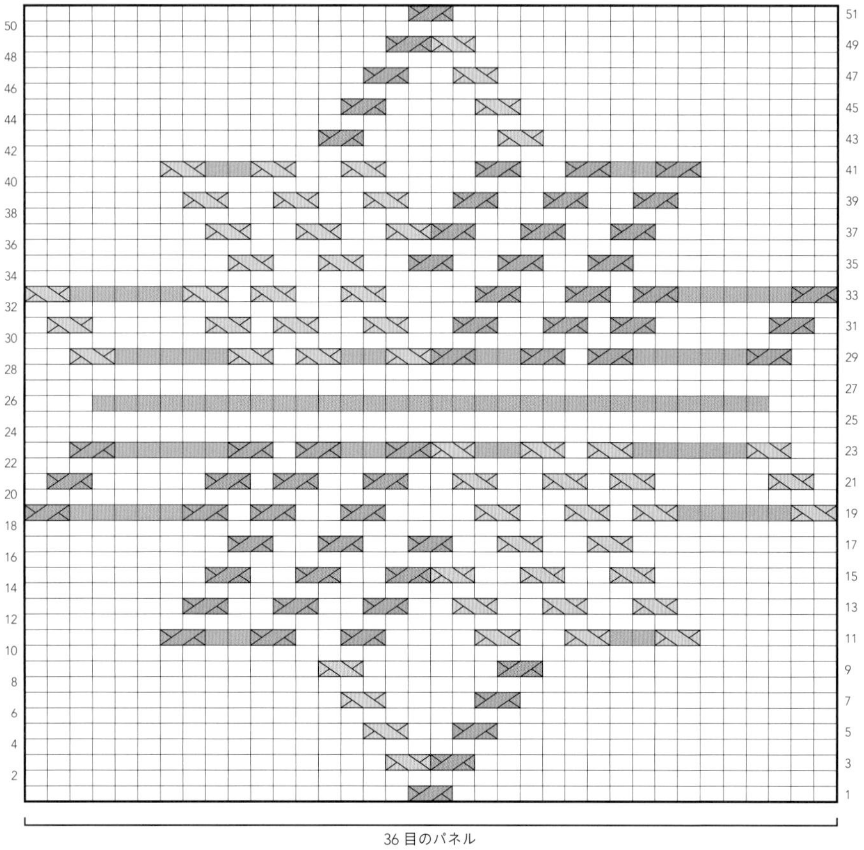

36 目のパネル

□ 表面で表目、裏面で裏目

■ 表面で裏目、裏面で表目

RT（表面）

LT（表面）

CHAPTER 5

Vertical

垂直に続く模様

このチャプターでは垂直線と斜線が共存します。
縦の要素を組み込むために
さまざまなテクニックを駆使しました。
最もシンプルな例がPleated（#79）や
Quiver（#80）に見られる
表目から裏目への切り替えです。
ゴム編みやねじり目のゴム編みは
はっきりとした垂直線を、
ミニケーブルは厚みのある
幅の広いラインを描きます。
垂直線を加えることで
Droplets（#87）のように、
曲線や丸みをおびた表情も
描き出せます。

73 Starburst

スターバースト

もう忘れてしまった別の模様のスワッチを編んでいたときに、今回の斜線とミニケーブルの組み合わせを思いつきました。力強い縦のパーツはツイストステッチを重ねたミニケーブル。裏メリヤス編みを左右に加えることで縦のラインを強調しました。

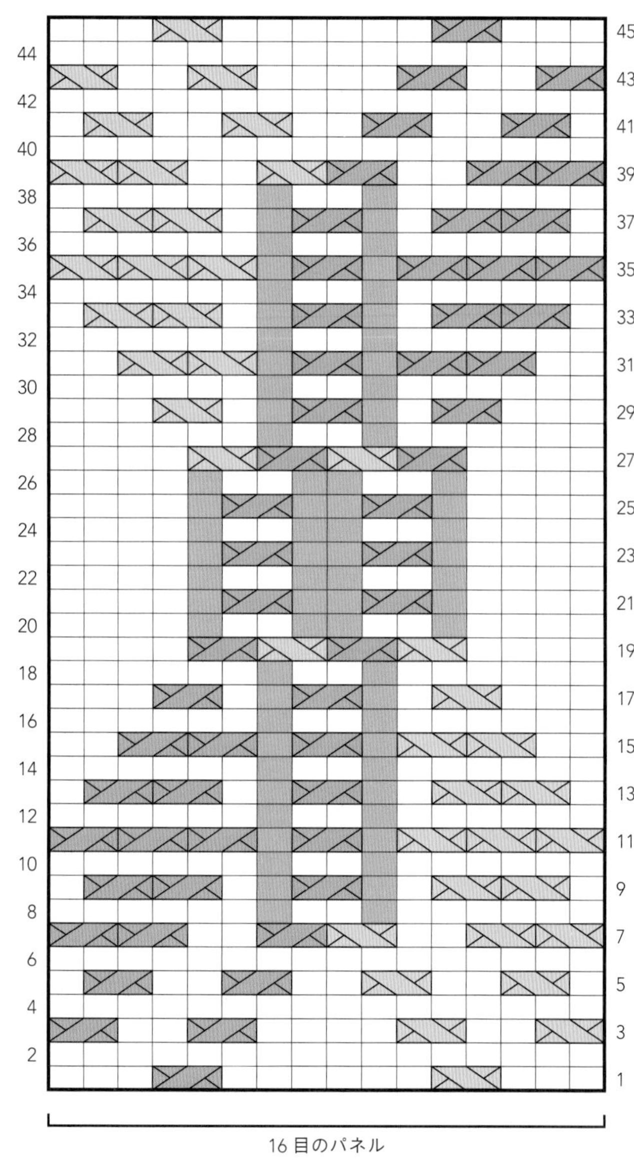

□ 表面で表目、裏面で裏目

■ 表面で裏目、裏面で表目

RT（表面）

LT（表面）

〈1 模様＝ 16 目× 45 段〉
PSS：85
1 段め（表面）：表 3、LT、表 6、RT、表 3。
2・4・6 段め：裏編み。
3 段め：LT、表 2、LT、表 4、RT、表 2、RT。
5 段め：表 1、[LT、表 2] を 2 回、RT、表 2、RT、表 1。
7 段め：LT を 2 回、表 2、LT、RT、表 2、RT を 2 回。
8 〜 18 段めの偶数段：裏 6、表 1、裏 2、表 1、裏 6。
9 段め：表 1、LT を 2 回、表 1、裏 1、RT、裏 1、表 1、RT を 2 回、表 1。
11 段め：LT を 3 回、裏 1、RT、裏 1、RT を 3 回。
13 段め：9 段めと同様に編む。
15 段め：表 2、LT を 2 回、裏 1、RT、裏 1、RT を 2 回、表 2。
17 段め：表 3、LT、表 1、裏 1、RT、裏 1、表 1、RT、表 3。
19 段め：表 4、[LT、RT] を 2 回、表 4。
20 段め：裏 4、表 1、裏 2、表 2、裏 2、表 1、裏 4。
21 段め：表 4、裏 1、RT、裏 2、RT、裏 1、表 4。
22 〜 25 段め：20・21 段めを 2 回くり返す。
26 段め：20 段めと同様に編む。
27 段め：表 4、[RT、LT] を 2 回、表 4。
28 〜 38 段めの偶数段：8 段めと同様に編む。
29 段め：表 3、RT、表 1、裏 1、RT、裏 1、表 1、LT、表 3。
31 段め：表 2、RT を 2 回、裏 1、RT、裏 1、LT を 2 回、表 2。
33 段め：表 1、RT を 2 回、表 1、裏 1、RT、裏 1、表 1、LT を 2 回、表 1。
35 段め：RT を 3 回、裏 1、RT、裏 1、LT を 3 回。
37 段め：33 段めと同様に編む。
39 段め：RT を 2 回、表 2、RT、LT、表 2、LT を 2 回。
40・42・44 段め：裏編み。
41 段め：表 1、[RT、表 2] を 2 回、LT、表 2、LT、表 1。
43 段め：RT、表 2、RT、表 4、LT、表 2、LT。
45 段め：表 3、RT、表 6、LT、表 3。

74 Spruce

スプルース

ツイストと立体的な編み目を組み合わせたコラムは、単独でも総柄としてくり返しても使えます。中央のくっきりした縦のラインは、毎段ねじり目（表面で表目のねじり目、裏面で裏目のねじり目）を編んで描いています。

〈1 模様＝（16 の倍数＋ 1 目）× 6 段〉
PSS：80
1 段め（表面）：裏 1、* 表 2、RT、表 1、裏 1、[ねじり目 1、裏 1] を 2 回、表 1、LT、表 2、裏 1；、* 〜；を最後までくり返す。
2 段め：表 1、* 裏 6、裏目のねじり目 1、表 1、裏目のねじり目 1、裏 6、表 1；、* 〜；を最後までくり返す。
3 段め：裏 1、* 表 1、RT、表 2、裏 1、[ねじり目 1、裏 1] を 2 回、表 2、LT、表 1、裏 1；、* 〜；を最後までくり返す。
4 段め：2 段めと同様に編む。
5 段め：裏 1、*RT、表 1、RT、裏 1、[ねじり目 1、裏 1] を 2 回、LT、表 1、LT、裏 1；、* 〜；を最後までくり返す。
6 段め：2 段めと同様に編む。

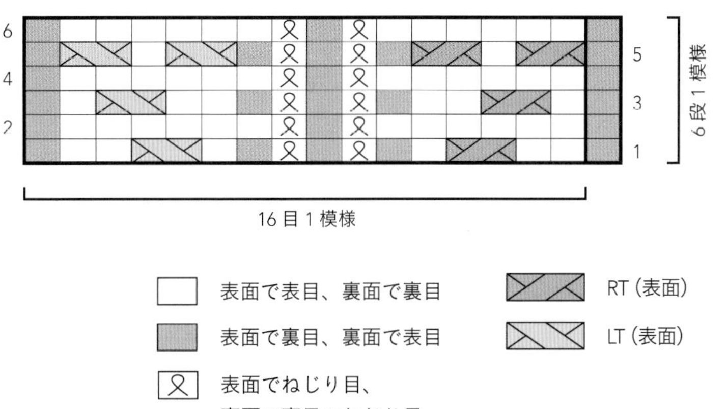

⑺⑸ Spire

スパイア

広がっては消えるシェブロン模様に、ひかえめな縦線を描くミニケーブルを加え、背骨のような芯を通しました。

〈1 模様＝ 14 の倍数目× 63 段〉

PSS：80

1 段め（表面）：表 6、RT、* 表 12、RT；、* 〜；を残り 6 目までくり返す、表 6。

2 段め以降の偶数段（裏面）：裏編み。

3 段め：表 5、RT、LT、* 表 10、RT、LT；、* 〜；を残り 5 目までくり返す、表 5。

5 段め：1 段めと同様に編む。

7 段め：3 段めと同様に編む

9 段め：表 4、RT を 2 回、LT、* 表 8、RT を 2 回、LT；、* 〜；を残り 4 目までくり返す、表 4。

11 段め：3 段めと同様に編む。

13 段め：9 段めと同様に編む。

15 段め：表 3、[RT、表 1] を 2 回、LT、* 表 6、[RT、表 1] を 2 回、LT；、* 〜；を残り 3 目までくり返す、表 3。

17 段め：3 段めと同様に編む。

19 段め：9 段めと同様に編む。

21 段め：15 段めと同様に編む。

23 段め：表 2、RT、表 1、RT、LT、表 1、LT、* 表 4、RT、表 1、RT、LT、表 1、LT；、* 〜；を残り 2 目までくり返す、表 2。

25 段め：9 段めと同様に編む。

27 段め：15 段めと同様に編む。

29 段め：*LT、[RT、表 2] を 2 回、LT、RT；、* 〜；を最後までくり返す。

31 段め：表 1、[RT、表 3] を 2 回、LT、* 表 2、[RT、表 3] を 2 回、LT；、* 〜；を残り 1 目までくり返す、表 1。

33 段め：表 1、LT、[表 3、RT] を 2 回、* 表 2、LT、[表 3、RT] を 2 回；、* 〜；を残り 1 目までくり返す、表 1。

35 段め：*RT、LT、[表 2、RT] を 2 回、LT；、* 〜；を最後までくり返す。

37 段め：表 3、LT、[表 1、RT] を 2 回、* 表 6、LT、[表 1、RT] を 2 回；、* 〜；を残り 3 目までくり返す、表 3。

39 段め：表 4、LT、RT を 2 回、* 表 8、LT、RT を 2 回；、* 〜；を残り 4 目までくり返す、表 4。

41 段め：表 2、LT、表 1、LT、RT、表 1、RT、* 表 4、LT、表 1、LT、RT、表 1、RT；、* 〜；を残り 2 目までくり返す、表 2。

43 段め：37 段めと同様に編む。

45 段め：39 段めと同様に編む。

47 段め：表 5、LT、RT、* 表 10、LT、RT；、* 〜；を残り 5 目までくり返す、表 5。

49 段め：37 段めと同様に編む。

51 段め：39 段めと同様に編む。

53 段め：47 段めと同様に編む。

55 段め：39 段めと同様に編む

57 段め：47 段めと同様に編む。

59 段め：1 段めと同様に編む。

61 段め：47 段めと同様に編む。

63 段め：1 段めと同様に編む。

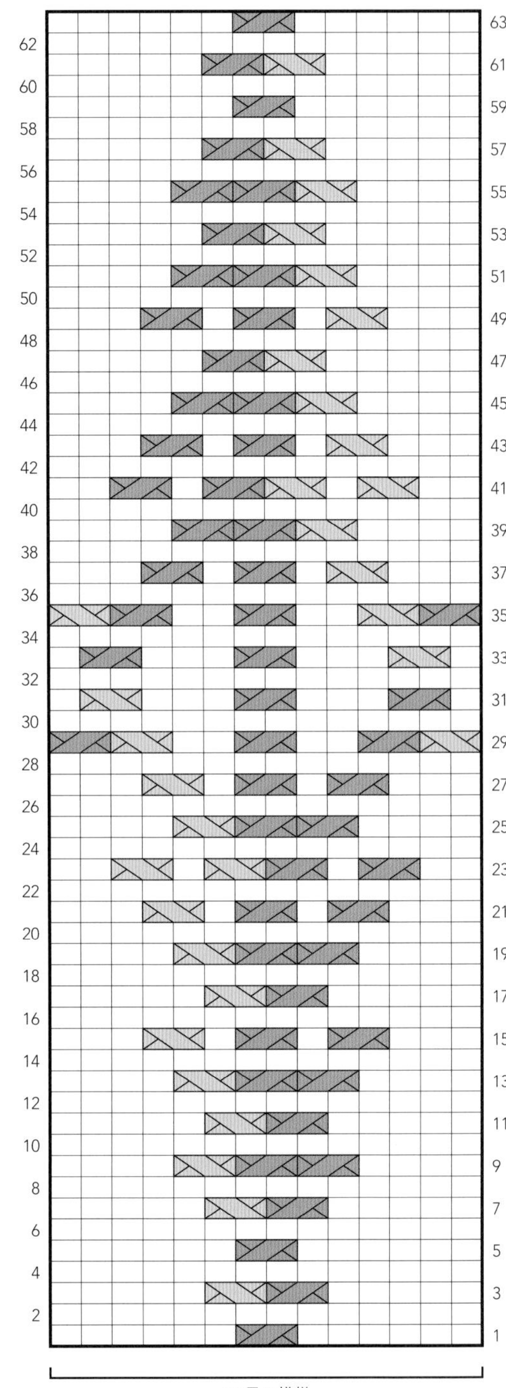

14 目 1 模様

□ 表面で表目、裏面で裏目

RT（表面）

LT（表面）

⑯ Deco Dragon Left

デコドラゴンレフト

この模様のとがった三角形は、ドラゴンのうろこのように見えます。ツイストステッチのハーフダイヤモンド形の間の空間を埋めた 1 目ゴム編みは、縦の流れを強調する要素となっています。1 目ゴム編みは、糸によってはねじり目で編んだほうが効果的な場合もあります。その場合は、P.202 の Cropped Cardi で使用している 2 段ごとにねじり目を編むアレンジバージョンがおすすめです（チャートは P.205 参照）。

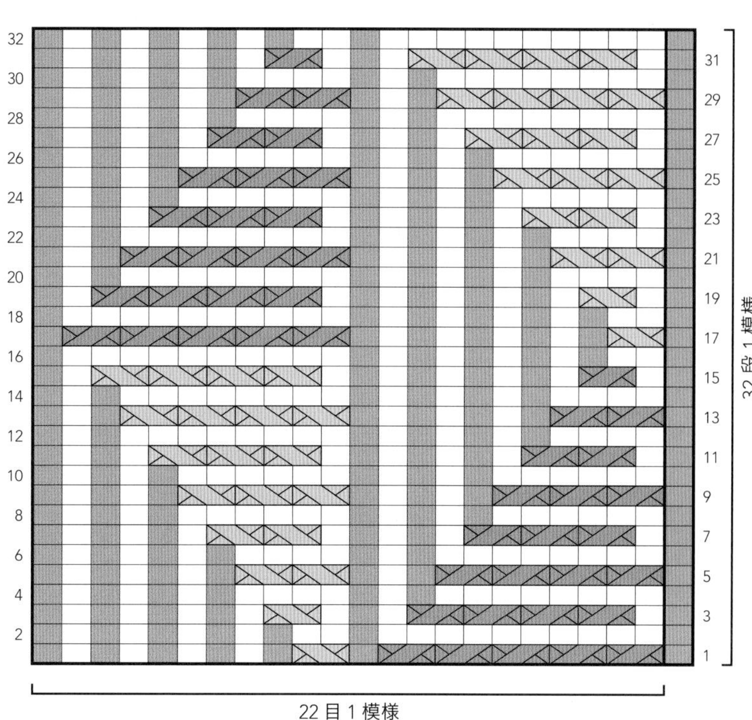

表面で表目、裏面で裏目

表面で裏目、裏面で表目

RT（表面）

LT（表面）

〈1 模様＝（22 の倍数＋1 目）× 32 段〉

PSS：80

1 段め（表面）：裏 1、*RT を 5 回、裏 1、LT、裏 1、［表 1、裏 1］を 4 回；、* ～；を最後までくり返す。

2 段め：（前段の目を裏面から見た状態で）表目は表目、裏目は裏目に編む。

3 段め：裏 1、* 表 1、RT を 4 回、表 1、裏 1、表 1、LT、［表 1、裏 1］を 4 回；、* ～；を最後までくり返す。

4 段め：表 1、*［裏 1、表 1］を 3 回、裏 4、表 1、裏 1、表 1、裏 8、表 1；、* ～；を最後までくり返す。

5 段め：裏 1、*RT を 4 回、裏 1、表 1、裏 1、LT を 2 回、裏 1、［表 1、裏 1］を 3 回；、* ～；を最後までくり返す。

6 段め：2 段めと同じ要領で編む。

7 段め：裏 1、* 表 1、RT を 3 回、表 1、［裏 1、表 1］を 2 回、LT を 2 回、［表 1、裏 1］を 3 回；、* ～；を最後までくり返す。

8 段め：表 1、*［裏 1、表 1］を 2 回、裏 6、表 1、［裏 1、表 1］を 2 回、裏 6、表 1；、* ～；を最後までくり返す。

9 段め：裏 1、*RT を 3 回、裏 1、［表 1、裏 1］を 2 回、LT を 3 回、裏 1、［表 1、裏 1］を 2 回；、* ～；を最後までくり返す。

10 段め：2 段めと同じ要領で編む。

11 段め：裏 1、* 表 1、RT を 2 回、表 1、［裏 1、表 1］を 3 回、LT を 3 回、［表 1、裏 1］を 2 回；、* ～；を最後までくり返す。

12 段め：表 1、* 裏 1、表 1、裏 8、表 1、［裏 1、表 1］を 3 回、裏 4、表 1；、* ～；を最後までくり返す。

13 段め：裏 1、*RT を 2 回、裏 1、[表 1、裏 1] を 3 回、LT を 4 回、裏 1、表 1、裏 1；、*～；を最後までくり返す。
14 段め：2 段めと同じ要領で編む。
15 段め：裏 1、* 表 1、RT、表 1、[裏 1、表 1] を 4 回、LT を 4 回、表 1、裏 1；、*～；を最後までくり返す。
16 段め：表 1、* 裏 10、表 1、[裏 1、表 1] を 4 回、裏 2、表 1；、*～；を最後までくり返す。
17 段め：裏 1、*LT、裏 1、[表 1、裏 1] を 4 回、RT を 5 回、裏 1；、*～；を最後までくり返す。
18 段め：2 段めと同じ要領で編む。
19 段め：裏 1、* 表 1、LT、表 1、[裏 1、表 1] を 4 回、RT を 4 回、表 1、裏 1；、*～；を最後までくり返す。
20 段め：表 1、* 裏 1、表 1、裏 8、表 1、[裏 1、表 1] を 3 回、裏 4、表 1；、*～；を最後までくり返す。
21 段め：裏 1、*LT を 2 回、裏 1、[表 1、裏 1] を 3 回、RT を 4 回、裏 1、表 1、裏 1；、*～；を最後までくり返す。
22 段め：2 段めと同じ要領で編む。
23 段め：裏 1、* 表 1、LT を 2 回、表 1、[裏 1、表 1] を 3 回、RT を 3 回、[表 1、裏 1] を 2 回；、*～；を最後までくり返す。
24 段め：表 1、*[裏 1、表 1] を 2 回、裏 6、表 1、[裏 1、表 1] を 2 回、裏 6、表 1；、*～；を最後までくり返す。
25 段め：裏 1、*LT を 3 回、裏 1、[表 1、裏 1] を 2 回、RT を 3 回、裏 1、[表 1、裏 1] を 2 回；、*～；を最後までくり返す。
26 段め：2 段めと同じ要領で編む。
27 段め：裏 1、* 表 1、LT を 3 回、表 1、[裏 1、表 1] を 2 回、RT を 2 回、[表 1、裏 1] を 3 回；、*～；を最後までくり返す。
28 段め：表 1、*[裏 1、表 1] を 3 回、裏 4、表 1、裏 1、表 1、裏 8、表 1；、*～；を最後までくり返す。
29 段め：裏 1、*LT を 4 回、裏 1、表 1、裏 1、RT を 2 回、裏 1、[表 1、裏 1] を 3 回；、*～；を最後までくり返す。
30 段め：2 段めと同じ要領で編む。
31 段め：裏 1、* 表 1、LT を 4 回、表 1、裏 1、表 1、RT、[表 1、裏 1] を 4 回；、*～；を最後までくり返す。
32 段め：表 1、*[裏 1、表 1] を 4 回、裏 2、表 1、裏 10、表 1；、*～；を最後までくり返す。

(77) Seahook

シーフック

使いやすいジグザグ模様は、最初の数段をツイスト入りのゴム編みにし、ジグザグへとつなげます。次のジグザグとの間にはメリヤス編みをはさんで視覚的な安らぎを。この模様の配置は私が随分前にデザインしたセーターに使用したものです。まだまだ探求しなければならないバリエーションが待っています。

〈1 模様＝（12 の倍数＋ 4 目）× 34 段　※準備段①の 2 段 1 模様のゴム編み（段数は適宜）と準備段②の 20 段 1 回分を加える〉
PSS：95
1 段め（表面）：裏 1、RT、裏 1、* 表 2、裏 1、LT、裏 1、表 2、裏 1、RT、裏 1；、*～；を最後までくり返す。
2 段め：（前段の目を裏面から見た状態で）表目は表目、裏目は裏目に編む。
※ゴム編みが希望の長さになるまで 1・2 段めをくり返す。
3 ～ 6 段め：1・2 段めをくり返す。
7 段め：裏 1、RT、裏 1、* 表 2、RT、LT、表 2、裏 1、RT、裏 1；、*～；を最後までくり返す。
8・10・12 段め：2 段めと同様に編む。
9 段め：裏 1、RT、裏 1、* 表 1、RT、LT を 2 回、表 1、裏 1、RT、裏 1；、*～；を最後までくり返す。
11 段め：裏 1、RT、裏 1、*RT を 2 回、LT を 2 回、裏 1、RT、裏 1；、*～；を最後までくり返す。
13 段め：表 1、RT を 3 回、表 2、LT を 2 回、*RT を 3 回、表 2、LT を 2 回；、*～；を残

り 3 目までくり返す、RT、表 1。

14 〜 22 段めの偶数段：裏編み。

15 段め：LT、*RT を 2 回、表 4、LT を 2 回；、*〜；を残り 2 目までくり返す、RT。

17 段め：表 1、RT、*RT、表 6、LT を 2 回；、*〜；を残り 1 目までくり返す、表 1。

19 段め：LT、RT、* 表 8、LT、RT；、*〜；を最後までくり返す。

21 段め：表 1、RT、* 表 10、RT；、*〜；を残り 1 目までくり返す、表 1。

23 段め：表 7、LT、* 表 10、LT；、*〜；を残り 7 目までくり返す、表 7。

24 〜 30 段めの偶数段：裏編み。

25 段め：表 6、RT、LT、* 表 8、RT、LT；、*〜；を残り 6 目までくり返す、表 6。

27 段め：表 5、RT、LT を 2 回、* 表 6、RT、LT を 2 回；、*〜；を残り 5 目までくり返す、表 5。

29 段め：表 4、*RT を 2 回、LT を 2 回、表 4；、*〜；を最後までくり返す。

31 段め：表 3、*RT を 2 回、LT を 3 回、表 2；、*〜；を残り 1 目までくり返す、表 1。

32 段め：裏 6、表 1、裏 2、表 1、* 裏 8、表 1、裏 2、表 1；、*〜；を残り 6 目までくり返す、裏 6。

33 段め：LT、*RT を 2 回、裏 1、LT、裏 1、LT を 2 回；、*〜；を残り 2 目までくり返す、RT。

34 段め：32 段めと同様に編む。

35 段め：表 1、*RT を 2 回、表 1、裏 1、LT、裏 1、表 1、LT；、*〜；を残り 3 目までくり返す、RT、表 1。

36 段め：32 段めと同様に編む。

37 段め：LT、RT、* 表 2、裏 1、LT、裏 1、表 2、LT、RT；、*〜；を最後までくり返す。

38 段め：表 1、* 裏 2、表 1；、*〜；を最後までくり返す。

39 段め：裏 1、RT、裏 1、* 表 2、裏 1、LT、裏 1、表 2、裏 1、RT、裏 1；、*〜；を最後までくり返す。

40 段め：38 段めと同様に編む。

41 段め：裏 1、RT、裏 1、* 表 2、RT、LT、表 2、裏 1、RT、裏 1；、*〜；を最後までくり返す。

42 段め：表 1、裏 2、表 1、* 裏 8、表 1、裏 2、表 1；、*〜；を最後までくり返す。

43 段め：裏 1、RT、裏 1、* 表 1、RT、LT を 2 回、表 1、裏 1、RT、裏 1；、*〜；を最後までくり返す。

44 段め：42 段めと同様に編む。

45 段め：裏 1、RT、裏 1、*RT を 2 回、LT を 2 回、裏 1、RT、裏 1；、*〜；を最後までくり返す。

46 段め：42 段めと同様に編む。

47 段め：表 1、*RT を 3 回、表 2、LT を 2 回；、*〜；を残り 3 目までくり返す、RT、表 1。

48 〜 56 段めの偶数段：裏編み。

49 段め：LT、*RT を 2 回、表 4、LT を 2 回；、*〜；を残り 2 目までくり返す、RT。

51 段め：表 1、RT、*RT を 1 回、表 6、LT を 2 回；、*〜；を残り 1 目までくり返す、表 1。

53 段め：LT、RT、* 表 8、LT、RT；、*〜；を最後までくり返す。

55 段め：表 1、RT、* 表 10、RT；、*〜；を残り 1 目までくり返す、表 1。

※以降は 23 〜 56 段めをくり返す。

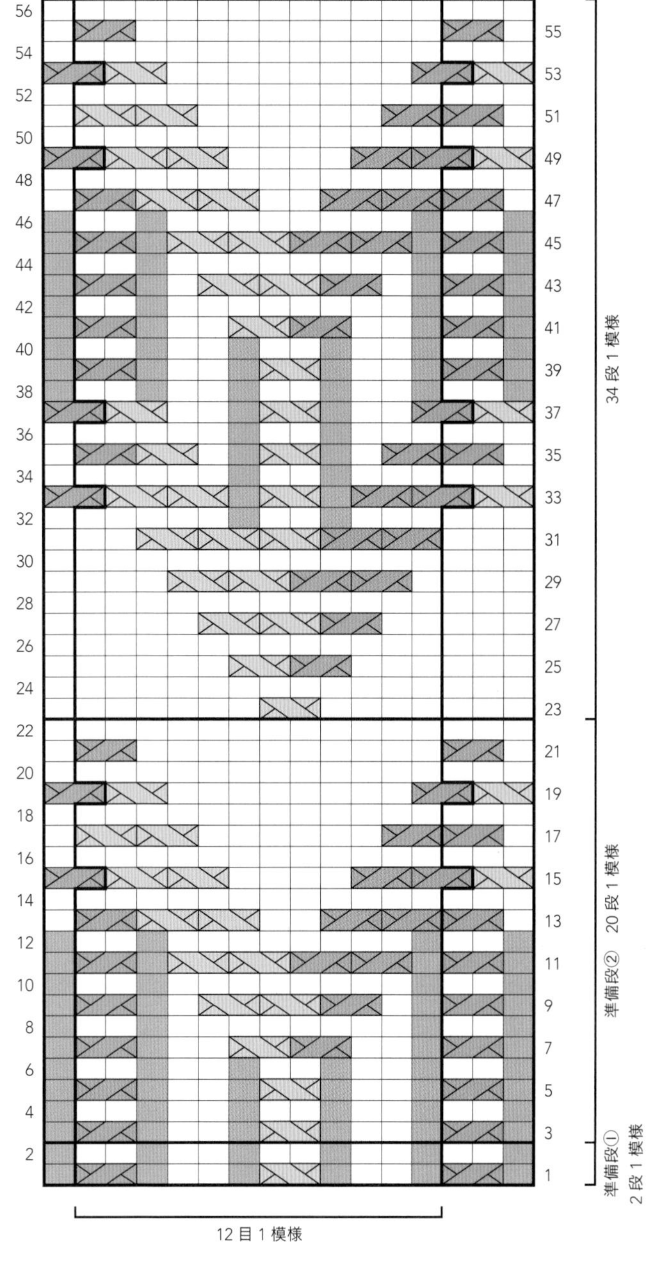

Deco Dragon Right

デコドラゴンライト

Deco Dragon Left (#76) を左右対称に反転させた模様です。左右対称な模様はカーディガンなどを編むときに便利で、実際に P.202 の Cropped Cardi で使用しています。Deco Dragon Left (#76) と同様、立体感が出にくい糸を使う場合は、1目ゴム編み部分をねじり目で編むのがおすすめです (P.205 のチャート参照)。

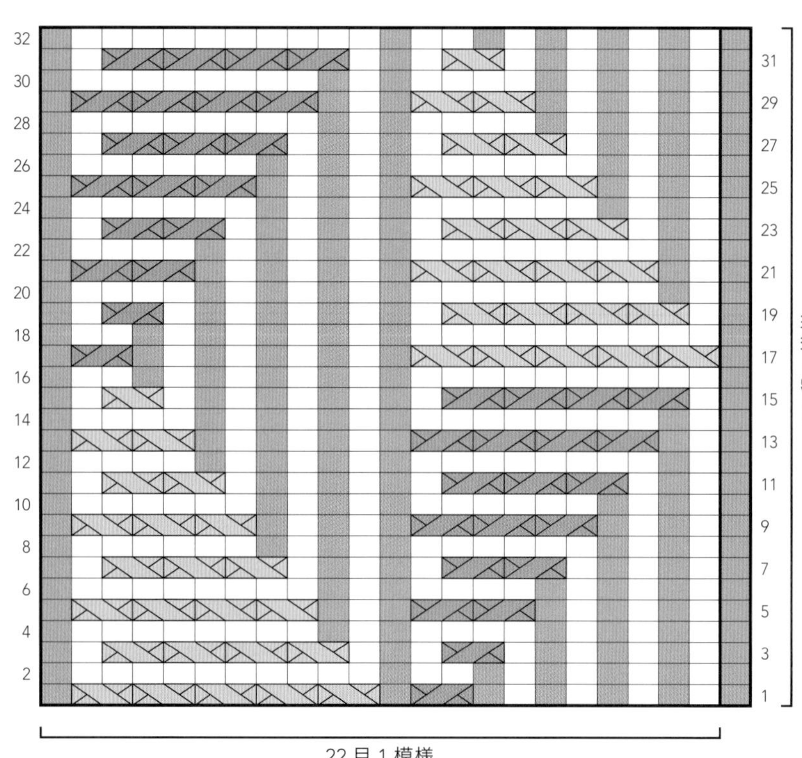

〈1 模様＝(22 の倍数＋1目) × 32 段〉

PSS：80

1 段め (表面)：裏 1、*[表 1、裏 1] を 4 回、RT、裏 1、LT を 5 回、裏 1；、* 〜；を最後までくり返す。

2 段め：(前段の目を裏面から見た状態で) 表目は表目、裏目は裏目に編む。

3 段め：裏 1、* 表 1、[裏 1、表 1] を 3 回、RT、表 1、裏 1、表 1、LT を 4 回、表 1、裏 1；、* 〜；を最後までくり返す。

4 段め：表 1、* 裏 8、表 1、裏 1、表 1、裏 4、表 1、[裏 1、表 1] を 3 回；、* 〜；を最後までくり返す。

5 段め：裏 1、* [表 1、裏 1] を 3 回、RT を 2 回、裏 1、表 1、裏 1、LT を 4 回、裏 1；、* 〜；を最後までくり返す。

6 段め：2 段めと同じ要領で編む。

7 段め：裏 1、* 表 1、[裏 1、表 1] を 2 回、RT を 2 回、表 1、[裏 1、表 1] を 2 回、LT を 3 回、表 1、裏 1；、* 〜；を最後までくり返す。

8 段め：表 1、* 裏 6、表 1、[裏 1、表 1] を 2 回、裏 6、表 1、[裏 1、表 1] を 2 回；、* 〜；を最後までくり返す。

9 段め：裏 1、* [表 1、裏 1] を 2 回、RT を 3 回、裏 1、[表 1、裏 1] を 2 回、LT を 3 回、裏 1；、* 〜；を最後までくり返す。

10 段め：2 段めと同じ要領で編む。

11 段め：裏 1、* 表 1、裏 1、表 1、RT を 3 回、表 1、[裏 1、表 1] を 3 回、LT を 2 回、表 1、裏 1；、* 〜；を最後までくり返す。

12 段め：表 1、* 裏 4、表 1、[裏 1、表 1] を 3 回、裏 8、表 1、裏 1、表 1；、* 〜；を最後

までくり返す。
13段め：裏1、*表1、裏1、RTを4回、裏1、[表1、裏1]を3回、LTを2回、裏1；、*～；を最後までくり返す。
14段め：2段めと同じ要領で編む。
15段め：裏1、*表1、RTを4回、表1、[裏1、表1]を4回、LT、表1、裏1；、*～；を最後までくり返す。
16段め：表1、*裏2、表1、[裏1、表1]を4回、裏10、表1；、*～；を最後までくり返す。
17段め：裏1、*LTを5回、裏1、[表1、裏1]を4回、RT、裏1；、*～；を最後までくり返す。
18段め：2段めと同じ要領で編む。
19段め：裏1、*表1、LTを4回、表1、[裏1、表1]を4回、RT、表1、裏1；、*～；を最後までくり返す。
20段め：表1、*裏4、表1、[裏1、表1]を3回、裏8、表1、裏1、表1；、*～；を最後までくり返す。
21段め：裏1、*表1、裏1、LTを4回、裏1、[表1、裏1]を3回、RTを2回、裏1；、*～；を最後までくり返す。
22段め：2段めと同じ要領で編む。
23段め：裏1、*表1、裏1、表1、LTを3回、表1、[裏1、表1]を3回、RTを2回、表1、裏1；、*～；を最後までくり返す。
24段め：表1、*裏6、表1、[裏1、表1]を2回、裏6、表1、[裏1、表1]を2回；、*～；を最後までくり返す。
25段め：裏1、*[表1、裏1]を2回、LTを3回、裏1、[表1、裏1]を2回、RTを3回、裏1；、*～；を最後までくり返す。
26段め：2段めと同じ要領で編む。
27段め：裏1、*表1、[裏1、表1]を2回、LTを2回、表1、[裏1、表1]を2回、RTを3回、表1、裏1；、*～；を最後までくり返す。
28段め：表1、*裏8、表1、裏1、表1、裏4、表1、[裏1、表1]を3回；、*～；を最後までくり返す。
29段め：裏1、*[表1、裏1]を3回、LTを2回、裏1、表1、裏1、RTを4回、裏1；、*～；を最後までくり返す。
30段め：2段めと同じ要領で編む。
31段め：裏1、*表1、[裏1、表1]を3回、LT、表1、裏1、表1、RTを4回、表1、裏1；、*～；を最後までくり返す。
32段め：表1、*裏10、表1、裏2、表1、[裏1、表1]を4回；、*～；を最後までくり返す。

79 Pleated

プリーテッド

大部分は4目と2目のゴム編みで、間に丁寧に配したツイストステッチがゴム編みから次のゴム編みへの橋渡しをします。プリーツのように見えると思ってPleatedという名をつけましたが、「それは違うのでは……？」と思う方は、プリーツを抽象化したものと考えてみてください。

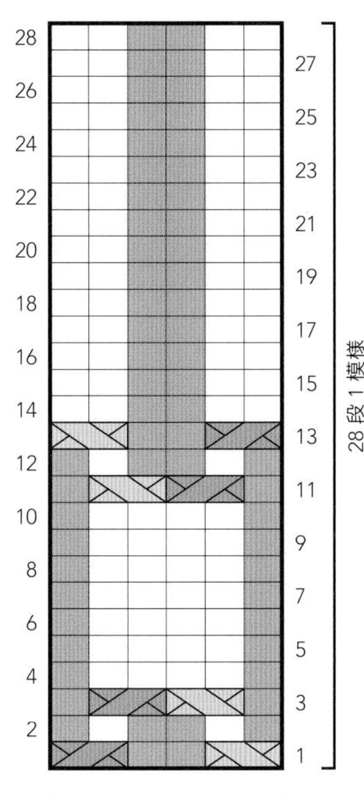

表面で表目、裏面で裏目

表面で裏目、裏面で表目

RT（表面）

LT（表面）

〈1模様＝6の倍数目×28段〉
PSS：85
1段め（表面）：*LT、裏2、RT；、*～；を最後までくり返す。
2段め：表1、裏1、*表2、裏1；、*～；を残り1目までくり返す、表1。
3段め：*裏1、LT、RT、裏1；、*～；を最後までくり返す。
4～10段め：（前段の目を裏面から見た状態で）表目は表目、裏目は裏目に編む。
11段め：裏1、RT、LT、*裏2、RT、LT；、*～；を残り1目までくり返す、裏1。
12段め：2段めと同様に編む。
13段め：*RT、裏2、LT；、*～；を最後までくり返す。
14～28段め：4段めと同じ要領で編む。

80 Quiver

クイバー

当初は Pleated (#79) の拡張版でしたが、大きいバージョンのほうが毎段ねじり目で編む中央の垂直線を強調する余裕ができ、矢筒 (Quiver) からのぞくたくさんの矢羽根のように、重なった矢羽根模様を華やかに見せることができました。

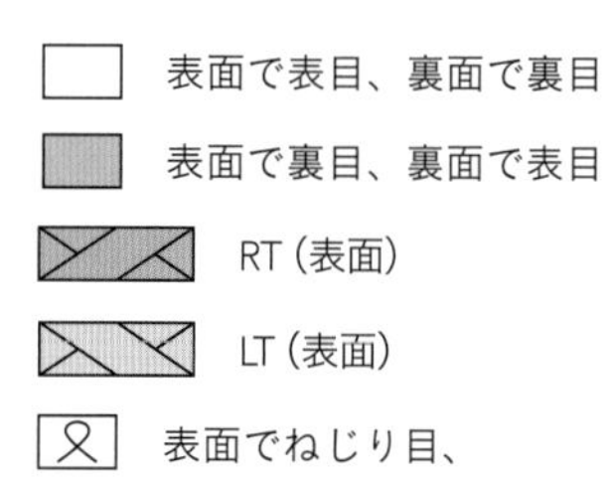

〈1 模様＝(24 の倍数＋ 15 目) × 48 段〉

PSS：85

1 段め(表面)：表 2、裏 5、ねじり目 1、裏 5、* 表 5、裏 3、表 5、裏 5、ねじり目 1、裏 5；、* ～；を残り 2 目までくり返す、表 2。

2 段め：裏 2、表 5、裏目のねじり目 1、表 5、* 裏 5、表 3、裏 5、表 5、裏目のねじり目 1、表 5；、* ～；を残り 2 目までくり返す、裏 2。

3 段め：RT、裏 5、ねじり目 1、裏 5、*LT、表 3、裏 3、表 3、RT、裏 5、ねじり目 1、裏 5；、* ～；を残り 2 目までくり返す、RT。

4 段め：2 段めと同様に編む。

5 段め：表 1、LT、裏 4、ねじり目 1、裏 4、RT、*LT、表 2、裏 3、表 2、RT、LT、裏 4、ねじり目 1、裏 4、RT；、* ～；を残り 1 目までくり返す、表 1。

6 段め：裏 3、表 4、裏目のねじり目 1、表 4、* 裏 6、表 3、裏 6、表 4、裏目のねじり目 1、表 4；、* ～；を残り 3 目までくり返す、裏 3。

7 段め：RT、LT、裏 3、ねじり目 1、裏 3、RT、*LT を 2 回、表 1、裏 3、表 1、RT を 2 回、LT、裏 3、ねじり目 1、裏 3、RT；、* ～；を残り 2 目までくり返す、LT。

8 段め：裏 4、表 3、裏目のねじり目 1、表 3、* [裏 7、表 3] を 2 回、裏目のねじり目 1、表 3；、* ～；を残り 4 目までくり返す、表 4。

9 段め：表 3、LT、裏 2、ねじり目 1、裏 2、RT、表 2、*LT を 2 回、裏 3、RT を 2 回、表 2、LT、裏 2、ねじり目 1、裏 2、RT、表 2；、* ～；を残り 1 目までくり返す、表 1。

10 段め：裏 5、表 2、裏目のねじり目 1、表 2、裏 4、* 表 1、裏 3、表 3、裏 3、表 1、裏 4、表 2、裏目のねじり目 1、表 2、裏 4；、* ～；を残り 1 目までくり返す、裏 1。

11 段め：表 4、LT、裏 1、ねじり目 1、裏 1、RT、表 3、* 裏 1、LT を 2 回、裏 1、RT を 2 回、裏 1、表 3、LT、裏 1、ねじり目 1、裏 1、RT、表 3；、* ～；を残り 1 目までくり返す、表 1。

12 段め：裏 6、表 1、裏目のねじり目 1、表 1、裏 5、* 表 2、裏 3、表 1、裏 3、表 2、裏 5、表 1、裏目のねじり目 1、表 1、裏 5；、* ～；を残り 1 目までくり返す、裏 1。

13 段め：表 5、LT、ねじり目 1、RT、表 4、* 裏 2、LT、表 1、裏 1、表 1、RT、裏 2、表 4、LT、ねじり目 1、RT、表 4；、* ～；を残り 1 目までくり返す、表 1。

14 段め：裏 14、* 表 3、裏 2、表 1、裏 2、表 3、裏 13；、* ～；を残り 1 目までくり返す、裏 1。

15 段め：表 6、裏 3、表 5、* 裏 3、LT、ねじり目 1、RT、[裏 3、表 5] を 2 回；、* ～；を残り 1 目までくり返す、表 1。

16 段め：裏 6、表 3、裏 5、* 表 4、裏 1、裏目のねじり目 1、裏 1、表 4、裏 5、表 3、裏 5；、* ～；を残り 1 目までくり返す、裏 1。

17 段め：表 6、裏 3、表 5、* 裏 5、ねじり目 1、裏 5、表 5、裏 3、表 5；、* ～；を残り 1 目までくり返す、表 1。

18 ～ 28 段め：(前段の目を今編んでいる面から見て) 表目は表目、裏目は裏目、ねじり目はねじり目に編む。

27 段め：表 1、LT、表 3、裏 3、表 3、RT、* 裏

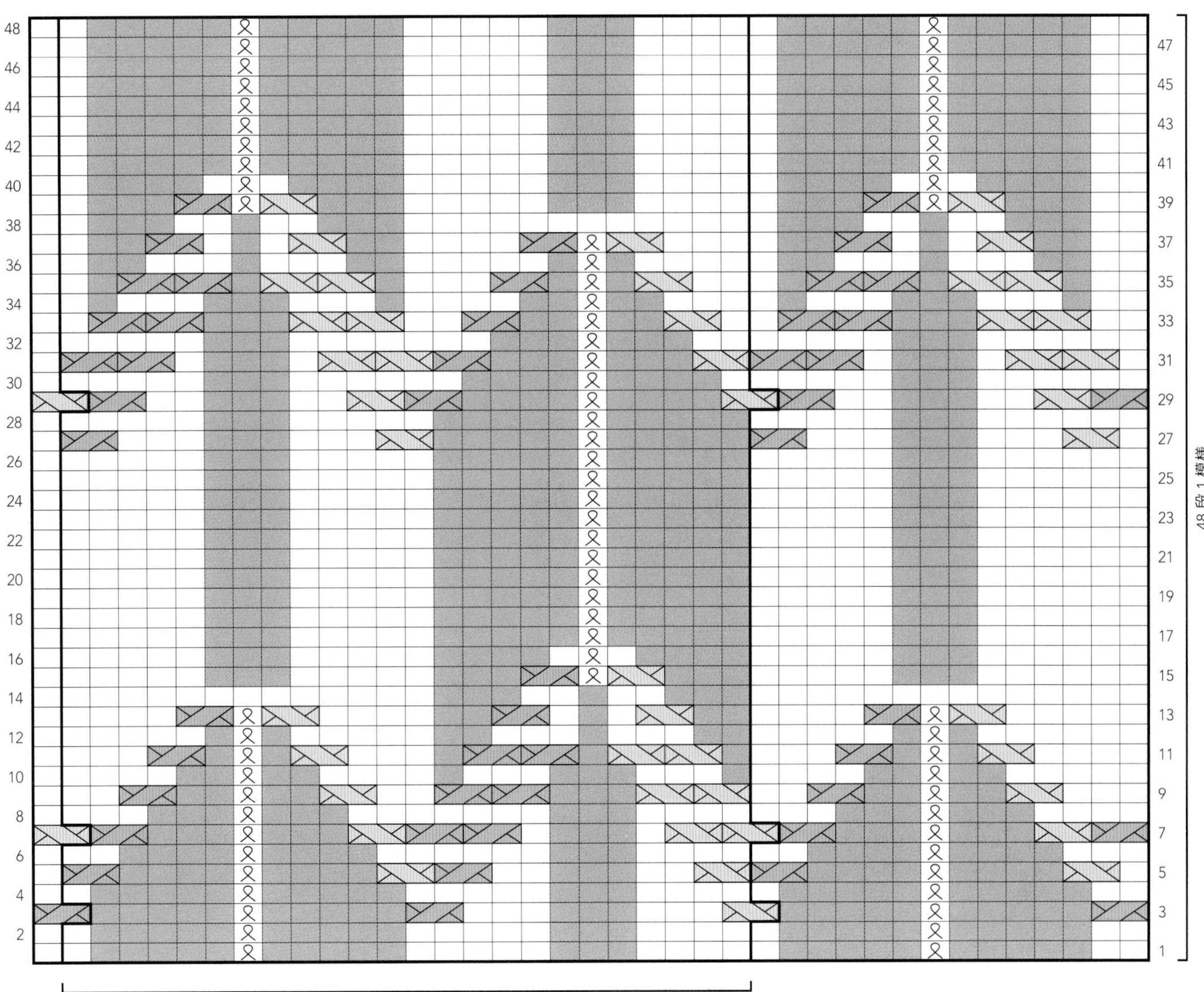

5、ねじり目1、裏5、LT、表3、裏3、表3、RT；、*〜；を残り1目までくり返す、表1。
29段め：RT、LT、表2、裏3、表2、RT、LT、*裏4、ねじり目1、裏4、RT、LT、表2、裏3、表2、RT、LT；、*〜；を最後までくり返す。
30段め：裏6、表3、裏6、*表4、裏目のねじり目1、表4、裏6、表3、裏6；、*〜；を最後までくり返す。
31段め：表1、LTを2回、表1、裏3、表1、RTを2回、*LT、裏3、ねじり目1、裏3、RT、LTを2回、表1、裏3、表1、RTを2回；、*〜；を残り1目までくり返す、表1。
32段め：裏6、表3、*裏7、表3、裏目のねじり目1、表3、裏7、表3；、*〜；を残り6目までくり返す、裏6。
33段め：表2、LTを2回、裏3、RTを2回、表2、*LT、裏2、ねじり目1、裏2、RT、表2、LTを2回、裏3、RTを2回、表2；、*〜；を最後までくり返す。
34段め：裏2、表1、裏3、表3、裏3、表1、*裏4、表2、裏目のねじり目1、表2、裏4、表1、裏3、表3、裏3、表1；、*〜；を残り2目までくり返す、裏2。
35段め：表2、裏1、LTを2回、裏1、RTを2回、裏1、*表3、LT、裏1、ねじり目1、裏1、RT、表3、裏1、LTを2回、裏1、RTを2回、裏1；、*〜；を残り2目までくり返す、表2。
36段め：裏2、表2、裏3、表1、裏3、表2、*裏5、表1、裏目のねじり目1、表1、裏5、表2、裏3、表1、裏3、表2；、*〜；を残り2目までくり返す、裏2。
37段め：表2、裏2、LT、表1、裏1、表1、RT、裏2、*表4、LT、ねじり目1、RT、表4、裏2、LT、表1、裏1、表1、RT、裏2；、*〜；を残り2目までくり返す、表2。
38段め：裏2、表3、裏2、表1、裏2、表3、*裏13、表3、裏2、表1、裏2、表3；、*〜；を残り2目までくり返す、裏2。
39段め：表2、裏3、LT、ねじり目1、RT、裏3、*[表5、裏3]を2回、LT、ねじり目1、RT、裏3；、*〜；を残り2目までくり返す、表2。
40段め：裏2、表4、裏1、裏目のねじり目1、裏1、表4、*裏5、表3、裏5、表4、裏1、裏目のねじり目1、裏1、表4；、*〜；を残り2目までくり返す、裏2。
41〜48段め：1・2段めを4回くり返す。

81 Pine Cone Column

パインコーンコラム

CHAPTER 2 で紹介した松ぼっくりをモチーフにした Pine Cone Shadow (#30) の中心に、ライトツイストのミニケーブルをはさみました。スワッチはコラムとして編みましたが、メリヤス編みを背景に自由な間隔でコラムを並べれば、総柄にもできます。

〈1 模様＝ 22 目× 24 段〉

PSS：80

1 段め（表面）：表 5、RT、LT、［裏 1、RT］を 2 回、LT、表 5。

2 段め以降の偶数段（裏面）：裏 9、表 1、裏 2、表 1、裏 9。

3 段め：表 4、RT、LT、表 1、裏 1、RT、裏 1、表 1、RT、LT、表 4。

5 段め：表 3、RT、LT を 2 回、裏 1、RT、裏 1、RT を 2 回、LT、表 3。

7 段め：表 2、RT、LT を 2 回、表 1、裏 1、RT、裏 1、表 1、RT を 2 回、LT、表 2。

9 段め：表 1、RT、LT を 3 回、裏 1、RT、裏 1、RT を 3 回、LT、表 1。

11 段め：RT、LT を 3 回、表 1、裏 1、RT、裏 1、表 1、RT を 3 回、LT。

13 段め：表 1、LT を 4 回、裏 1、RT、裏 1、RT を 4 回、表 1。

15 段め：表 2、LT を 3 回、表 1、裏 1、RT、裏 1、表 1、RT を 3 回、表 2。

17 段め：表 3、LT を 3 回、裏 1、RT、裏 1、RT を 3 回、表 3。

19 段め：表 4、LT を 2 回、表 1、裏 1、RT、裏 1、表 1、RT を 2 回、表 4。

21 段め：表 5、LT を 2 回、裏 1、RT、裏 1、RT を 2 回、表 5。

23 段め：表 6、LT、表 1、裏 1、RT、裏 1、表 1、RT、表 6。

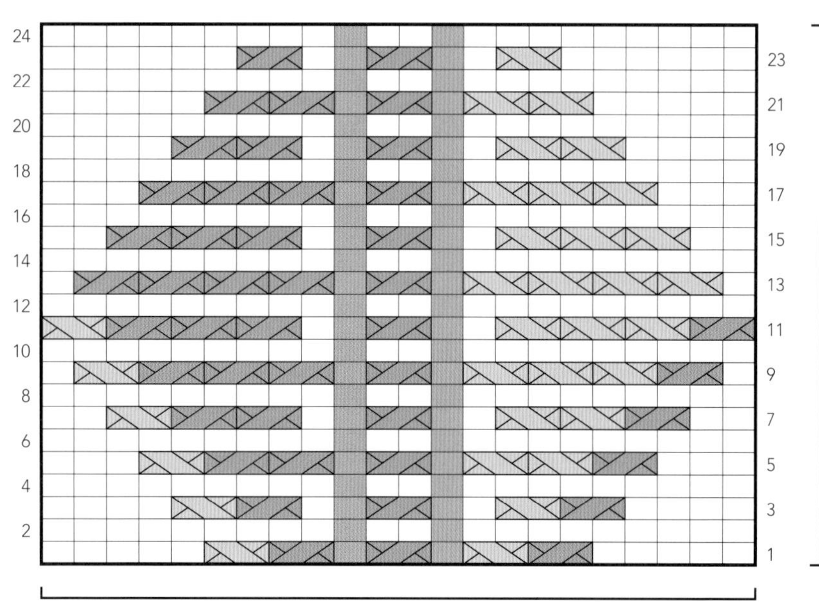

82 Mossy Pine Cone

モッシーパインコーン

背景をかのこ編み（モスステッチ）、真ん中のミニケーブルを表目に置き替えて、Pine Cone Column（#81）から新しい模様を作りました。スワッチでは模様の左右をメリヤス編みにしていますが、模様だけをくり返して総柄にすることもできます。

〈1 模様＝21 目× 24 段〉

PSS：80

1 段め（表面）：裏 1、［表 1、裏 1］を 2 回、RT、LT、裏 1、表 1、裏 1、RT、LT、裏 1、［表 1、裏 1］を 2 回。

2 段め以降の偶数段（裏面）：（前段の目を裏面から見た状態で）表目は表目、裏目は裏目に編む。

3 段め：［表 1、裏 1］を 2 回、RT、LT、表 1、［裏 1、表 1］を 2 回、RT、LT、［裏 1、表 1］を 2 回。

5 段め：裏 1、表 1、裏 1、RT、LT を 2 回、裏 1、表 1、裏 1、RT を 2 回、LT、裏 1、表 1、裏 1。

7 段め：表 1、裏 1、RT、LT を 2 回、表 1、［裏 1、表 1］を 2 回、RT を 2 回、LT、裏 1、表 1。

9 段め：裏 1、RT、LT を 3 回、裏 1、表 1、裏 1、RT を 3 回、LT、裏 1。

11 段め：裏 1、表 1、LT を 3 回、表 1、［裏 1、表 1］を 2 回、RT を 3 回、表 1、裏 1。

13 段め：裏 1、LT を 4 回、裏 1、表 1、裏 1、RT を 4 回、裏 1。

15 段め：表 1、裏 1、LT を 3 回、表 1、［裏 1、表 1］を 2 回、RT を 3 回、裏 1、表 1。

17 段め：裏 1、表 1、裏 1、LT を 3 回、裏 1、表 1、裏 1、RT を 3 回、裏 1、表 1、裏 1。

19 段め：［表 1、裏 1］を 2 回、LT を 2 回、表 1、［裏 1、表 1］を 2 回、RT を 2 回、［裏 1、表 1］を 2 回。

21 段め：裏 1、［表 1、裏 1］を 2 回、LT を 2 回、裏 1、表 1、裏 1、RT を 2 回、裏 1、［表 1、裏 1］を 2 回。

23 段め：［表 1、裏 1］を 3 回、LT、表 1、［裏 1、表 1］を 2 回、RT、［裏 1、表 1］を 3 回。

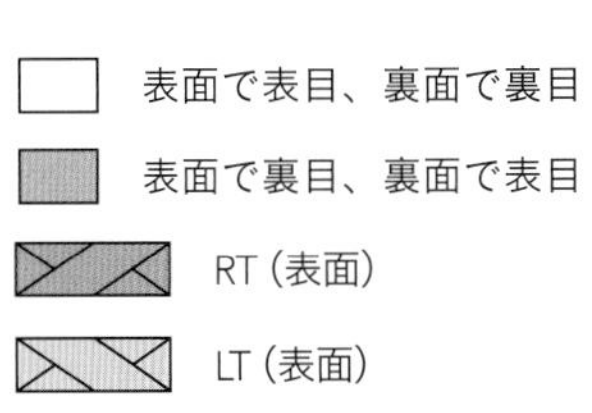

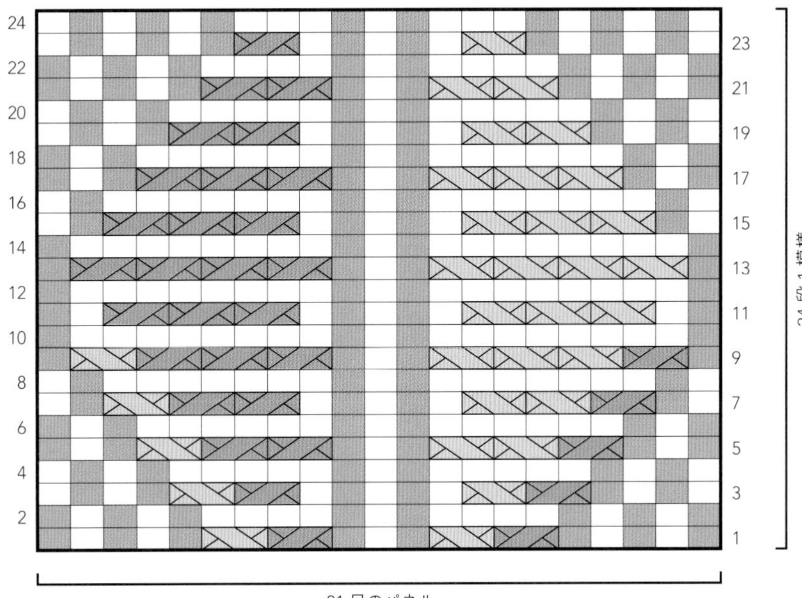

83 Pine Cone Carved

パインコーンカーブド

裏メリヤス編みを背景にすることで奥行きが生まれ、松ぼっくり模様がより浮き出たように見えます。ほぼ同じ模様で背景がメリヤス編みの Pine Cone Column (#81) とくらべてみてください。

〈1 模様＝ 22 目× 24 段〉

PSS：80

1 段め（表面）：裏 5、RT、LT、[裏 1、RT] を 2 回、LT、裏 5。

2 段め以降の偶数段（裏面）：（前段の目を裏面から見た状態で）表目は表目、裏目は裏目に編む。

3 段め：裏 4、RT、LT、表 1、裏 1、RT、裏 1、表 1、RT、LT、裏 4。

5 段め：裏 3、RT、LT を 2 回、裏 1、RT、裏 1、RT を 2 回、LT、裏 3。

7 段め：裏 2、RT、LT を 2 回、表 1、裏 1、RT、裏 1、表 1、RT を 2 回、LT、裏 2。

9 段め：裏 1、RT、LT を 3 回、裏 1、RT、裏 1、RT を 3 回、LT、裏 1。

11 段め：裏 1、表 1、LT を 3 回、表 1、裏 1、RT、裏 1、表 1、RT を 3 回、表 1、裏 1。

13 段め：裏 1、LT を 4 回、裏 1、RT、裏 1、RT を 4 回、裏 1。

15 段め：裏 2、LT を 3 回、表 1、裏 1、RT、裏 1、表 1、RT を 3 回、裏 2。

17 段め：裏 3、LT を 3 回、裏 1、RT、裏 1、RT を 3 回、裏 3。

19 段め：裏 4、LT を 2 回、表 1、裏 1、RT、裏 1、表 1、RT を 2 回、裏 4。

21 段め：裏 5、LT を 2 回、裏 1、RT、裏 1、RT を 2 回、裏 5。

23 段め：裏 6、LT、表 1、裏 1、RT、裏 1、表 1、RT、裏 6。

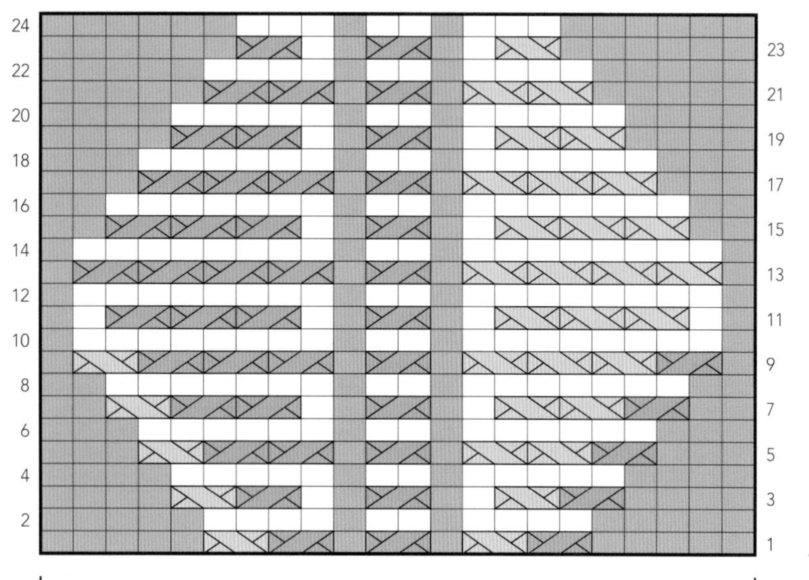

84 Tafori

タフォリ

縦長の六角形が静かに表面をおおう総柄です。ミニケーブルの左右の端をねじり目で囲うことでミニケーブルがいくぶん際立ち、裏メリヤス編みで凹凸をつけるパターンよりもひかえめに仕上がります。

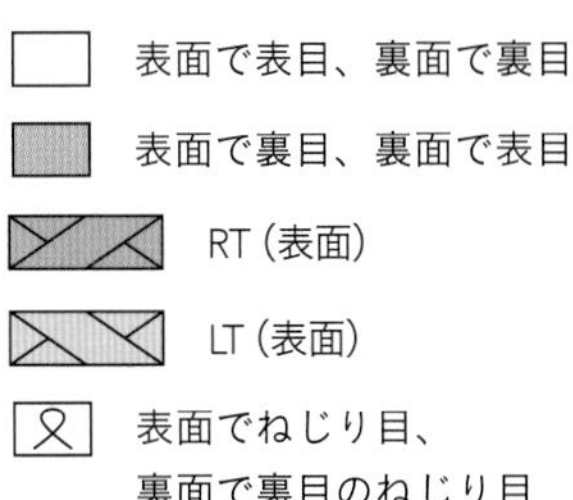

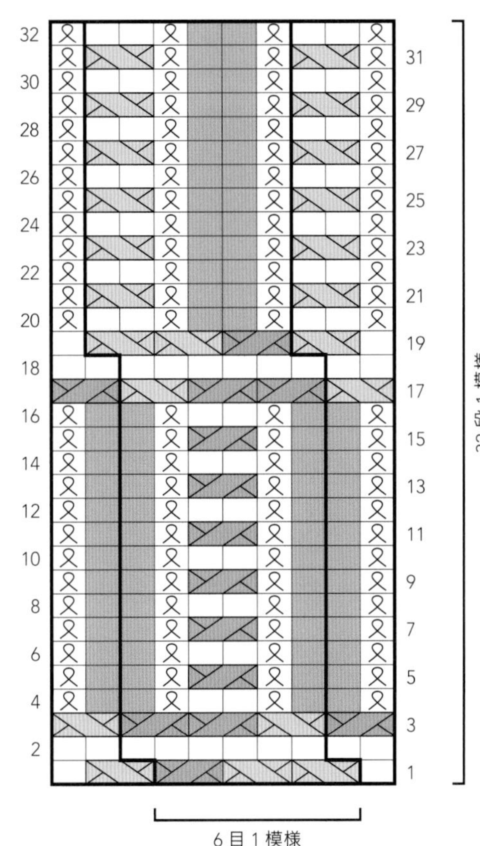

〈1 模様＝（6 の倍数＋ 4 目）× 32 段〉

PSS：80

1 段め（表面）：表 1、*LT を 2 回、RT；、*〜；を残り 3 目までくり返す、LT、表 1。

2 段め：裏編み。

3 段め：RT、LT、*RT を 2 回、LT；、*〜；を最後までくり返す。

4 段め：裏目のねじり目 1、表 2、裏目のねじり目 1、* 裏 2、裏目のねじり目 1、表 2、裏目のねじり目 1；、*〜；を最後までくり返す。

5 段め：ねじり目 1、裏 2、ねじり目 1、*RT、ねじり目 1、裏 2、ねじり目 1；、*〜；を最後までくり返す。

6 〜 15 段め：4・5 段めを 5 回くり返す。

16 段め：4 段めと同様に編む。

17 段め：LT、*RT を 2 回、LT；、*〜；を残り 2 目までくり返す、RT。

18 段め：裏編み。

19 段め：表 1、LT、*RT、LT を 2 回；、*〜；を残り 1 目までくり返す、表 1。

20 段め：裏目のねじり目 1、裏 2、裏目のねじり目 1、* 表 2、裏目のねじり目 1、裏 2、裏目のねじり目 1；、*〜；を最後までくり返す。

21 段め：ねじり目 1、LT、ねじり目 1、* 裏 2、ねじり目 1、LT、ねじり目 1；、*〜；を最後までくり返す。

22 〜 31 段め：20・21 段めを 5 回くり返す。

32 段め：20 段めと同様に編む。

85 Blackwork

ブラックワーク

この模様は伝統的なブラックワーク刺繍（黒糸で幾何学模様を描くイギリスの伝統刺繍）から着想を得ました。慎重に配置を計算したツイストステッチのラインと表目／裏目の縦線によって大きな「表目」のような模様が浮かび上がります。

〈1 模様＝（18 の倍数＋ 1 目）× 14 段〉

PSS：80

1 段め（表面）：表 1、*LT、RT、表 4、裏 1、表 4、LT、RT、表 1；、* ～；を最後までくり返す。

2・4・6・8 段め：（前段の目を裏面から見た状態で）表目は表目、裏目は裏目に編む。

3 段め：表 2、RT、表 5、裏 1、表 5、LT、* 表 3、RT、表 5、裏 1、表 5、LT；、* ～；を残り 2 目までくり返す、表 2。

5 段め：裏 1、*RT、表 6、裏 1、表 6、LT、裏 1；、* ～；を最後までくり返す。

7 段め：裏 1、* 表 6、RT、表 1、LT、表 6、裏 1；、* ～；を最後までくり返す。

9 段め：裏 1、* 表 5、RT、表 3、LT、表 5、裏 1；、* ～；を最後までくり返す。

10 段め：表 1、* 裏 8、表 1；、* ～；を最後までくり返す。

11 段め：裏 1、* 表 4、RT、LT、裏 1、RT、LT、表 4、裏 1；、* ～；を最後までくり返す。

12 段め：10 段めと同様に編む。

13 段め：裏 1、* 表 3、RT、表 3、裏 1、表 3、LT、表 3、裏 1；、* ～；を最後までくり返す。

14 段め：10 段めと同様に編む。

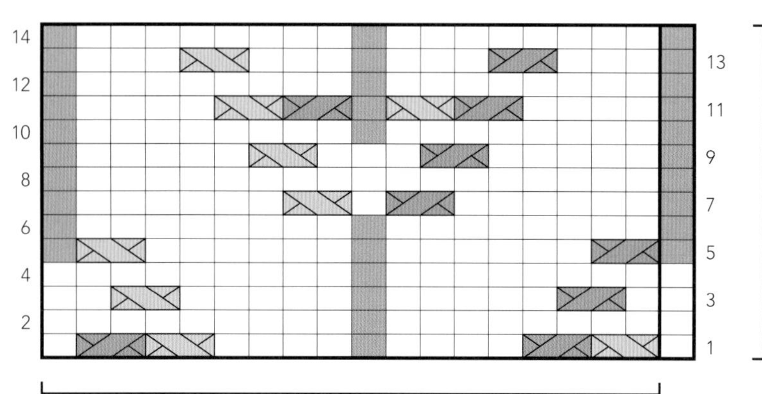

表面で表目、裏面で裏目

表面で裏目、裏面で表目

RT（表面）

LT（表面）

(86) Wheat

ウィート

斜線と垂直線が合流するところで裏目が表目に入れ替わります。その結果、裏メリヤス編みの平行四辺形がカーブして、小麦（Wheat）の穀粒のように見える形ができました。

〈1 模様＝（10 の倍数＋ 11 目）× 20 段〉

PSS：80

1 段め（表面）：*LT、裏 2、LT、表 4；、*～；を残り 1 目までくり返す、表 1。

2 段め：裏 6、表 3、*裏 7、表 3；、*～；を残り 2 目までくり返す、裏 2。

3 段め：表 1、*LT、裏 2、表 4、RT；、*～；を最後までくり返す。

4 段め：裏 6、表 2、*裏 8、表 2；、*～；を残り 3 目までくり返す、裏 3。

5 段め：*表 2、LT、裏 1、表 3、RT；、*～；を残り 1 目までくり返す、表 1。

6 段め：裏 1、*表 1、裏 4；、*～；を最後までくり返す。

7 段め：*表 3、LT、表 2、RT、裏 1；、*～；を残り 1 目までくり返す、表 1。

8 段め：裏 1、*表 2、裏 8；、*～；を最後までくり返す。

9 段め：*表 4、LT、RT、裏 2；、*～；を残り 1 目までくり返す、表 1。

10 段め：裏 1、*表 3、裏 7；、*～；を最後までくり返す。

11 段め：表 1、*表 4、RT、裏 2、RT；、*～；を最後までくり返す。

12 段め：裏 2、表 3、*裏 7、表 3；、*～；を残り 6 目までくり返す、裏 6。

13 段め：*LT、表 4、裏 2、RT；、*～；を残り 1 目までくり返す、表 1。

14 段め：裏 3、表 2、*裏 8、表 2；、*～；を残り 6 目までくり返す、裏 6。

15 段め：表 1、*LT、表 3、裏 1、RT、表 2；、*～；を最後までくり返す。

16 段め：*裏 4、表 1；、*～；を残り 1 目までくり返す、裏 1。

17 段め：表 1、*裏 1、LT、表 2、RT、表 3；、*～；を最後までくり返す。

18 段め：*裏 8、表 2；、*～；を残り 1 目までくり返す、裏 1。

19 段め：表 1、*裏 2、LT、RT、表 4；、*～；を最後までくり返す。

20 段め：*裏 7、表 3；、*～；を残り 1 目までくり返す、裏 1。

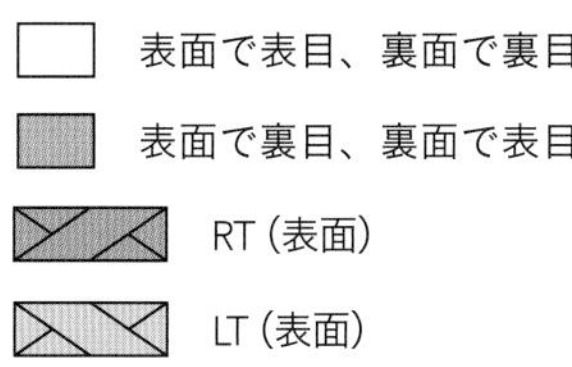

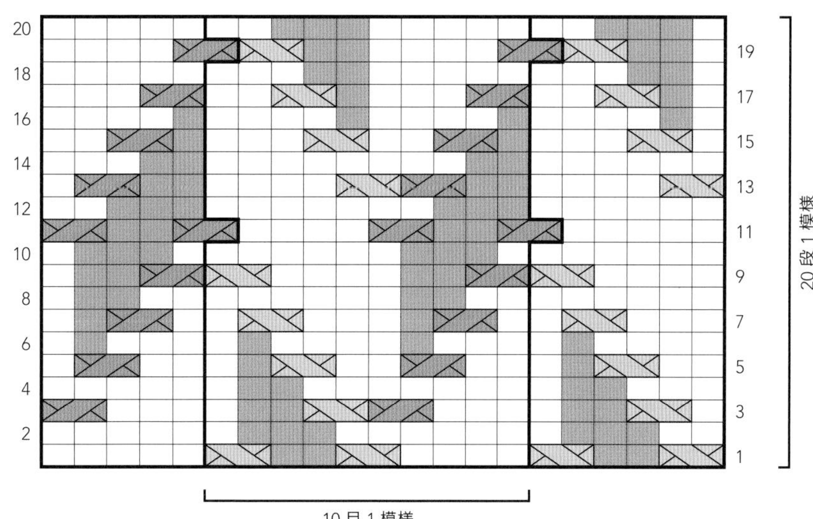

Droplets

ドロップレッツ

ダイヤモンド形に直線を加えると縦に長くなり、加えて丸みをおびて実際よりも複雑なしずく形に見えます。ダイヤモンドモチーフには、ほかにもツイストを加える、編み目の配置を入れ替える、透かし模様を加える、左右対称の形に手を加える、異なるケーブルを組み合わせる、などの方法を駆使していろいろな模様に展開しています。

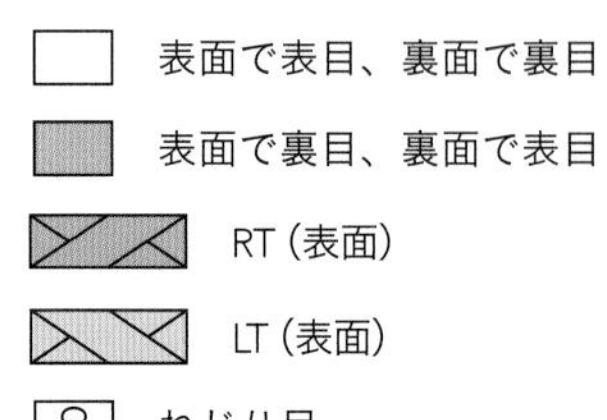

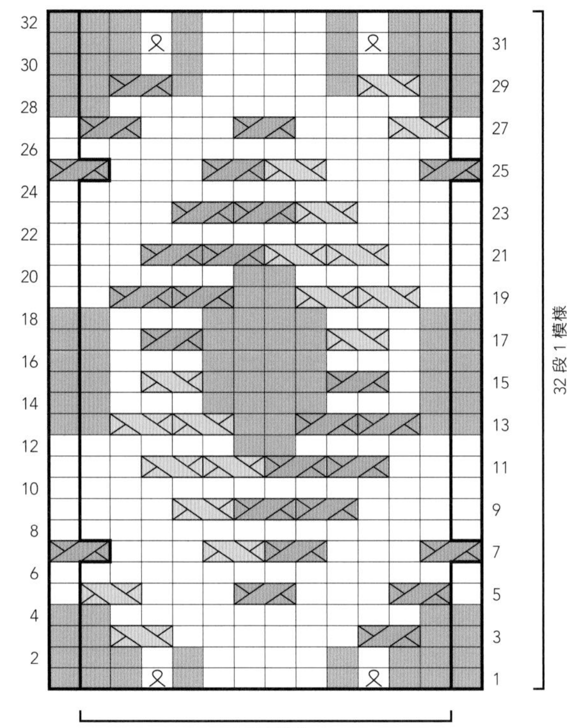

〈1 模様＝（12 の倍数＋２目）× 32 段〉

PSS：80

1 段め（表面）：裏 3、ねじり目 1、裏 1、表 4、裏 1、ねじり目 1、* 裏 4、ねじり目 1、裏 1、表 4、裏 1、ねじり目 1；、* 〜；を残り 3 目までくり返す、裏 3。

2・4 段め：（前段の目を裏面から見た状態で）表目は表目、裏目は裏目に編む。

3 段め：裏 2、*RT、表 6、LT、裏 2；、* 〜；を最後までくり返す。

5 段め：表 1、* [RT、表 3] を 2 回、LT；、* 〜；を残り 1 目までくり返す、表 1。

6・8・10 段め：裏編み。

7 段め：RT、* 表 3、RT、LT、 表 3、RT；、* 〜；を最後までくり返す。

9 段め：表 4、RT を 2 回、LT、* 表 6、RT を 2 回、LT；、* 〜；を残り 4 目までくり返す、表 4。

11 段め：表 3、RT を 2 回、LT を 2 回、* 表 4、RT を 2 回、LT を 2 回；、* 〜；を残り 3 目までくり返す、表 3。

12 段め：裏 6、表 2、* 裏 10、表 2；、* 〜；を残り 6 目までくり返す、裏 6。

13 段め：裏 2、*RT を 2 回、 裏 2、LT を 2 回、裏 2；、* 〜；を最後までくり返す。

14 段め：表 2、* 裏 3、表 4、裏 3、表 2；、* 〜；を最後までくり返す。

15 段め：裏 2、* 表 1、RT、裏 4、LT、表 1、裏 2；、* 〜；を最後までくり返す。

16・18 段め：14 段めと同様に編む。

17 段め：裏 2、* 表 1、LT、裏 4、RT、表 1、裏 2；、* 〜；を最後までくり返す。

19 段め：表 2、*LT を 2 回、 裏 2、RT を 2 回、表 2；、* 〜；を最後までくり返す。

20 段め：12 段めと同様に編む。

21 段め：表 3、LT を 2 回、RT を 2 回、* 表 4、LT を 2 回、RT を 2 回；、* 〜；を残り 3 目までくり返す、表 3。

22・24・26 段め：裏編み。

23 段め：表 4、LT、RT を 2 回、* 表 6、LT、RT を 2 回；、* 〜；を残り 4 目までくり返す、表 4。

25 段め：RT、* 表 3、LT、RT、表 3、RT；、* 〜；を最後までくり返す。

27 段め：表 1、*LT、[表 3、RT] を 2 回；、* 〜；を残り 1 目までくり返す、表 1。

28・30 段め：2 段めと同じ要領で編む。

29 段め：裏 2、*LT、裏 1、表 4、裏 1、RT、裏 2；、* 〜；を最後までくり返す。

31・32 段め：1・2 段めをくり返す。

88

Carpet Allover

カーペットオールオーバー

世界各地の伝統的な絨毯の模様に着想を得ました。この大きな総柄は、長いミニケーブルで大きなダイヤモンド形のモチーフをつなぎ合わせています。（写真はP.114）

〈1模様＝（30の倍数＋6目）×92段〉

PSS：85

□ 表面で表目、裏面で裏目

■ 表面で裏目、裏面で表目

RT（表面）

LT（表面）

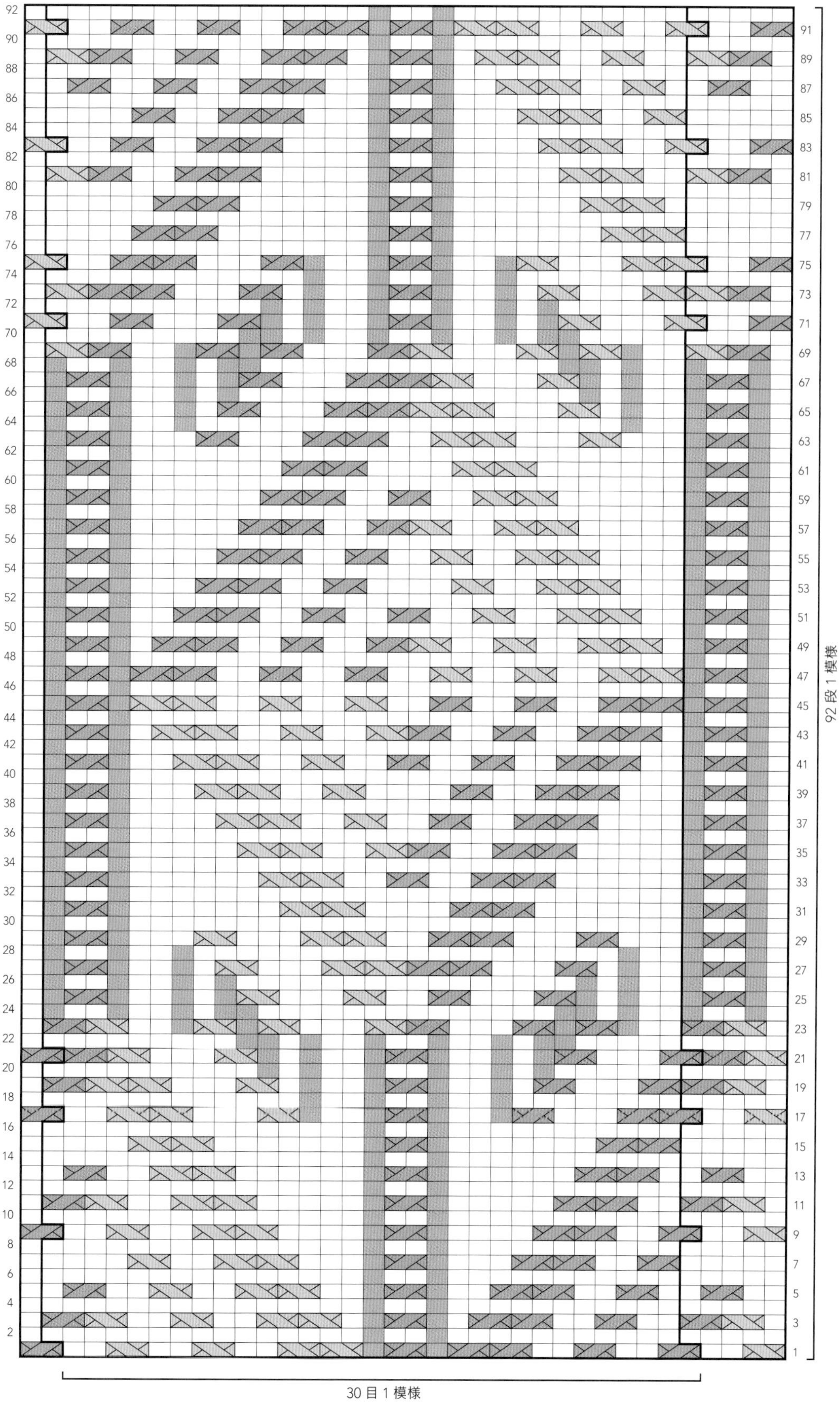

30目1模様

92段1模様

89 Carpet Column

カーペットコラム

Carpet Allover (#88) から抜き出したコラムです。単独でも使えますが、元々はくり返して使うことを想定してデザインしました。

〈1 模様＝ 34 目× 92 段〉
PSS：85

92 段 1 模様

34 目のパネル

□	表面で表目、裏面で裏目
■	表面で裏目、裏面で表目
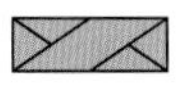	RT（表面）
	LT（表面）

90 Barbed

バーブド

大きなダイヤモンド形をミニケーブルで分割しました。ワンポイントでも、くり返してギザギザしたコラムとしても、互い違いに配置してチェス盤のような総柄としても使えます。

26目のパネル

□ 表面で表目、裏面で裏目

■ 表面で裏目、裏面で表目

RT（表面）  LT（表面）

〈1模様＝26目×52段〉

PSS：85

1段め（表面）：表11、裏1、RT、裏1、表11。

2段め以降の偶数段（裏面）：（前段の目を裏面から見た状態で）表目は表目、裏目は裏目に編む。

3・5段め：1段めと同様に編む。

7段め：表9、[RT、裏1]を2回、LT、表9。

9段め：表8、RT、表1、裏1、RT、裏1、表1、LT、表8。

11段め：表7、RT、LT、[裏1、RT]を2回、LT、表7。

13段め：表6、RT、LT、表1、裏1、RT、裏1、表1、RT、LT、表6。

15段め：表5、RT、LT、[RT、裏1]を2回、LT、RT、LT、表5。

17段め：表4、RT、LT、RT、表1、裏1、RT、裏1、表1、LT、RT、LT、表4。

19段め：表3、RT、LT、RT、表2、裏1、RT、裏1、表2、LT、RT、LT、表3。

21段め：表2、RT、LT、RT、表3、裏1、RT、裏1、表3、LT、RT、LT、表2。

23段め：表1、RT、LT、RT、表2、[RT、裏1]を2回、LT、表2、LT、RT、LT、裏1。

25段め：RT、LT、RT、表2、RT、表1、裏1、RT、裏1、表1、LT、表2、LT、RT、LT。

27段め：LT、RT、LT、表2、LT、表1、裏1、RT、裏1、表1、RT、表2、RT、LT、RT。

29段め：表1、LT、RT、LT、表2、LT、[裏1、RT]を2回、表2、RT、LT、RT、表1。

31段め：表2、LT、RT、LT、表3、裏1、RT、裏1、表3、RT、LT、RT、表2。

33段め：表3、LT、RT、LT、表2、裏1、RT、裏1、表2、RT、LT、RT、表3。

35段め：表4、LT、RT、LT、表1、裏1、RT、裏1、表1、RT、LT、RT、表4。

37段め：表5、LT、RT、LT、[裏1、RT]を2回、LT、RT、表5。

39段め：表6、LT、RT、表1、裏1、RT、裏1、表1、LT、RT、表6。

41段め：表7、LT、[RT、裏1]を2回、LT、RT、表7。

43段め：表8、LT、表1、裏1、RT、裏1、表1、RT、表8。

45段め：表9、LT、[裏1、RT]を2回、表9。

47・49・51段め：1段めと同様に編む。

91 Cherries

チェリーズ

ツイストステッチとねじり目の垂直線を使ったボッブル模様です。メリヤス編みを背景に、模様の中心となるねじり目の左右を1目ずつ裏目にしてゴム編み状にすると、ねじり目のラインが際立ち、裏面が編みやすくもなります。

〈1模様＝(20の倍数＋1目)×28段〉

PSS：80

1段め（表面）：表5、LT、表2、裏1、ねじり目1、裏1、表2、RT、*表9、LT、表2、裏1、ねじり目1、裏1、表2、RT；、*～；を残り5目までくり返す、表5。

2段め：裏9、表1、裏目のねじり目1、表1、*裏17、表1、裏目のねじり目1、表1；、*～；を残り9目までくり返す、裏9。

3段め：MB、*裏1、表4、LT、表1、裏1、ねじり目1、裏1、表1、RT、表4、裏1、MB；、*～；を最後までくり返す。

4段め：裏目のねじり目1、*表1、裏7、表1、裏目のねじり目1、表1、裏7、表1、裏目のねじり目1；、*～；を最後までくり返す。

5段め：ねじり目1、*裏1、表5、LT、裏1、ねじり目1、裏1、RT、表5、裏1、ねじり目1；、*～；を最後までくり返す。

6段め：4段めと同様に編む。

7段め：ねじり目1、*裏1、表2、MB、表3、LT、ねじり目1、RT、表3、MB、表2、裏1、ねじり目1；、*～；を最後までくり返す。

8段め：裏目のねじり目1、*表1、裏17、表1、裏目のねじり目1；、*～；を最後までくり返す。

9段め：ねじり目1、*裏1、表1、RT、表2、MB、表5、MB、表2、LT、表1、裏1、ねじり目1；、*～；を最後までくり返す。

10段め：8段めと同様に編む。

11段め：ねじり目1、*裏1、RT、表2、RT、表5、LT、表2、LT、裏1、ねじり目1；、*～；を最後までくり返す。

12段め：8段めと同様に編む。

13段め：ねじり目1、*RT、表2、RT、表7、LT、表2、LT、ねじり目1；、*～；を最後までくり返す。

14段め：裏目のねじり目1、*裏19、裏目のねじり目1；、*～；を最後までくり返す。

15段め：ねじり目1、*裏1、表2、RT、表9、LT、表2、裏1、ねじり目1；、*～；を最後までくり返す。

16段め：8段めと同様に編む。

17段め：ねじり目1、*裏1、表1、RT、表4、裏1、MB、裏1、表4、LT、表1、裏1、ねじり目1；、*～；を最後までくり返す。

18段め：4段めと同様に編む。

19段め：ねじり目1、*裏1、RT、表5、裏1、ねじり目1、裏1、表5、LT、裏1、ねじり目1；、*～；を最後までくり返す。

20段め：4段めと同様に編む。

21段め：ねじり目1、*RT、表3、MB、表2、裏1、ねじり目1、裏1、表2、MB、表3、LT、ねじり目1；、*～；を最後までくり返す。

22段め：2段めと同様に編む。

23段め：表4、MB、表1、LT、表1、裏1、ねじり目1、裏1、表1、RT、表1、MB、*表7、MB、表1、LT、表1、裏1、ねじり目1、裏1、表1、RT、表1、MB；、*～；を残り4目までくり返す、表4。

24段め：2段めと同様に編む。

25段め：表4、LT、表1、LT、裏1、ねじり目1、裏1、RT、表1、RT、*表7、LT、表1、LT、裏1、ねじり目1、裏1、RT、表1、RT；、*～；

を残り 4 目までくり返す、表 4。
26 段め：2 段めと同様に編む。
27 段め：表 5、LT、表 1、LT、ねじり目 1、RT、表 1、RT、* 表 9、LT、表 1、LT、ねじり目 1、RT、表 1、RT；、* ～；を残り 5 目までくり返す、表 5。
28 段め：裏 10、裏目のねじり目 1、* 裏 19、裏目のねじり目 1；、* ～；を残り 10 目までくり返す、表 10。

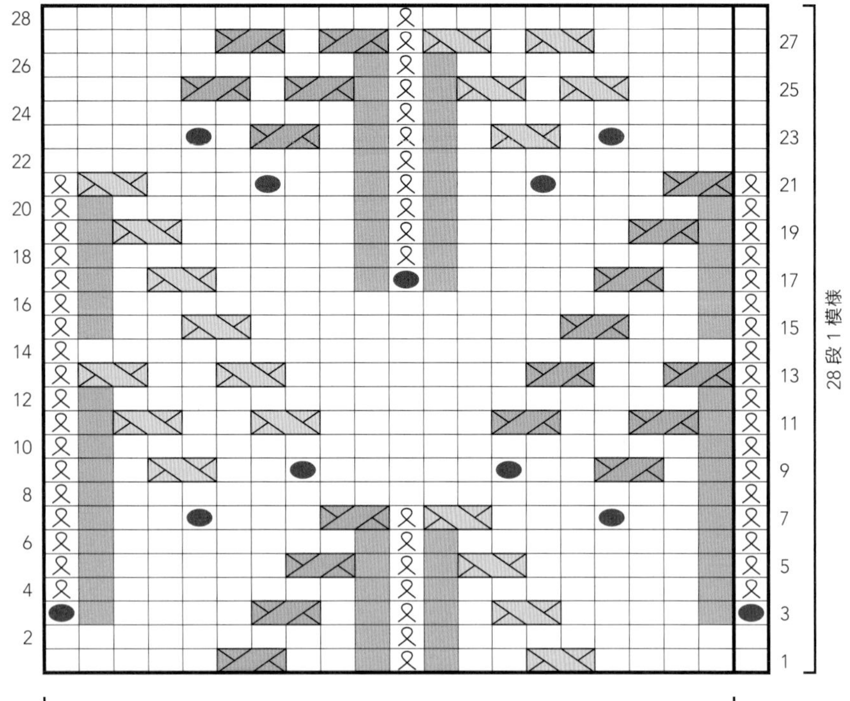

20 目 1 模様

- 表面で表目、裏面で裏目
- 表面で裏目、裏面で表目
- RT（表面）
- LT（表面）
- 表面でねじり目、裏面で裏目のねじり目
- **MB：**1 目に［表 1、ねじり目 1、表 1、ねじり目 1、表 1］を編む。［編んだ 5 目を左針に戻す、表 5］を 2 回、編んだ 5 目の右側 4 目を左端の 1 目にかぶせる

92 Carved Cherries

カーブドチェリーズ

チェリーをより浮き上がらせたい場合は、背景を裏メリヤス編みにします。このバージョンは目数を数えながら裏面を編む必要があるため、姉妹版の Cherries（#91）より編みにくいかもしれません。

〈1 模様＝（20 の倍数＋ 1 目）× 28 段〉
PSS：85
1 段め（表面）：裏 5、LT、裏 3、ねじり目 1、裏 3、RT、* 裏 9、LT、裏 3、ねじり目 1、裏 3、RT；、* ～；を残り 5 目までくり返す、裏 5。
2 段め：表 6、裏 1、表 3、裏目のねじり目 1、表 3、裏 1、* 表 11、裏 1、表 3、裏目のねじり目 1、表 3、裏 1；、* ～；を残り 6 目までくり返す、表 6。
3 段め：MB、* 裏 5、LT、裏 2、ねじり目 1、裏 2、RT、裏 5、MB；、* ～；を最後までくり返す。
4 段め：裏目のねじり目 1、* 表 6、裏 1、表 2、裏目のねじり目 1、表 2、裏 1、表 6、裏目のねじり目 1；、* ～；を最後までくり返す。
5 段め：ねじり目 1、* 裏 6、LT、裏 1、ねじり目 1、裏 1、RT、裏 6、ねじり目 1；、* ～；を最後までくり返す。
6 段め：裏目のねじり目 1、* 表 7、裏 1、表 1、裏目のねじり目 1、表 1、裏 1、表 7、裏目のねじり目 1；、* ～；を最後までくり返す。
7 段め：ねじり目 1、* 裏 3、MB、裏 3、LT、ねじり目 1、RT、裏 3、MB、裏 3、ねじり目 1；、* ～；を最後までくり返す。
8 段め：裏目のねじり目 1、* 表 3、裏 1、表 4、裏 1、裏目のねじり目 1、裏 1、表 4、裏 1、表 3、裏目のねじり目 1；、* ～；を最後までくり返す。
9 段め：ねじり目 1、* 裏 2、RT、裏 2、MB、裏 5、MB、裏 2、LT、裏 2、ねじり目 1；、* ～；を最後までくり返す。
10 段め：裏目のねじり目 1、* 表 2、裏 1、表 3、裏 1、表 5、裏 1、表 3、裏 1、表 2、裏目のねじり目 1；、* ～；を最後までくり返す。
11 段め：ねじり目 1、* 裏 1、RT、裏 2、RT、裏 5、LT、裏 2、LT、裏 1、ねじり目 1；、* ～；を最後までくり返す。
12 段め：裏目のねじり目 1、* 表 1、裏 1、表 3、裏 1、表 7、裏 1、表 3、裏 1、表 1、裏目のねじり目 1；、* ～；を最後までくり返す。
13 段め：ねじり目 1、*RT、裏 2、RT、裏 7、LT、裏 2、LT、ねじり目 1；、* ～；を最後までくり返す。
14 段め：裏目のねじり目 1、* 裏 1、表 3、裏 1、表 9、裏 1、表 3、裏 1、裏目のねじり目 1；、* ～；を最後までくり返す。
15 段め：ねじり目 1、* 裏 3、RT、裏 9、LT、裏 3、ねじり目 1；、* ～；を最後までくり返す。
16 段め：裏目のねじり目 1、* 表 3、裏 1、表 11、裏 1、表 3、裏目のねじり目 1；、* ～；を最後までくり返す。
17 段め：ねじり目 1、* 裏 2、RT、裏 5、MB、裏 5、LT、裏 2、ねじり目 1；、* ～；を最後までくり返す。

18 段め：裏目のねじり目 1、* 表 2、裏 1、表 6、裏目のねじり目 1、表 6、裏 1、表 2、裏目のねじり目 1；、* ～；を最後までくり返す。

19 段め：ねじり目 1、* 裏 1、RT、裏 6、ねじり目 1、裏 6、LT、裏 1、ねじり目 1；、* ～；を最後までくり返す。

20 段め：裏目のねじり目 1、* 表 1、裏 1、表 7、裏目のねじり目 1、表 7、裏 1、表 1、裏目のねじり目 1；、* ～；を最後までくり返す。

21 段め：ねじり目 1、*RT、裏 3、MB、裏 3、ねじり目 1、裏 3、MB、裏 3、LT、ねじり目 1；、* ～；を最後までくり返す。

22 段め：裏目のねじり目 1、* 裏 1、表 4、裏 1、表 3、裏目のねじり目 1、表 3、裏 1、表 4、裏 1、裏目のねじり目 1；、* ～；を最後までくり返す。

23 段め：裏 4、MB、裏 1、LT、裏 2、ねじり目 1、裏 2、RT、裏 1、MB、* 裏 7、MB、裏 1、LT、裏 2、ねじり目 1、裏 2、RT、裏 1、MB；、* ～；を残り 4 目までくり返す、裏 4。

24 段め：表 4、[裏 1、表 2] を 2 回、裏目のねじり目 1、[表 2、裏 1] を 2 回、* 表 7、[裏 1、表 2] を 2 回、裏目のねじり目 1、[表 2、裏 1] を 2 回；、* ～；を残り 4 目までくり返す、表 4。

25 段め：裏 4、[LT、裏 1] を 2 回、ねじり目 1、[裏 1、RT] を 2 回、* 裏 7、[LT、裏 1] を 2 回、ねじり目 1、[裏 1、RT] を 2 回；、* ～；を残り 4 目までくり返す、裏 4。

26 段め：表 5、裏 1、表 2、裏 1、表 1、裏目のねじり目 1、表 1、裏 1、表 2、裏 1、* 表 9、裏 1、表 2、裏 1、表 1、裏目のねじり目 1、表 1、裏 1、表 2、裏 1；、* ～；を残り 5 目までくり返す、表 5。

27 段め：裏 5、LT、裏 1、LT、ねじり目 1、RT、裏 1、RT、* 裏 9、LT、裏 1、LT、ねじり目 1、RT、裏 1、RT；、* ～；を残り 5 目までくり返す、裏 5。

28 段め：表 6、裏 1、表 2、裏 1、裏目のねじり目 1、裏 1、表 2、裏 1、* 表 11、裏 1、表 2、裏 1、裏目のねじり目 1、裏 1、表 2、裏 1；、* ～；を残り 6 目までくり返す、表 6。

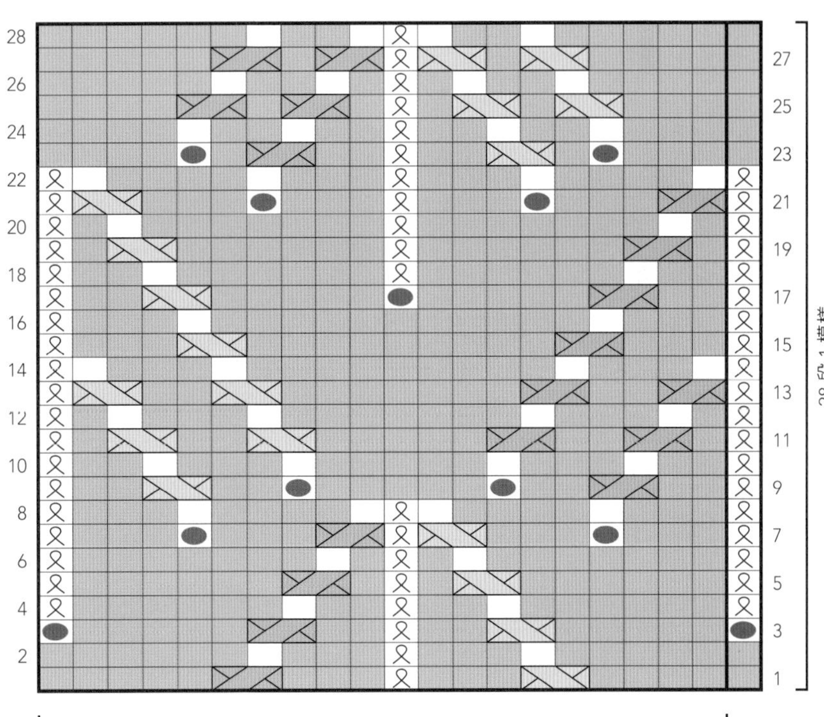

□ 表面で表目、裏面で裏目

■ 表面で裏目、裏面で表目

RT (表面)

LT (表面)

表面でねじり目、裏面で裏目のねじり目

MB：1 目に [表 1、ねじり目 1、表 1、ねじり目 1、表 1] を編む。[編んだ 5 目を左針に戻す、表 5] を 2 回、編んだ 5 目の右側 4 目を左端の 1 目にかぶせる

CHAPTER 6

Compass

あらゆる方向へ

ここからはいよいよあらゆる方向性をもつ
要素を合わせて使ってみましょう。
このチャプターの模様では、
斜線、水平線、垂直線をすべて使って
模様を構成しています。
八芒星などの複雑なモチーフも登場します。

93 Always

オールウェイズ

縦線、横線、斜線を用いた最もシンプルな模様です。しばらく模様を眺めていると、いろいろなものが見えてきますよ。

〈1模様＝(16の倍数＋13目)×20段〉
PSS：80

1段め(表面)：裏6、ねじり目1、＊裏7、ねじり目1；、＊〜；を残り6目までくり返す、裏6。

2段め以降の偶数段(裏面)：裏5、＊表1、裏目のねじり目1、表1、裏5；、＊〜；を最後までくり返す。

3段め：LT、表3、裏1、ねじり目1、裏1、表3、RT、＊裏1、ねじり目1、裏1、LT、表3、裏1、ねじり目1、裏1、表3、RT；、＊〜；を最後までくり返す。

5段め：表1、LT、表2、裏1、ねじり目1、裏1、表2、RT、表1、＊裏1、ねじり目1、裏1、表1、LT、表2、裏1、ねじり目1、裏1、表2、RT、表1；、＊〜；を最後までくり返す。

7段め：表2、LT、表1、裏1、ねじり目1、裏1、表1、RT、表2、＊裏1、ねじり目1、裏1、表2、LT、表1、裏1、ねじり目1、裏1、表1、RT、表2；、＊〜；を最後までくり返す。

9段め：表3、LT、裏1、ねじり目1、裏1、RT、表3、＊裏1、ねじり目1、裏1、表3、LT、裏1、ねじり目1、裏1、RT、表3；、＊〜；を最後までくり返す。

11段め：1段めと同様に編む。

13段め：表3、RT、裏1、ねじり目1、裏1、LT、表3、＊裏1、ねじり目1、裏1、表3、RT、裏1、ねじり目1、裏1、LT、表3；、＊〜；を最後までくり返す。

15段め：表2、RT、表1、裏1、ねじり目1、裏1、表1、LT、表2、＊裏1、ねじり目1、裏1、表2、RT、表1、裏1、ねじり目1、裏1、表1、LT、表2；、＊〜；を最後までくり返す。

17段め：表1、RT、表2、裏1、ねじり目1、裏1、表2、LT、表1、＊裏1、ねじり目1、裏1、表1、RT、表2、裏1、ねじり目1、裏1、表2、LT、表1；、＊〜；を最後までくり返す。

19段め：RT、表3、裏1、ねじり目1、裏1、表3、LT、＊裏1、ねじり目1、裏1、RT、表3、裏1、ねじり目1、裏1、表3、LT；、＊〜；を最後までくり返す。

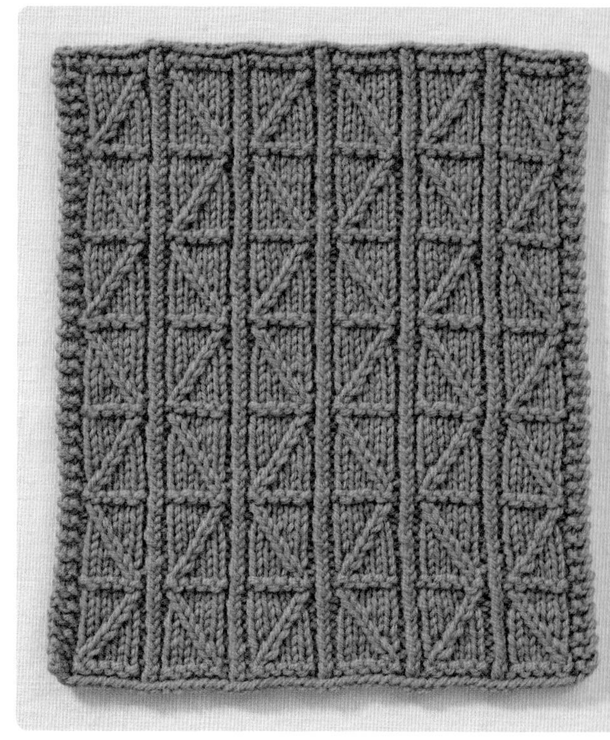

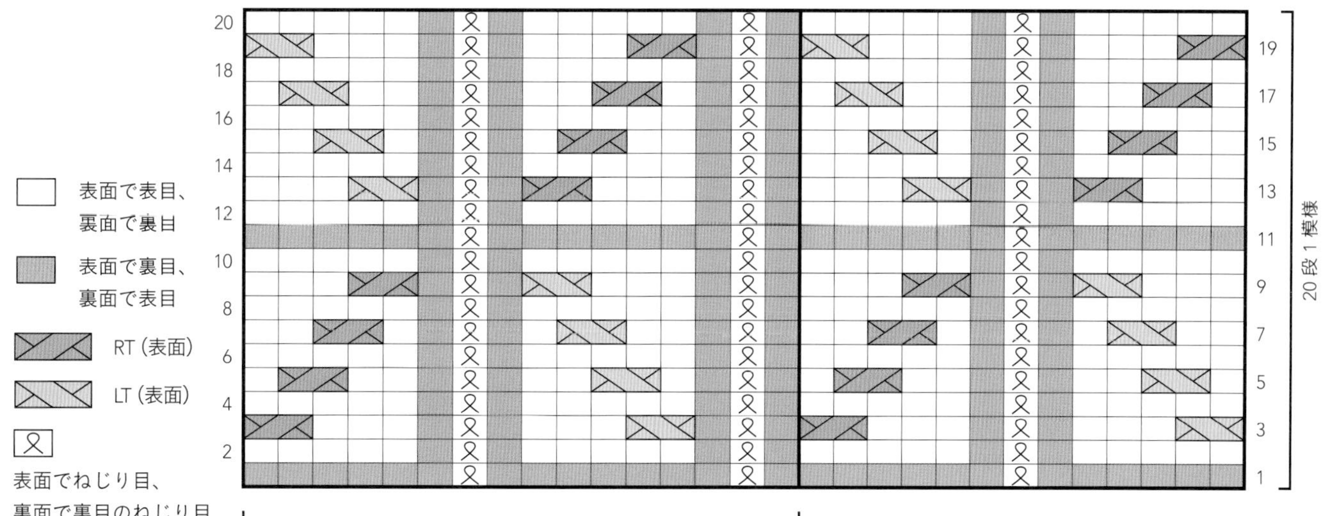

Pi

パイ

円周率を表すパイ（π）の記号を元に、中央にミニケーブルを加えてアレンジ。それをつなぎ合わせて総柄を作りました。まだパイの形は見えるものの、力強い縦線と新たに出現した六角形によって隠れぎみになっています。

〈1 模様＝(14 の倍数＋ 4 目)× 16 段〉

PSS：90

1 段め（表面）：裏 1、RT、* 裏 12、RT；、* ～；を残り 1 目までくり返す、裏 1。

2 段め：表 1、裏 2、* 表 3、裏 6、表 3、裏 2；、* ～；を残り 1 目までくり返す、表 1。

3・4 段め：1・2 段めをくり返す。

5 段め：裏 1、RT、* 裏 2、[RT、裏 1] を 2 回、LT、裏 2、RT；、* ～；を残り 1 目までくり返す、裏 1。

6 段め：表 1、裏 2、* 表 2、裏 1、表 2、裏 2；、* ～；を残り 1 目までくり返す、表 1。

7 段め：裏 1、RT、裏 1、* [RT、裏 2] を 2 回、LT、裏 1、RT、裏 1；、* ～；を最後までくり返す。

8 段め：裏 5、表 3、裏 2、表 3、* 裏 6、表 3、裏 2、表 3；、* ～；を残り 5 目までくり返す、裏 5。

9 段め：裏 8、RT、* 裏 12、RT；、* ～；を残り 8 目までくり返す、裏 8。

10・11 段め：8・9 段めをくり返す。

12 段め：8 段めと同様に編む。

13 段め：裏 1、RT、裏 1、*LT、[裏 2、RT] を 2 回、裏 1、RT、裏 1；、* ～；を最後までくり返す。

14 段め：表 1、裏 2、* 表 2、裏 1、表 2、裏 2；、* ～；を残り 1 目までくり返す、表 1。

15 段め：裏 1、RT、* 裏 2、LT、[裏 1、RT] を 2 回、裏 2、RT；、* ～；を残り 1 目までくり返す、裏 1。

16 段め：2 段めと同様に編む。

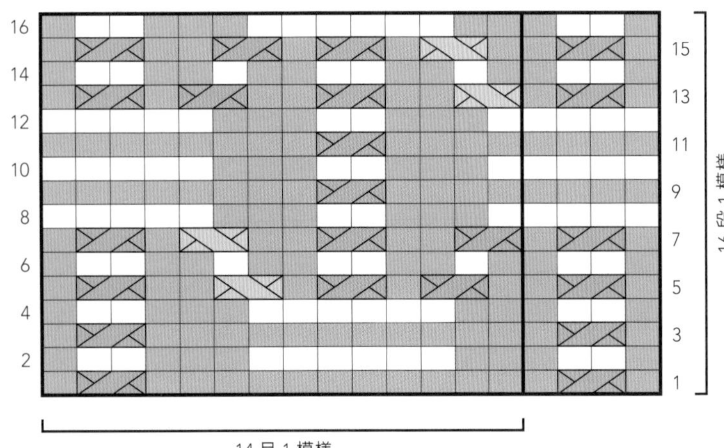

表面で表目、裏面で裏目

表面で裏目、裏面で表目

RT（表面）

LT（表面）

⑨⑤ Damask

ダマスク

ダマスク織のテキスタイルに着想を得た模様です。水平線と垂直線、そして斜線という各要素の相互作用により、精巧であると同時にモダンなデザインになりました。

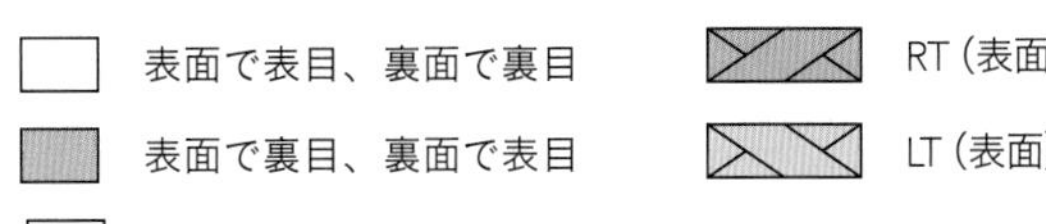

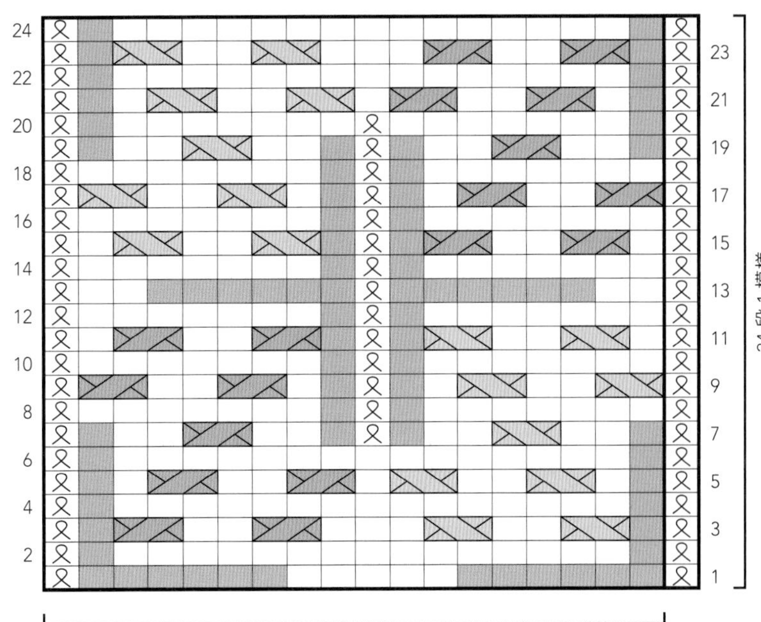

〈1模様＝（18の倍数＋1目）× 24段〉

PSS：90

1段め（表面）：ねじり目1、*裏6、表5、裏6、ねじり目1；、*～；を最後までくり返す。

2・4・6段め：裏目のねじり目1、*表1、裏15、表1、裏目のねじり目1；、*～；を最後までくり返す。

3段め：ねじり目1、*裏1、LT、表2、LT、表3、RT、表2、RT、裏1、ねじり目1；、*～；を最後までくり返す。

5段め：ねじり目1、*裏1、表1、LT、表2、LT、表1、RT、表2、RT、表1、裏1、ねじり目1；、*～；を最後までくり返す。

7段め：ねじり目1、*裏1、表2、LT、表2、裏1、ねじり目1、裏1、表2、RT、表2、裏1、ねじり目1；、*～；を最後までくり返す。

8～18段めの偶数段：裏目のねじり目1、*裏7、表1、裏目のねじり目1、表1、裏7、裏目のねじり目1；、*～；を最後までくり返す。

9段め：ねじり目1、*LT、表2、LT、表1、裏1、ねじり目1、裏1、表1、RT、表2、RT、ねじり目1；、*～；を最後までくり返す。

11段め：ねじり目1、*表1、LT、表2、LT、裏1、ねじり目1、裏1、RT、表2、RT、表1、ねじり目1；、*～；を最後までくり返す。

13段め：ねじり目1、*表2、裏6、ねじり目1、裏6、表2、ねじり目1；、*～；を最後までくり返す。

15段め：ねじり目1、*表1、RT、表2、RT、裏1、ねじり目1、裏1、LT、表2、LT、表1、ねじり目1；、*～；を最後までくり返す。

17段め：ねじり目1、*RT、表2、RT、表1、裏1、ねじり目1、裏1、表1、LT、表2、LT、ねじり目1；、*～；を最後までくり返す。

19段め：ねじり目1、*裏1、表2、RT、表2、裏1、ねじり目1、裏1、表2、LT、表2、裏1、ねじり目1；、*～；を最後までくり返す。

20段め：裏目のねじり目1、*表1、裏7、裏目のねじり目1、裏7、表1、裏目のねじり目1；、*～；を最後までくり返す。

21段め：ねじり目1、*裏1、表1、RT、表2、RT、表1、LT、表2、LT、表1、裏1、ねじり目1；、*～；を最後までくり返す。

22段め：裏目のねじり目1、*表1、裏15、表1、裏目のねじり目1；、*～；を最後までくり返す。

23段め：ねじり目1、*裏1、RT、表2、RT、表3、LT、表2、LT、裏1、ねじり目1；、*～；を最後までくり返す。

24段め：22段めと同様に編む。

96 Hugs & Kisses

ハグアンドキス

クラシカルなXとOを組み合わせた模様で、横と縦の要素をはっきりと確認できます。P.212 の Hat & Mitts では、1 模様がそのままミトンの片面全体の模様になっています。

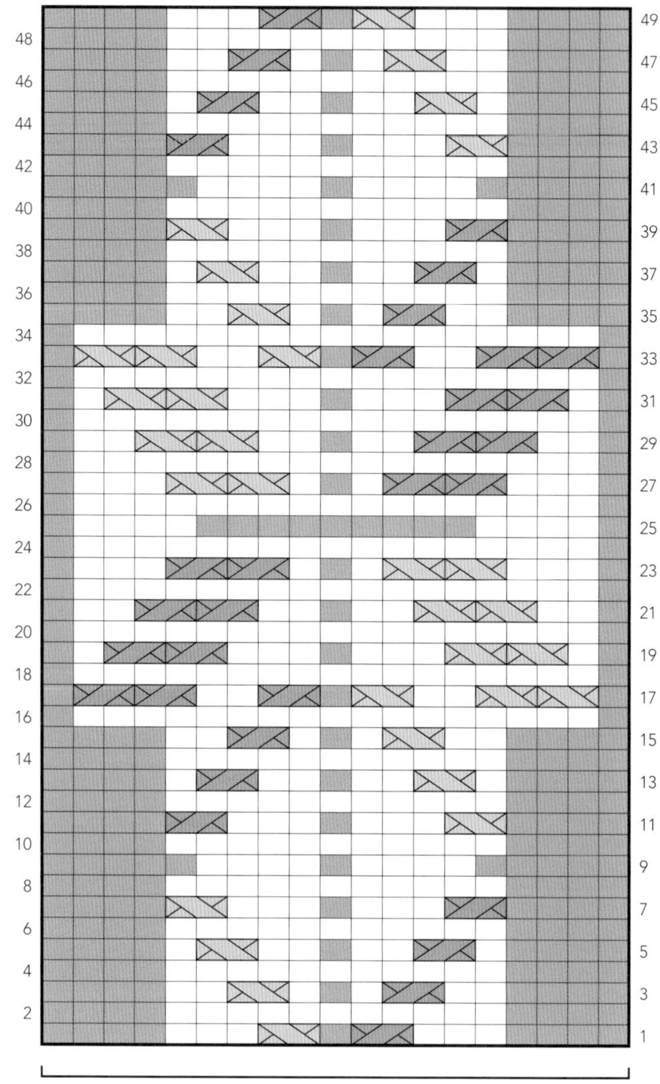

表面で表目、裏面で裏目

表面で裏目、裏面で表目

RT（表面）

LT（表面）

〈1 模様＝ 19 目× 49 段〉

PSS：90

1 段め（表面）：裏 4、表 3、RT、裏 1、LT、表 3、裏 4。

2 ～ 14 段めの偶数段（裏面）：表 4、裏 11、表 4。

3 段め：裏 4、表 2、RT、表 1、裏 1、表 1、LT、表 2、裏 4。

5 段め：裏 4、表 1、RT、表 2、裏 1、表 2、LT、表 1、裏 4。

7 段め：裏 4、RT、表 3、裏 1、表 3、LT、裏 4。

9 段め：裏 5、表 4、裏 1、表 4、裏 5。

11 段め：裏 4、LT、表 3、裏 1、表 3、RT、裏 4。

13 段め：裏 4、表 1、LT、表 2、裏 1、表 2、RT、表 1、裏 4。

15 段め：裏 4、表 2、LT、表 1、裏 1、表 1、RT、表 2、裏 4。

16 ～ 34 段めの偶数段：表 1、裏 17、表 1。

17 段め：裏 1、LT を 2 回、表 2、LT、裏 1、RT、表 2、RT を 2 回、裏 1。

19 段め：裏 1、表 1、LT を 2 回、表 3、裏 1、表 3、RT を 2 回、表 1、裏 1。

21 段め：裏 1、表 2、LT を 2 回、表 2、裏 1、表 2、RT を 2 回、表 2、裏 1。

23 段め：裏 1、表 3、LT を 2 回、表 1、裏 1、表 1、RT を 2 回、表 3、裏 1。

25 段め：裏 1、表 4、裏 9、表 4、裏 1。

27 段め：裏 1、表 3、RT を 2 回、表 1、裏 1、表 1、LT を 2 回、表 3、裏 1。

29 段め：裏 1、表 2、RT を 2 回、表 2、裏 1、表 2、LT を 2 回、表 2、裏 1。

31 段め：裏 1、表 1、RT を 2 回、表 3、裏 1、表 3、LT を 2 回、表 1、裏 1。

33 段め：裏 1、RT を 2 回、表 2、RT、裏 1、LT、表 2、LT を 2 回、裏 1。

35 ～ 47 段め：3 ～ 15 段めをくり返す。

48 段め：2 段めと同様に編む。

49 段め：裏 4、表 3、LT、裏 1、RT、表 3、裏 4。

97 Swedish Star

スウェディッシュスター

八芒星（エイトスター）は、ゴム編みで縦線、そしてガーター編みで短いけれど重要な横線を描いたことで実現しました。交差した斜線が作る中央のダイヤモンドは星形に不可欠な要素ではないものの、おもしろみを加えてくれています。

〈1 模様＝ 26 目× 30 段〉

PSS：90

1 段め（表面）：表 6、裏 1、ねじり目 1、LT、表 6、RT、ねじり目 1、裏 1、表 6。

2 〜 28 段めの偶数段（裏面）：裏 6、表 1、裏目のねじり目 1、表 1、裏 8、表 1、裏目のねじり目 1、表 1、裏 6。

3 段め：表 6、裏 1、ねじり目 1、裏 1、LT、表 4、RT、裏 1、ねじり目 1、裏 1、表 6。

5 段め：表 6、裏 1、ねじり目 1、裏 1、表 1、LT、表 2、RT、表 1、裏 1、ねじり目 1、裏 1、表 6。

7 段め：LT、裏 5、ねじり目 1、裏 1、表 2、LT、RT、表 2、裏 1、ねじり目 1、裏 5、RT。

9 段め：表 1、LT、表 3、裏 1、ねじり目 1、裏 1、表 3、RT、表 3、裏 1、ねじり目 1、裏 1、表 3、RT、表 1。

11 段め：表 2、［LT、表 2、裏 1、ねじり目 1、裏 1、表 2、RT］を 2 回、表 2。

13 段め：表 3、LT、表 1、裏 1、ねじり目 1、裏 1、表 1、RT、表 2、LT、表 1、裏 1、ねじり目 1、裏 1、表 1、RT、表 3。

15 段め：表 4、RT、裏 1、ねじり目 1、裏 1、RT、表 4、RT、裏 1、ねじり目 1、裏 1、RT、表 4。

17 段め：表 3、RT、表 1、裏 1、ねじり目 1、裏 1、表 1、LT、表 2、RT、表 1、裏 1、ねじり目 1、裏 1、表 1、LT、表 3。

19 段め：表 2、［RT、表 2、裏 1、ねじり目 1、裏 1、表 2、LT］を 2 回、表 2。

21 段め：表 1、RT、表 3、裏 1、ねじり目 1、裏 1、表 3、RT、表 3、裏 1、ねじり目 1、裏 1、表 3、LT、表 1。

23 段め：RT、裏 5、ねじり目 1、裏 1、表 2、RT、LT、表 2、裏 1、ねじり目 1、裏 5、LT。

25 段め：表 6、裏 1、ねじり目 1、裏 1、表 1、RT、表 2、LT、表 1、裏 1、ねじり目 1、裏 1、表 6。

27 段め：表 6、裏 1、ねじり目 1、裏 1、RT、表 4、LT、裏 1、ねじり目 1、裏 1、表 6。

29 段め：表 6、裏 1、ねじり目 1、RT、表 6、LT、ねじり目 1、裏 1、表 6。

30 段め：裏 6、表 1、裏目のねじり目 1、裏 10、裏目のねじり目 1、表 1、裏 6。

表面で表目、裏面で裏目

表面で裏目、裏面で表目

RT（表面）

LT（表面）

表面でねじり目、裏面で裏目のねじり目

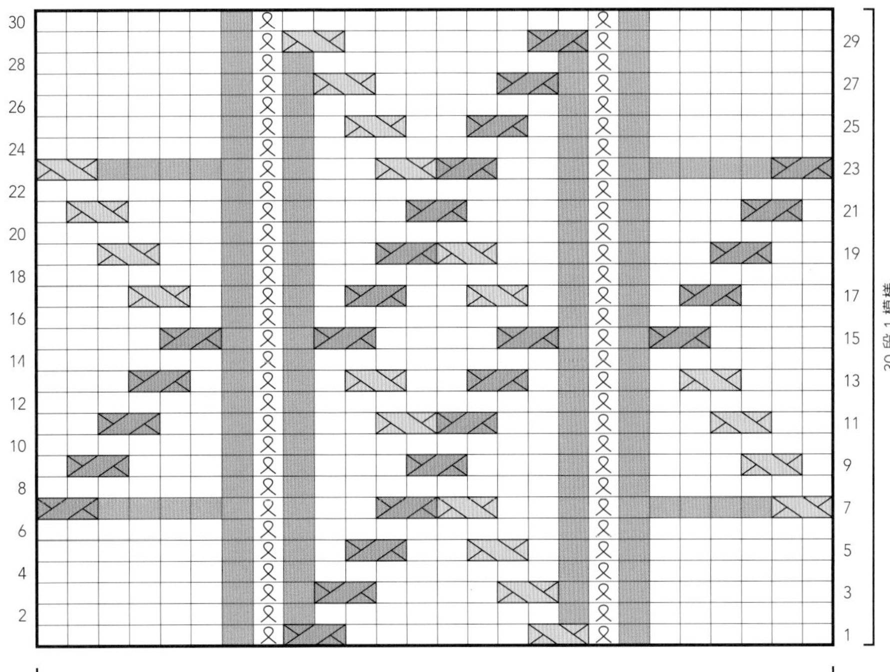

98 Swedish Star Allover

スウェディッシュスターオールオーバー

Swedish Star (#97) をわずかに重ね、チェス盤のように並べた総柄です。見方によっては星が見えたり、ほかの形が先に見えたりする不思議な模様でもあります。

〈1 模様＝（26 の倍数＋ 2 目）× 64 段〉

PSS：90

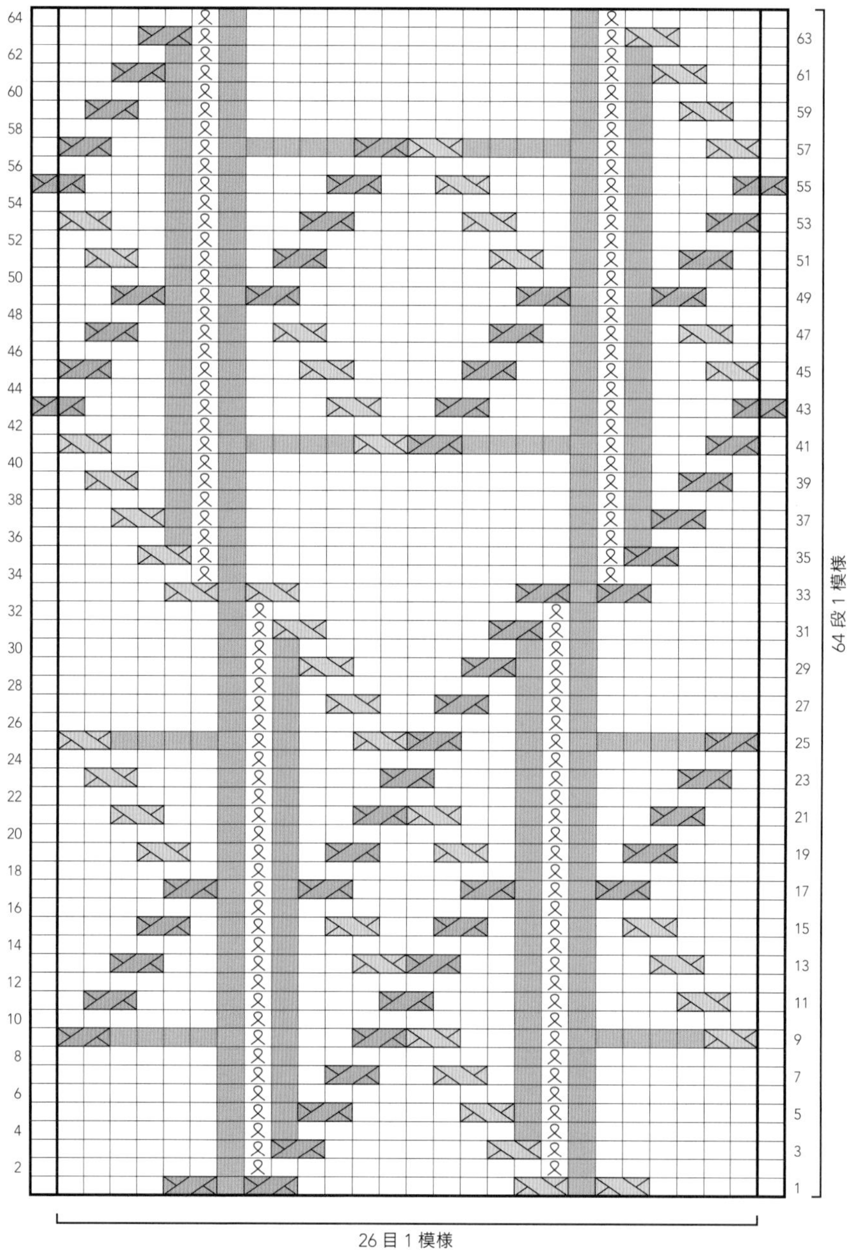

- 表面で表目、裏面で裏目
- 表面で裏目、裏面で表目
- RT（表面）
- LT（表面）
- 表面でねじり目、裏面で裏目のねじり目

64 62 60 58 56 54 52 50 48 46 44 42 40 38 36 34 32 30 28 26 24 22 20 18 16 14 12 10 8 6 4 2

63 61 59 57 55 53 51 49 47 45 43 41 39 37 35 33 31 29 27 25 23 21 19 17 15 13 11 9 7 5 3 1

64 段 1 模様

26 目 1 模様

99 Chain Mesh

チェーンメッシュ

CHAPTER 5の模様でもあったように、この模様も斜線と縦線の組み合わせがカーブに見えます。ガーター編みで3本の畝(うね)を作ることで、くぼんでしまいそうなセンター部分を安定させ、ふっくら見えるように仕上げています。

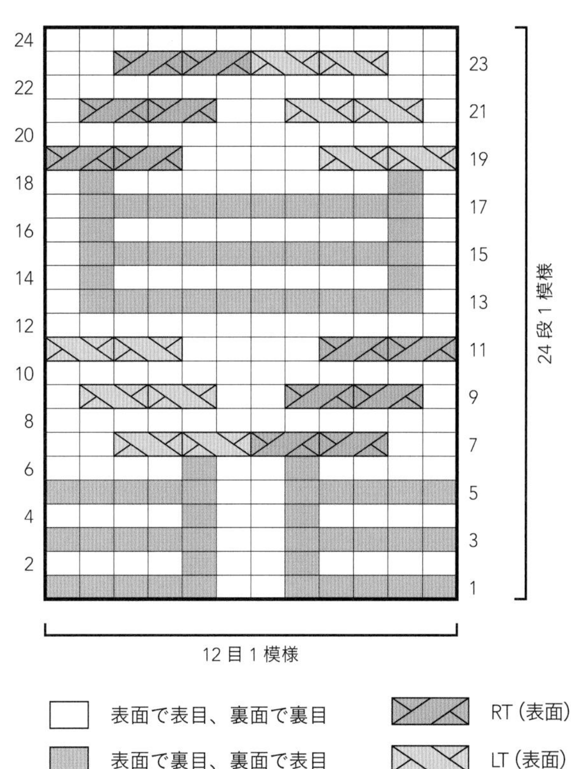

〈1模様＝12の倍数目×24段〉

PSS：85

1段め（表面）：裏5、表2、*裏10、表2；、*〜；を残り5目までくり返す、裏5。

2段め：裏4、表1、裏2、表1、*裏8、表1、裏2、表1；、*〜；を残り4目までくり返す、裏4。

3〜6段め：1・2段めを2回編む。

7段め：表2、RTを2回、LTを2回、*表4、RTを2回、LTを2回；、*〜；を残り2目までくり返す、表2。

8段め：裏編み。

9段め：表1、RTを2回、表2、LTを2回、*表2、RTを2回、表2、LTを2回；、*〜；を残り1目までくり返す、表1。

10段め：裏編み。

11段め：*RTを2回、表4、LTを2回；、*〜；を最後までくり返す。

12段め：裏編み。

13段め：表1、裏10、*表2、裏10；、*〜；を残り1目までくり返す、表1。

14段め：裏1、表1、裏8、表1、*裏2、表1、裏8、表1；、*〜；を残り1目までくり返す、裏1。

15〜18段め：13・14段めを2回編む。

19段め：*LTを2回、表4、RTを2回；、*〜；を最後までくり返す。

20段め：裏編み。

21段め：表1、LTを2回、表2、RTを2回、*表2、LTを2回、表2、RTを2回；、*〜；を残り1目までくり返す、表1。

22段め：裏編み。

23段め：表2、LTを2回、RTを2回、*表4、LTを2回、RTを2回；、*〜；を残り2目までくり返す、表2。

24段め：裏編み。

100 Small Mesh

スモールメッシュ

Chain Mesh (#99) の縮小版で、1 模様の幅を 2 目減らしています。加えてガーター編みの畝を 1 本減らしただけで、1 模様の段数が 3 分の 2 に減りました。

〈1 模様＝ 10 の倍数目× 16 段〉

PSS：85

1 段め (表面)：裏 4、表 2、* 裏 8、表 2；、*〜；を残り 4 目までくり返す、裏 4。

2 段め：裏 3、表 1、裏 2、表 1、* 裏 6、表 1、裏 2、表 1；、*〜；を残り 3 目までくり返す、裏 3。

3・4 段め：1・2 段めをくり返す。

5 段め：表 1、RT を 2 回、LT を 2 回、* 表 2、RT を 2 回、LT を 2 回；、*〜；を残り 1 目までくり返す、表 1。

6・8 段め：裏編み。

7 段め：*RT を 2 回、表 2、LT を 2 回；、*〜；を最後までくり返す。

9 段め：表 1、裏 8、* 表 2、裏 8；、*〜；を残り 1 目までくり返す、表 1。

10 段め：裏 1、表 1、裏 6、表 1、* 裏 2、表 1、裏 6、表 1；、*〜；を残り 1 目までくり返す、裏 1。

11・12 段め：9・10 段めをくり返す。

13 段め：*LT を 2 回、表 2、RT を 2 回；、*〜；を最後までくり返す。

14・16 段め：裏編み。

15 段め：表 1、LT を 2 回、RT を 2 回、* 表 2、LT を 2 回、RT を 2 回；、*〜；を残り 1 目までくり返す、表 1。

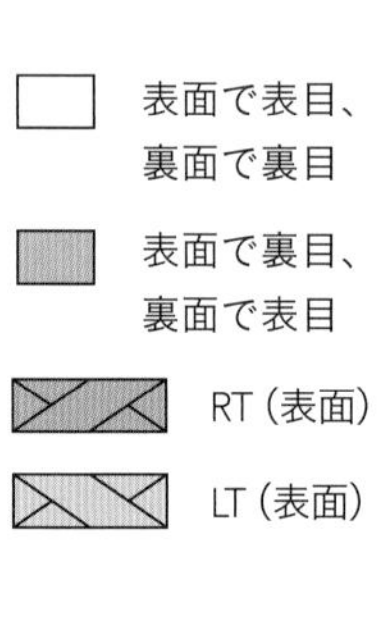

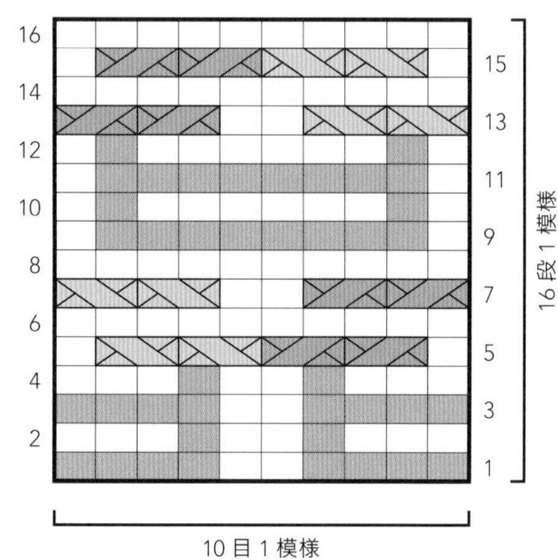

101 Mesh Columns

メッシュコラムズ

この模様は #100 の Small Mesh のチャートを使って編めるので「おまけ」の模様です。模様と模様の間に裏メリヤス編みを 2 目加えるだけで編めますが、これだけの違いが生まれます。

〈1 模様＝ 12 の倍数目× 16 段〉

PSS：85

CHAPTER 7

Eyelet

透かしを加えて

オープンワーク（透かし編み）は
ツイストステッチとうまく調和します。
それはどちらも表面の段ごとに
1目ずつ移動させることができるから。
ツイストステッチを
かけ目と減目のセットに置き替えると、
既存のツイストステッチ模様を
アレンジすることができるのです。
ただ、減目とツイストステッチの操作が
よく似ているので、間違えて
編まないようにご注意を。

102 Eyelet Zigzag

アイレットジグザグ

CHAPTER 2 で、ピラミッドと三角形を展開すると Slash (#14) ができたのを思い出してください。Eyelet Zigzag はさらなる発展形。Slash を反転させ、模様の一番上のツイストの斜線をかけ目（アイレット）と減目で作る斜線に置き替えています。

- 表面で表目、裏面で裏目
- 表面で裏目、裏面で表目
- RT（表面）
- LT（表面）
- かけ目
- 左上２目一度
- 右上２目一度

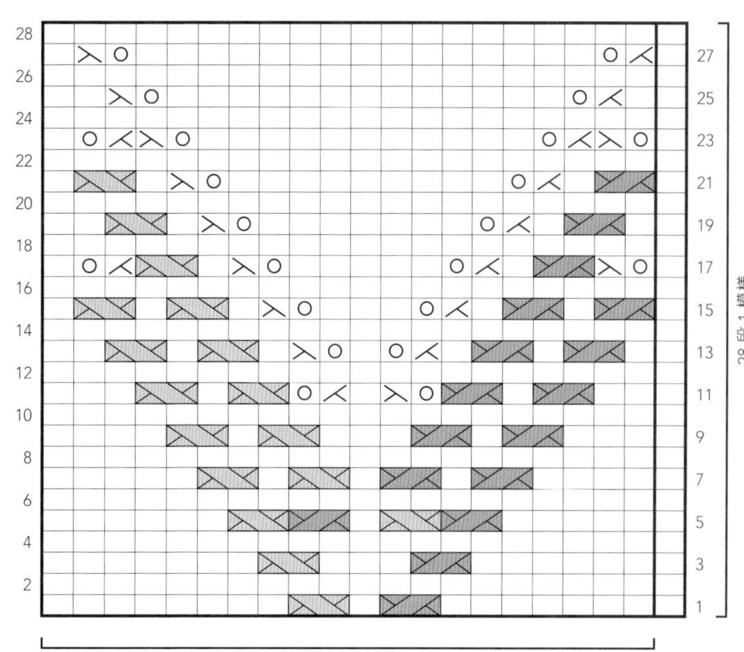

〈1 模様＝（20 の倍数＋ 1 目）× 28 段〉

PSS：100

1 段め（表面）：表 8、RT、表 1、LT、* 表 15、RT、表 1、LT；、* 〜；を残り 8 目までくり返す、表 8。

2 段め以降の偶数段（裏面）：裏編み。

3 段め：表 7、RT、表 3、LT、* 表 13、RT、表 3、LT；、* 〜；を残り 7 目までくり返す、表 7。

5 段め：表 6、RT、LT、表 1、RT、LT、* 表 11、RT、LT、表 1、RT、LT；、* 〜；を残り 6 目までくり返す、表 6。

7 段め：表 5、[RT、表 1] を 2 回、LT、表 1、LT、* 表 9、[RT、表 1] を 2 回、LT、表 1、LT；、* 〜；を残り 5 目までくり返す、表 5。

9 段め：表 4、RT、表 1、RT、表 3、LT、表 1、LT、* 表 7、RT、表 1、RT、表 3、LT、表 1、LT；、* 〜；を残り 4 目までくり返す、表 4。

11 段め：表 3、RT、表 1、RT、かけ目、右上 2 目一度、表 1、左上 2 目一度、かけ目、LT、表 1、LT、* 表 5、RT、表 1、RT、かけ目、右上 2 目一度、表 1、左上 2 目一度、かけ目、LT、表 1、LT；、* 〜；を残り 3 目までくり返す、表 3。

13 段め：表 2、[RT、表 1] を 2 回、左上 2 目一度、かけ目、表 1、かけ目、右上 2 目一度、[表 1、LT] を 2 回、* 表 3、[RT、表 1] を 2 回、左上 2 目一度、かけ目、表 1、かけ目、右上 2 目一度、[表 1、LT] を 2 回；、* 〜；を残り 2 目までくり返す、表 2。

15 段め：表 1、* [RT、表 1] を 2 回、左上 2 目一度、かけ目、表 3、かけ目、右上 2 目一度、表 1、[LT、表 1] を 2 回；、* 〜；を最後までくり返す。

17 段め：表 1、* かけ目、右上 2 目一度、RT、表 1、左上 2 目一度、かけ目、表 5、かけ目、右上 2 目一度、表 1、LT、左上 2 目一度、かけ目、表 1；、* 〜；を最後までくり返す。

19 段め：表 2、RT、表 1、左上 2 目一度、かけ目、表 7、かけ目、右上 2 目一度、表 1、LT、* 表 3、RT、表 1、左上 2 目一度、かけ目、表 7、かけ目、右上 2 目一度、表 1、LT；、* 〜；を残り 2 目までくり返す、表 2。

21 段め：表 1、*RT、表 1、左上 2 目一度、かけ目、表 9、かけ目、右上 2 目一度、表 1、LT、表 1；、* 〜；を最後までくり返す。

23 段め：表 1、* かけ目、右上 2 目一度、左上 2 目一度、かけ目、表 11、かけ目、右上 2 目一度、左上 2 目一度、かけ目、表 1；、* 〜；を最後までくり返す。

25 段め：表 2、左上 2 目一度、かけ目、表 13、かけ目、右上 2 目一度、* 表 3、左上 2 目一度、かけ目、表 13、かけ目、右上 2 目一度；、* 〜；を残り 2 目までくり返す、表 2。

27 段め：表 1、* 左上 2 目一度、かけ目、表 15、かけ目、右上 2 目一度、表 1；、* 〜；を最後までくり返す。

103 Open Pyramids

オープンピラミッド

この模様はPyramids Overlap（#7）の姉妹版で、最上段をはじめとする主要なツイストステッチをアイレットと減目に置き替えています。

- 表面で表目、裏面で裏目
- 表面で裏目、裏面で表目
- RT（表面）　LT（表面）
- かけ目
- 左上２目一度
- 右上２目一度

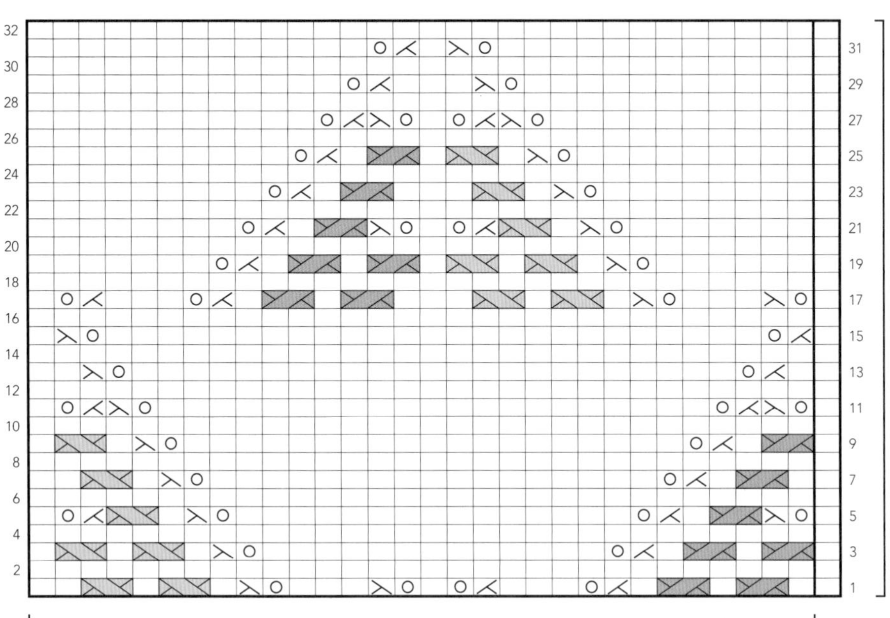

〈1模様＝（30の倍数＋1目）×32段〉

PSS：100

1段め（表面）：表1、*表1、[RT、表1]を2回、左上2目一度、かけ目、表3、左上2目一度、かけ目、表1、かけ目、右上2目一度、表3、かけ目、右上2目一度、[表1、LT]を2回、表2；、*～；を最後までくり返す。

2段め以降の偶数段（裏面）：裏編み。

3段め：表1、*[RT、表1]を2回、左上2目一度、かけ目、表13、かけ目、右上2目一度、表1、[LT、表1]を2回；、*～；を最後までくり返す。

5段め：表1、*かけ目、右上2目一度、RT、表1、左上2目一度、かけ目、表15、かけ目、右上2目一度、表1、LT、左上2目一度、かけ目、表1；、*～；を最後までくり返す。

7段め：表1、*表1、RT、表1、左上2目一度、かけ目、表17、かけ目、右上2目一度、表1、LT、表2；、*～；を最後までくり返す。

9段め：表1、*RT、表1、左上2目一度、かけ目、表19、かけ目、右上2目一度、表1、LT、表1；、*～；を最後までくり返す。

11段め：表1、*かけ目、右上2目一度、左上2目一度、かけ目、表21、かけ目、右上2目一度、左上2目一度、かけ目、表1；、*～；を最後までくり返す。

13段め：表1、*表1、左上2目一度、かけ目、表23、かけ目、右上2目一度、表2；、*～；を最後までくり返す。

15段め：表1、*左上2目一度、かけ目、表25、かけ目、右上2目一度、表1；、*～；を最後までくり返す。

17段め：表1、*かけ目、右上2目一度、表3、かけ目、右上2目一度、[表1、LT]を2回、表3、[RT、表1]を2回、左上2目一度、かけ目、表3、左上2目一度、かけ目、表1；、*～；を最後までくり返す。

19段め：表1、*表6、かけ目、右上2目一度、[表1、LT]を2回、表1、[RT、表1]を2回、左上2目一度、かけ目、表7；、*～；を最後までくり返す。

21段め：表1、*表7、かけ目、右上2目一度、表1、LT、左上2目一度、かけ目、表1、かけ目、右上2目一度、RT、表1、左上2目一度、かけ目、表8；、*～；を最後までくり返す。

23段め：表1、*表8、かけ目、右上2目一度、表1、LT、表3、RT、表1、左上2目一度、かけ目、表9；、*～；を最後までくり返す。

25段め：表1、*表9、かけ目、右上2目一度、表1、LT、表1、RT、表1、左上2目一度、かけ目、表10；、*～；を最後までくり返す。

27段め：表1、*表10、かけ目、右上2目一度、左上2目一度、かけ目、表1、かけ目、右上2目一度、左上2目一度、かけ目、表11；、*～；を最後までくり返す。

29段め：表1、*表11、かけ目、右上2目一度、表3、左上2目一度、かけ目、表12；、*～；を最後までくり返す。

31段め：表1、*表12、かけ目、右上2目一度、表1、左上2目一度、かけ目、表13；、*～；を最後までくり返す。

104 Alberta

アルベルタ

ツイストステッチと透かし編みを組み合わせた模様です。私には山、雲、川を描いた自然豊かな土地の風景のように見えます。

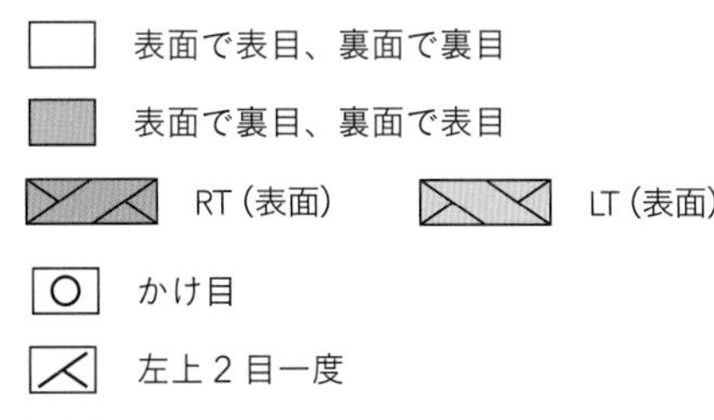

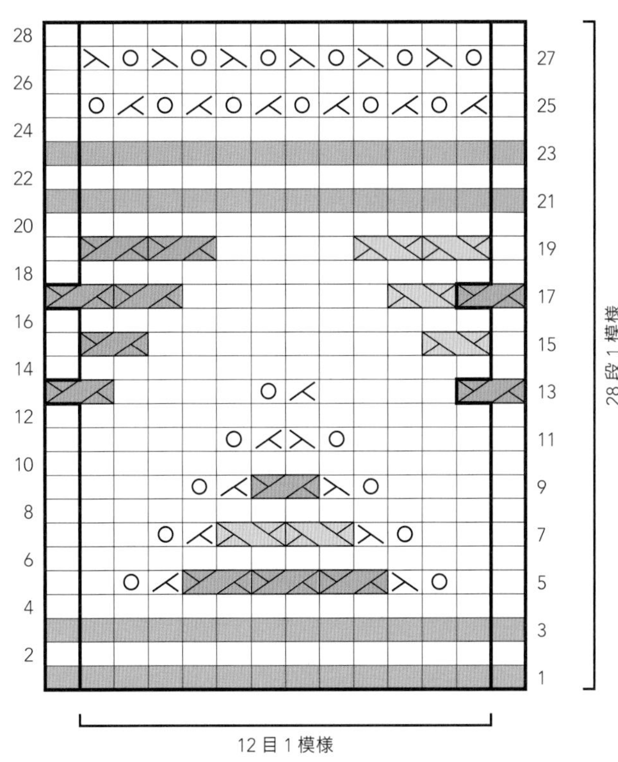

〈1 模様＝（12 の倍数＋２目）× 28 段〉

PSS：100

1 段め（表面）：裏編み。

2 段め以降の偶数段（裏面）：裏編み。

3 段め：裏編み。

5 段め：表２、* かけ目、右上２目一度、RT を３回、左上２目一度、かけ目、表２；、* ～；を最後までくり返す。

7 段め：表３、かけ目、右上２目一度、LT を２回、左上２目一度、かけ目、* 表４、かけ目、右上２目一度、LT を２回、左上２目一度、かけ目；、* ～；を残り３目までくり返す、表３。

9 段め：表４、かけ目、右上２目一度、RT、左上２目一度、かけ目、* 表６、かけ目、右上２目一度、RT、左上２目一度、かけ目；、* ～；を残り４目までくり返す、表４。

11 段め：表５、かけ目、右上２目一度、左上２目一度、かけ目、* 表８、かけ目、右上２目一度、左上２目一度、かけ目；、* ～；を残り５目までくり返す、表５。

13 段め：RT、* 表４、左上２目一度、かけ目、表４、RT；、* ～；を最後までくり返す。

15 段め：表１、*LT、表８、RT；、* ～；を残り１目までくり返す、表１。

17 段め：RT、*LT、表６、RT を２回；、* ～；を最後までくり返す。

19 段め：表１、*LT を２回、表４、RT を２回；、* ～；を残り１目までくり返す、表１。

21 段め：裏編み。

23 段め：裏編み。

25 段め：表１、* 左上２目一度、かけ目；、* ～；を残り１目までくり返す、表１。

27 段め：表１、* かけ目、右上２目一度；、* ～；を残り１目までくり返す、表１。

105 Jagged

ジャグド

やや左右非対称な形が不思議な表情を見せる模様です。アンバランスなジグザグ模様からは、わずかな緊張感も生まれています。

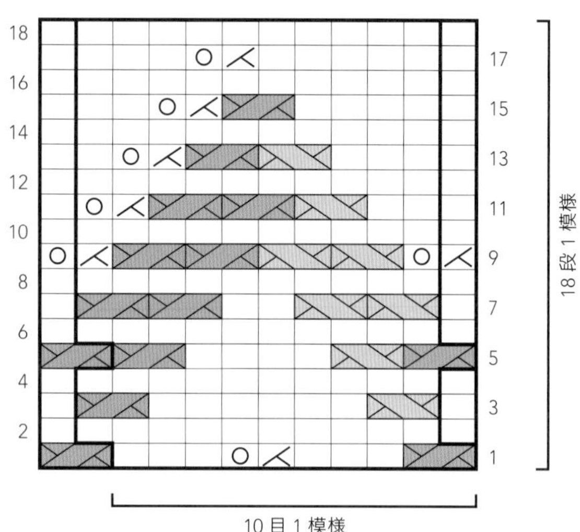

表面で表目、裏面で裏目

表面で裏目、裏面で表目

RT（表面）　LT（表面）

かけ目

左上2目一度

右上2目一度

〈1模様＝（10の倍数＋2目）×18段〉

PSS：100

1段め（表面）：RT、* 表3、左上2目一度、かけ目、表3、RT；、* 〜；を最後までくり返す。

2段め以降の偶数段（裏面）：裏編み。

3段め：表1、*LT、表6、RT；、* 〜；を残り1目までくり返す、表1。

5段め：RT、*LT、表4、RTを2回；、* 〜；を最後までくり返す。

7段め：表1、*LTを2回、表2、RTを2回；、* 〜；を残り1目までくり返す、表1。

9段め：左上2目一度、かけ目、*LTを2回、RTを2回、左上2目一度、かけ目；、* 〜；を最後までくり返す。

11段め：表1、* 表2、LT、RTを2回、左上2目一度、かけ目；、* 〜；を残り1目までくり返す、表1。

13段め：* 表4、LT、RT、左上2目一度、かけ目；、* 〜；を残り2目までくり返す、表2。

15段め：表5、RT、左上2目一度、かけ目、* 表6、RT、左上2目一度、かけ目；、* 〜；を残り3目までくり返す、表3。

17段め：表6、左上2目一度、かけ目、* 表8、左上2目一度、かけ目；、* 〜；を残り4目までくり返す、表4。

106 Open Lattice

オープンラティス

Lattice (#48) のシンプルな格子模様に、裏面の段でかけ目２回とそれを相殺する減目を加えることで、元の模様に透かしを入れました。

〈1 模様＝(4 の倍数＋２目) × 8 段〉
PSS：100
1 段め (表面)：表 1、*RT、LT；、* 〜；を残り 1 目までくり返す、表 1。
2 段め：裏 1、* 裏目の右上 2 目一度、かけ目を 2 回、裏目の左上 2 目一度；、* 〜；を残り 1 目までくり返す、裏 1。
3 段め：LT、* 前段のかけ目に表 1、前段のかけ目に裏 1、LT；、* 〜；を最後までくり返す。
4 段め：裏編み。
5 段め：表 1、*LT、RT；、* 〜；を残り 1 目までくり返す、表 1。
6 段め：裏 1、かけ目、裏目の左上 2 目一度、裏目の右上 2 目一度、* かけ目を 2 回、裏目の左上 2 目一度、裏目の右上 2 目一度；、* 〜；を残り 1 目までくり返す、かけ目、裏 1。
7 段め：表 1、裏 1、RT、* 前段のかけ目に表 1、前段のかけ目に裏 1、RT；、* 〜；を残り 2 目までくり返す、表 2。
8 段め：裏編み。

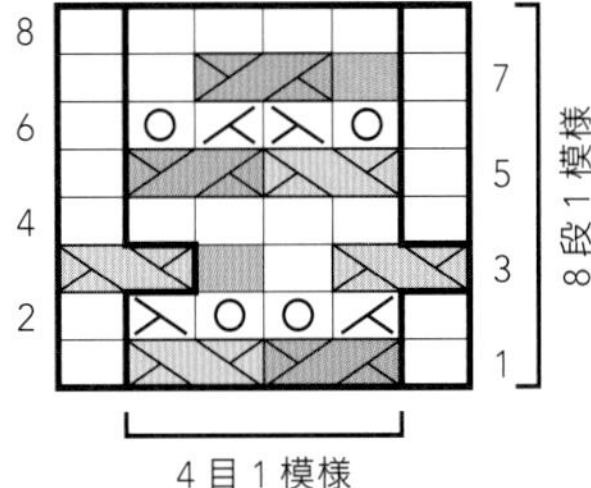

表面で表目、裏面で裏目
表面で裏目、裏面で表目
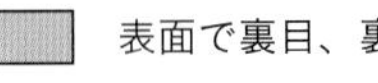
RT (表面)
LT (表面)
かけ目
裏面で裏目の左上 2 目一度
裏面で裏目の右上 2 目一度

107 Collision

コリジョン

5 目のブレードにはさまれて、透かし入りの斜線が中央に向かい、ふたつの流れが出会うと織物のようなツイストステッチになります。一度 46 段めまで編めば、そのあとは次の 4 段を好きな長さまでくり返せます。この模様は下部と上部のゲージが違うため、下側が広がることを考慮して使ってください。(チャートは P.136)

〈1 模様＝ 38 目× 4 段　※準備段 46 段を加える〉
PSS：100
NOTE：編み方テキスト中、模様の左右の端の編み方は**「LT を 2 回、表 1」**を❶、**「表 1、RT を 2 回」**を❷とする。
1 段め (表面)：❶、裏 1、かけ目、右上 2 目一度、表 22、左上 2 目一度、かけ目、裏 1、❷。
2 段め以降の偶数段 (裏面)：(前段の目を裏面から見た状態で) 表目は表目、裏目とかけ目は裏目に編む。
3 段め：❷、裏 1、表 1、かけ目、右上 2 目一度、表 20、左上 2 目一度、かけ目、表 1、裏 1、❶。
5 段め：❶、裏 1、[かけ目、右上 2 目一度] を 2 回、表 18、[左上 2 目一度、かけ目] を 2 回、裏 1、❷。
7 段め：❷、裏 1、表 1、[かけ目、右上 2 目一度] を 2 回、表 16、[左上 2 目一度、かけ目] を 2 回、表 1、裏 1、❶。
9 段め：❶、裏 1、[かけ目、右上 2 目一度] を 3 回、表 14、[左上 2 目一度、かけ目] を 3 回、裏 1、❷。
11 段め：❷、裏 1、表 1、[かけ目、右上 2 目一度] を 3 回、表 12、[左上 2 目一度、かけ目] を 3 回、表 1、裏 1、❶。
13 段め：❶、裏 1、[かけ目、右上 2 目一度]

を4回、表10、[左上2目一度、かけ目]を4回、裏1、❷。
15段め：❷、裏1、表1、[かけ目、右上2目一度]を4回、表8、[左上2目一度、かけ目]を4回、表1、裏1、❶。
17段め：❶、裏1、[かけ目、右上2目一度]を5回、表6、[左上2目一度、かけ目]を5回、裏1、❷。
19段め：❷、裏1、表1、[かけ目、右上2目一度]を5回、表4、[左上2目一度、かけ目]を5回、表1、裏1、❶。
21段め：❶、裏1、[かけ目、右上2目一度]を6回、表2、[左上2目一度、かけ目]を6回、裏1、❷。
23段め：❷、裏1、表1、[かけ目、右上2目一度]を6回、[左上2目一度、かけ目]を6回、表1、裏1、❶。
25段め：❶、裏1、[かけ目、右上2目一度]を6回、RT、[左上2目一度、かけ目]を6回、裏1、❷。
27段め：❷、裏1、表1、[かけ目、右上2目一度]を5回、LTを2回、[左上2目一度、かけ目]を5回、表1、裏1、❶。
29段め：❶、裏1、[かけ目、右上2目一度]を5回、RTを3回、[左上2目一度、かけ目]を5回、裏1、❷。
31段め：❷、裏1、表1、[かけ目、右上2目

かけ目
左上2目一度
右上2目一度

4段1模様
1回だけ編む
38目のパネル

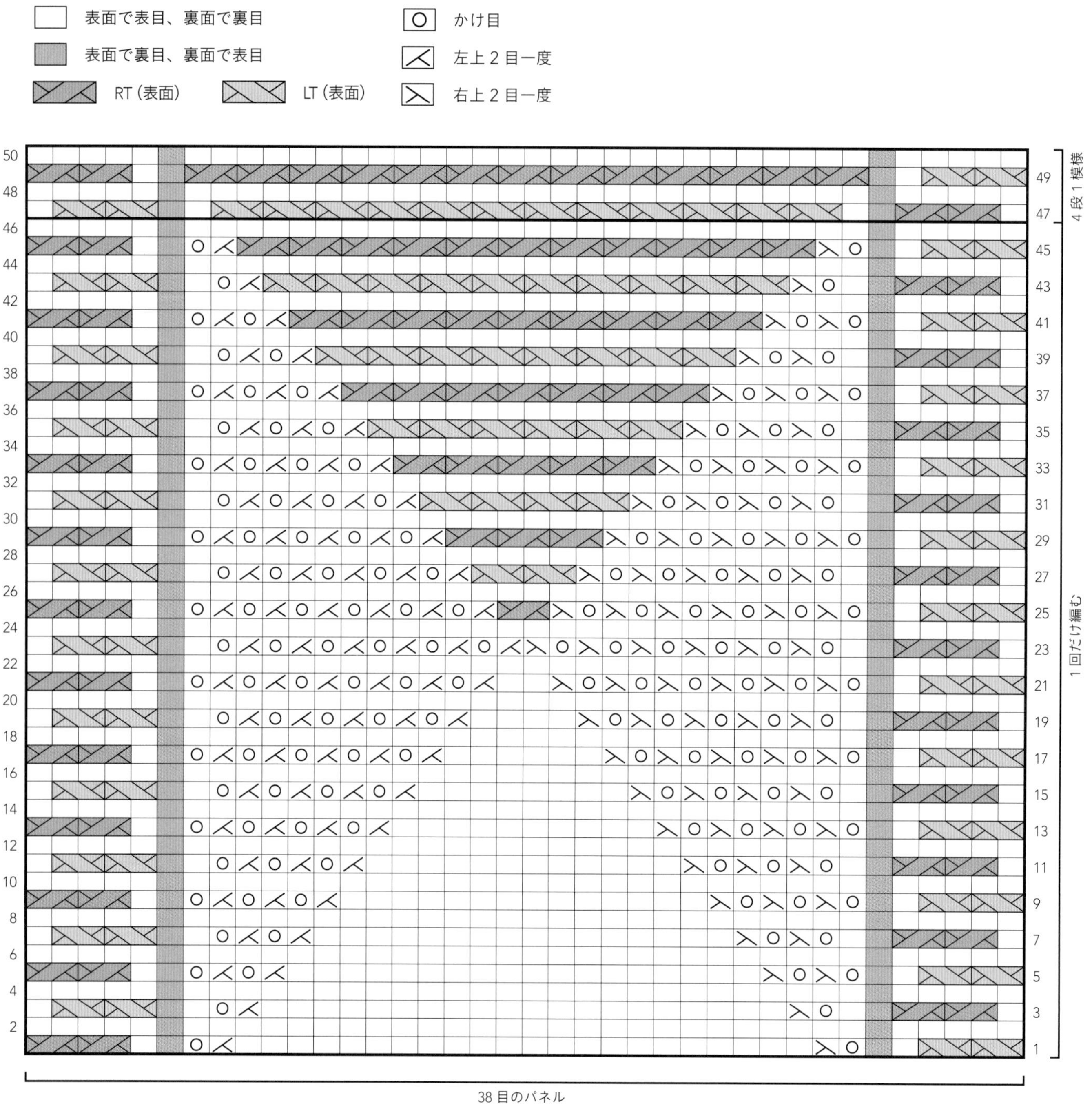

一度]を4回、LTを4回、[左上2目一度、かけ目]を4回、表1、裏1、❶。
33段め：❶、裏1、[かけ目、右上2目一度]を4回、RTを5回、[左上2目一度、かけ目]を4回、裏1、❷。
35段め：❷、裏1、表1、[かけ目、右上2目一度]を3回、LTを6回、[左上2目一度、かけ目]を3回、表1、裏1、❶。
37段め：❶、裏1、[かけ目、右上2目一度]を3回、RTを7回、[左上2目一度、かけ目]を3回、裏1、❷。
39段め：❷、裏1、表1、[かけ目、右上2目一度]を2回、LTを8回、[左上2目一度、かけ目]を2回、表1、裏1、❶。
41段め：❶、裏1、[かけ目、右上2目一度]を2回、RTを9回、[左上2目一度、かけ目]を2回、裏1、❷。
43段め：❷、裏1、表1、かけ目、右上2目一度、LTを10回、左上2目一度、かけ目、表1、裏1、❶。
45段め：❶、裏1、かけ目、右上2目一度、RTを11回、左上2目一度、かけ目、裏1、❷。
47段め：❷、裏1、表1、LTを12回、表1、裏1、❶。
49段め：❶、裏1、RTを13回、裏1、❷。
※以降は47～50段めをくり返す。

108 Boxes

ボックス

ダイヤモンド形の模様を連ねて、半模様ずつずらした配列です。内側と外側のダイヤモンドの間隔部分に配置した4つの小さなダイヤモンド形の中には、2回のかけ目で大きめの透かしを入れています。

〈1模様＝(28の倍数＋2目)×56段〉

PSS：90

- 表面で表目、裏面で裏目
- 表面で裏目、裏面で表目
- RT（表面）
- LT（表面）
- かけ目
- 表面で左上2目一度、裏面で裏目の左上2目一度
- 表面で右上2目一度、裏面で裏目の右上2目一度

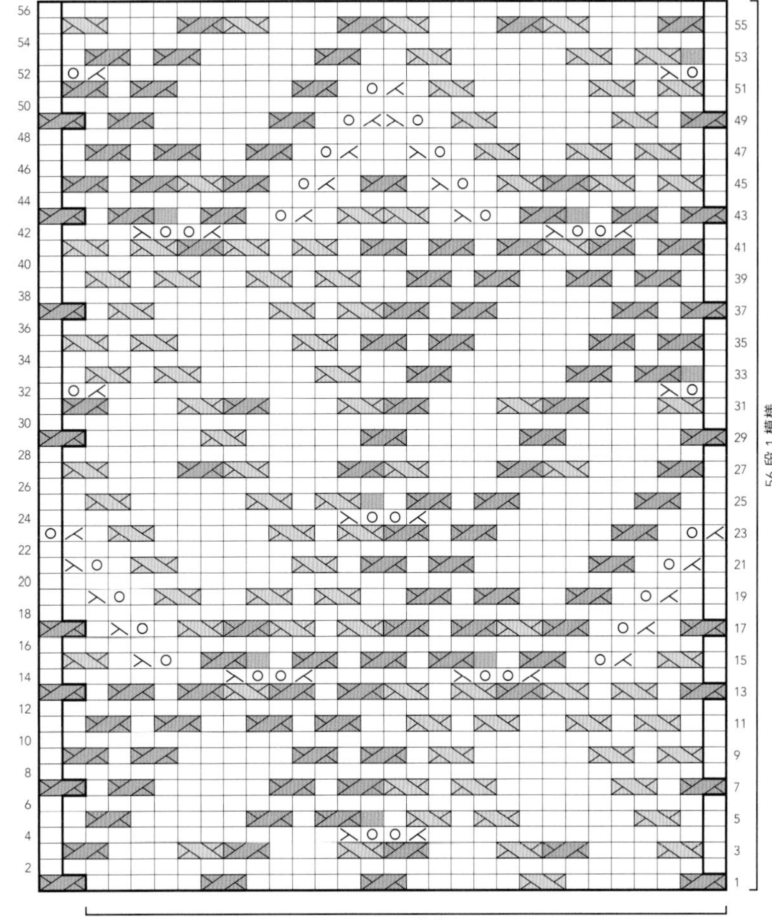

⑩⑨ Tents

テンツ

この精巧な総柄はボックス（四角形）の入れ子のようです。ひし形が連なる２本のコラムを半模様分ずらして並べた状態が１模様。ずらしたことで、隣合うボックス同士は入れ子状態に見えます。透かしを加えることで左右非対称になると同時に影ができ、奥行きが生まれました。

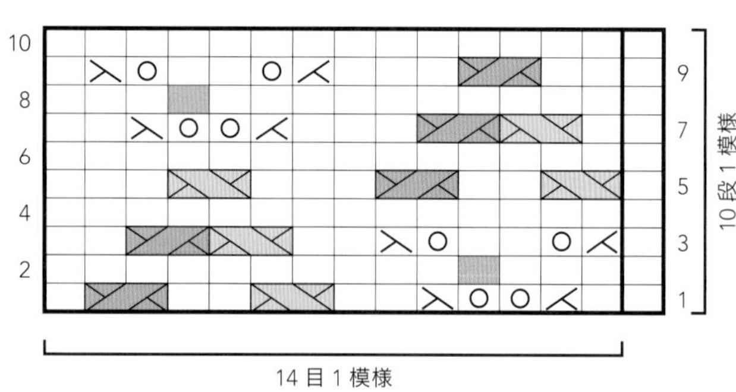

□ 表面で表目、裏面で裏目

■ 表面で裏目、裏面で表目

RT（表面）　LT（表面）

○ かけ目

左上２目一度

右上２目一度

〈1模様＝（14の倍数＋１目）× 10段〉

PSS：100

1段め（表面）： * 表2、左上２目一度、かけ目を２回、右上２目一度、表2、LT、表2、RT；、*～；を残り１目までくり返す、表1。

2段め：裏10、前段のかけ目に表1、前段のかけ目に裏1、* 裏12、前段のかけ目に表1、前段のかけ目に裏１；、*～；を残り３目までくり返す、裏3。

3段め：表1、* 左上２目一度、かけ目、表2、かけ目、右上２目一度、表2、LT、RT、表2；、*～；を最後までくり返す。

4段め：裏編み。

5段め：表1、*LT、表2、RT、表3、LT、表3；、*～；を最後までくり返す。

6段め：裏編み。

7段め：表2、LT、RT、表3、左上２目一度、かけ目を２回、右上２目一度、* 表3、LT、RT、表3、左上２目一度、かけ目を２回、右上２目一度；、*～；を残り２目までくり返す、表2。

8段め：裏3、前段のかけ目に表1、前段のかけ目に裏1、* 裏12、前段のかけ目に表1、前段のかけ目に裏１；、*～；を残り10目までくり返す、裏10。

9段め： * 表3、RT、表3、左上２目一度、かけ目、表2、かけ目、右上２目一度；、*～；を残り１目までくり返す、表1。

10段め：裏編み。

CHAPTER 8

Extreme

限界を超えて

これまで何年もの間
ツイストステッチは裏面では編めない、
または編むべきではないと思い、
避けていました。
表面ではツイストステッチを
編む位置がわかりやすいのですが、
裏面の場合、そうはいきません。
でも、このチャプターでは
これまでの自分のルールを破り、
毎段のツイストステッチを試してみました。
傾斜の異なる２種類のラインから
広がる可能性があまりに大きく、
その魅力に抗い続けられなかったのです。
ですが人気の輪編みなら問題ないと気づき
気持ちが楽になりました。
輪編みなら、毎段のツイストステッチも
なんなく編めますよ。

(110) Finger Trap

フィンガートラップ

ガーター編みの帯の左右に刻まれた鋭い切り込みは、裏面でもツイストステッチを編まないと作れません。北米の南西部で織られるラグのモチーフに着想を得た模様でしたが、今では双頭の魚、またはおなじみのイタズラおもちゃ「フィンガートラップ」にしか見えなくなりました。

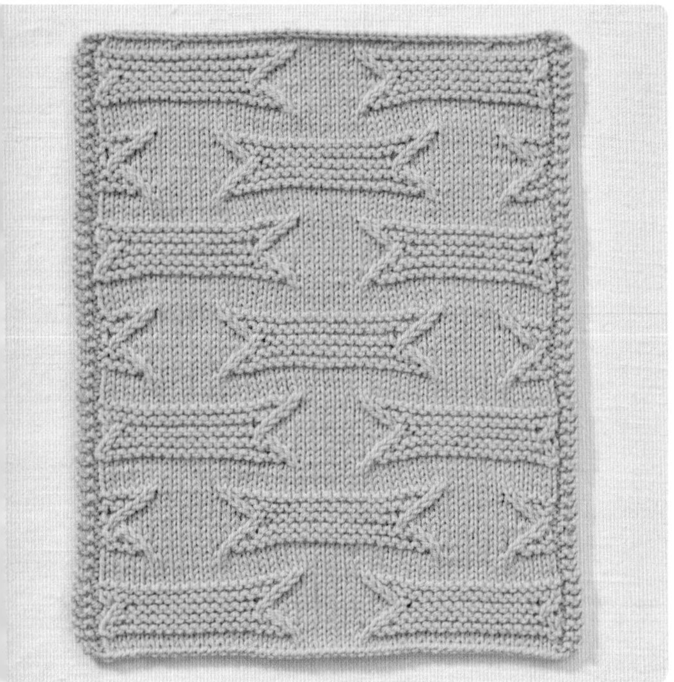

〈1 模様＝ 30 の倍数目× 28 段〉

PSS：95

1 段め (表面)：表編み。

2 段め：裏編み。

3 段め：*裏 10、RT、表 6、LT、裏 10；、*～；を最後までくり返す。

4 段め：*裏 9、LT、裏 8、RT、裏 9；、*～；を最後までくり返す。

5 段め：*裏 8、RT、表 10、LT、裏 8；、*～；を最後までくり返す。

6 段め：*裏 7、LT、裏 12、RT、裏 7；、*～；を最後までくり返す。

7 段め：*裏 6、RT、表 14、RT、裏 6；、*～；を最後までくり返す。

8 段め：*裏 7、RT、裏 12、LT、裏 7；、*～；を最後までくり返す。

9 段め：*裏 8、LT、表 10、RT、裏 8；、*～；を最後までくり返す。

10 段め：*裏 9、RT、裏 8、LT、裏 9；、*～；を最後までくり返す。

11 段め：*裏 10、LT、表 6、RT、裏 10；、*～；を最後までくり返す。

12・14・16 段め：裏編み。

13・15 段め：表編み。

17 段め：*表 3、LT、裏 20、RT、表 3；、*～；を最後までくり返す。

18 段め：*裏 4、RT、裏 18、LT、裏 4；、*～；を最後までくり返す。

19 段め：*表 5、LT、裏 16、RT、表 5；、*～；を最後までくり返す。

20 段め：*裏 6、RT、裏 14、LT、裏 6；、*～；を最後までくり返す。

21 段め：*表 7、RT、裏 12、RT、表 7；、*～；を最後までくり返す。

22 段め：*裏 6、LT、裏 14、RT、裏 6；、*～；を最後までくり返す。

23 段め：*表 5、RT、裏 16、LT、表 5；、*～；を最後までくり返す。

24 段め：*裏 4、LT、裏 18、RT、裏 4；、*～；を最後までくり返す。

25 段め：*表 3、RT、裏 20、LT、表 3；、*～；を最後までくり返す。

26・28 段め：裏編み。

27 段め：表編み。

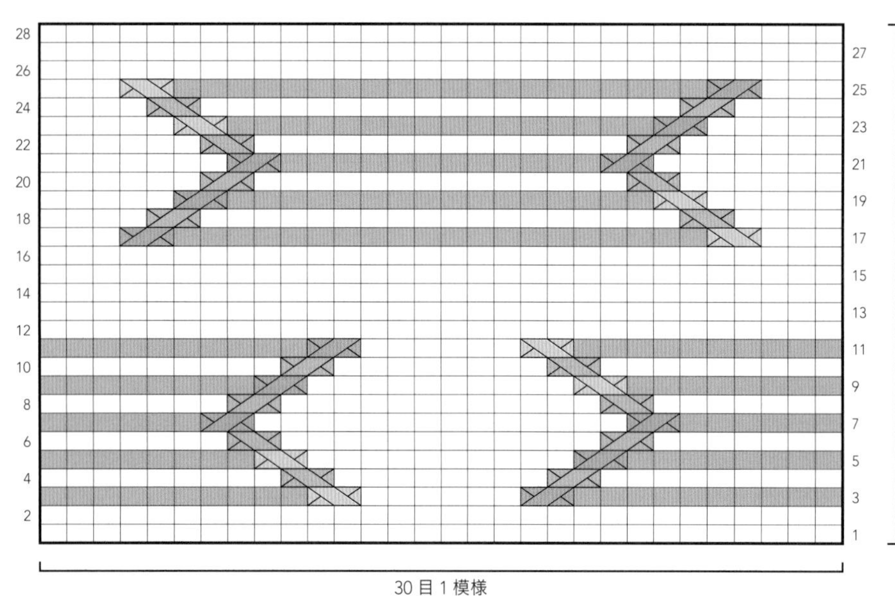

表面で表目、裏面で裏目

表面で裏目、裏面で表目

RT (表面)

RT (裏面)

LT (表面)

LT (裏面)

111 Kilim

キリム

伝統的なキリム（中近東の遊牧民の織物）のギザギザしたモチーフに憧れていました。毎段ツイストステッチを編むことでできる鋭角で、このモチーフを表現できました。

〈1 模様＝（34 の倍数＋ 2 目）× 34 段〉
PSS：90

- □ 表面で表目、裏面で裏目
- ■ 表面で裏目、裏面で表目
- RT（表面）
- RT（裏面）
- LT（表面）
- LT（裏面）
- ねじり目記号 表面でねじり目、裏面で裏目のねじり目

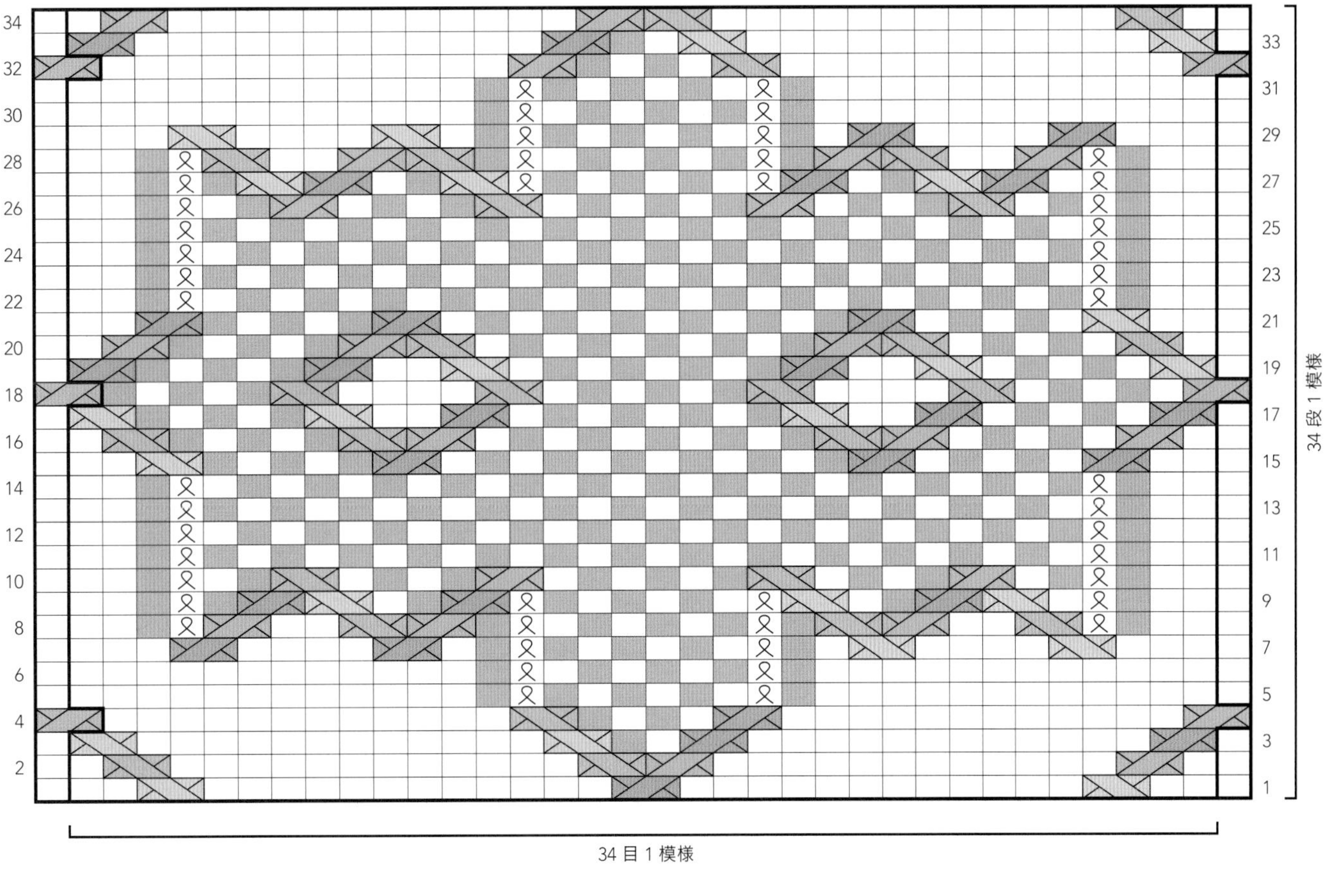

34 段 1 模様

34 目 1 模様

112 Sashiko

サシコ

模様の名前は、日本の縫いの芸術から名づけました。ジグザグや四角形はツイストステッチを毎段編むことで描いています。1模様の上下のブロックは一度だけしか編みませんが、間のセンター部分は何度でもくり返せます。

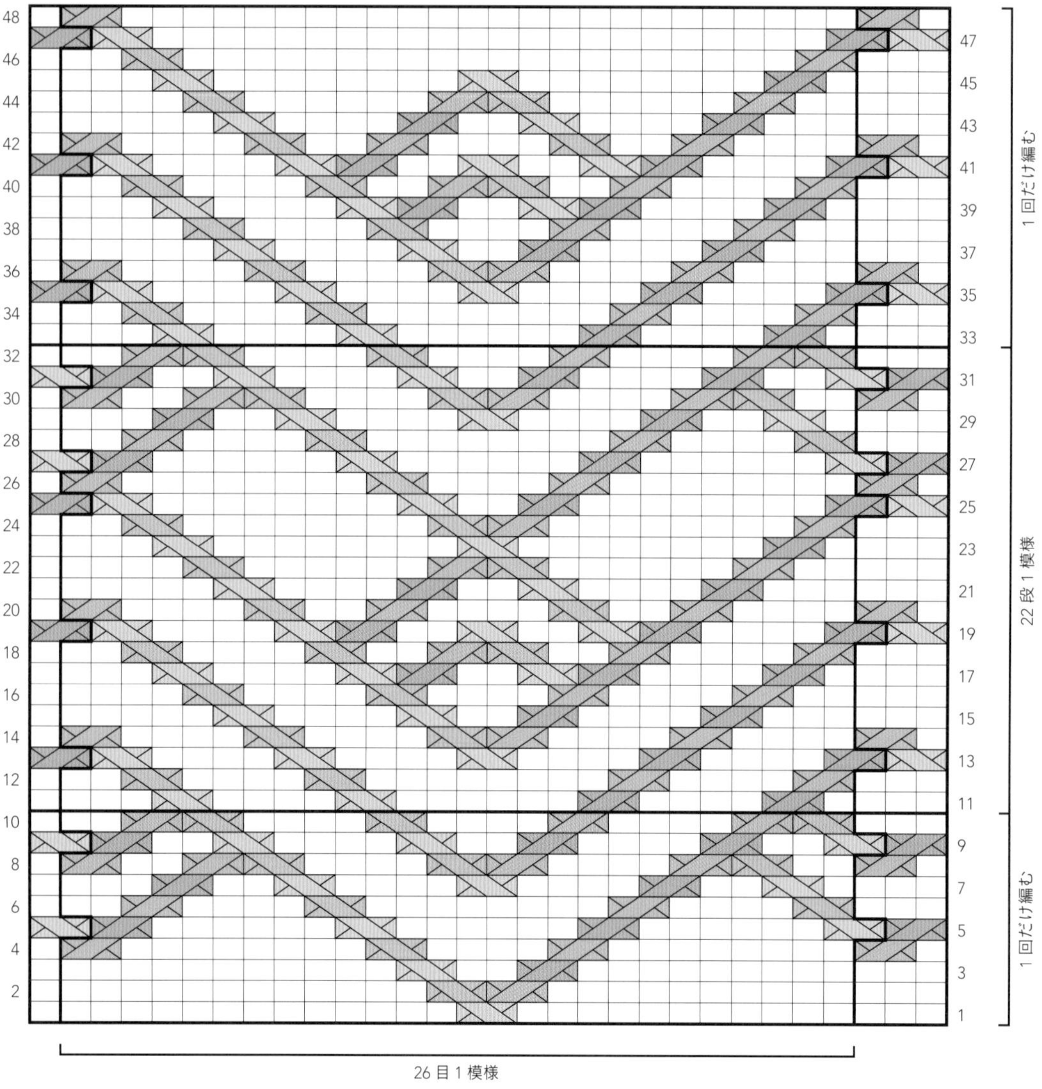

1回だけ編む

22段1模様

1回だけ編む

26目1模様

〈1模様＝（26の倍数＋4目）× 22段
※最初の10段と最後の16段を別途加える〉

PSS：80

□ 表面で表目、裏面で裏目

RT（表面）

RT（裏面）

LT（表面）

LT（裏面）

113 Sashiko Compact

サシココンパクト

この模様はSashiko (#112) のバリエーションで、元の模様を圧縮し、ジグザグ模様の間の空間を減らしています。この模様も1模様の上下のブロックは一度ずつしか編みませんが、間のセンター部分は何度でもくり返せます。

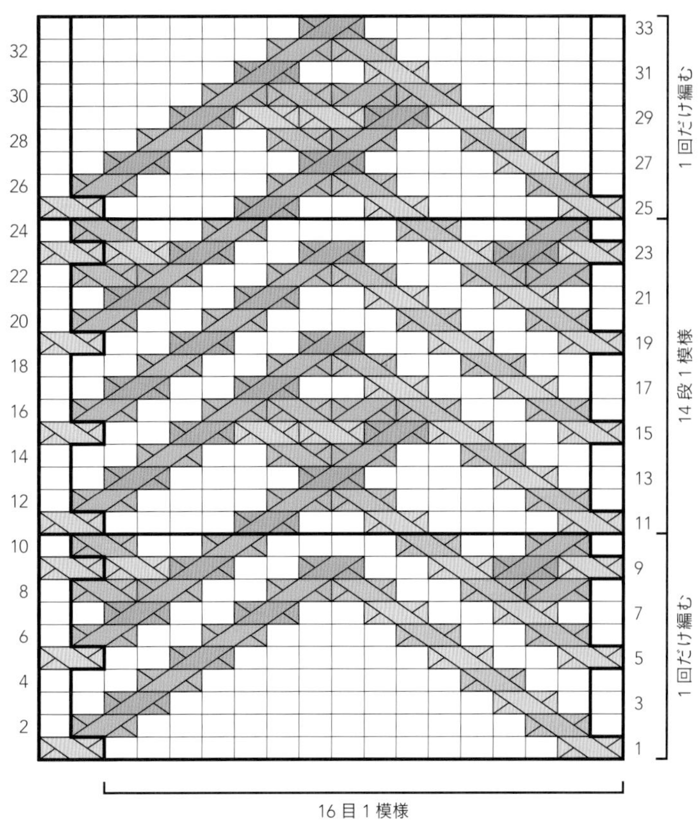

〈1模様＝(16の倍数＋2目) × 14段
※最初の10段と最後の9段を別途加える〉

PSS：80

- 表面で表目、裏面で裏目
- RT (表面)
- RT (裏面)
- LT (表面)
- LT (裏面)

114 Folded

フォールデッド

一度折った折り紙を開いたときに残された折り目をまねた模様です。鋭角のラインは、ツイストステッチを表裏の両面で編まないと表現できません。

〈1 模様＝（22 の倍数＋ 1 目）× 48 段〉
PSS：85
1 段め（表面）：裏編み。
2 段め：裏編み。
3 段め：表 1、* 表 8、RT、ねじり目 1、LT、表 9；、* 〜；を最後までくり返す。
4 段め：裏 1、* 裏 7、LT、裏 1、裏目のねじり目 1、裏 1、RT、裏 8；、* 〜；を最後までくり返す。
5 段め：表 1、* 表 6、RT を 2 回、ねじり目 1、LT を 2 回、表 7；、* 〜；を最後までくり返す。
6 段め：裏 1、* 裏 5、LT、裏 2、表 1、裏目のねじり目 1、表 1、裏 2、RT、裏 6；、* 〜；を最後までくり返す。
7 段め：表 1、* 表 4、RT、表 1、RT、裏 1、ねじり目 1、裏 1、LT、表 1、LT、表 5；、* 〜；を最後までくり返す。
8 段め：裏 1、* 裏 3、LT、裏 4、表 1、裏目のねじり目 1、表 1、裏 4、RT、裏 4；、* 〜；を最後までくり返す。
9 段め：表 1、*［表 2、RT］を 2 回、表 1、裏 1、ねじり目 1、裏 1、表 1、LT、表 2、LT、表 3；、* 〜；を最後までくり返す。
10 段め：裏 1、* 裏 1、LT、裏 6、表 1、裏目のねじり目 1、表 1、裏 6、RT、裏 2；、* 〜；を最後までくり返す。
11 段め：ねじり目 1、* 裏 1、表 4、RT、表 2、裏 1、ねじり目 1、裏 1、表 2、LT、表 4、裏 1、ねじり目 1；、* 〜；を最後までくり返す。
12 段め：裏目のねじり目 1、* 表 1、裏 8、表 1、裏目のねじり目 1、表 1、裏 8、表 1、裏目のねじり目 1；、* 〜；を最後までくり返す。
13 段め：ねじり目 1、* 裏 1、表 3、RT、表 3、裏 1、ねじり目 1、裏 1、表 3、LT、表 3、裏 1、ねじり目 1；、* 〜；を最後までくり返す。
14 段め：12 段めと同様に編む。
15 段め：ねじり目 1、* 裏 1、表 2、RT、表 4、裏 1、ねじり目 1、裏 1、表 4、LT、表 2、裏 1、ねじり目 1；、* 〜；を最後までくり返す。
16 段め：裏目のねじり目 1、* 表 1、裏 6、LT、裏 3、RT、裏 6、表 1、裏目のねじり目 1；、* 〜；を最後までくり返す。
17 段め：ねじり目 1、* 裏 1、表 1、RT、表 2、RT、表 5、LT、表 2、LT、表 1、裏 1、ねじり目 1；、* 〜；を最後までくり返す。
18 段め：裏目のねじり目 1、* 表 1、裏 4、LT、裏 7、RT、裏 4、表 1、裏目のねじり目 1；、* 〜；を最後までくり返す。
19 段め：ねじり目 1、* 裏 1、RT、表 1、RT、表 9、LT、表 1、LT、裏 1、ねじり目 1；、* 〜；を最後までくり返す。
20 段め：裏目のねじり目 1、* 表 1、裏 2、LT、裏 11、RT、裏 2、表 1、裏目のねじり目 1；、* 〜；を最後までくり返す。
21 段め：ねじり目 1、*RT を 2 回、表 13、LT を 2 回、ねじり目 1；、* 〜；を最後までくり返す。
22 段め：裏目のねじり目 1、* 裏 1、LT、裏 15、RT、裏 1、裏目のねじり目 1；、* 〜；を最後までくり返す。
23 段め：ねじり目 1、*RT、表 17、LT、ねじり目 1；、* 〜；を最後までくり返す。
24 〜 26 段め：裏編み。
27 段め：ねじり目 1、*LT、表 17、RT、ねじり目 1；、* 〜；を最後までくり返す。
28 段め：裏目のねじり目 1、* 裏 1、RT、裏 15、LT、裏 1、裏目のねじり目 1；、* 〜；を最後までくり返す。
29 段め：ねじり目 1、*LT を 2 回、表 13、RT を 2 回、ねじり目 1；、* 〜；を最後までくり返す。
30 段め：裏目のねじり目 1、* 表 1、裏 2、RT、裏 11、LT、裏 2、表 1、裏目のねじり目 1；、* 〜；を最後までくり返す。
31 段め：ねじり目 1、* 裏 1、LT、表 1、LT、表 9、RT、表 1、RT、裏 1、ねじり目 1；、* 〜；を最後までくり返す。
32 段め：裏目のねじり目 1、* 表 1、裏 4、RT、裏 7、LT、裏 4、表 1、裏目のねじり目 1；、* 〜；を最後までくり返す。
33 段め：ねじり目 1、* 裏 1、表 1、LT、表 2、LT、表 5、RT、表 2、RT、表 1、裏 1、ねじり目 1；、* 〜；を最後までくり返す。
34 段め：裏目のねじり目 1、* 表 1、裏 6、RT、裏 3、LT、裏 6、表 1、裏目のねじり目 1；、* 〜；を最後までくり返す。
35 段め：ねじり目 1、* 裏 1、表 2、LT、表 4、裏 1、ねじり目 1、裏 1、表 4、RT、表 2、裏 1、ねじり目 1；、* 〜；を最後までくり返す。
36 段め：12 段めと同様に編む。
37 段め：ねじり目 1、* 裏 1、表 3、LT、表 3、裏 1、ねじり目 1、裏 1、表 3、RT、表 3、裏 1、ねじり目 1；、* 〜；を最後までくり返す。
38 段め：12 段めと同様に編む。
39 段め：ねじり目 1、* 裏 1、表 4、LT、表 2、裏 1、ねじり目 1、裏 1、表 2、RT、表 4、裏 1、ねじり目 1；、* 〜；を最後までくり返す。
40 段め：裏 1、* 裏 1、RT、裏 6、表 1、裏目

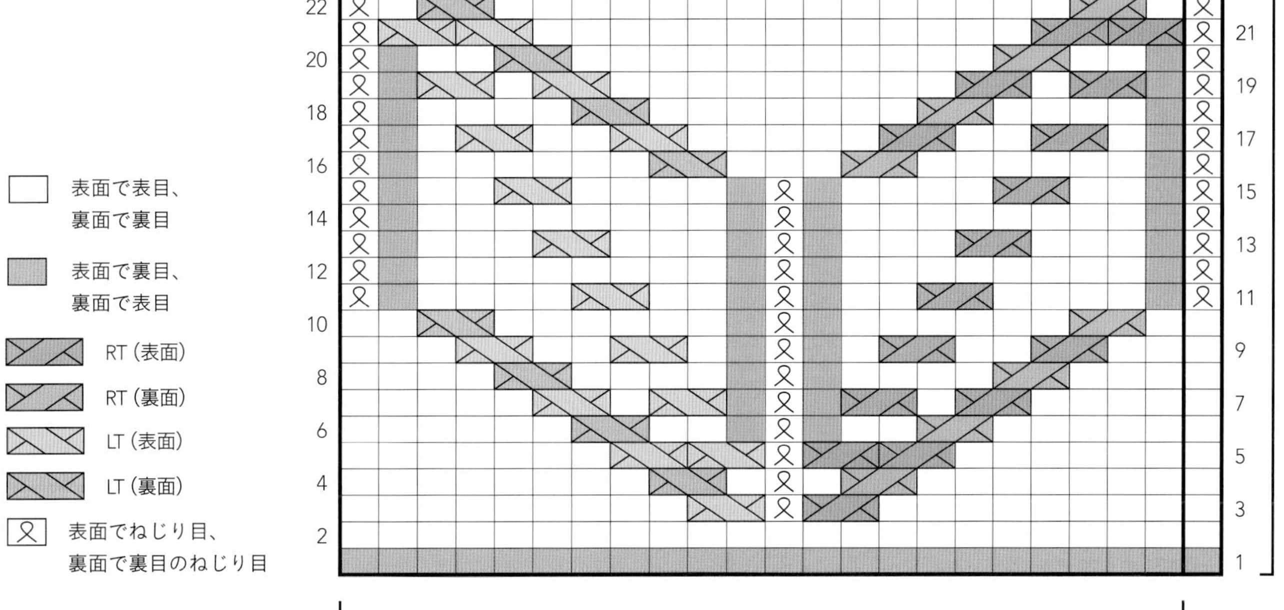

のねじり目1、表1、裏6、LT、裏2；、*～；を最後までくり返す。

41段め：表1、*［表2、LT］を2回、表1、裏1、ねじり目1、裏1、表1、RT、表2、RT、表3；、*～；を最後までくり返す。

42段め：裏1、*裏3、RT、裏4、表1、裏目のねじり目1、表1、裏4、LT、裏4；、*～；を最後までくり返す。

43段め：表1、*表4、LT、表1、LT、裏1、ねじり目1、裏1、RT、表1、RT、表5；、*～；を最後までくり返す。

44段め：裏1、*裏5、RT、裏2、表1、裏目のねじり目1、表1、裏2、LT、裏6；、*～；を最後までくり返す。

45段め：表1、*表6、LTを2回、ねじり目1、RTを2回、表7；、*～；を最後までくり返す。

46段め：裏1、*裏7、RT、裏1、裏目のねじり目1、裏1、LT、裏8；、*～；を最後までくり返す。

47段め：表1、*表8、LT、ねじり目1、RT、表9；、*～；を最後までくり返す。

48段め：裏編み。

115 Sketch

スケッチ

くり返しの模様でランダムな表情を出すことは、容易ではありません。散りばめた破片を集めたような不規則な表情を出すために、2通りの角度で描くラインが効果を発揮しました。

〈1模様＝(35の倍数＋2目)×46段〉

PSS：85

1段め(表面)：LT、*表4、RT、表9、LT、[裏1、表1]を5回、RT、表4、LT；、*～；を最後までくり返す。

2段め：裏1、*裏6、RT、[表1、裏1]を4回、LT、裏17；、*～；を残り1目までくり返す、裏1。

3段め：表1、*LT、表2、RT、表12、LT、[表1、裏1]を3回、RT、表7；、*～；を残り1目までくり返す、表1。

4段め：裏1、*裏8、RT、[裏1、表1]を2回、LT、裏19；、*～；を残り1目までくり返す、裏1。

5段め：表1、*裏1、LT、RT、表12、RT、表1、LT、裏1、表1、RT、表7、RT；、*～；を残り1目までくり返す、裏1。

6段め：表1、*裏10、RT、LT、裏20、表1；、*～；を残り1目までくり返す、裏1。

7段め：裏1、表1、*裏1、LT、表12、RT、表4、RT、LT、表6、RT、裏1、表1；、*～；を最後までくり返す。

8段め：裏1、表1、*裏11、RT、裏19、表1、裏1、表1；、*～；を最後までくり返す。

9段め：表1、*裏1、表1、裏1、LT、表10、[RT、表3]を2回、LT、表4、RT、裏1、表1；、*～；を残り1目までくり返す、裏1。

10段め：表1、*裏1、表1、裏12、RT、裏16、表1、裏1、表1；、*～；を残り1目までくり返す、裏1。

11段め：裏1、*[表1、裏1]を2回、LT、表8、RT、表2、RT、表6、LT、表2、RT、裏1、表1、裏1；、*～；を残り1目までくり返す、表1。

12段め：裏1、*表1、裏1、表1、裏13、RT、裏13、[表1、裏1]を2回；、*～；を残り1目までくり返す、表1。

13段め：表1、*裏1、[表1、裏1]を2回、LT、表6、RT、表1、RT、表9、LT、RT、[裏1、表1]を2回；、*～；を残り1目までくり返す、裏1。

14段め：表1、*[裏1、表1]を2回、裏14、RT、裏10、表1、[裏1、表1]を2回；、*～；を残り1目までくり返す、裏1。

15段め：裏1、*[表1、裏1]を3回、LT、表4、RTを2回、LT、表10、RT、裏1、[表1、裏1]を2回；、*～；を残り1目までくり返す、表1。

16段め：裏1、*表1、[裏1、表1]を2回、裏15、RT、裏7、[表1、裏1]を3回；、*～；を残り1目までくり返す、表1。

17段め：表1、*裏1、[表1、裏1]を3回、LT、表3、RT、表3、LT、表8、RT、[裏1、表1]を3回；、*～；を残り1目までくり返す、裏1。

18段め：表1、*[裏1、表1]を3回、裏16、RT、裏4、表1、[裏1、表1]を3回；、*～；を残り1目までくり返す、裏1。

19段め：裏1、*[表1、裏1]を4回、LT、RT、表6、LT、表6、RT、裏1、[表1、裏1]を3回；、*～；を残り1目までくり返す、表1。

20段め：裏1、*表1、[裏1、表1]を3回、裏17、RT、裏1、[表1、裏1]を4回；、*～；を残り1目までくり返す、表1。

21段め：表1、*[裏1、表1]を4回、RT、表9、LT、表4、RT、[裏1、表1]を4回；、*～；を残り1目までくり返す、表1。

22段め：表1、*[裏1、表1]を3回、裏1、LT、裏17、RT、表1、[裏1、表1]を3回；、*～；を残り1目までくり返す、裏1。

23段め：裏1、*[表1、裏1]を3回、RT、LT、表10、LT、表2、RT、表1、LT、[表1、裏1]を3回；、*～；を残り1目までくり返す、表1。

24段め：裏1、*表1、[裏1、表1]を2回、LT、裏21、RT、裏1、[表1、裏1]を2回；、*～；を残り1目までくり返す、表1。

25段め：表1、*[裏1、表1]を2回、RT、表3、LT、表10、LT、RT、表4、LT、[裏1、表1]を2回；、*～；を残り1目までくり返す、裏1。

26段め：表1、*裏1、表1、裏1、LT、裏25、RT、表1、裏1、表1；、*～；を残り1目までくり返す、表1。

27段め：裏1、*表1、裏1、RT、表6、LT、表10、RT、LT、表5、LT、表1、裏1；、*～；を残り1目までくり返す、表1。

28段め：裏1、表1、*LT、裏29、RT、裏1、表1；、*～；を最後までくり返す。

29段め：表1、*RT、表9、LT、表8、RT、裏1、表1、LT、表6、LT；、*～；を残り1目までくり返す、裏1。

30段め：LT、*裏10、表1、裏22、LT；、*～；を最後までくり返す。

31段め：表1、*LT、表10、LT、表6、RT、[裏1、表1]を2回、LT、表7；、*～；を残り1目までくり返す、表1。

32段め：*裏11、表1、裏1、表1、裏19、LT；、*～；を残り2目までくり返す、裏2。

33段め：表1、*RT、LT、表9、LT、表4、RT、[裏1、表1]を3回、LT、表6；、*～；を残り1目までくり返す、表1。

34段め：裏1、*裏9、表1、[裏1、表1]を

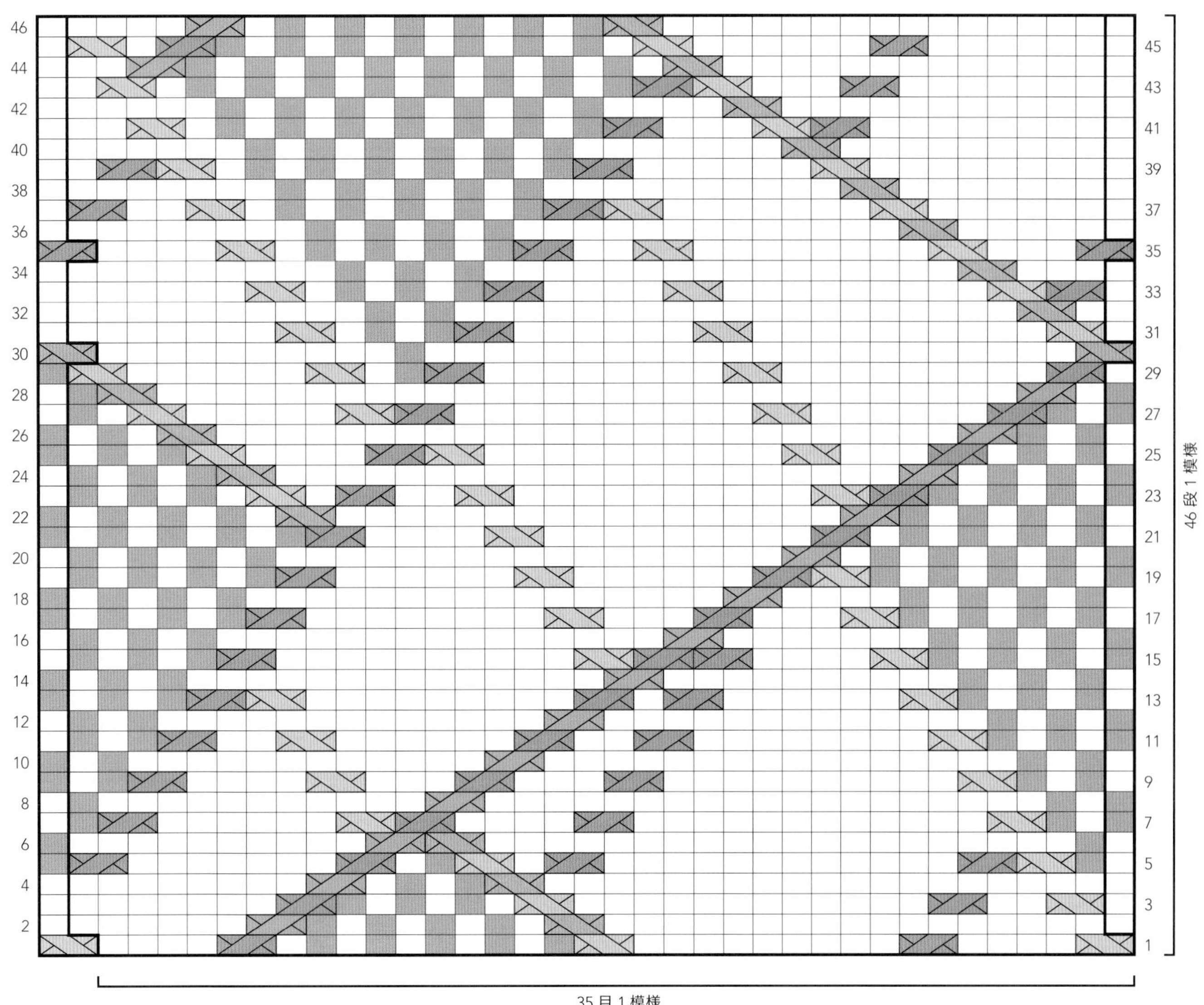

表面で表目、裏面で裏目
表面で裏目、裏面で表目
RT（表面）
RT（裏面）
LT（表面）
LT（裏面）

2回、裏16、LT、裏3；、*～；を残り1目までくり返す、裏1。

35段め：RT、*表3、LT、表8、LT、表2、RT、[裏1、表1]を4回、LT、表4、RT；、*～；を最後までくり返す。

36段め：裏1、*裏8、表1、[裏1、表1]を3回、裏13、LT、裏5；、*～；を残り1目までくり返す、裏1。

37段め：表1、*表6、LT、表7、LT、RT、[裏1、表1]を5回、LT、表2、RT；、*～；を残り1目までくり返す、表1。

38段め：裏1、*裏7、表1、[裏1、表1]を4回、裏10、LT、裏7；、*～；を残り1目までくり返す、裏1。

39段め：*表9、LT、表6、RT、[裏1、表1]を6回、LT、RT；、*～；を残り2目までくり返す、表2。

40段め：裏1、*裏6、表1、[裏1、表1]を5回、裏7、LT、裏9；、*～；を残り1目までくり返す、裏1。

41段め：表1、*表8、RT、LT、表3、RT、[裏1、表1]を7回、LT、表2；、*～；を残り1目までくり返す、表1。

42段め：裏1、*裏5、表1、[裏1、表1]を6回、裏4、LT、裏11；、*～；を残り1目までくり返す、裏1。

43段め：*表8、RT、表3、LT、RT、[裏1、表1]を8回、LT；、*～；を残り2目までくり返す、表2。

44段め：裏1、*裏2、RT、[表1、裏1]を8回、LT、裏13；、*～；を残り1目までくり返す、裏1。

45段め：表1、*表6、RT、表6、LT、[表1、裏1]を7回、RT、表1、LT；、*～；を残り1目までくり返す、表1。

46段め：裏1、*裏4、RT、[裏1、表1]を6回、LT、裏15；、*～；を残り1目までくり返す、裏1。

116 Fountain

ファウンテン

たとえばDroplets (#87) ですでに見てきたように、縦線と斜線を組み合わせると曲線に見える錯覚が生まれます。この模様では、さらに毎段のツイストステッチを加えて錯覚を強調しました。

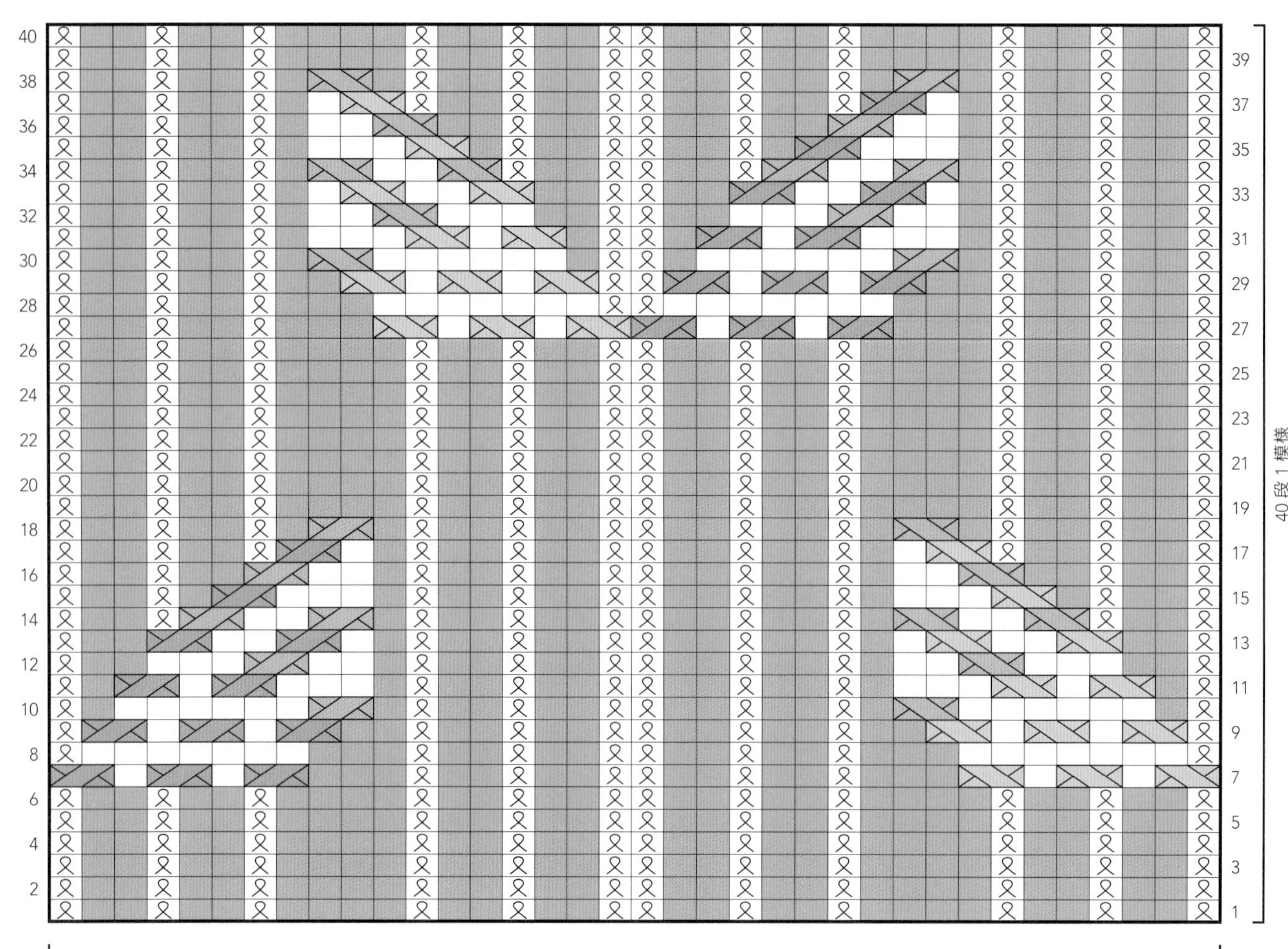

〈1模様＝36の倍数目×40段〉

PSS：85

- 表面で表目、裏面で裏目
- 表面で裏目、裏面で表目
- 表面でねじり目、裏面で裏目のねじり目
- RT（表面）
- RT（裏面）
- LT（表面）
- LT（裏面）

(117) Watch

ウォッチ

この模様では、2通りの角度をつけた斜線を組み合わせることでダイヤモンドの中にダイヤモンドを作っています。その結果できた形は、背景をメリヤス編みと裏メリヤス編みにすることでコントラストができ、浮き上がっています。まるでこちらを見ている目のよう。

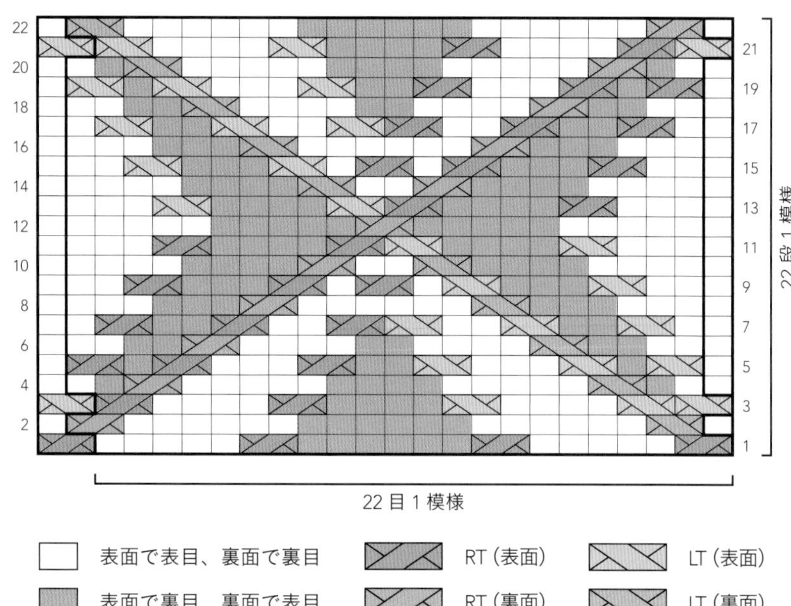

〈1模様＝（22の倍数＋2目）× 22段〉

PSS：85

1段め（表面）：RT、*表5、RT、裏6、RT、表5、RT；、*～；を最後までくり返す。

2段め：裏1、*RT、裏6、表6、裏6、LT；、*～；を残り1目までくり返す、裏1。

3段め：*LTを2回、表4、LT、裏4、RT、表4、RT；、*～；を残り2目までくり返す、LT。

4段め：裏2、*表1、RT、裏5、表4、裏5、LT、表1、裏2；、*～；を最後までくり返す。

5段め：表1、*LT、裏1、LT、表3、LT、裏2、RT、表3、RT、裏1、RT；、*～；を残り1目までくり返す、表1。

6段め：裏1、*裏2、表2、RT、裏4、表2、裏4、LT、表2、裏2；、*～；を残り1目までくり返す、裏1。

7段め：表2、*LT、裏2、LT、表2、LT、RT、表2、RT、裏2、RT、表2；、*～；を最後までくり返す。

8段め：裏1、*裏3、表3、RT、裏6、LT、表3、裏3；、*～；を残り1目までくり返す、裏1。

9段め：表1、*表2、LT、裏3、LT、[表1、RT]を2回、裏3、RT、表2；、*～；を残り1目までくり返す、表1。

10段め：裏1、*裏4、表4、RT、裏2、LT、表4、裏4；、*～；を残り1目までくり返す、裏1。

11段め：表1、*表3、LT、裏4、LT、RT、裏4、RT、表3；、*～；を残り1目までくり返す、表1。

12段め：裏1、*裏5、表5、RT、表5、裏5；、*～；を残り1目までくり返す、裏1。

13段め：表1、*表3、RT、裏4、RT、LT、裏4、LT、表3；、*～；を残り1目までくり返す、表1。

14段め：裏1、*裏4、表4、LT、裏2、RT、表4、裏4；、*～；を残り1目までくり返す、裏1。

15段め：表1、*表2、RT、裏3、RT、表1、RT、表1、LT、裏3、LT、表2；、*～；を残り1目までくり返す、表1。

16段め：裏1、*裏3、表3、LT、裏6、RT、表3、裏3；、*～；を残り1目までくり返す、裏1。

17段め：表2、*RT、裏2、RT、表2、RT、LT、表2、LT、裏2、LT、表2；、*～；を最後までくり返す。

18段め：裏1、*裏2、表2、LT、裏4、表2、裏4、RT、表2、裏2；、*～；を残り1目までくり返す、裏1。

19段め：表1、*RT、裏1、RT、表3、RT、裏2、LT、表3、LT、裏1、LT；、*～；を残り1目までくり返す、表1。

20段め：裏2、*表1、LT、裏5、表4、裏5、RT、表1、裏2；、*～；を最後までくり返す。

21段め：LT、*RT、表4、RT、裏4、LT、表4、LTを2回；、*～；を最後までくり返す。

22段め：裏1、*LT、裏6、表6、裏6、RT；、*～；を残り1目までくり返す、裏1。

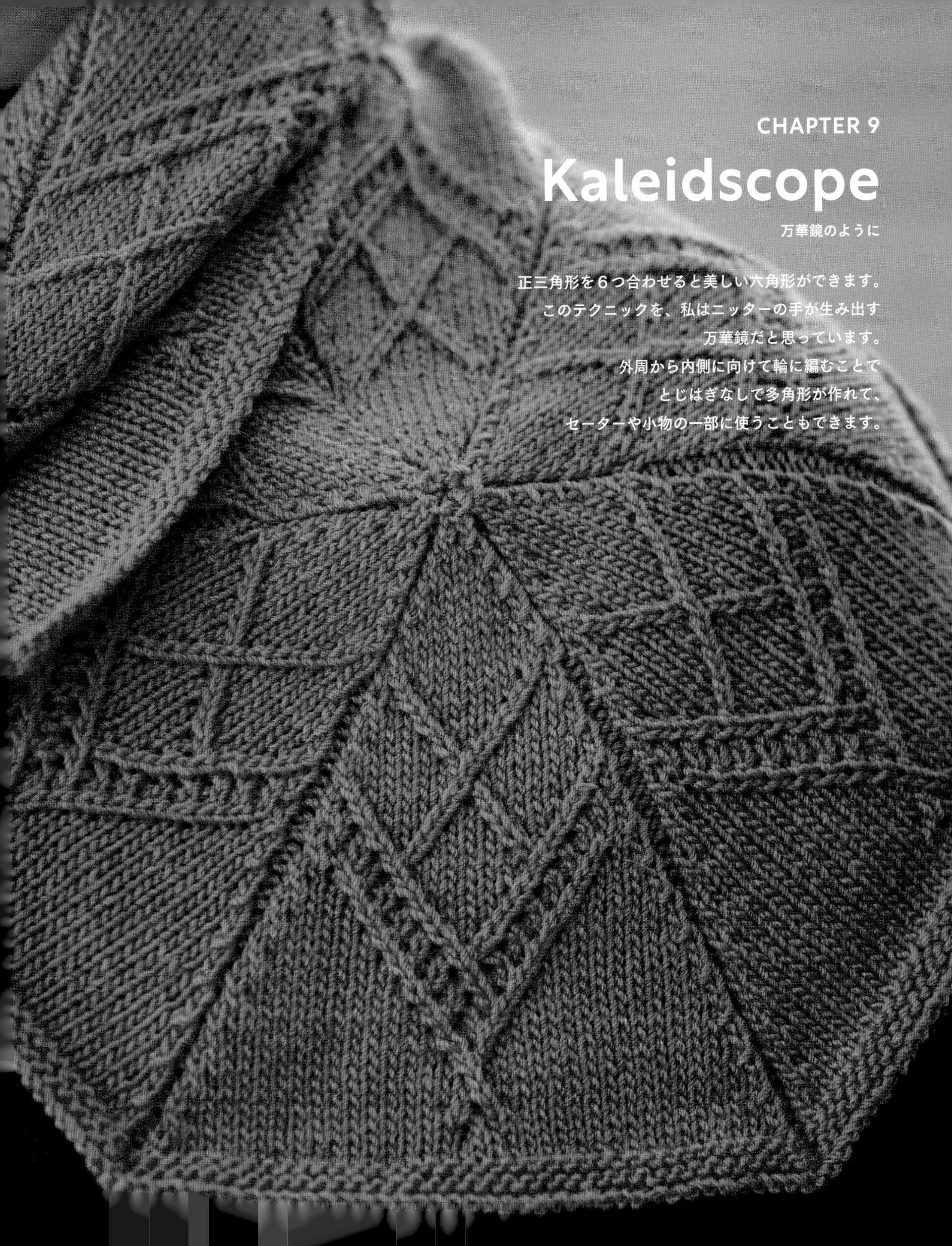

CHAPTER 9

Kaleidscope

万華鏡のように

正三角形を６つ合わせると美しい六角形ができます。
このテクニックを、私はニッターの手が生み出す
万華鏡だと思っています。
外周から内側に向けて輪に編むことで
とじはぎなしで多角形が作れて、
セーターや小物の一部に使うこともできます。

118 Water Lily

ウォーターリリー

太線と細線によるシンプルな構成の模様は、6回くり返して輪に編むことで各ピースの線がつながり、花の形になります。

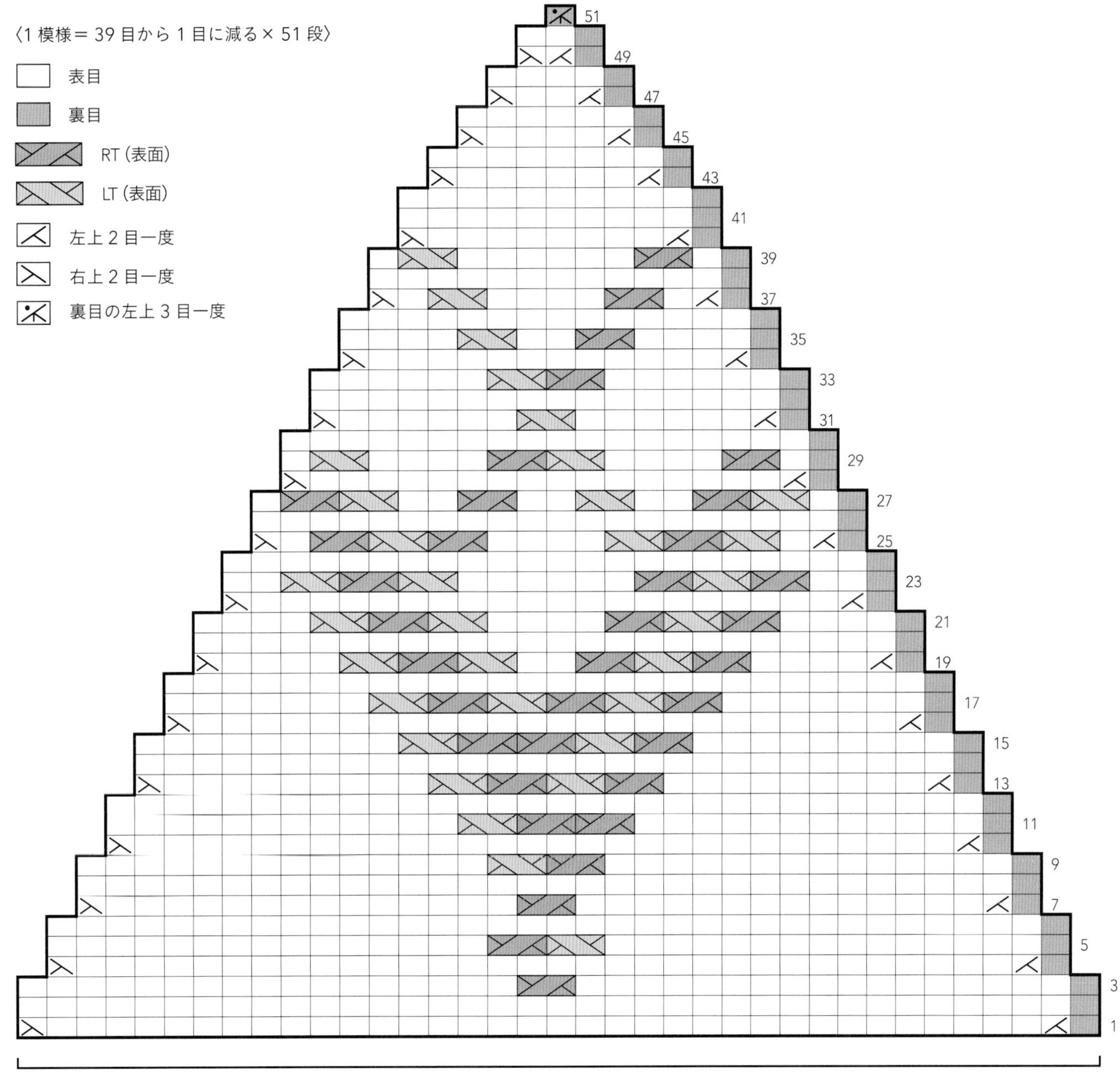

＊1模様ごとにマーカーで区切って編みます。

119 Whirlwind

ホワールウィンド

斜線が三角形の上をかけ抜け、反対側で断ち切れます。このパーツを6つ合わせるとつむじ風のような動きのある模様になり、中心には細い星形が生まれます。

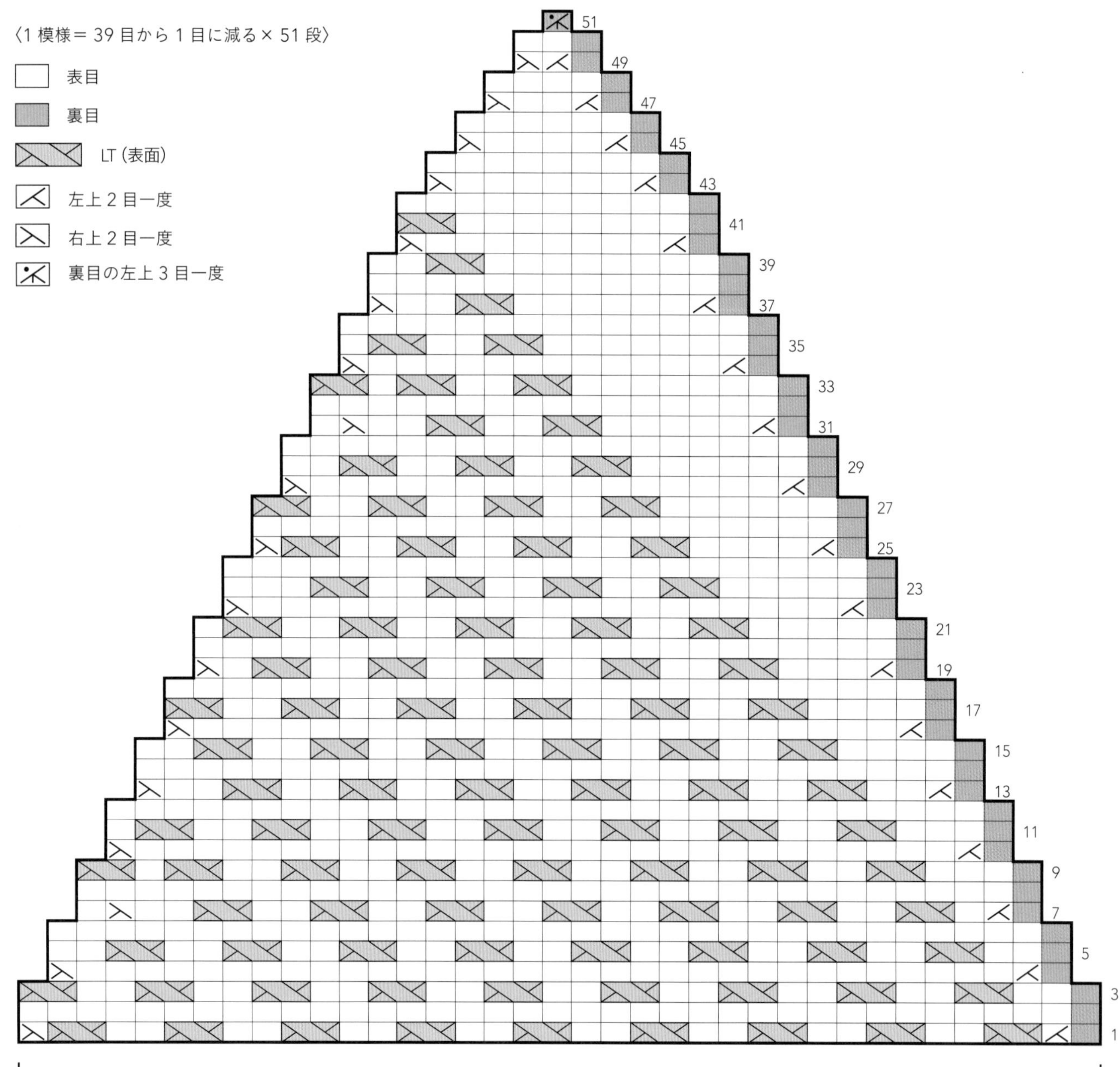

＊1 模様ごとにマーカーで区切って編みます。

120 Balsam

バルサム

松ぼっくりのモチーフと裏メリヤス編みによる陰影はPine Cone Shadow (#30) から取り入れました。バルサムの木の枝が幹から放射状に生え広がるように、松ぼっくりは中心から周囲へと広がります。

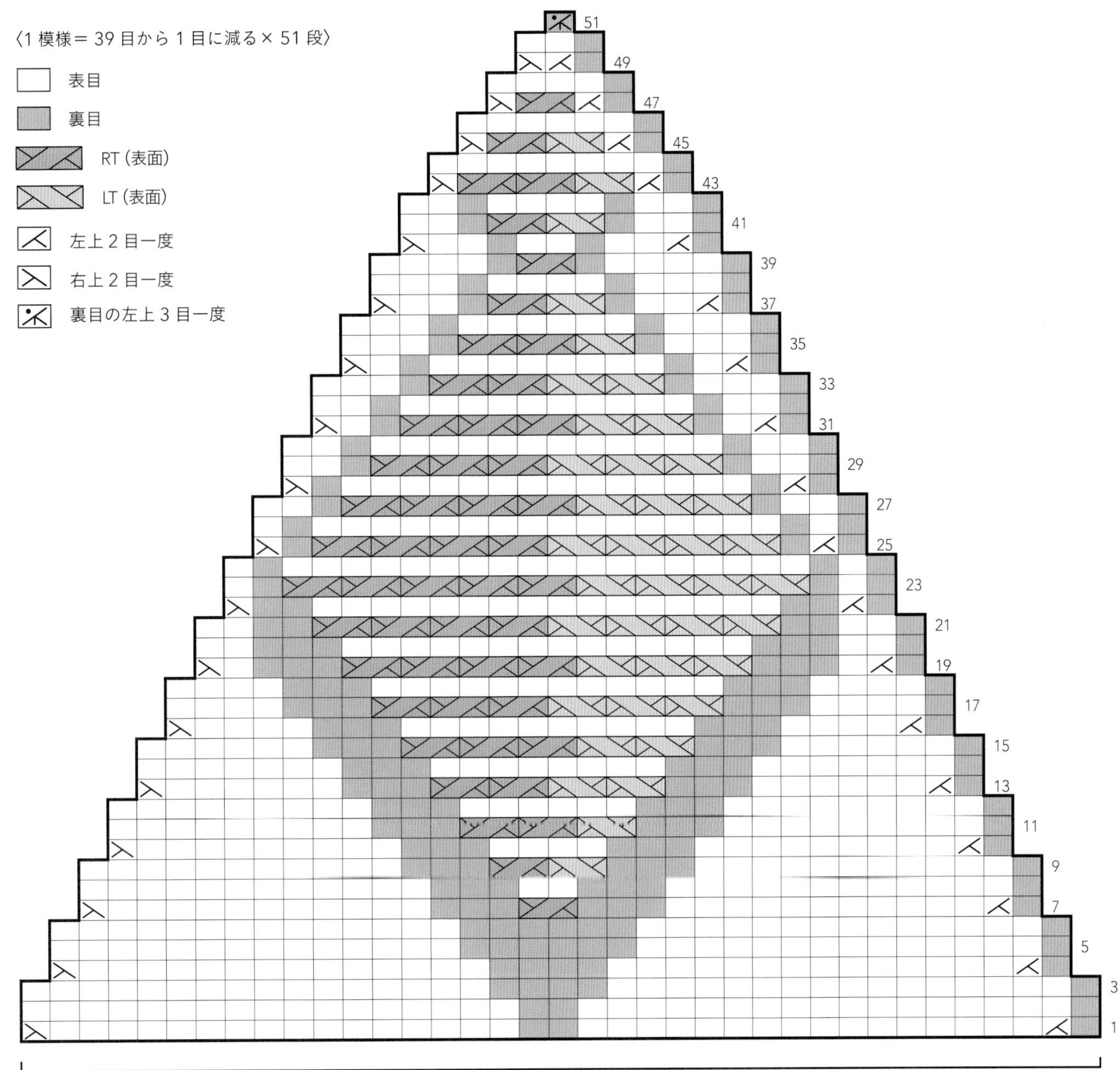

＊1模様ごとにマーカーで区切って編みます。

121 Wheel Folds

ホイールフォールズ

三角形のパーツの中央に Woven Lines (#22) を 1 模様配置しました。
模様を抽出し、先をとがらせることは簡単で自然に思えました。また、
そうすることで三角形の先端部分にぴったりとはまりました。

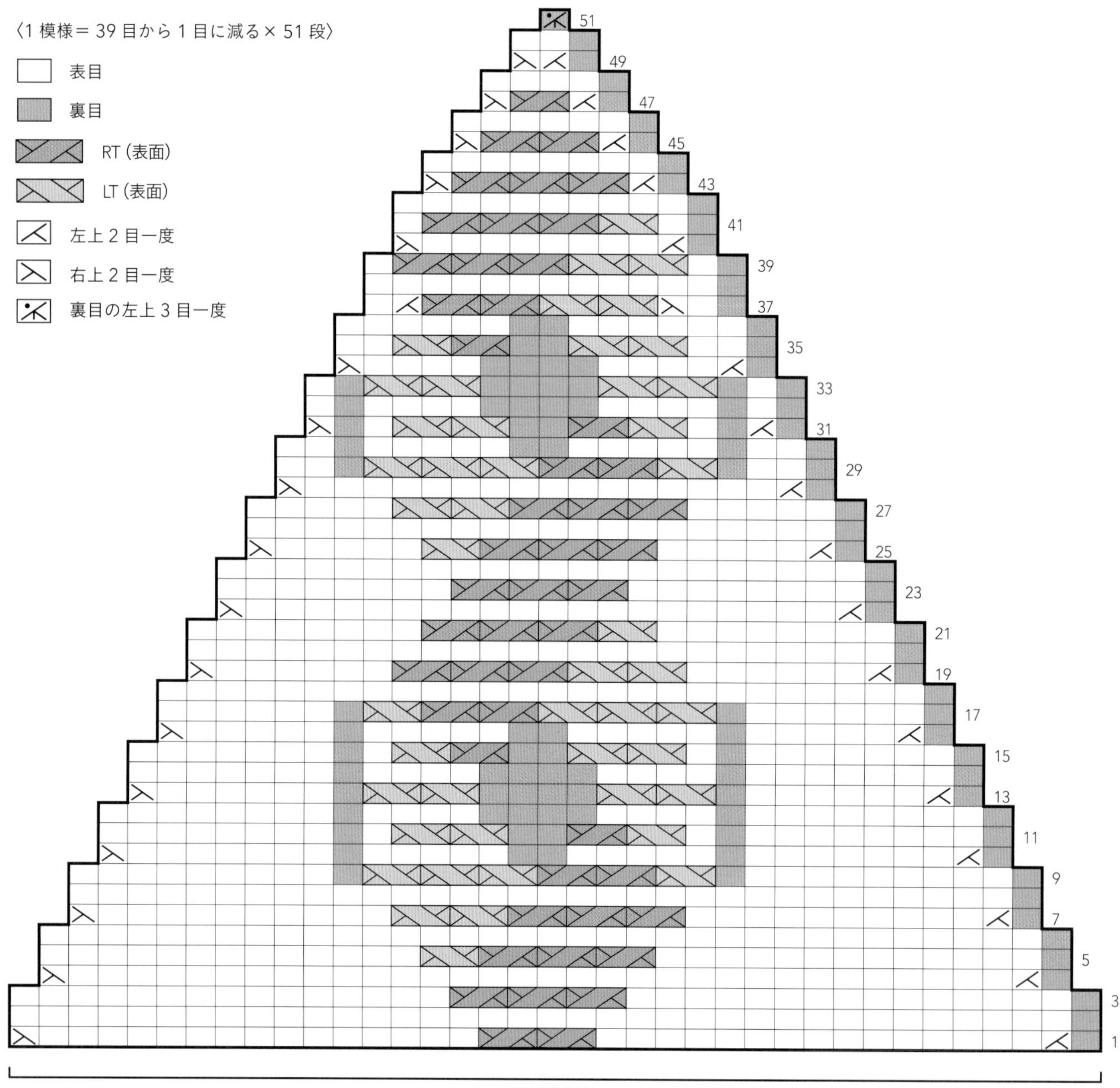

＊1 模様ごとにマーカーで区切って編みます。

(122) Droid

ドロイド

ケルトのノット模様に着想を得た模様で、交差するラインが三角形ひとつの中にきちんと収まります。このチャプターではチャートの大きさをそろえたかったので、デザインした模様の4分の3の段数しか入れることができず、ノット模様は未完成の状態で完成となりました。

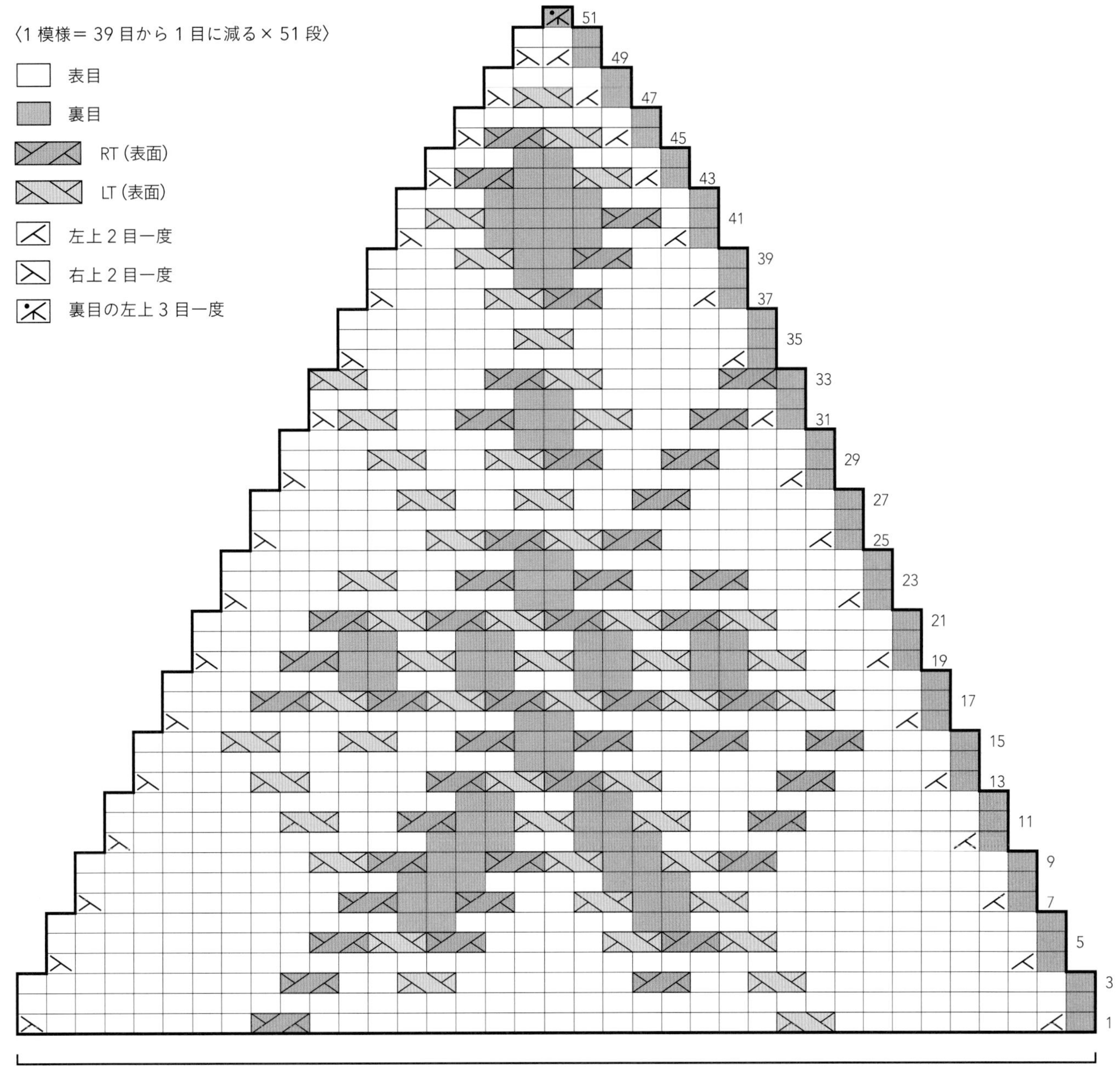

39目1模様
（1段めで2目減り37目になる）

＊1模様ごとにマーカーで区切って編みます。

⑫③ Prism Plaid

プリズムプレイド

Plaid Medium (#16) を 1 模様だけ抜き出して 6 回くり返すと、驚くほど楽しい模様に仕上がります。既存の模様からオリジナルの六角形の模様を作り出す方法については、PART III、P.260 の「模様作りのレッスン 10」を参照してください。

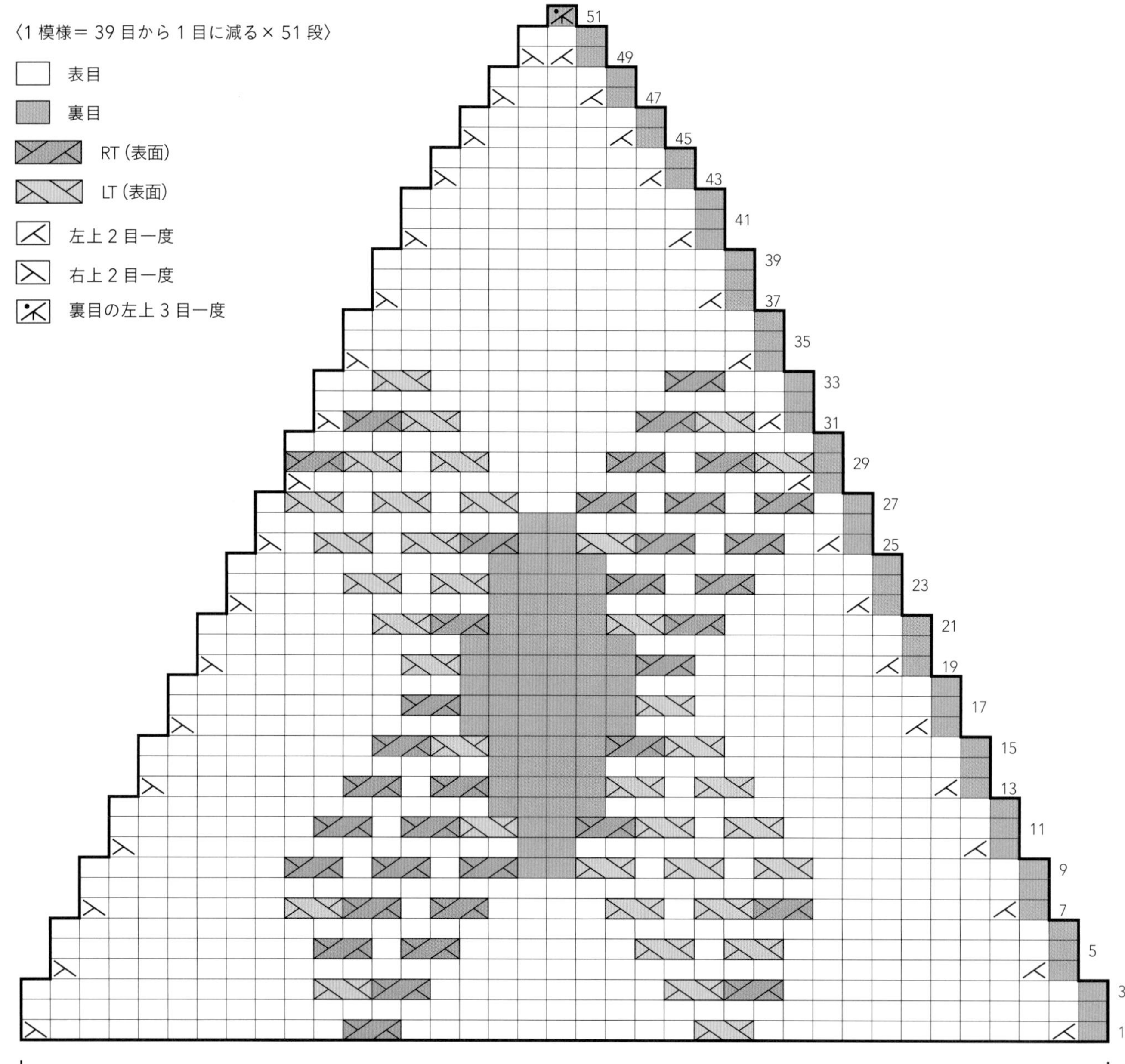

＊1 模様ごとにマーカーで区切って編みます。

124 Spiderweb

スパイダーウェブ

Braids (#34) の最も幅の広いブレードを、元の幅を超えて三角形の縁に達するまで編み広げました。できた模様は蜘蛛が描き出した傑作を連想させます。

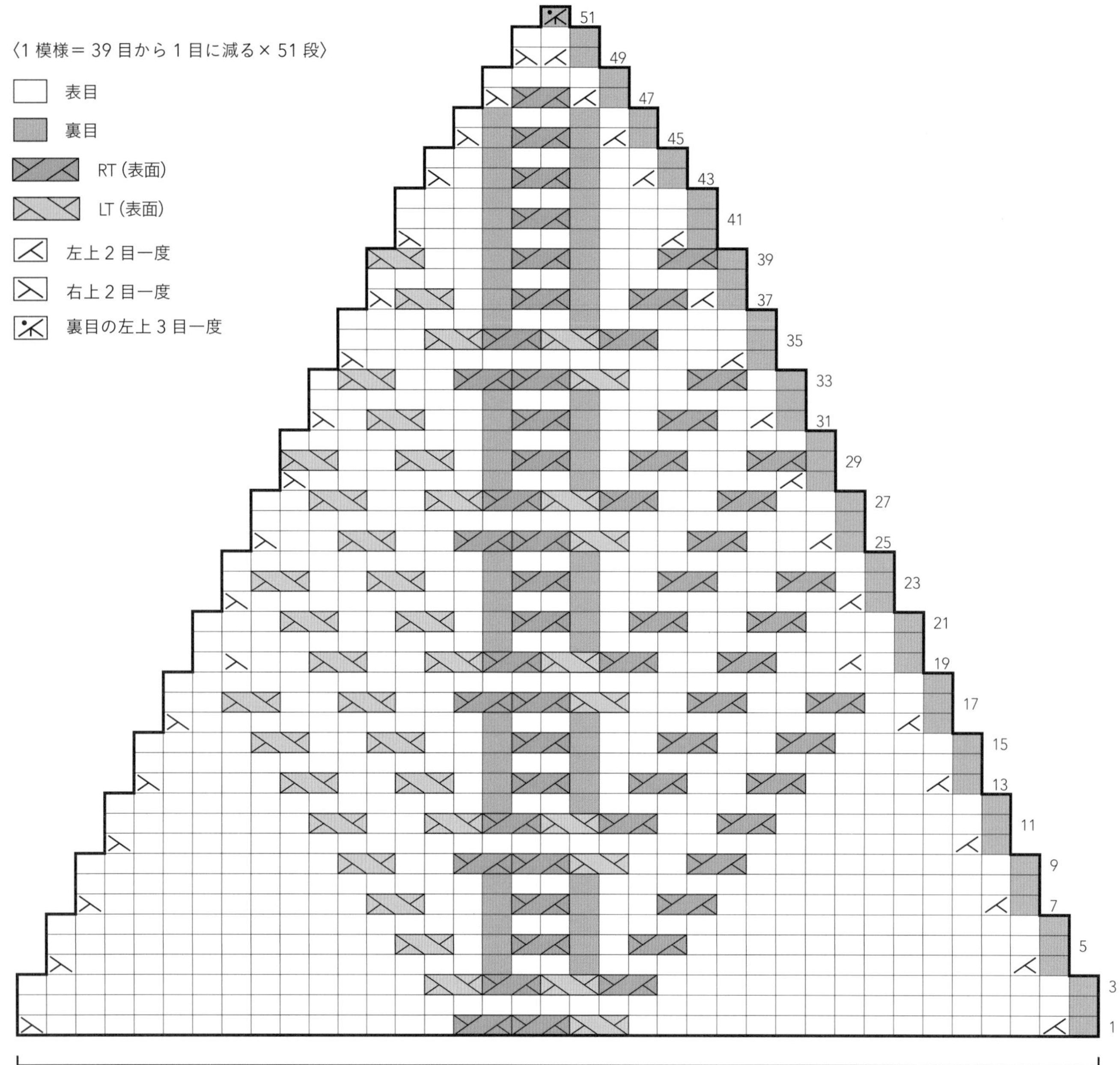

＊1 模様ごとにマーカーで区切って編みます。

⑫⑤ Snowflake

スノーフレーク

三角形の中心に Spire (#75) を配置しました。まず先端を三角形の頂点に向けて元の模様の約4分の3をチャートに収め、そこから模様のアレンジを始めました。

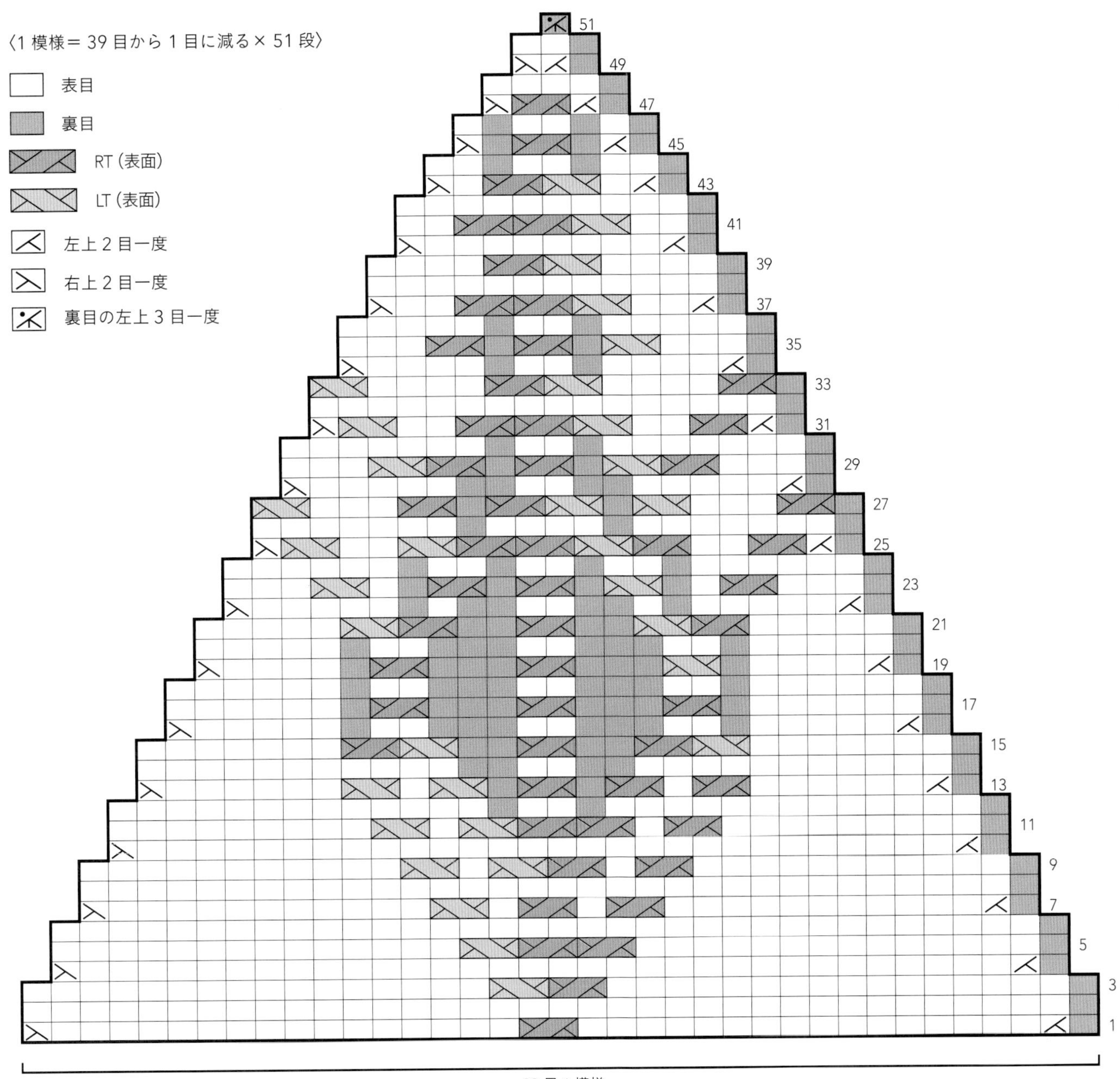

＊1模様ごとにマーカーで区切って編みます。

126

Lotus

ロータス

日本の刺し子の模様に着想を得て、華やかな三角形を 6 回くり返して模様にしました。Sashiko（#112）のバリエーションですが、三角形に合わせて部分的に削り、簡略化しています。

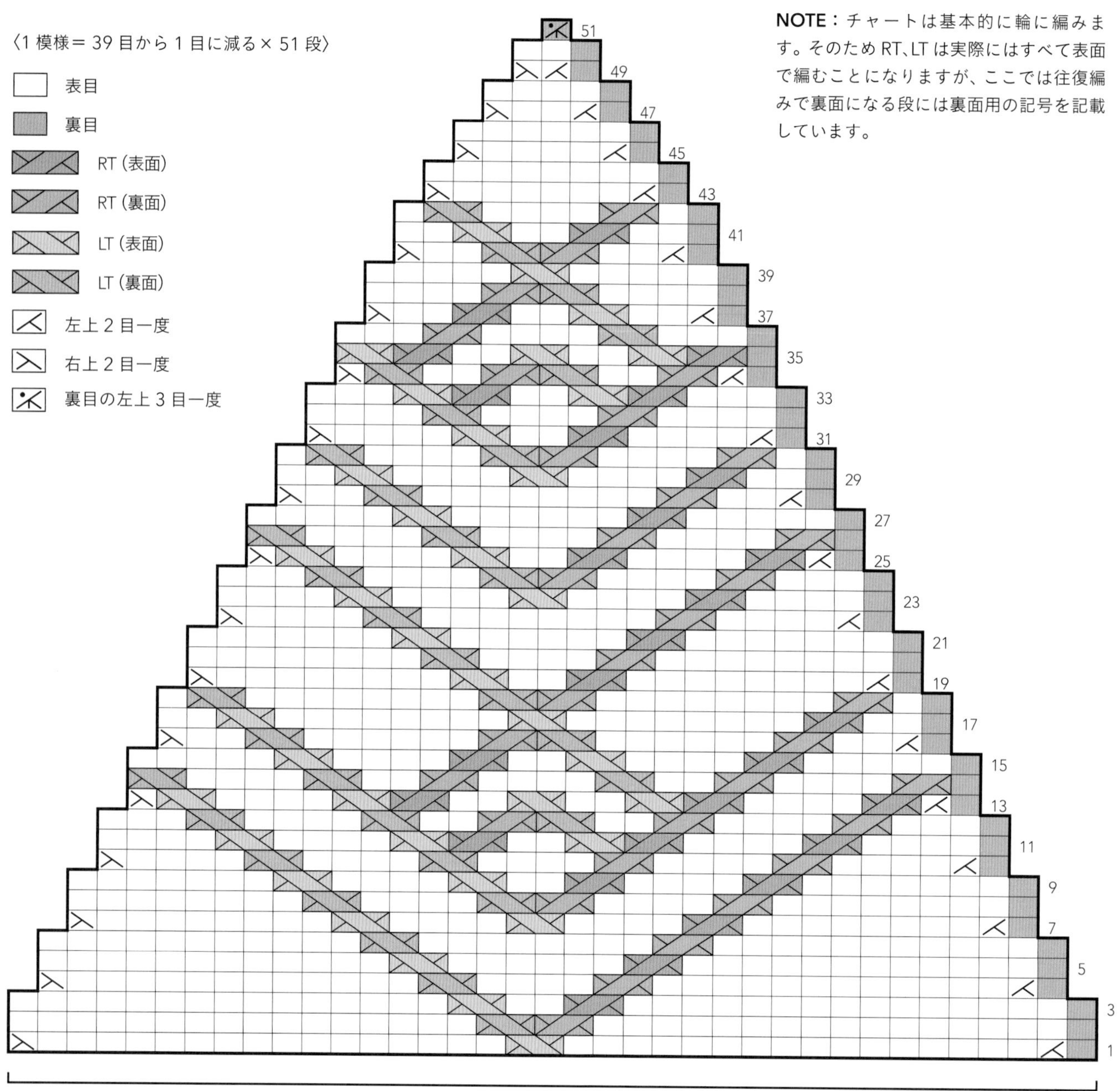

39 目 1 模様
（1 段めで 2 目減り 37 目になる）

＊1 模様ごとにマーカーで区切って編みます。

PART II

GARMENTS

ウエアや小物を編む

オーバーサイズかフィットしたサイズか、輪に編むか平らに編んでからとじ合わせるか、
ショート丈かロング丈か、デザインはクラシカルかアヴァンギャルドか……など、
ニッターにはセーターのタイプや編み方に好みがあります。
このパートでは、どんな人にもきっと好みに合った作品が見つかると思います。
なぜなら、15 点の作品は PART I の各チャプターから
模様をピックアップして活用していることに加え、
使用した模様は簡単に好きな模様にアレンジできるから。
各作品の最後には模様を置き替える際のコツなど、
アドバイスも加えているのでぜひ参考にしてください。

Infinity Cowl

インフィニティカウル

1.5m を超える長さのカウルは、二重巻きにすればしっかり防寒でき、一重で首からゆったりと下げればほどよく風を通します。筒状に輪に編むため厚みが生まれ、表裏を気にすることなく自由に巻けます。模様を置き替える場合、裏面でツイストステッチを編む必要があり、往復に編むには少々手強そうな模様を選んではいかがでしょう。

FINISHED MEASUREMENT ／仕上がり寸法
長さ：約 174 cm
幅：23.5 cm

YARN ／糸
Berroco の Ultra Wool（スーパーウォッシュウール 100%、200m/100g）#33123 Iris　5 玉

NEEDLE ／針
・6 号［US6（4mm）］40cm 輪針
※ゲージが合わない場合は必要に応じて号数を変えて調整しましょう。

NOTIONS ／その他の道具
ステッチマーカー

GAUGE ／ゲージ
24 目 × 28 段（10cm 角・Wonky Weave Carved）
NOTE：ゲージを正確に測るには、スワッチにスチームを当てるか水通しをしてブロッキングします。スーパーウォッシュ加工された毛糸はブロッキングすると編み目がゆるくなりやすいのでご注意を。

STITCH PATTERNS ／模様編み
Wonky Weave Carved（#29）
※編み方は P.174 チャート参照

PATTERN NOTES ／メモ
このカウルは筒状に輪に編み、編み終わり側を作り目側とはぎ合わせます。作り目をあとでほどける作り目にして、編み始めと編み終わりの編み目同士をはぎ合わせたり、指でかける作り目で編み始め、編み終わりも伏せ止めしてからはぎ合わせてもかまいません。

◎パターン中の略語
PM：Place Marker →マーカーを入れる

SPECIAL TECHNIQUE ／特別な技法

編み目と作り目のメリヤスはぎ
編み終わりの目と作り目をはぐ方法です。はぐ寸法の約 4 倍残して切った糸端をとじ針に通してはぎます。このカウルは筒状に編むため編み地は輪になっていますが、編み終わり側を下、作り目側を上にしてねじれないように突き合わせ、表面を見てはいでいきます。※図は操作をわかりやすくするため、編み地を輪の状態にはしていません。

1.

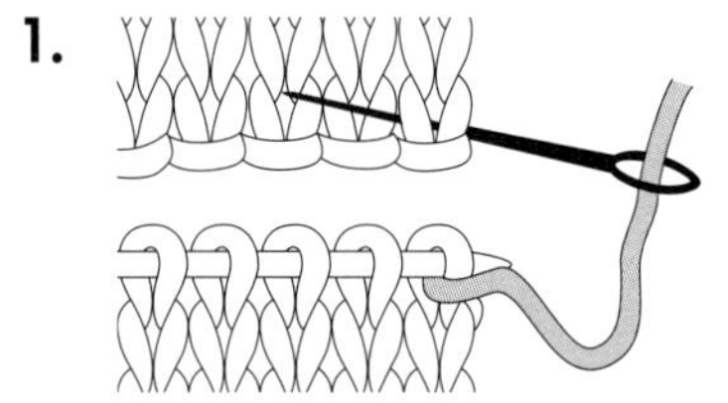

手前の 1 目めに裏目を編むようにとじ針を入れて糸を引き、編み目は編み針に残しておく。* 次に作り目側の 1 目めに図のようにとじ針を入れ、糸を引く。

2.

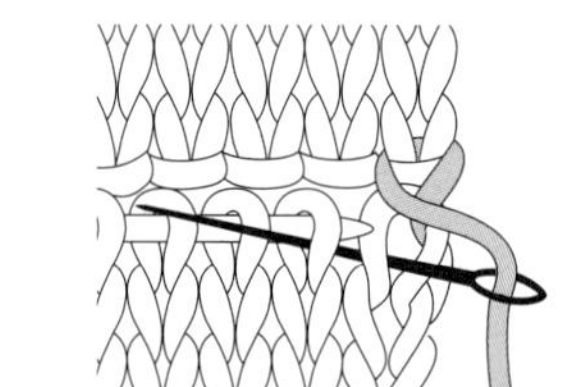

手前の 1 目めに表目を編むようにとじ針を入れて編み針から外し、続けて次の目に裏目を編むようにとじ針を入れ、編み目は編み針に残して糸を引く。；

3.

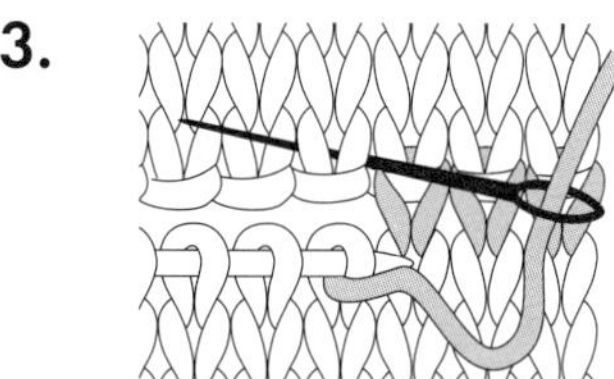

* 〜；をくり返す。糸を引くとき、はぎ位置にできる目の大きさを編み地の編み目に合わせるのがコツ。最後の 1 目になったら糸端を最後の編み目と作り目に通して止める（輪の編み地の場合は最初の編み目と作り目にも通してから止める）。

Cowl／カウル

指でかける作り目（P.270 参照）で 110 目作る。編み目がねじれないよう注意して輪にし、段の始めに PM。1 段表編み。
Wonky Weave Carved の 1 ～ 28 段めを 14 回、1 ～ 26 段めを 1 回編む。はぎ合せるための糸端を周囲の長さの 4 倍残して糸を切る（好みで目を伏せてもかまいません）。

FINISHING／仕上げ

編み終わりの目を作り目側とメリヤスはぎし、好みの方法でブロッキングする。

Pattern Substitution／模様の置き替え

CHAPTER 2 ～ 9 までのほとんどの模様と置き替えることができます。カウルは周囲の長さ（幅）が多少変わっても問題にはならないため、Percentage of Stockinette Stitch（PSS）は気にしなくても大丈夫。置き替える模様の目数に合わせて、作り目数をできるだけ指定の作り目数に近い数字に合わせます（輪に編むため、調整用に加える端目は省いて計算します）。
目数が増えると必要になる糸量も増えることをお忘れなく。

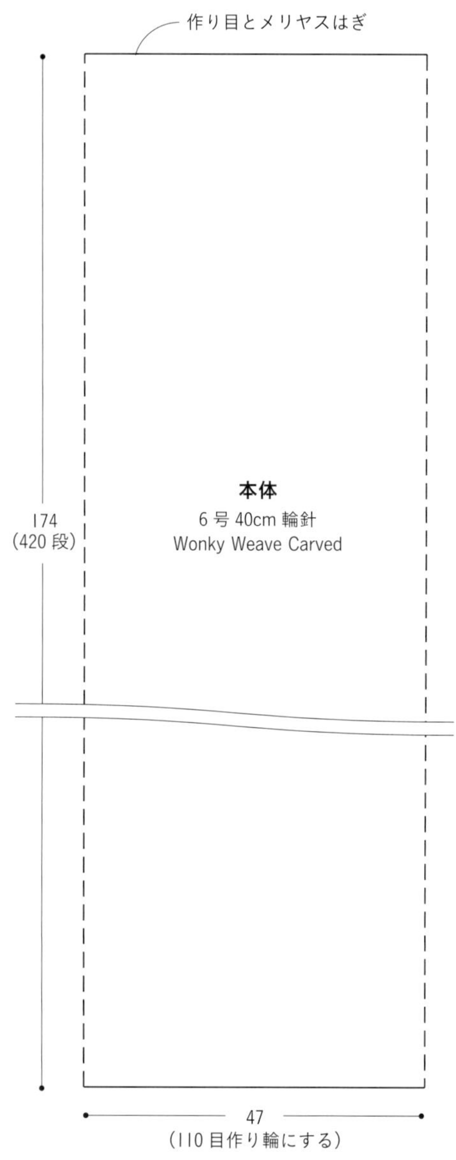

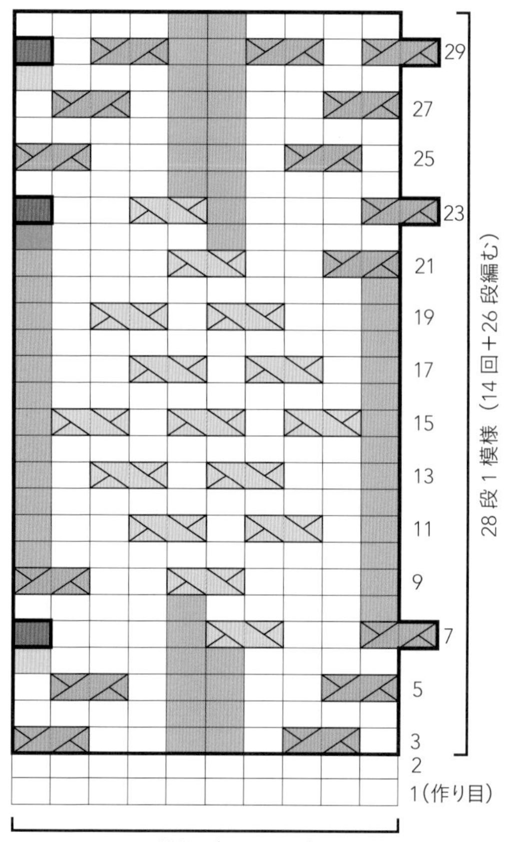

1 段中のくり返しの最後の回のみ、この目は編まない（次の段の最初の RT の 1 目めになるため）。先行するくり返しでは表目を編む。

1 段中のくり返しの最後の回のみ、この目は表目を編む。先行するくり返しでこの目は省略する。

1 段中のくり返しの最後の回のみ、この目は編まない（次の段の最初の RT の 1 目めになるため）。先行するくり返しでは裏目を編む。

Deep Yoke Pullover

ディープヨークプルオーバー

ポンチョと伝統的な丸ヨークのプルオーバーを掛け合わせたデザインです。まず長い帯状の編み地（センターヨークパネル）を編み、それを横に向けて片側の端から拾い目をしてヨーク上部を編み出し、反対側の端からも拾い目をして下方向に編み出し、編み目を分けて袖と身頃を編むというユニークなつくり。袖は七分丈程度の短めに、すそは長めのゴム編みを編んで仕上げます。

FINISHED MEASUREMENT／仕上がり寸法
※表参照

YARN／糸
Rowan の Softyak DK（コットン 76%・ヤク 15%・ナイロン 9%、135m/50g）#246 Lantana
※使用量は表参照

NEEDLE／針
・6 号［US 6（4mm）］棒針
・5 号［US 4（3.5mm）］40cm と 80cm の輪針
・6 号［US 6（4mm）］80cm 輪針
・好みの方法で小さな輪を編むための 5 号［US 4（3.5mm）］と 6 号［US 6（4mm）］の針

NOTIONS／その他の道具
ステッチマーカー（取り外し可能なタイプ）、ステッチホルダーまたは別糸

GAUGE／ゲージ
① 22 目× 32 段（10cm 角・6 号針・メリヤス編み）
② #6 Stack の 1 模様 14 目のパネル＝幅 6.5 cm（6 号針）
③ #32 Zigzag Panel の 1 模様 27 目のパネル＝幅 11cm（6 号針）

仕上がり寸法と糸量

サイズ	XS	S	M	L	LL	3L	4L	5L	6L
バスト(cm)	85	96	103.5	114.5	125.5	129.5	148	159	166.5
着丈(cm)	54.5	52.5	53.5	56	57	58	61	61	62
袖丈(cm)	14								
糸量(玉)	6	7	8	9	9	10	11	12	13

STITCH PATTERNS／模様編み
2 目ゴム編み［輪編み］（4 の倍数目）
すべての段： * 表 2、裏 2；、* ～；を最後までくり返す。

Zigzag Panel (#32)
Stack（#6）
Hilary（#37）
※編み方は P.180 チャート参照

PATTERN NOTES／メモ
◎パターン中の略語
PM： Place Marker
→マーカーを入れる

※説明中の❶～⓯は表を参照してください。

Center Yoke Panel／センターヨークパネル

6 号棒針に指でかける作り目（P.270 参照）で 29 目作り、P.180 のチャートを参照して Zigzag Panel を編む。模様の回数は❶参照。最後は糸端を編み地幅の約 4 倍残して切り、残った目を作り目とメリヤスはぎする（メリヤスはぎの方法は P.172 参照）。

Upper Yoke／ヨーク上部①

センターヨークパネルの表面を見て、パネルの右端から 6 号 80cm 輪針で❷目拾う。はぎ位置から拾い始め、Zigzag Panel の 1 模様から 12 ～ 13 目の割合で拾い、段の始めに PM。P.180 のチャートを参照して 41 段めまで輪に編み、均等減目❸を編む。

Upper Yoke／ヨーク上部②

P.180 のチャートを参照して Hilary を輪に編む。

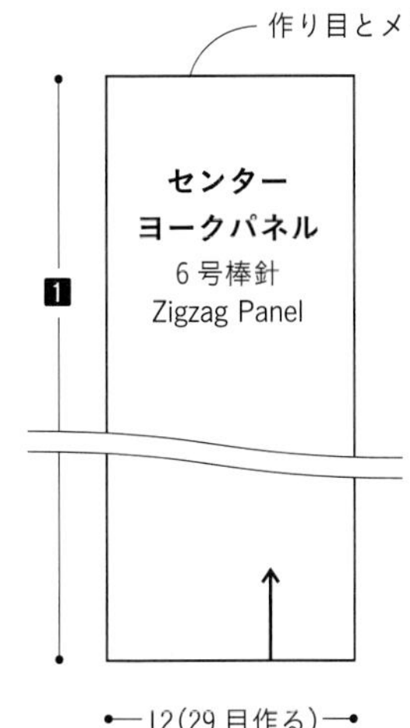

❶センターヨークパネル詳細

	模様回数	合計段数	長さ
XS	21 回	422 段	132cm
S	23 回	462 段	144.5cm
M	25 回	502 段	157cm
L	27 回	542 段	169.5cm
LL	29 回	582 段	182cm
3L	30 回	602 段	188cm
4L	33 回	662 段	207cm
5L	34 回	682 段	213cm
6L	36 回	722 段	226.5cm

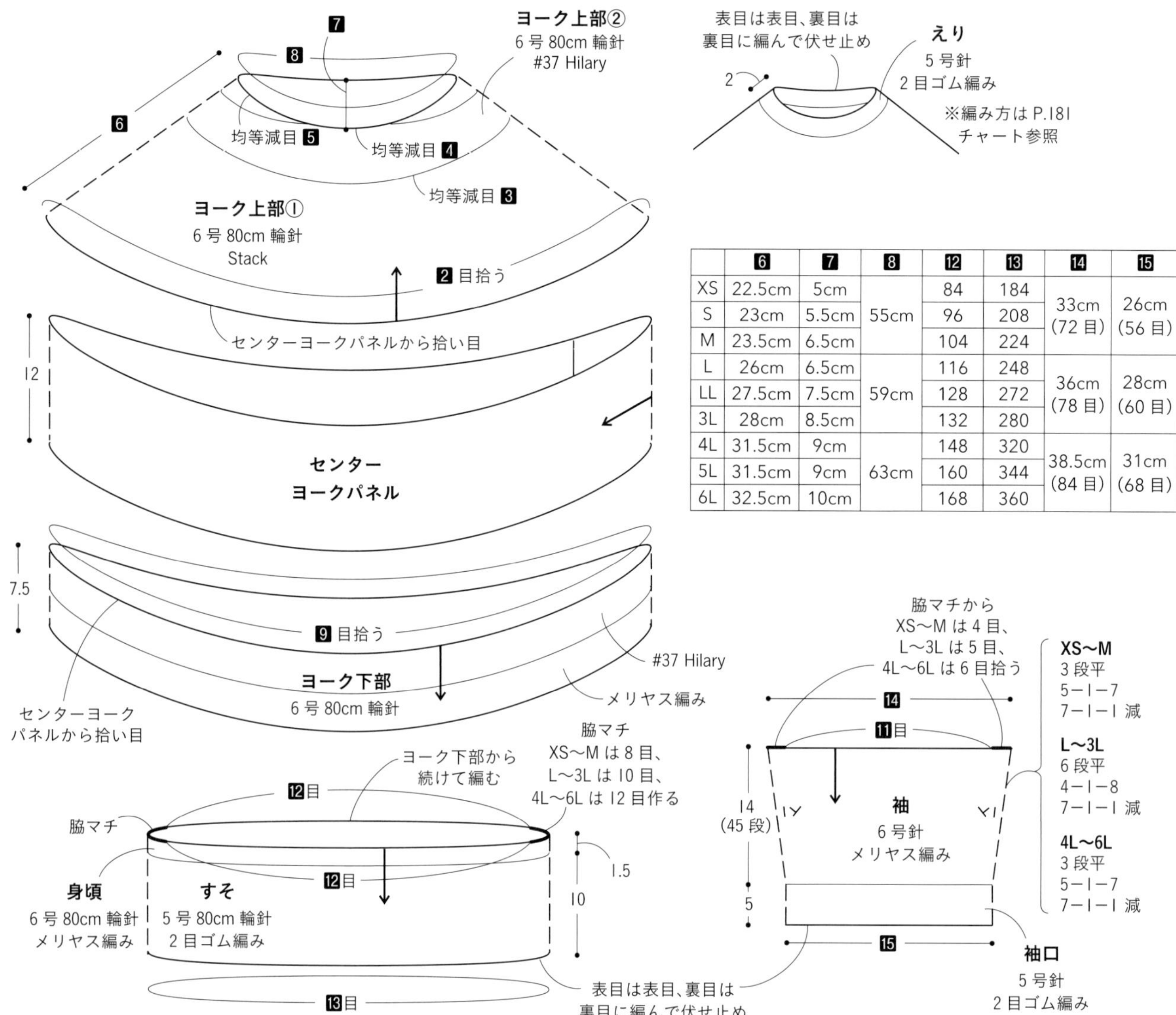

	❻	❼	❽	⓬	⓭	⓮	⓯
XS	22.5cm	5cm	55cm	84	184	33cm (72 目)	26cm (56 目)
S	23cm	5.5cm		96	208		
M	23.5cm	6.5cm		104	224		
L	26cm	6.5cm	59cm	116	248	36cm (78 目)	28cm (60 目)
LL	27.5cm	7.5cm		128	272		
3L	28cm	8.5cm		132	280		
4L	31.5cm	9cm	63cm	148	320	38.5cm (84 目)	31cm (68 目)
5L	31.5cm	9cm		160	344		
6L	32.5cm	10cm		168	360		

センターヨークパネルからの拾い目数と均等減目の編み方

	❷	均等減目❸	残り	均等減目❹	残り	❾
XS	272	[表 2、左上 2 目一度] を 32 回、表 8、[表 2、左上 2 目一度] を 32 回、最後まで表編み。	208 目	[表 1、左上 2 目一度] を残り 4 目までくり返し、最後まで表編み。	140 目	296
S	306	[表 2、左上 2 目一度] を 37 回、表 4、[表 2、左上 2 目一度] を 37 回、最後まで表編み。	232 目	[表 1、左上 2 目一度] を残り 4 目までくり返し、最後まで表編み。	156 目	320
M	323	[表 2、左上 2 目一度] を 38 回、表 10、[表 2、左上 2 目一度] を 37 回、最後まで表編み。	248 目	[表 1、左上 2 目一度] を残り 8 目までくり返し、最後まで表編み。	168 目	336
L	340	[表 2、左上 2 目一度] を 38 回、表 18、[表 2、左上 2 目一度] を 38 回、最後まで表編み。	264 目	[表 1、左上 2 目一度] を最後までくり返す。	176 目	368
LL	374	[表 2、左上 2 目一度、表 3、左上 2 目一度] を 20 回、表 10、[表 2、左上 2 目一度、表 3、左上 2 目一度] を 19 回、最後まで表編み。	296 目	[表 1、左上 2 目一度] を残り 8 目までくり返し、最後まで表編み。	200 目	392
3L	391	[表 3、左上 2 目一度、表 4、左上 2 目一度] を残り 6 目までくり返し、表 4、左上 2 目一度。	320 目	[表 1、左上 2 目一度] を残り 8 目までくり返し、最後まで表編み。	216 目	400
4L	425	[表 3、左上 2 目一度] を 40 回、表 10、[表 5、左上 2 目一度] を 41 回、最後まで表編み。	344 目	[表 1、左上 2 目一度] を残り 8 目までくり返し、最後まで表編み。	232 目	440
5L	442	[表 3、左上 2 目一度] を 41 回、表 16、[表 5、左上 2 目一度] を 41 回、最後まで表編み。	360 目	[表 1、左上 2 目一度] を最後までくり返す。	240 目	464
6L	459	[(表 3、左上 2 目一度) を 2 回、表 4、左上 2 目一度] を 27 回、表 5、[表 4、左上 2 目一度] を 2 回、表 10。	376 目	[表 1、左上 2 目一度] を残り 4 目までくり返し、最後まで表編み。	252 目	480

Shape Neck／ネックのシェーピング

P.181 のチャートをⓐ→ⓑ→ⓒの順に見て、引き返し編みで前後のえりぐりを編む。5 号 40cm 輪針に替え、前えりぐりからは拾い目をしてえりを輪に編み、目なりに伏せ止めする。

Lower Yoke／ヨーク下部

6 号 80cm 輪針でセンターヨークパネルの左端から❾目拾う。はぎ位置から拾い始め、Zigzag Panel の 1 模様から 13 ～ 14 目の割合で拾い、段の始めに PM。P.180 のチャートを参照して Hilary を 1 模様分（16 段）輪に編み、続けて拾い目から 7.5cm になるまでメリヤス編みを編む。

ヨーク上部の前中心に合わせて前中心を決め、身頃と袖の境目にマーカー❶～❹をつける（P.180〈ヨーク下部の編み方〉参照。マーカー❹まで表編み、* 袖分の目をステッチホルダーか別糸に移し、ケーブルキャストオン（P.270 参照）で脇マチ分の目（目数は左ページ「身頃」の図参照）を作る；。マーカー❷まで表編み。* ～；をくり返し、マーカー❹まで表編み。

Body／身頃

メリヤス編みで 5 段編み、5 号 80cm 輪針に替えて 1 段表編み、2 目ゴム編みを 10cm 編み、目なりに伏せ止めする。

Sleeves／袖

小さな輪が編める好みの 6 号針で脇マチの中心から目を拾い、袖分の目を表編み、脇マチの残りの目を拾う。段の始めに PM。袖下で減目をしながら袖を輪に編む（脇マチの目数と減目の仕方は左ページの図参照）。5 号針に替え、2 目ゴム編みを 5cm 編み、目なりに伏せ止めする。

FINISHING／仕上げ

好みの方法でブロッキングする。

Pattern Substitution／模様の置き替え

センターヨークパネルの Zigzag Panel（#32）は縦長の模様、または同程度の目数の模様と簡単に置き替え可能です。Blanket Star（#71）や Barbed（#90）、Always（#93）のように PSS が 80 ～ 90 の模様がおすすめです。模様が切りよく終わらなくても、はぎ位置は左肩の後ろで模様のずれがあまり目立たないので、気にしなくても大丈夫。

ヨーク上部①の Stack (#6) も置き替え可能です。14 目程度の模様または 1 模様がセンターヨークパネルから上方向に拾う目数に合った数（約数）の模様がよいでしょう。その模様を 39 段編んだときの様子を想像して選びましょう。PSS の数値が近いものを探すことも忘れずに。逆に、置き替える模様の目数（倍数）に拾い目数を合わせることもできますが、加減する目数は数目にとどめておきましょう。

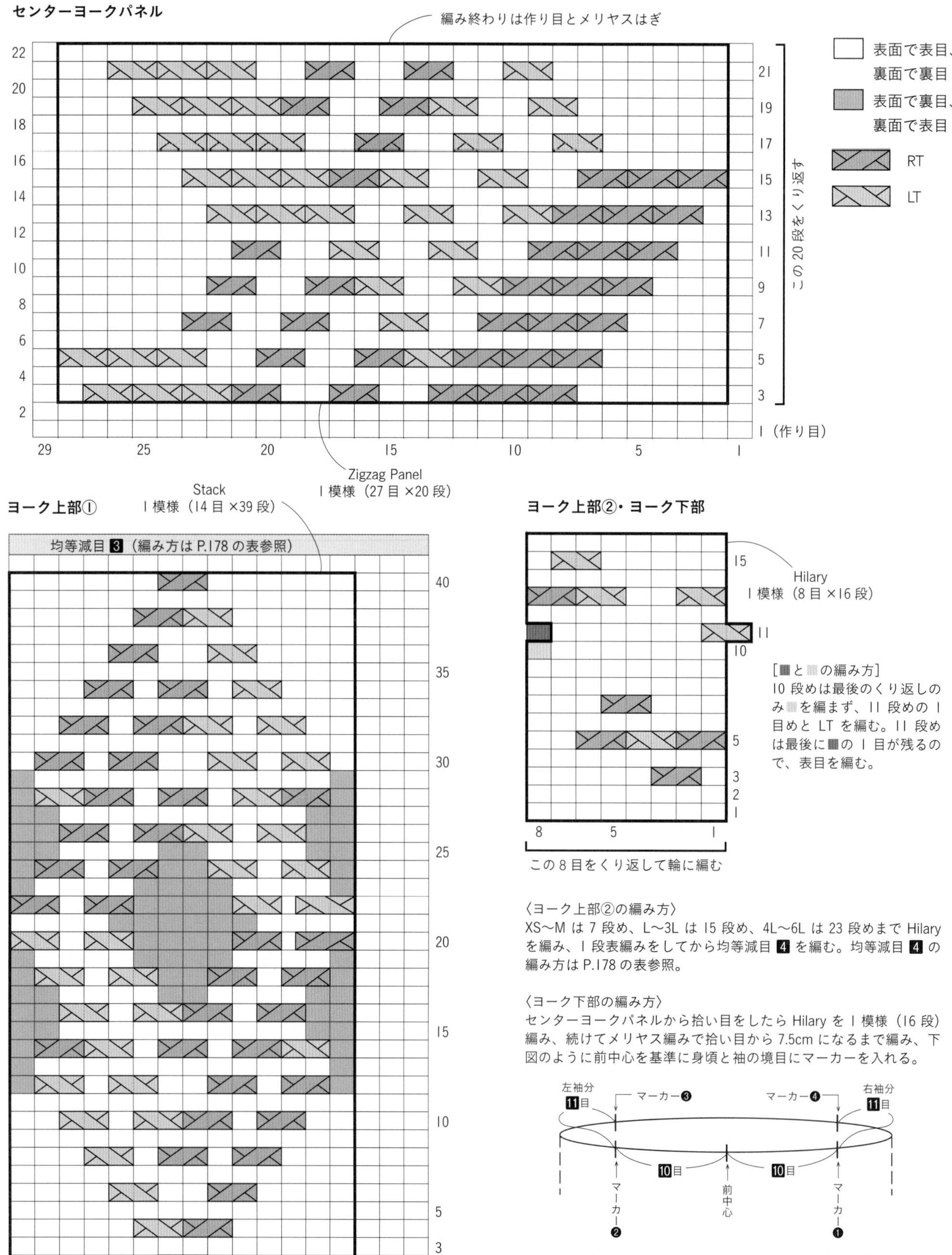

〈ヨーク上部②の編み方〉

XS～Mは7段め、L～3Lは15段め、4L～6Lは23段めまでHilaryを編み、1段表編みをしてから均等減目 4 を編む。均等減目 4 の編み方はP.178の表参照。

〈ヨーク下部の編み方〉

センターヨークパネルから拾い目をしたらHilaryを1模様（16段）編み、続けてメリヤス編みで拾い目から7.5cmになるまで編み、下図のように前中心を基準に身頃と袖の境目にマーカーを入れる。

	XS	S	M	L	LL	3L	4L	5L	6L
10	42	48	52	58	64	66	74	80	84
11	64			68			72		

えりの合計目数

XS	S	M	L	LL	3L	4L	5L	6L
120目			128目			136目		

えり（全サイズ）

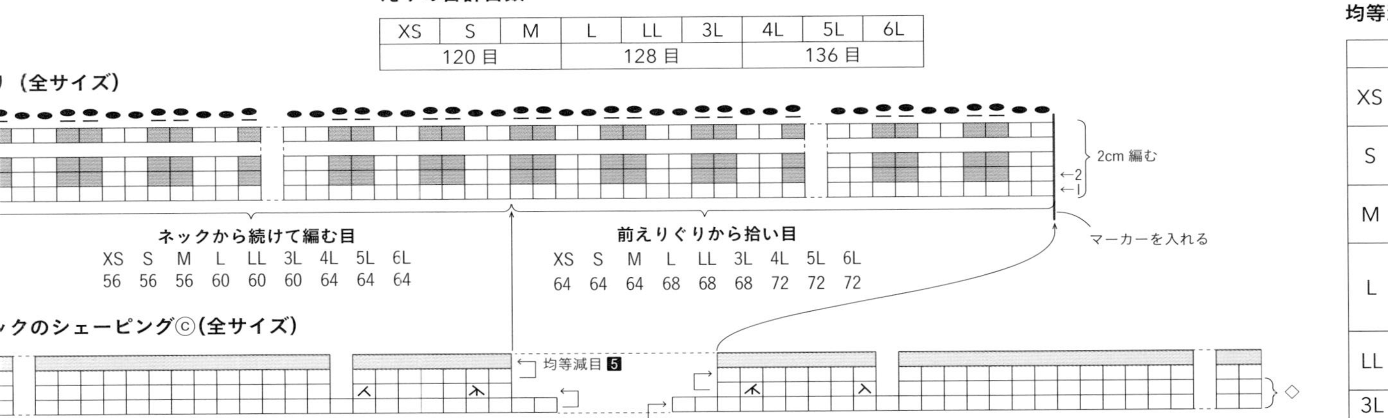

ネックのシェーピングⓒ（全サイズ）

〈編み方〉
ネックのシェーピングⓐまたはⓑから続けてサイズにより次のように編む。
◇＝2段：XSは2回、S〜3L、5Lは3回、4L、6Lは4回編む。

シェーピングⓒ終了後の目数

XS	S	M	L	LL	3L	4L	5L	6L
72目	74目	78目	80目	84目	88目	94目	96目	96目

均等減目5の編み方

	編み方	残り
XS	表5、*左上2目一度、表2；、残り3目まで*〜；をくり返し、表3。	56目
S	表2、*左上2目一度、表2；、*〜；を最後までくり返す。	56目
M	表7、*左上2目一度、表1；、残り5目まで*〜；をくり返し、表5。	56目
L	表1、*左上2目一度、表2；、残り3目まで*〜；をくり返し、左上2目一度、表1。	60目
LL	表7、*左上2目一度、表1；、残り5目まで*〜；をくり返し、表5。	60目
3L	表3、*左上2目一度、表1；、残り1目まで*〜；をくり返し、表1。	60目
4L	表3、*左上2目一度、表1；、残り1目まで*〜；をくり返し、表1。	64目
5L	*左上2目一度、表1；、*〜；を最後までくり返す。	64目
6L	*左上2目一度、表1；、*〜；を最後までくり返す。	64目

ネックのシェーピングⓑ（LL〜6Lサイズのみ）

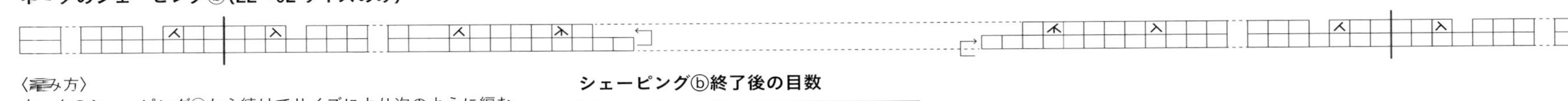

〈編み方〉
ネックのシェーピングⓐから続けてサイズにより次のように編む。
◆＝2段：LLは1回、3L、4L、6Lは2回、5Lは3回編む。

シェーピングⓑ終了後の目数

LL	3L	4L	5L	6L
102目	106目	118目	114目	120目

ネックのシェーピングⓐ（全サイズ）

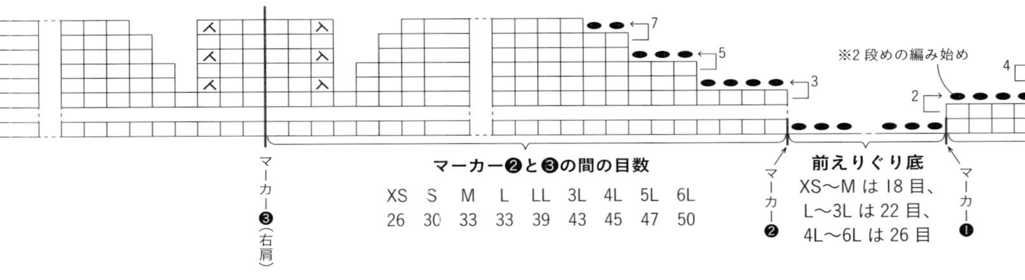

〈編み方〉
①編み始めをおおよその左後ろラグラン線として、前中心にするHilaryのダイヤ形モチーフを決める。
②①で決めたモチーフの中心を基準として前えりぐり底の左右にマーカー❶、❷を入れる。さらに❶と❷を基準に肩位置の印になるマーカー❸、❹を入れる（マーカー間の目数はチャート参照）。
③1段めを編みながらマーカー❶と❷の間（前えりぐりの底）を伏せる。マーカー❶と❷は外し、マーカー❶があったところまで1周編む。2段めからはここを編み始めとして往復に編む。
④2段め以降は引き返し編みをする。4段めからはサイズにより次のように編む。
★＝2段：XS〜Mは1回、L〜5Lは2回、6Lは3回編む。
☆＝2段：XSは2回、SとLは3回、M、LL〜5Lは4回、6Lは5回編む。

シェーピングⓐ終了後の目数

XS	S	M	L	LL	3L	4L	5L	6L
84目	92目	96目	98目	114目	130目	142目	150目	144目

□ 表面で表目、裏面で裏目
■ 表面で裏目、裏面で表目
右上2目一度
左上2目一度
右上3目一度
左上3目一度
● 伏せ止め
● 裏目の伏せ止め

Island Pullover

アイランドプルオーバー

伝統的なアイリッシュニットのような表情は、幅の広いセンターパネルと両サイドのケーブル風模様、そして背景のかのこ編みにより生まれています。シンプルなオーバーサイズのプルオーバーなので、少しゆったりめでも（ゆとり 10cm 程度）、かなりゆったりめでも（ゆとり 30cm 程度）さまになります。右ページでリリーが 15cm のゆとりで着ているセーターを、P.248 ではジョーダンが約 30.5 cm のゆとりで着ています。どれくらいのゆとりが好みか、くらべてみてください。

FINISHED MEASUREMENT／仕上がり寸法
※表参照

YARN／糸
Brooklyn Tweed の Peerie［アメリカンメリノウール 100%、192m/50g］Aurora
※使用量は表参照

NEEDLE／針
・2 号［US2（2.75mm)］棒針
・2 号［US2（2.75mm)］40cm 輪針
・4 号［US3（3.25mm)］棒針
※ゲージが合わない場合は必要に応じて号数を変えて調整しましょう。

NOTIONS／その他の道具
ステッチマーカー、ステッチホルダーまたは別糸

GAUGE／ゲージ
① 29 目× 44 段（10cm 角・4 号針・かのこ編み）
② 34 目 × 44 段（10cm 角・4 号 針・#51 Plaid Small Garter)
③ Three Columns の 1 模様 24 目のパネル＝幅 6.5cm（4 号針）

仕上がり寸法と糸量

サイズ	XS	S	M	L	LL	3L	4L	5L	6L
バスト（cm)	109	118	128	140	149	157	169	179	187
着丈（cm)	48.5			51			54		
袖丈（cm)	37.5								
糸量（かせ)	7	8	8	9	10	10	11	12	12

STITCH PATTERNS／模様編み
Plaid Small Garter (#51)
Three Columns（#34 Braids の A と D の組み合わせ)
※編み方は P.186 チャート参照

PATTERN NOTES／メモ
身頃はすそから前後を別々に編み、引き返し編みで肩下がりをつけ、肩を引き抜きはぎします。袖は身頃から拾い目をし、往復編みします。ネックのシェーピングにより LT や RT を編めないときは、表目で編みます。

◎パターン中の略語
M：Marker →マーカー
SM：Slip Marker →マーカーを移す

Back／後ろ身頃

2 号棒針に指でかける作り目（P.270 参照）で**2**目作り、P.186 のチャートを参照してすそを 5cm 編み、表面の段で編み終える。4 号棒針に替え、2 目ゴム編み部分で減目をしながら 1 段編み、次段から身頃を肩まで編む(裏面の段で編み終える)。肩の引き返し編みをし、糸端は全体の幅の約 4 倍残して切る。残った目は休めておく。

Front／前身頃

作り目から XS ～ M は 39.5cm、L ～ 3L は 42cm、4L ～ 6L は 45cm までは後ろ身頃と同様に編み、裏面の段で編み終える。前えりぐり 1 段めの伏せ目から新たな糸をつけ、以後は右肩と左肩を違う糸で交互に編む（えりぐりの減目は P.185 の図参照)。17 段めからは肩の引き返し編みも行い、糸は 2 本とも約 15cm 残して切る。前後身頃を外表に合わせて後ろ身頃を手前にして持ち、後ろ身頃の糸端で右肩から左肩まで引き抜きはぎ（途中の後ろえりぐりは伏せ止め)。

Sleeves／袖

身頃に袖位置マーカーをつけ（袖がかさばらないようマーカー間は袖幅＋ 2.5cm になっている)、4 号棒針で拾い目をして 1 段裏編み。減目をしながらかのこ編みで袖を編む。2 号棒針に替えて均等増し目段を編み、2 目ゴム編みを 7.5cm 編む。目なりに伏せ止めする。

FINISHING／仕上げ

2 号輪針でえりぐりから拾い目をしてえりを編み、目なりに伏せ止めする。袖下と脇をすくいとじし、好みの方法でブロッキングする。

Pattern Substitution／模様の置き替え

Plaid Small Garter は Triplet Weave Garter (#25)、Smocking (#64)、Pi (#94) などの PSS が 90 前後で目数も同程度の模様、Three Columns は CHAPTER 3 の模様と置き替えるのがおすすめです。

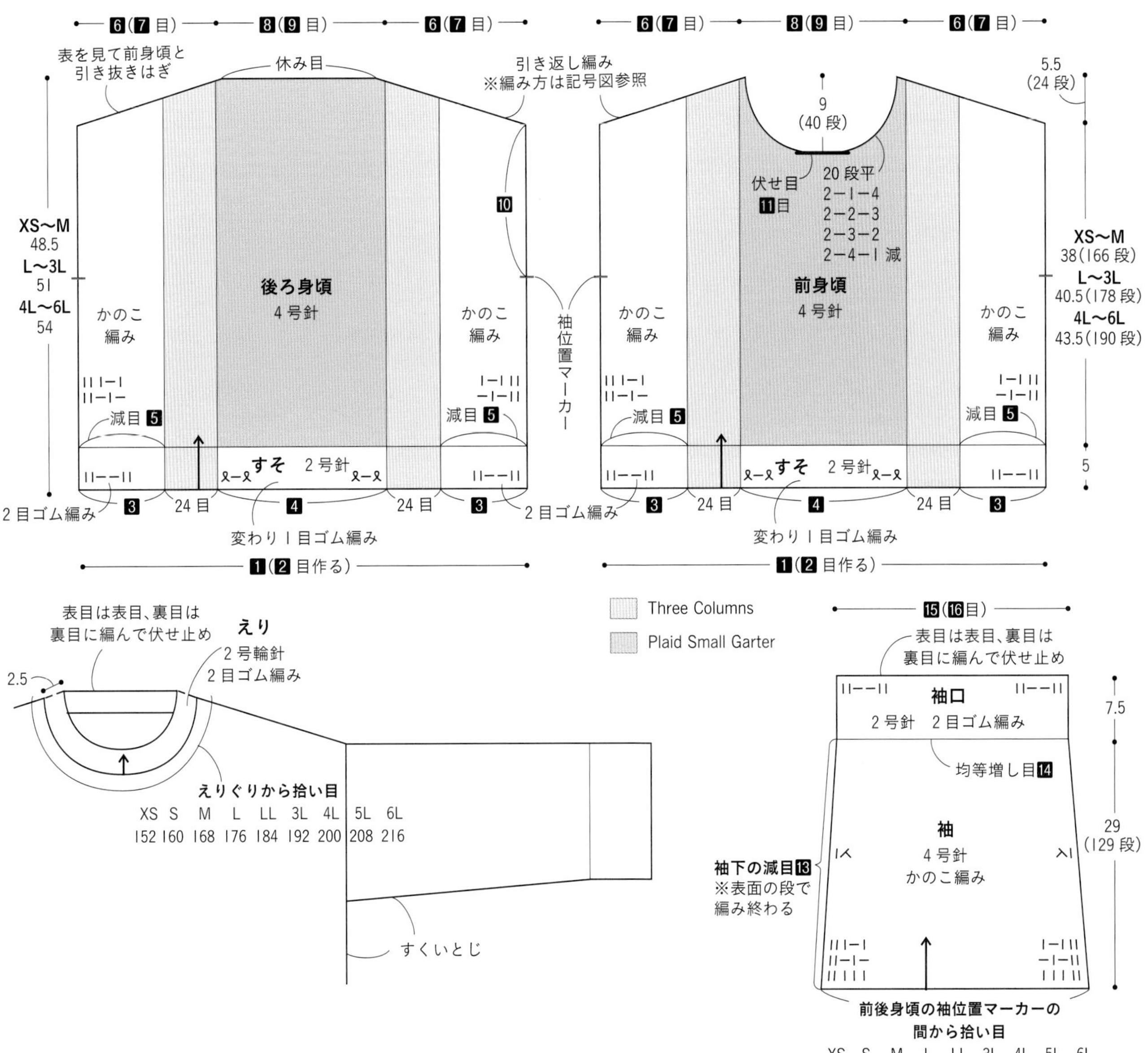

	XS	S	M	L	LL	3L	4L	5L	6L
1	54.5cm	59cm	64cm	70cm	74.5xm	78.5cm	84.5cm	89.5cm	93.5cm
2	185	201	213	237	257	265	281	301	309
3	38目	46目	46目	58目	62目	66目	74目	78目	82目
4	61目	61目	73目	73目	85目			97目	97目
6	18cm	20.5cm	23cm	25cm	27.5cm	28.5cm	32cm	33.5cm	35cm
7	57	63	73	77	85	89	97	103	108
8	18.5cm			20cm	20cm	21cm	21cm	22cm	22.5cm
9	63			67	67	71	71	75	77
10	18cm	19cm	20.5cm	21.5cm	23cm	24cm	25.5cm	27cm	28cm
11	23			27	27	31	31	35	39
12	33.5cm	35.5cm	38.5cm	40.5cm	43.5cm	45.5cm	48.5cm	51.5cm	53.5cm
13	16段平 20−1−5 13−1−1 段 目 回	16段平 10−1−10 13−1−1 段 目 回	16段平 6−1−2 8−1−11 13−1−1 段 目 回	16段平 6−1−6 8−1−8 13−1−1 段 目 回	16段平 4−1−4 6−1−14 13−1−1 段 目 回	16段平 4−1−13 6−1−8 13−1−1 段 目 回	16段平 4−1−13 6−1−8 13−1−1 段 目 回	16段平 4−1−25 13−1−1 段 目 回	14段平 2−1−5 4−1−23 13−1−1 段 目 回
15	28.5cm			30cm			33cm		
16	90			94			102		

14袖口の均等増し目の編み方

XS S M	裏6、[裏目のねじり増し目、裏10]を7回、裏目のねじり増し目、最後まで裏編み。(+8目)
L LL 3L	裏5、[裏目のねじり増し目、裏11]を7回、裏目のねじり増し目、最後まで裏編み。(+8目)
4L 5L 6L	裏5、[裏目のねじり増し目、裏12]を7回、裏目のねじり増し目、最後まで裏編み。(+8目)

肩の引き返し編み（前後身頃共通。このチャートはXSサイズ。S～6Lサイズは右下表を参照し、編み残す目数を変えてください）

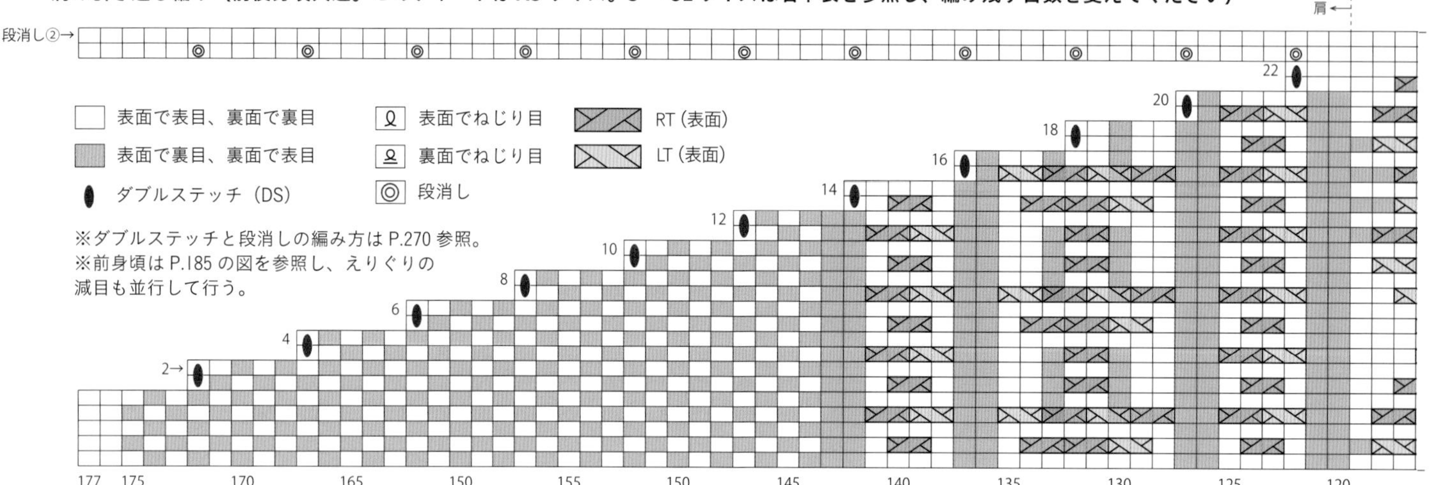

身頃の模様編み（Plaid Small Garterのパネルを中心にして左右対称に編む）

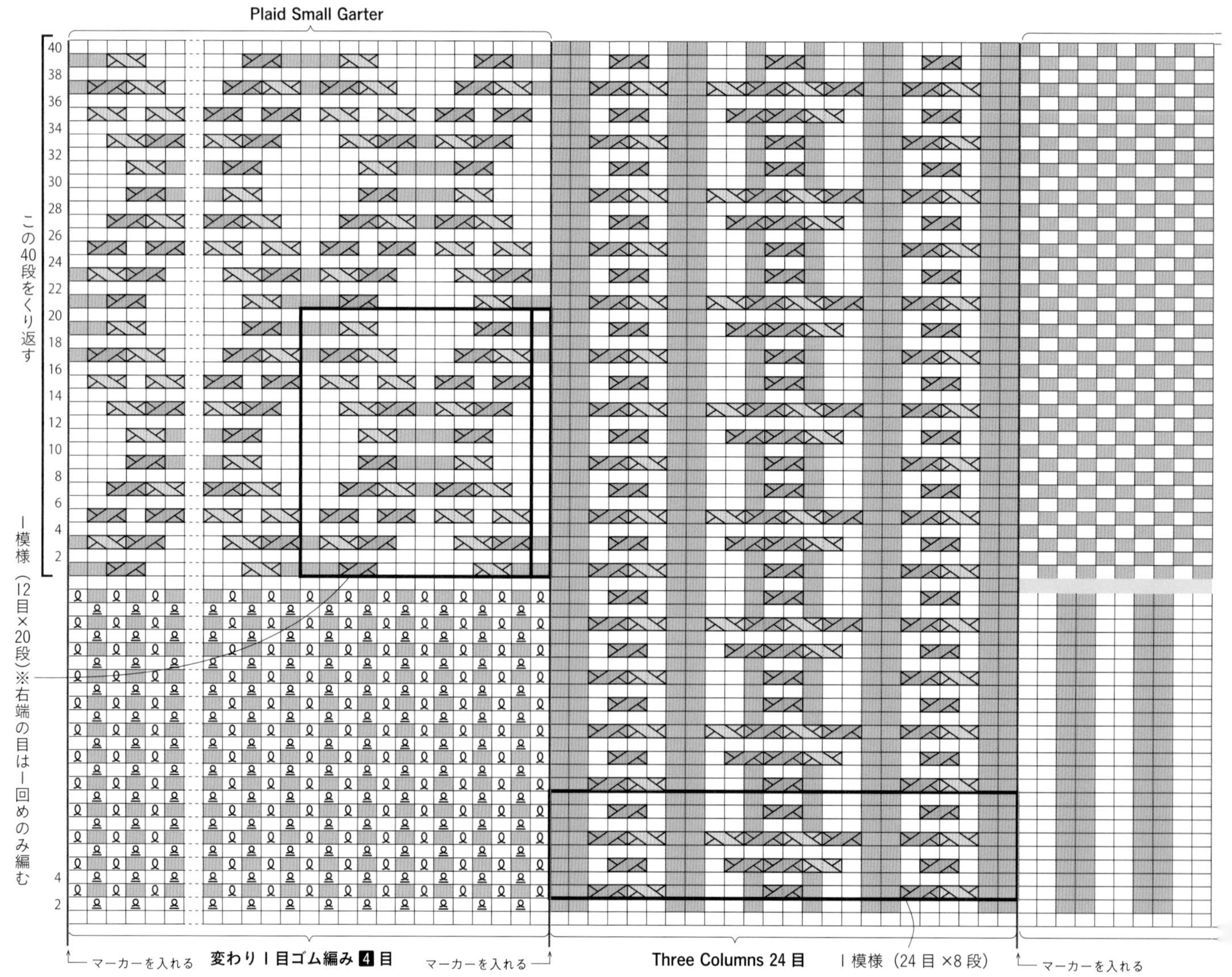

Plaid Small Garter

この40段をくり返す

1模様（12目×20段）※右端の目は1回めのみ編む

マーカーを入れる　**変わり1目ゴム編み 4 目**　マーカーを入れる

Three Columns 24目　1模様（24目×8段）　マーカーを入れる

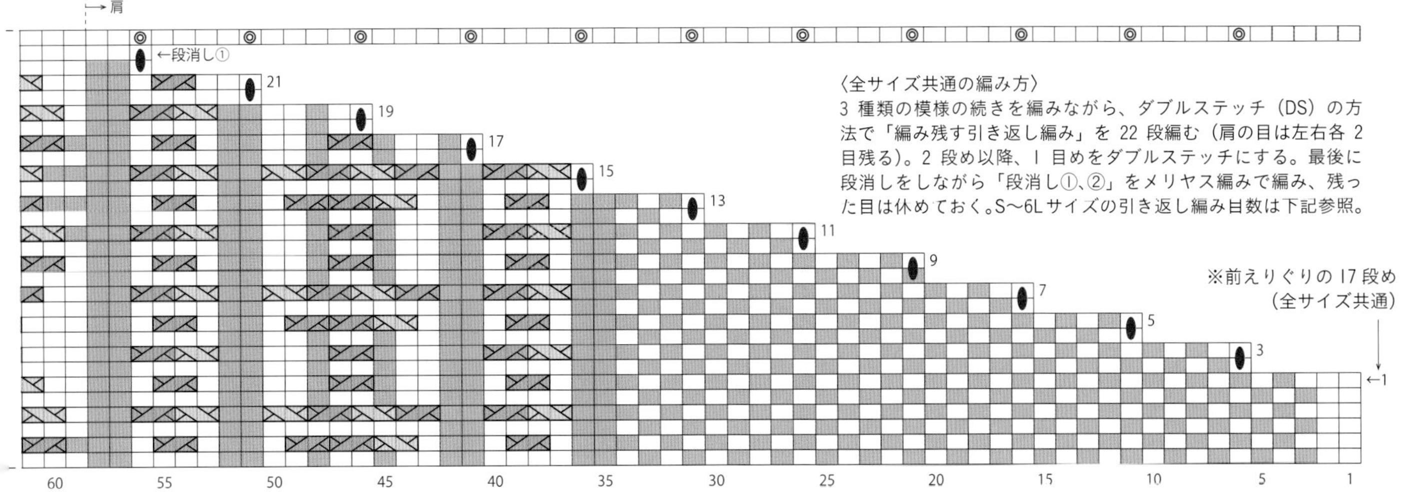

〈全サイズ共通の編み方〉
3 種類の模様の続きを編みながら、ダブルステッチ（DS）の方法で「編み残す引き返し編み」を 22 段編む（肩の目は左右各 2 目残る）。2 段め以降、1 目めをダブルステッチにする。最後に段消しをしながら「段消し①、②」をメリヤス編みで編み、残った目は休めておく。S〜6L サイズの引き返し編み目数は下記参照。

かのこ編み

39 37 35 33 31 29 27 25 23 21 19 17 15 13 11 9 7 5 3 ←1

1 模様（2 目 × 2 段）

均等減目 5

身頃 / すそ

5 cm 編む

3

1（作り目）

2 目ゴム編み 3 目　1 模様（4 目 × 1 段）

身頃の均等減目と肩の引き返し編みの編み方

	5 ■の均等減目を含む段の編み方	肩の引き返し編み
XS	* 裏 3、[裏目の左上 2 目一度、裏 8] を 3 回、裏目の左上 2 目一度、M まで裏編み；、**SM、M まで模様の続きを編む；、SM、M まで裏編み、** 〜；をくり返す、* 〜；をくり返す。（− 8 目、177 目になる）	2 − 5 − 11 減 段 目 回
S	* 裏 2、[裏目の左上 2 目一度、裏 6] を 5 回、裏目の左上 2 目一度、M まで裏編み；、**SM、M まで模様の続きを編む；、SM、M まで裏編み、** 〜；をくり返す、* 〜；をくり返す。（− 12 目、189 目になる）	2 − 6 − 6 2 − 5 − 5 減 段 目 回
M	* 裏 4、[裏目の左上 2 目一度、裏 10] を 3 回、裏目の左上 2 目一度、M まで裏編み；、**SM、M まで模様の続きを編む；、SM、M まで裏編み、** 〜；をくり返す、* 〜；をくり返す。（− 8 目、205 目になる）	2 − 7 − 5 2 − 6 − 6 減 段 目 回
L	* 裏 4、[裏目の左上 2 目一度、裏 5] を 7 回、裏目の左上 2 目一度、M まで裏編み；、**SM、M まで模様の続きを編む；、SM、M まで裏編み、** 〜；をくり返す、* 〜；をくり返す。（− 16 目、221 目になる）	2 − 7 − 9 2 − 6 − 2 減 段 目 回
LL	* 裏 3、[裏目の左上 2 目一度、裏 4] を 9 回、裏目の左上 2 目一度、M まで裏編み；、**SM、M まで模様の続きを編む；、SM、M まで裏編み、** 〜；をくり返す、* 〜；をくり返す。（− 20 目、237 目になる）	2 − 7 − 4 2 − 8 − 6 2 − 7 − 1 減 段 目 回
3L	* 裏 4、[裏目の左上 2 目一度、裏 6] を 7 回、裏目の左上 2 目一度、M まで裏編み；、**SM、M まで模様の続きを編む；、SM、M まで裏編み、** 〜；をくり返す、* 〜；をくり返す。（− 16 目、249 目になる）	2 − 8 − 11 2 − 7 − 1 減 段 目 回
4L	* 裏 5、[裏目の左上 2 目一度、裏 7] を 7 回、裏目の左上 2 目一度、M まで裏編み；、**SM、M まで模様の続きを編む；、SM、M まで裏編み、** 〜；をくり返す、* 〜；をくり返す。（− 16 目、265 目になる）	2 − 8 − 3 2 − 9 − 7 2 − 8 − 1 減 段 目 回
5L	* 裏 2、[裏目の左上 2 目一度、裏 6] を 9 回、裏目の左上 2 目一度、M まで裏編み；、**SM、M まで模様の続きを編む；、SM、M まで裏編み、** 〜；をくり返す、* 〜；をくり返す。（− 20 目、281 目になる）	2 − 9 − 8 2 − 10 − 2 2 − 9 − 1 減 段 目 回
6L	* 裏 5、[裏目の左上 2 目一度、裏 8] を 7 回、裏目の左上 2 目一度、M まで裏編み；、**SM、M まで模様の続きを編む；、SM、M まで裏編み、** 〜；をくり返す、* 〜；をくり返す。（− 16 目、293 目になる）	2 − 9 − 3 2 − 10 − 7 2 − 9 − 1 減 段 目 回

Grandpops

グランドパップス

ツイストステッチは超極太糸で編むと、まったく新たな表情を見せます。このシンプルなドロップショルダーのカーディガンでは、ベースを埋めつくす大きな花柄の主張が強い分、袖を細くして形はシンプルにしました。袖幅を広げたりメンズ用にする場合は、袖の拾い目数を大きいサイズに変えましょう。すっきりとした深めのショールカラーが首周りを暖かく包み込みます。

FINISHED MEASUREMENT／仕上がり寸法
※表参照(バストはボタンを閉めた状態)

YARN／糸
Quince & Co. の Puffin[アメリカ産ウール 100%、102m/100g] Bird's Egg
※使用量は表参照

NEEDLE／針
・11 号 [US 9 (5.5 mm)] 棒針
・15 号 [US 10½ (6.5 mm) 棒針
・11 号針 1 本またはかぎ針 8/0 号(引き抜きはぎ用)

※ゲージが合わない場合は必要に応じて号数を変えて調整しましょう。

NOTIONS／その他の道具
ステッチマーカー(取り外し可能なもの)、段数カウンター(お好みで)、ステッチホルダーまたは別糸、直径 25mm のボタン 5 個

GAUGE／ゲージ
12 目× 19 段 (10cm 角・15 号針・#56 Flowers Allover)

仕上がり寸法と糸量

サイズ	XS	S	M	L	LL	3L	4L	5L	6L
バスト(cm)	99	111	121	126.5	137.5	151.5	159.5	169	181
着丈(cm)	72.5		73.5		75		76		77.5
袖丈(cm)	45.5								
糸量(かせ)	9	9	10	11	12	13	14	15	16

STITCH PATTERNS／模様編み
1 目ゴム編み (2 の倍数目)
すべての段：＊表 1、裏 1；、＊～；を最後までくり返す。

Flowers Allover(#56)
※編み方は P.192 チャート参照

PATTERN NOTES／メモ
身頃はボトムアップに別々に編み、肩ではぎます。袖は身頃から拾い目をして編みます。前立てとえりはボトムアップに編んで身頃にとじつけ、後ろえりぐり中心ではぎます。前立て・えりは前身頃と同じ段数を編むため、段数カウンターを使うと便利です。

◎パターン中の略語
PM：Place Marker →マーカーを入れる

※説明中の❶～㉓は P.190、191 の表を参照してください。

Back／後ろ身頃

11 号棒針に指でかける作り目(P.270 参照)をして編み始め、1 目ゴム編みを 8 段編み(表面の段で終わる)、15 号針に替えて❹均等減目段を編む。次段から模様編みで肩まで❻段編む。左右の端は 1 目ずつ表目にする(表面で表目、裏面で裏目)。模様を編み続けながら肩下がりを編み(P.193 チャート参照)、残った目は伏せ止めする。

Front／前身頃

11 号棒針に指でかける作り目をして編み始め、1 目ゴム編みを 8 段編み、15 号針に替えて⓭均等減目段を編む。次段から模様編みで⓯段編み(左右の端は 1 目ずつ表目にする)、前中心側の 1 目めに PM。えりぐりの減目をしながら模様編みを続け、さらに模様編みを続けながら肩下がりを編む(P.193 チャート参照)。左右の前身頃を編んだらそれぞれ後ろ身頃と中表に合わせ、肩を引き抜きはぎする。

Sleeves／袖

身頃に袖位置マーカーをつけ(袖がかさばらないようマーカー間は袖幅＋ 2.5cm になっている)、15 号棒針で拾い目をして 1 段裏編み。次段から左右端は 1 目ずつ表目(表面で表目、裏面で裏目)にし、その内側で減目をしながら模様編みで袖を編む。11 号棒針に替えて 1 段裏編み。1 目ゴム編みを 8 段編み、目なりに伏せ止めする。

FINISHING／仕上げ

好みの方法でブロッキングしてから脇と袖下をすくいとじする。左右の前立て・えりを編んで(編み方は P.193 参照)身頃にすくいとじでとじつけ、左前立て・えりにボタンをつける。

Pattern Substitution／模様の置き替え

PSS が 90 前後の模様がおすすめですが、各部位の目数に合わせて模様の編み始めと編み終わりを決める必要があります。

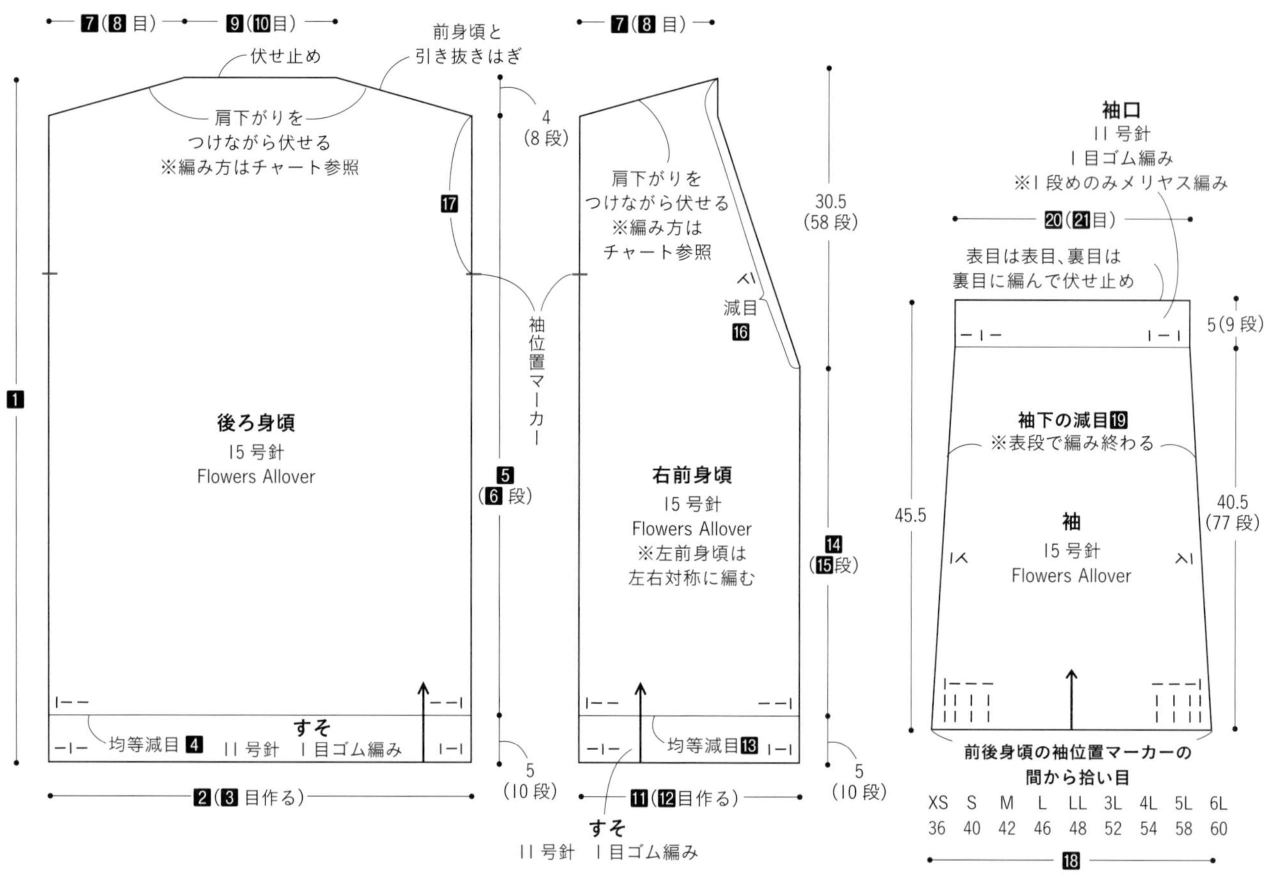

	XS	S	M	L	LL	3L	4L	5L	6L
1	72.5cm		73.5cm		75xm		76cm		77.5cm
2	46.5cm	51.5cm	58.5cm	60cm	65cm	72cm	77cm	81.5cm	86.5cm
3	62目	68目	78目	80目	86目	94目	102目	108目	114目
5	64cm		65cm		66.5cm		67.5cm		69cm
6	122		124		126		128		132
7	15cm	17.5cm	20cm	21cm	23.5cm	26cm	28.5cm	30cm	32.5cm
8	18	21	24	25	28	31	34	36	39
9	16.5cm		18cm			20cm		21.5cm	
10	20		22			24		26	
11	24cm	27.5cm	29cm	31cm	34cm	37.5cm	39cm	41.5cm	45cm
12	32	36	40	42	46	50	52	56	60
14	37cm		38cm		39.5cm		40.5cm		42cm
15	70		72		74		76		80
16	17段平 4−1−10 1−1−1 減	13段平 4−1−11 1−1−1 減	17段平 4−1−10 1−1−1 減	13段平 4−1−11 1−1−1 減	9段平 4−1−12 1−1−1 減	5段平 4−1−13 1−1−1 減	9段平 4−1−12 1−1−1 減	5段平 4−1−13 1−1−1 減	1段平 4−1−14 1−1−1 減
17	16.5cm	18cm	19cm	20.5cm	21.5cm	23cm	24cm	25.5cm	26.5cm
18	30.5cm	33.5cm	35.5cm	38.5cm	40.5cm	43.5cm	45.5cm	48.5cm	50.5cm
19	8段平 22−1−2 25−1−1 減	4段平 14−1−4 17−1−1 減	14段平 10−1−5 13−1−1 減	14段平 10−1−5 13−1−1 減	8段平 10−1−6 9−1−1 減	8段平 8−1−8 5−1−1 減	8段平 8−1−8 5−1−1 減	8段平 6−1−10 9−1−1 減	6段平 6−1−11 5−1−1 減
20	25cm			28.5cm			30cm		
21	30			34			36		
22	8cm		9cm			10cm		11cm	
23	16		18			20		22	

4後ろ身頃の均等減目段の編み方

XS	裏8、*裏目の左上2目一度、裏7；、*〜；を最後までくり返す。56目になる。
S	裏8、*裏目の左上2目一度、裏8；、*〜；を最後までくり返す。62目になる。
M	裏6、*裏目の左上2目一度、裏7；、*〜；を最後までくり返す。70目になる。
L	裏8、*裏目の左上2目一度、裏7；、*〜；を最後までくり返す。72目になる。
LL	裏11、*裏目の左上2目一度、裏7；、*〜；を残り3目までくり返す、裏3。78目になる。
3L	裏11、*裏目の左上2目一度、裏8；、*〜；を残り3目までくり返す、裏3。86目になる。
4L	裏10、*裏目の左上2目一度、裏7；、*〜；を残り2目までくり返す、裏2。92目になる。
5L	裏8、*裏目の左上2目一度、裏8；、*〜；を最後までくり返す。98目になる。
6L	裏11、*裏目の左上2目一度、裏8；、*〜；を残り3目までくり返す、裏3。104目になる。

右前立て・えり

11号針　1目ゴム編み
※右のみボタンホールを編み、左は左右対称に編む

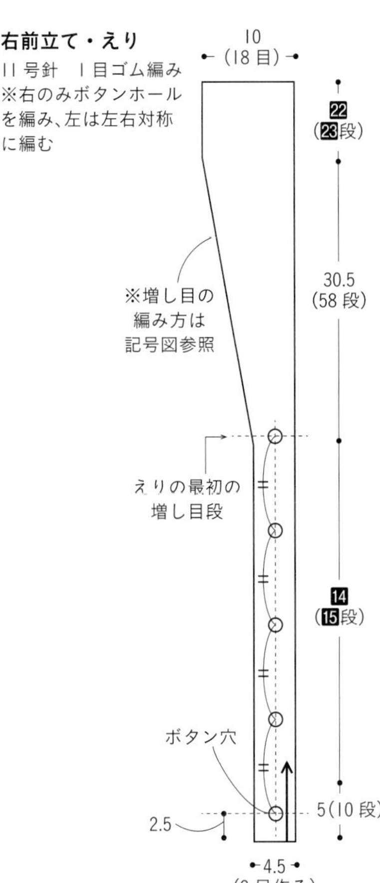

13前身頃の均等減目段の編み方

XS	裏5、*裏目の左上2目一度、裏7；、*～；を最後までくり返す。29目になる。
S	裏6、*裏目の左上2目一度、裏8；、*～；を最後までくり返す。33目になる。
M	裏5、*裏目の左上2目一度、裏5；、*～；を最後までくり返す。35目になる。
L	裏7、*裏目の左上2目一度、裏5；、*～；を最後までくり返す。37目になる。
LL	裏6、*裏目の左上2目一度、裏6；、*～；を最後までくり返す。41目になる。
3L	裏5、*裏目の左上2目一度、裏7；、*～；を最後までくり返す。45目になる。
4L	裏7、*裏目の左上2目一度、裏7；、*～；を最後までくり返す。47目になる。
5L	裏8、*裏目の左上2目一度、裏6；、*～；を最後までくり返す。50目になる。
6L	裏6、*裏目の左上2目一度、裏7；、*～；を最後までくり返す。54目になる。

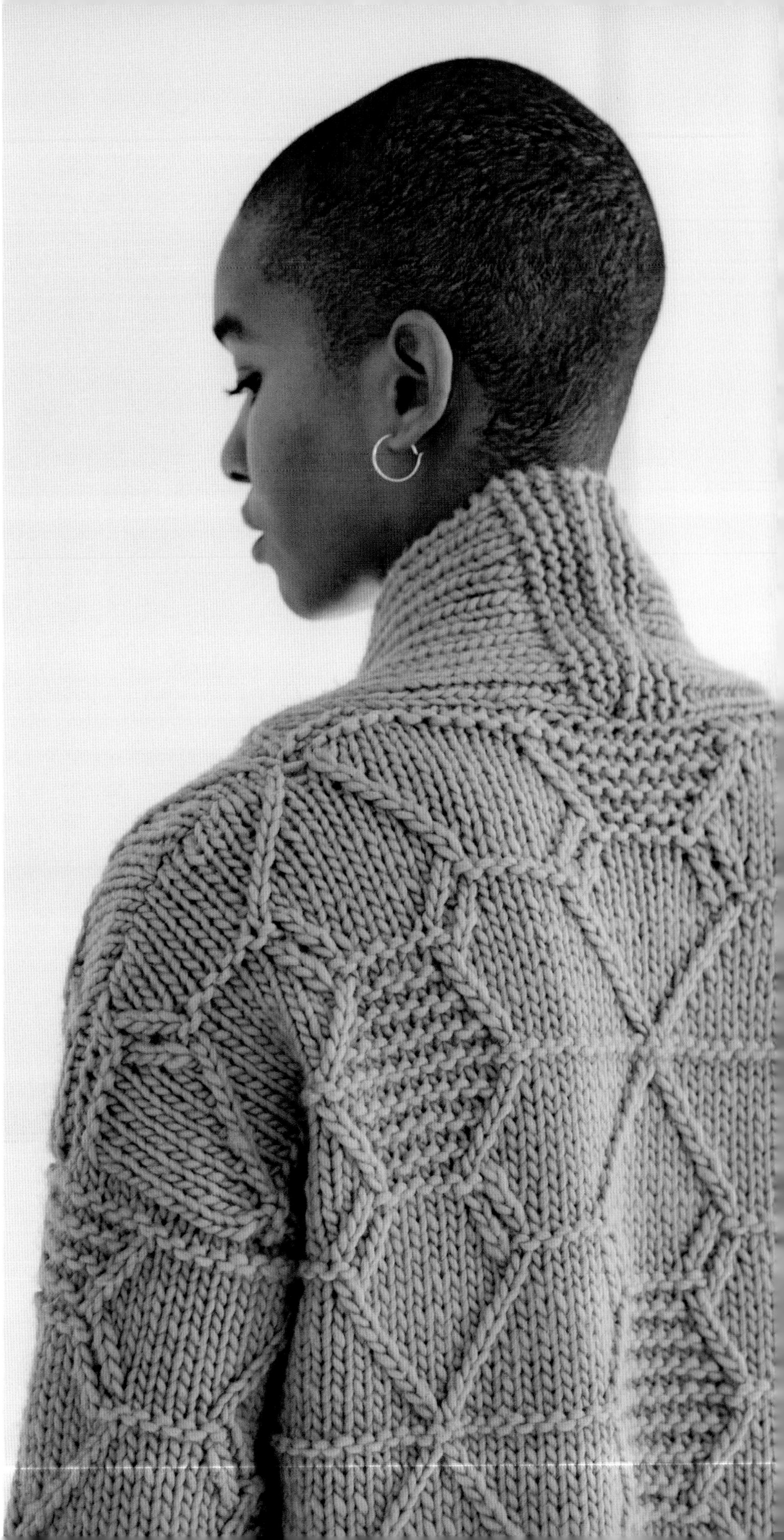

後ろ身頃・左右前身頃・袖の模様編み（Flowers Allover）※各パーツとも左右の端に１目ずつ表目（表面で表目、裏面で裏目）を加える

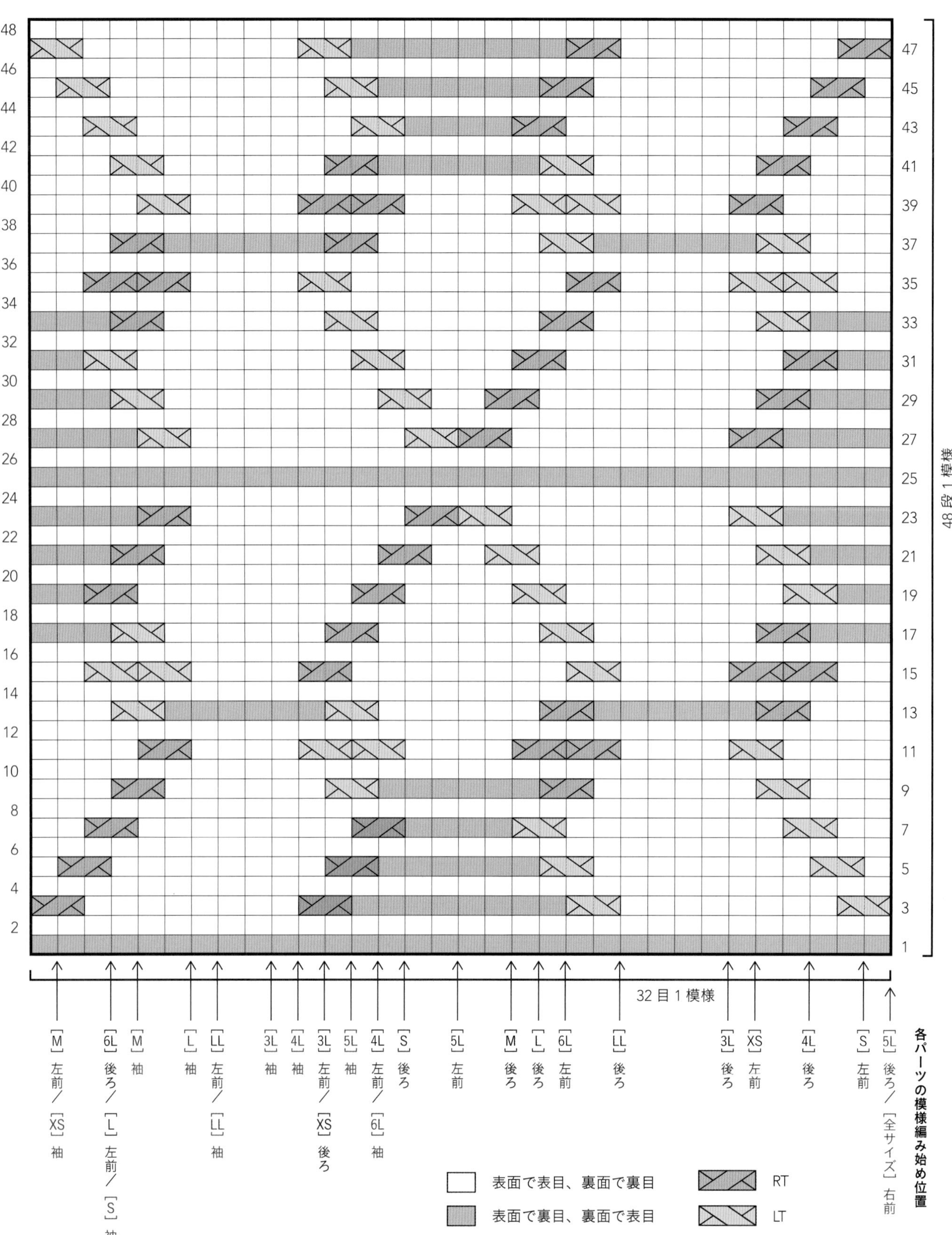

後ろ身頃の肩下がり（左右前身頃の肩下がりも同様に編む）

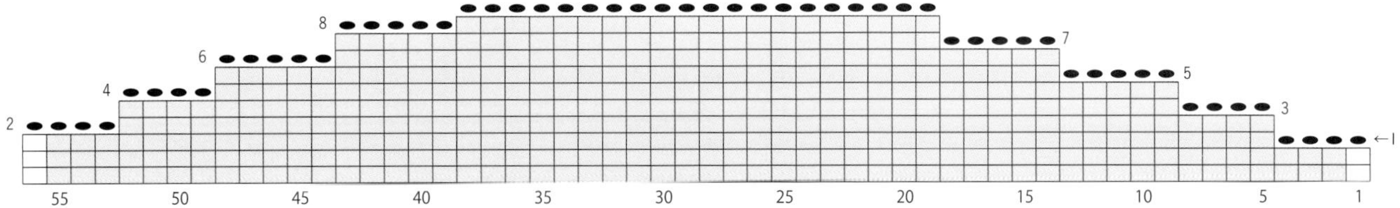

□（網かけ薄）	模様編み部分
□	表面で表目、裏面で裏目
■	表面で裏目、裏面で表目
入	右上２目一度
○	かけ目
♀	右ねじり増し目
♀（下線付き）	裏目の右ねじり増し目
●	伏せ止め

〈編み方〉
模様編みを 6 段編んだら次段から右側は表段、左側は裏段の最初で伏せ目をする（上の図は XS サイズ用。S〜6L サイズは右の表のように編む）。後ろ身頃は残った目（後ろえりぐり分）も伏せ止めする。
※右前身頃は偶数段の伏せ目のみ、左前身頃は奇数段の伏せ目のみ行う。

XS	**1 〜 4 段め**：段の始めで 4 目ずつ伏せる。 **5 〜 8 段め**：段の始めで 5 目ずつ伏せる。
S	**1 〜 6 段め**：段の始めで 5 目ずつ伏せる。 **7・8 段め**：段の始めで 6 目ずつ伏せる。
M	**1 〜 8 段め**：段の始めで 6 目ずつ伏せる。
L	**1 〜 6 段め**：段の始めで 6 目ずつ伏せる。 **7・8 段め**：段の始めで 7 目ずつ伏せる。
LL	**1 〜 8 段め**：段の始めで 7 目ずつ伏せる。
3L	**1・2 段め**：段の始めで 7 目ずつ伏せる。 **3 〜 8 段め**：段の始めで 8 目ずつ伏せる。
4L	**1 〜 4 段め**：段の始めで 8 目ずつ伏せる。 **5 〜 8 段め**：段の始めで 9 目ずつ伏せる。
5L	**1 〜 8 段め**：段の始めで 9 目ずつ伏せる。
6L	**1・2 段め**：段の始めで 9 目ずつ伏せる。 **3 〜 8 段め**：段の始めで 10 目ずつ伏せる。

右前立て・えり（左前立て・えりは左右対称に編む）

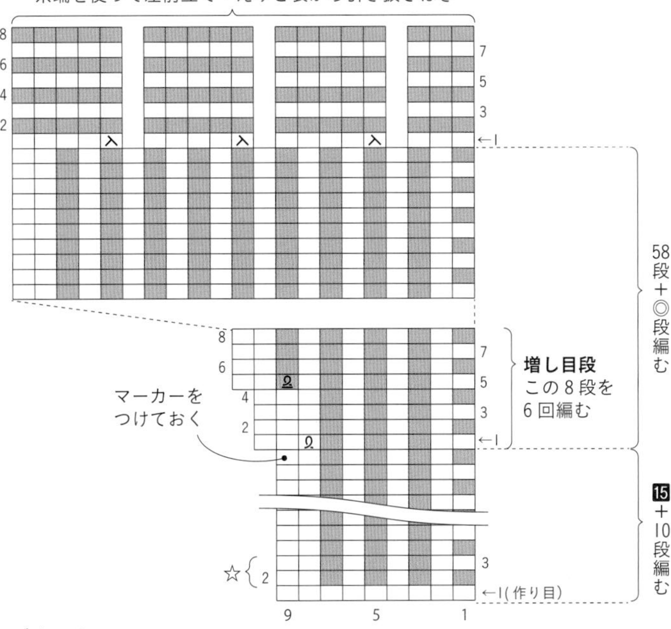

ボタンホール

←ボタンホール段

〈編み方〉
①左前立て・えりから編み始める。指でかける作り目で 9 目作り、☆の 2 段をくり返して15＋10 段になるまで編む。最終段の身頃側の目に PM。
②増し目段の 8 段を 6 回編み、58 段になるまで増減なく編み、さらに◎（XS・S は 8 ／ M〜LL は 10 ／ 3L・4L は 12 ／ 5L・6L は 14）段増減なく編む。
③次段で表編みをしながら減目をし、ガーター編みを 7 段編む。編み目はホルダーか別糸に移しておく。
④すそ側からすくいとじで身頃にとじつける。とじるときは前立て・えりと前身頃のマーカー位置を合わせ、最後は後ろえりぐりの後ろ中心で終わるようにする。
⑤ボタン位置に PM（ボタン位置は右図参照）。
⑥右前立て・えりは⑤でつけたマーカーの位置に合わせてボタンホール段を編みながら編む。最後は表から左前立て・えりの目と引き抜きはぎする。
⑦④と同様にして右前立て・えりを右前身頃にとじつける。

仕上げ方

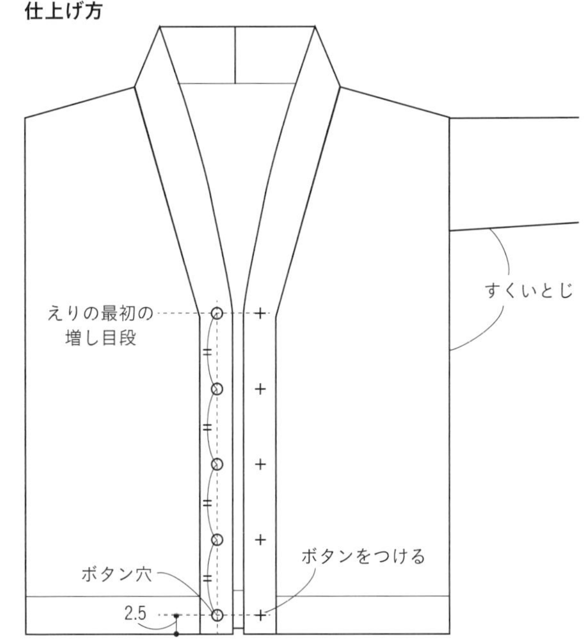

Romantic Pullover

ロマンティックプルオーバー

シンプルでルースフィットのプルオーバーはボトムアップに往復編みします。編み広げた肩部分の先にバルーンスリーブを編み足したり、身頃中心の模様編みを編み広げたりといった現代的なアプローチでフェミニンな雰囲気を醸し出し、特別な一着に。

FINISHED MEASUREMENT／仕上がり寸法
※表参照

YARN／糸
Quince & Co. の Crane［スーパーキッドモヘア 50%・南アフリカ産ファインメリノ 50%、190m/100g］Quanah
※使用量は表参照

NEEDLE／針
・5 号［US 4（3.5 mm)］棒針
・6 号［US 6（4 mm)］棒針
・5 号［US 4（3.5 mm)］40cm 輪針
※ゲージが合わない場合は必要に応じて号数を変えて調整しましょう。

NOTIONS／その他の道具
ステッチマーカー

GAUGE／ゲージ
① 22 目× 28 段（10cm 角・6 号針・メリヤス編み）
② 23 目× 32 段（10cm 角・6 号針・#66 Smocking Grow）

仕上がり寸法と糸量

サイズ	XS	S	M	L	LL	3L	4L	5L	6L
胴囲 (cm)	83	94	102	113	123	135	142	154	164
着丈 (cm)	50	51	53.5		54.5	57.5	58.5	60	61.5
袖丈 (cm)	30								
糸量 (かせ)	5	6	6	7	7	8	9	10	10

STITCH PATTERNS／模様編み
2 目ゴム編み（4 の倍数＋ 2 目）
1 段め（表面）：表目 2、* 裏目 2、表目 2；、*～；を最後までくり返す。
2 段め（裏面）：裏目 2、* 表目 2、裏目 2；、*～；を最後までくり返す。
1・2 段めをくり返す。

Smocking Grow (#66)
※編み方は P.196 チャート参照

PATTERN NOTES／メモ
前後身頃を別々にボトムアップに編み、肩ではぎ合わせます。袖はアームホールから目を拾って往復編みします。模様編みは編み地の中心の 10 目から編み始め、16 段ごとに左右へ 10 目ずつ広げて 2 模様増やします。

◎パターン中の略語
PM：Place Marker →マーカーを入れる
SM：Slip Marker →マーカーを移す
RM：Remove Marker →マーカーを外す

※説明中の❶～⓲は P.197 の表を参照してください。

Back／後ろ身頃

5 号針に指でかける作り目の方法 (P.270 参照) で❸目作る。
2 目ゴム編み（裏面から始める）を増減なく 7.5cm 編み、裏面の段で編み終える。
6 号針に持ち替え、編み始めから 13cm になるまでメリヤス編みを編み、裏面の段で編み終える。

模様の編み方と広げ方

注意：次段からは中心に模様を編み、1 模様分（16 段）ごとに左右へ模様を広げます。以下のように模様を編みながら、後述する脇下マチやアームホール、肩下がりやえりぐりのシェーピングも並行して行いますので、ひと通り読んでから編み始めてください。

準備段（表面）：表目❹目、PM、Smocking Grow の 1 段めを 1 模様（10 目）編む、PM、最後まで表編み。
次の 15 段：準備段と同様にマーカーの間で模様を編み、それ以外はメリヤス編みで 1 模様の最終段（16 段め）まで編む。
模様追加段（表面）：最初の M の手前に 10 目残るまで表編み、PM（追加する模様の開始位置）、Smocking Grow を M まで編み、SM、M まで模様の続きを編み、SM、次の 10 目で Smocking Grow を編む、PM（追加する模様の終了位置）、最後まで表編み。最初の模様の左右に 1 模様ずつ追加され、模様が広がる。
次の 15 段：マーカーの間は模様編み、それ以外はメリヤス編みで 1 模様の最終段（16 段め）まで編む。
次の 32 段：「模様追加段」と「次の 15 段」を 2 回編む。（右端と左端のマーカー間が 70 目になる）
次段以降：模様の数は変えずにマーカー間は模様の続きを編み、そ

模様編み（Smocking Grow）

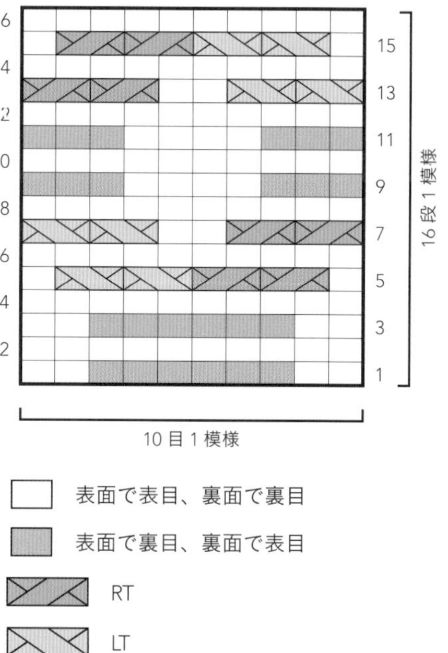

れ以外はメリヤス編みを編む。

脇下マチとアームホールのシェーピング

身頃の編み始めから❺cmになったら、脇下マチを編み始める。

増し目段（表面）：表2、左ねじり増し目1、最後に2目残るまで編み、右ねじり増し目1、表2。（＋2目）

次段以降：1段おきに「増し目段」を10回編み、最後に1段増減なく編む。（＋20目）

次の2段の編み始めでケーブルキャストオンの方法（P.270参照）で6目ずつ増やす（＋12目）。ケーブルキャストオンから❼cmになるまで増減なく編み、裏面の段で編み終える。

肩下がりとえりぐり

準備：中心の❿目の左右にPM。

❾を参照して肩下がりを編みながら、肩下がりの9段めから次のようにえりぐりも編む。

えりぐり1段め（表面）：1個めのMまで編んでRM、新たな糸をつけて2個めのMまでの目を伏せ、RM、最後まで編む。以後は2本の糸で左右の肩をそれぞれ編む。

えりぐり2〜5段め：裏面の段は右肩側、表面の段は左肩側でえりぐりの目を5目ずつ伏せる。（片側2回、合計10目伏せる）

最後は左肩の残りの目を伏せ、糸を切る。

Front／前身頃

アームホールがケーブルキャストオンから⓯cmになるまで後ろ身頃と同様に編み、裏面の段で編み終える。

肩下がりとえりぐりのシェーピング

えりぐり1段め（表面）：⓰目編み、新たな糸をつける。前中心の⓱目を伏せ、最後まで編む。以降は2本の糸で左右の肩をそれぞれ編む。

えりぐり2〜11段め：裏面の段は左肩側、表面の段は右肩側でえりぐりの目を3目ずつ伏せる。（片側5回、合計15目伏せる）

えりぐり12〜22段め：増減なく編み、糸を切る（22段めは右肩側のみ）。9段めからは後ろ身頃と同様に肩下がりも編む（❾参照）。

前後身頃の肩を好みの方法ではぐ。

Sleeves／袖

表面から6号針でアームホールに沿って目を拾う（目数は図参照）。

次段（裏面）：⓲のように編み、4か所にマーカーを入れる。

次の2段：表編みで1段、裏編みで1段編む。

袖のシェーピング

増し目段（表面）：［Mまで表編み、右ねじり増し目、SM］を2回、［Mまで表編み、SM、左ねじり増し目］を2回、最後まで表編み。（＋4目）

増し目段を4段ごとにさらに7回編む。

拾い目から23cmになるまで編み、裏面の段で編み終える。

減目段（表面）：［Mの手前に2目残るまで表編み、右上2目一度、SM］を2回、［Mまで表編み、SM、左上2目一度］を2回、最後まで表編み。（－4目）

減目段を1段おきにさらに7回編み、最後に1段増減なく編む。

次段（表面）：5号針に替え、XS〜LLは*表3、左上2目一度；を12回くり返し、最後まで表編み。3L〜6Lは*表4、左上2目一度；を12回くり返し、最後まで表編み。

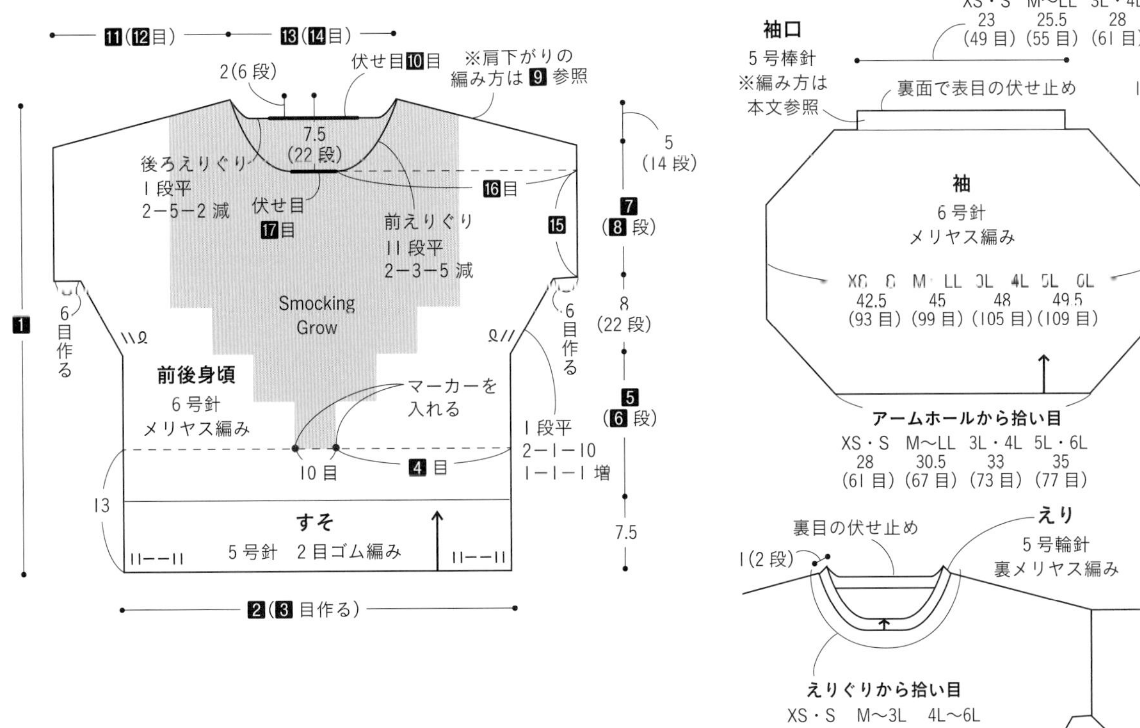

	XS	S	M	L	LL	3L	4L	5L	6L
1	50cm	51cm	53.5cm	53.5cm	54.5cm	57.5cm	58.5cm	60cm	61.5cm
2	41.5cm	47cm	51cm	56.5cm	61.5cm	67.5cm	71cm	77cm	82cm
3	90	102	110	122	134	146	154	166	178
4	40	46	50	56	62	68	72	78	84
5	15.5cm	16.5cm	18cm	18cm	19cm	20.5cm	21.5cm	21.5cm	23cm
6	44	46	50	50	52	56	60	60	64
7	14cm		15cm			16.5cm		18cm	
8	40		42			46		50	
10	18		24				30		
11	19.5cm	22.5cm	23cm	25.5cm	28cm	31cm	31.5cm	34cm	37cm
12	43	49	50	56	62	68	69	75	81
13	17.5cm		20cm				23cm		
14	38		44				50		
15	11.5cm		12.5cm			14cm		15cm	
16	58	64	65	71	77	83	84	90	96
17	8		14				20		
18	裏14、PM、[裏11、PM]を3回、最後まで裏編み。		裏14、PM、[裏13、PM]を3回、最後まで裏編み。			裏14、PM、[裏15、PM]を3回、最後まで裏編み。		裏16、PM、[裏15、PM]を3回、最後まで裏編み。	

9肩下がりの編み方

XS	**1・2段め：**段の始めで7目ずつ伏せる。 **3〜14段め：**段の始めで6目ずつ伏せる。
S	**1〜14段め：**段の始めで7目ずつ伏せる。
M	**1・2段め：**段の始めで8目ずつ伏せる。 **3〜14段め：**段の始めで7目ずつ伏せる。
L	**1〜14段め：**段の始めで8目ずつ伏せる。
LL	**1〜12段め：**段の始めで9目ずつ伏せる。 **13・14段め：**段の始めで8目ずつ伏せる。
3L	**1〜10段め：**段の始めで10目ずつ伏せる。 **11〜14段め：**段の始めで9目ずつ伏せる。
4L	**1〜12段め：**段の始めで10目ずつ伏せる。 **13・14段め：**段の始めで9目ずつ伏せる。
5L	**1〜10段め：**段の始めで11目ずつ伏せる。 **11〜14段め：**段の始めで10目ずつ伏せる。
6L	**1〜8段め：**段の始めで12目ずつ伏せる。 **9〜14段め：**段の始めで11目ずつ伏せる。

次の2段：表編みで1段、裏編みで1段編み、すべての目を伏せる（裏面を見て表目を編みながら伏せ止めする）。

FINISHING／仕上げ

ネックバンド

表面を見て、右肩から5号輪針で目を拾い（目数は図参照）、段の始めにPM。裏編みを2段輪に編み、すべての目を裏目の伏せ止めにする。脇と袖下をすくいとじし、好みの方法でブロッキングする。

Pattern Substitution／模様の置き替え

PSSが90前後で目数が同程度の模様と置き替えるのがおすすめです。Smocking Growのバリエーションである Smocking Half Step (#65) や Smocking Fancy (#67) ならそのまま置き替えられますし、Smocking (#64) で総柄にすることもできます。

ほかには、ゴム編みで始まる縦長の模様を選ぶと、少々計算が必要にはなりますが、横幅に柔軟性があるので模様幅が多少せまくても広くても収まります。

Michelle Sleeveless

ミッシェルスリーブレス

身頃と一緒にエレガントな縁を編み上げるベーシックなノースリーブのプルオーバーです。このタイプのニットは、カジュアルなパーティなどでゆったりとしたパンツと合わせて着用する特別な日用アイテムのように思われがちですが、カーディガンやジャケットのインナーにすると、温度調節が簡単になる便利なアイテムでもあります。ネックのゴム編みを長くしてタートルネックにしたり、4cm 程度で編み終えてクルーネックに仕上げることもできます。

FINISHED MEASUREMENT／仕上がり寸法
※表参照

YARN／糸
Blue Sky Fibers の Eco-Cashmere［リサイクルカシミヤ 50%・バージンカシミヤ 50%、150 m/50 g］Gold Rush
※使用量は表参照

NEEDLE／針
・5 号［US 4（3.5 mm)］棒針
・6 号［US 6（4 mm)］棒針
・5 号［US 4（3.5 mm)］40cm 輪針
※ゲージが合わない場合は必要に応じて号数を変えて調整しましょう。

NOTIONS／その他の道具
ステッチマーカー(取り外し可能なもの)

GAUGE／ゲージ
23 目 × 32 段（10cm 角・6 号針・#85 Blackwork)

仕上がり寸法と糸量

サイズ	XS	S	M	L	LL	3L	4L	5L	6L
バスト(cm)	83	98	103	112	123	135	144	155	165
着丈(cm)	52.5	53.5	55	56	57.5	58.5	60	61	62.5
糸量(かせ)	5	5	6	7	8	8	9	10	11

STITCH PATTERNS／模様編み
1 目ゴム編み（偶数目)
すべての段：* 表 1、裏 1；、*～；をくり返す。

Blackwork(#85)
※編み方は P.201 チャート参照

PATTERN NOTES／メモ
前後身頃をボトムアップに別々に編み、はぎ合わせます。アームホールの縁は、脇下で作り目をして編みます。模様編みをしながら減目をするときにツイストステッチを編む目数が足りない場合は、その部分をメリヤス編みで編みましょう。

◎パターン中の略語
PM：Place Marker →マーカーを入れる
RM：Remove Marker →マーカーを外す

※説明中の1～18は P.201 の表を参照してください。

Back／後ろ身頃

5 号針に指でかける作り目の方法 (P.270 参照) で3目作る。
1 目ゴム編みを 3cm 編み、裏面の段で編み終える。
6 号針に持ち替え、4の均等減目段を編む。
次段からは P.201 のチャートを参照して模様編みをする。最初と最後には各 1 目加え、端目として表面で表目、裏面で裏目を編む。
編み始めからの丈が 33cm になるまで編み、裏面の段で編み終える。

アームホールのシェーピング

1 段めで右腕側、2 段めで左腕側にケーブルキャストオン（P.270 参照）の方法で 6 目ずつ作り、P.201 のチャートと表を参照して縁を編みながらアームホールのシェーピングをする。1 段めを編んだあと、表面の右端から5目めにアームホール開始段の目印として PM (取り外し可能なものを使う)。シェーピングが終わったら、アームホール開始段の M から8 cm になるまで編み、裏面の段で編み終える。10目になる。

えりぐりと肩のシェーピング

準備：中心の11目の左右に PM。
1 段め（表面)：M まで縁と模様編みの続きを編む、RM、新たな糸をつけ次の M までの目を伏せる、RM、最後まで模様と縁の続きを編む。ここからは 2 本の糸で左右の肩を交互に編む。
2 ～ 4 段め：編み始め側の肩は増減なく編み、反対側のえりぐりを 5 目伏せ、最後まで編む。
5 ～ 7 段め：編み始め側で12目伏せてえりぐりまで編み、反対側のえりぐりを 5 目伏せ、最後まで編む。左肩に残った目を伏せる。

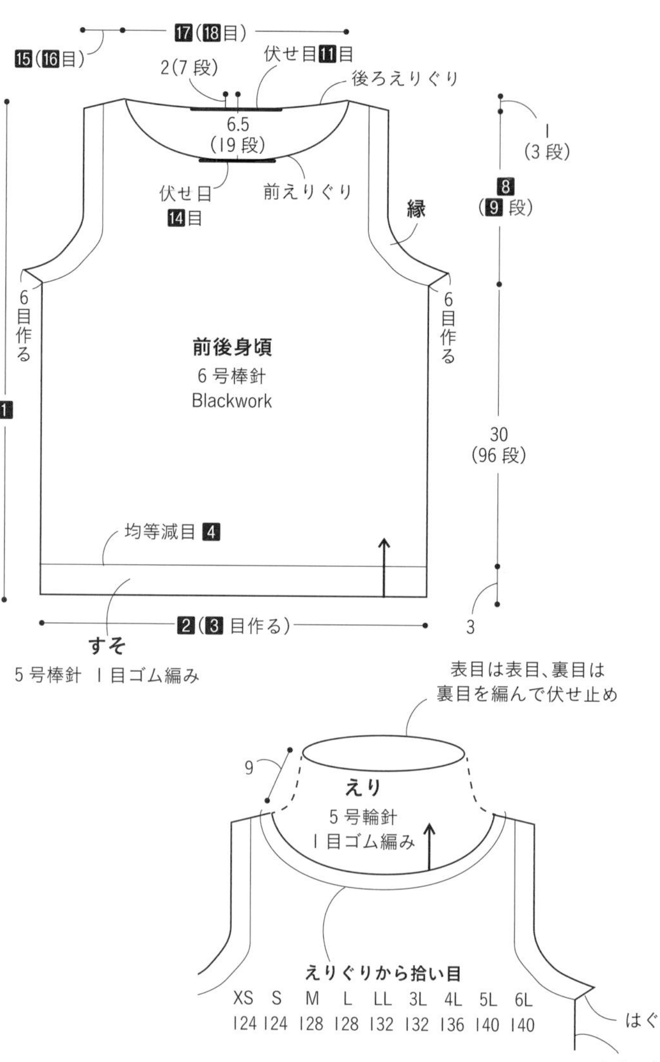

Front ／前身頃

アームホール開始段のMから13cmになるまで後ろ身頃と同様に編み、裏面で編み終える。

えりぐりと肩のシェーピング

準備：中心の14目の左右にPM。

1段め（表面）：Mまで縁と模様の続きを編み、RM、新たな糸をつけて次のMまで伏せ、RM、最後まで模様と縁の続きを編む。ここからは2本の糸で左右の肩を交互に編む。

2〜5段め：編み始め側は増減なく編み、反対側のえりぐりを4目伏せ、最後まで編む。

6〜7段め：編み始め側は増減なく編み、反対側のえりぐりを3目伏せ、最後まで編む。

8〜9段め：編み始め側は増減なく編み、反対側のえりぐりを2目伏せ、最後まで編む。

10段め：増減なく編む。

11段め：左肩が残り3目になるまで編み、右上2目一度、表1。右肩は表1、左上2目一度、最後まで編む。

12段め：増減なく編む。

13〜16段め：11・12段めをくり返す。

17〜19段め：11・12段めと同様に編みながら、編み始め側で12目伏せる。最後に右肩に残った目を伏せる。

FINISHING ／仕上げ

肩をはぎ合わせ、好みの方法でブロッキングする。

ネックバンド

表面を見て輪針で後ろえり中心からえりぐりに沿って拾い目をし（目数は図参照）、輪にして段の始めにPM。1目ゴム編みを9cm輪に編み、目なりに伏せ止めする。

脇をとじ、アームホールの縁を脇下ではぎ合わせる。

Pattern Substitution ／模様の置き替え

PSSが80前後の模様と置き替えるのがおすすめです。CHAPTER 5のWheat (#86)やDroplets (#87)、CHAPTER 6のAlways (#93)はとくに効果的。身幅が5%程度広くなっても気にならなければ、PSS 85の模様への置き替えも可能です。この場合、各部位の目数に合わせて編み始めと編み終わり（チャート上の始点・終点）を設定し直す必要があります。

模様編み（Blackwork）

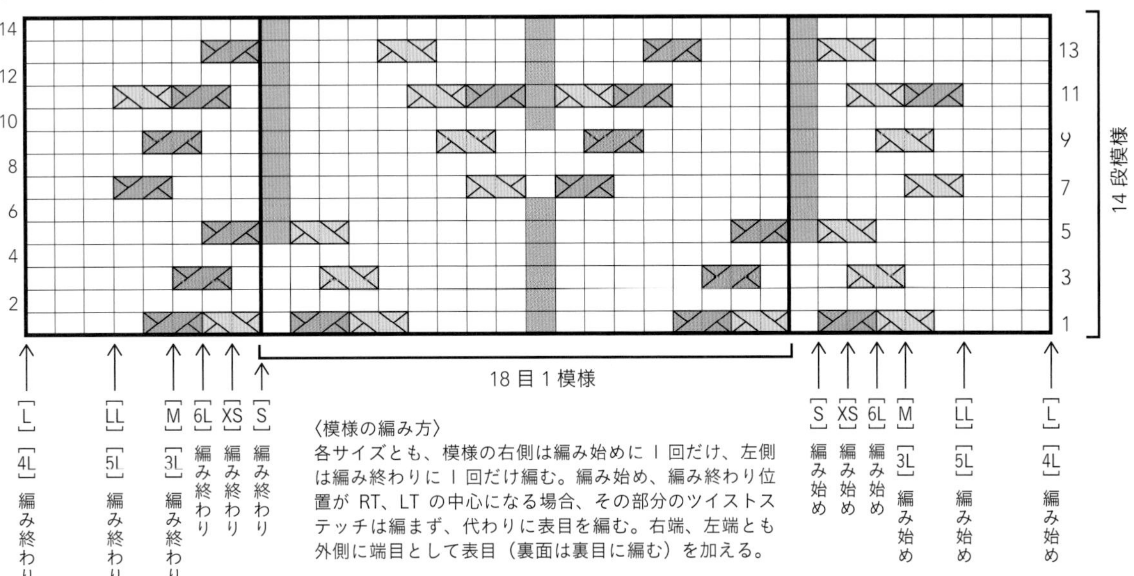

〈模様の編み方〉
各サイズとも、模様の右側は編み始めに1回だけ、左側は編み終わりに1回だけ編む。編み始め、編み終わり位置がRT、LTの中心になる場合、その部分のツイストステッチは編まず、代わりに表目を編む。右端、左端とも外側に端目として表目（裏面は裏目に編む）を加える。

アームホールのシェーピングと縁

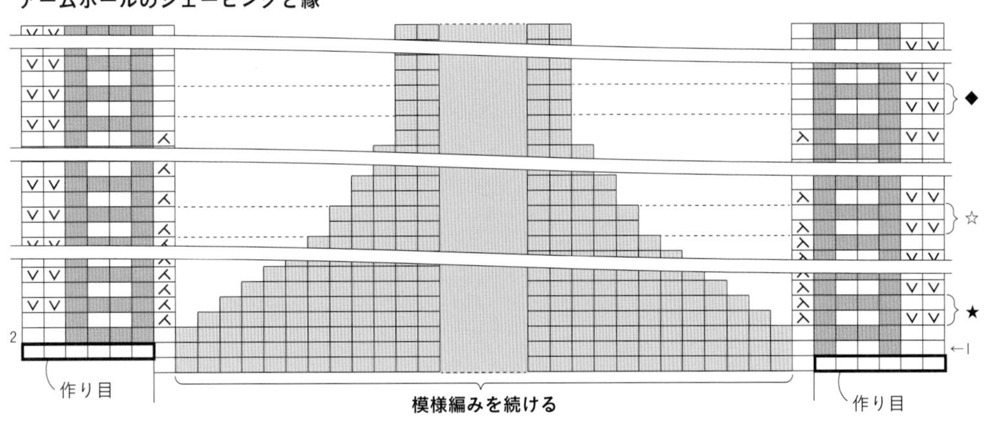

〈編み方〉
①1段めは右側、2段めは左側に縁分の6目を作る。1段めを編んだら表面で右から5目めにPM（取り外せるタイプを使う）。
②★の2段を6回編む。
③☆の2段を7回編む。
④①のMから後ろ身頃は8cm、前身頃は13cmになるまで◆の2段をくり返し、裏面の段で編み終える。続けて「えりぐりと肩のシェーピング」（本文参照）を編む。

- RT（表面）
- LT（表面）
- 表面で右上2目一度、裏面で裏目の右上2目一度
- 表面で表目、裏面で裏目
- 表面で裏目、裏面で表目
- 表面で左上2目一度、裏面で裏目の左上2目一度
- 表面ですべり目、裏面で浮き目

	XS	S	M	L	LL	3L	4L	5L	6L
1	52.5cm	53.5cm	55cm	56cm	57.5cm	58.5cm	60cm	61cm	62.5cm
2	41.5cm	49cm	51.5cm	56cm	61.5cm	67.5cm	72cm	77.5cm	82.5cm
3	102	118	126	136	148	162	174	186	198
5	26	34	32	37	38	43	47	48	52
6	5	8	7	9	10	12	13	14	16
7	6	8	8	9	8	9	11	10	10
8	18cm	19cm	20cm	21.5cm	23cm	24cm	25.5cm	26.5cm	28cm
9	58	60	64	68	74	76	82	84	90
10	75		85		95	99	101	111	115
11	25		27		29		31	33	
12	5		7		9	10		12	13
13	12.5	14	15	16.5	18	19	20.5	21.5	23
14	21		23		25		27	29	
15	4.5cm		6cm		8cm	8.5cm		10.5cm	11.5cm
16	10		14		18	20		24	26
17	24cm		25cm		25.5cm		26.5cm	27.5cm	
18	55		57		59		61	63	

4均等減目段の編み方

XS	*裏11、裏目の左上2目一度；、残り11目まで*～；をくり返し、最後まで裏編み。（－7目）
S	*裏13、裏目の左上2目一度；、残り13目まで*～；をくり返し、最後まで裏編み。（－7目）
M	*裏11、裏目の左上2目一度；、残り9目まで*～；をくり返し、最後まで裏編み。（－9目）
L	*裏12、裏目の左上2目一度；、残り10目まで*～；をくり返し、最後まで裏編み。（－9目）
LL	*裏13、裏目の左上2目一度；、残り13目まで*～；をくり返し、最後まで裏編み。（－9目）
3L	*裏14、裏目の左上2目一度；、残り18目まで*～；をくり返し、最後まで裏編み。（－9目）
4L	*裏13、裏目の左上2目一度；、残り9目まで*～；をくり返し、最後まで裏編み。（－11目）
5L	*裏14、裏目の左上2目一度；、残り10目まで*～；をくり返し、最後まで裏編み。（－11目）
6L	*裏15、裏目の左上2目一度；、残り11目まで*～；をくり返し、最後まで裏編み。（－11目）

Cropped Cardi

クロップドカーディ

ウエストをやさしく包むフィットした短め丈のカーディガンは、上半身をスッキリ見せてくれます。ローゲージで丈も短いので、短期間で編めるのもポイント。さらにツイストステッチのパネルのおかげで飽きずに編めます。身頃にはDeco Dragonの模様を左右対称に配置しています。スタンドカラーは引き返し編みをしながら編み、袖は身頃の丈とのバランスがよい七分丈に。

FINISHED MEASUREMENT／仕上がり寸法
※表参照

YARN／糸
Jill Draper Makes StuffのValkill［チェビオットウール100%、230m/113g］
Luciferase
※使用量は表参照

NEEDLE／針
・7号［US6（4.25 mm）］の棒針
・10号［US8（5 mm）］の棒針

※ゲージが合わない場合は必要に応じて号数を変えて調整しましょう。

NOTIONS／その他の道具
ステッチマーカー（取り外し可能なもの）、直径25mmのボタン5個

GAUGE／ゲージ
① 16目×24段（10cm角・10号針・メリヤス編み）
② 18目×26段（10cm角・10号針・#78 Deco Dragon Right／#76 Deco Dragon Left）

仕上がり寸法と糸量

サイズ	XS	S	M	L	LL	3L	4L	5L	6L
バスト(cm)	80	90	100	110	121	127	137	147	157
着丈(cm)	44.5	45.5	46.5	48	49.5	50.5	51.5	52.5	54.5
糸量(かせ)	3	4	4	5	5	5	6	6	7

PATTERN NOTES／メモ
前後身頃はボトムアップに編み、肩をはぎます。身頃から拾い目をして前立てを編み、えりぐりから拾い目をしてジャーマンショートロウでえりを編みます。

◎パターン中の略語
PM：Place Marker →マーカーを入れる
RM：Remove Marker →マーカーを外す

STITCH PATTERNS／模様編み
2目ゴム編み（4の倍数＋2目）
1段め（表面）：表2、*裏2、表2；、*〜；をくり返す。
2段め（裏面）：裏2、*表2、裏2；、*〜；をくり返す。

変わりねじりゴム編み（奇数目）
1段め（表面）：表1、*ねじり目1、裏1；、*〜；を残り2目までくり返し、ねじり目1、表1。
2段め（裏面）：*表1、裏1；、*〜；を残り1目までくり返し、表1。

Deco Dragon Right (#78)
Deco Dragon Left (#76)
※編み方はP.207チャート参照

※説明中の❶〜㉕はP.204・206の表を参照してください。Deco DragonのRightは「DDR」、Leftは「DDL」と表記しています。

Back／後ろ身頃

7号針に指でかける作り目の方法(P.270参照)で❸目作る。
2目ゴム編みを5cm編み（裏面の段から編み始める）、表面の段で編み終える。10号針に持ち替え、1段裏編みをしながらXS〜LLのみ均等に2目増やす。
模様編み準備段（模様1段め）
XS（S、M、L、LL）：表5（9、13、17、21）、PM、DDRを1回、PM、表4、PM、DDLを1回、PM、最後まで表編み。
3L（4L、5L、6L）：表4（8、12、16）、PM、DDRを2回、PM、表4、PM、DDLを2回、PM、最後まで表編み。
次段以降：増減なくメリヤス編みと模様編みを続け7段編む。
※これ以後もメリヤス編みと模様編みは継続して編む。

脇のシェーピング
増し目段（表面）：表2、左ねじり増し目、残り2目まで編み、右ねじり増し目、表2。（＋2目）
次段以降：8段ごとに増し目段を3回編む。（＋6目）
次段以降：作り目から24cmになるまで増減なく編み、裏面の段で編み終える。

アームホールと肩下がりのシェーピング

[6]を参照してアームホールの減目をし、終わったらアームホール丈が[7] cm になるまで増減なく編む。

[8]（P.206）を参照して肩下がりの伏せ目をする。

Left Front／左前身頃

7 号針に指でかける作り目の方法（P.270 参照）で[14]目作る。

2 目ゴム編みを 5cm 編み（裏面の段から編み始める）、表面の段で編み終える。10 号針に持ち替え、1 段裏編みをしながら XS ～ LL は 2 目、3L ～ 6L は 3 目均等に増やす。

模様編み準備段（模様 1 段め）

XS（S、M、L、LL）: 表 5（9、13、17、21）、PM、DDR を 1 回。

3L（4L、5L、6L）: 表 4（8、12、16）、PM、DDR を 2 回。

次段以降: 増減なくメリヤス編みと模様編みを続け 7 段編む。

※これ以後もメリヤス編みと模様編みは継続して編む。

脇のシェーピング

増し目段（表面）: 表 2、左ねじり増し目、最後まで編む。（＋ 1 目）

次段以降: 8 段ごとに増し目段をさらに 3 回編む。（＋ 3 目）

次段以降: 作り目から 24cm になるまで増減なく編み、裏面の段で編み終える。

アームホールと肩、えりぐりのシェーピング

[6]を参照してアームホールの減目をし、終わったらアームホール丈が[17] cm になるまで増減なく編み、裏面の段で編み終える。

[18]（P.206）を参照して前えりぐりと肩下がりを編む。

Right Front／右前身頃

7 号針に指でかける作り目の方法（P.270 参照）で[14]目作る。

2 目ゴム編みを 5cm 編み（裏面の段から編み始める）、表面の段で編み終える。10 号針に持ち替え、1 段裏編みをしながら XS ～ LL は 2 目、3L ～ 6L は 3 目均等に増やす。

模様編み準備段（模様 1 段め）

XS（S、M、L、LL）: DDL を 1 回、PM、表 5（9、13、17、21）。

3L（4L、5L、6L）: DDL を 2 回、PM、表 4（8、12、16）。

次段以降: 増減なくメリヤス編みと模様編みを続け 7 段編む。

※これ以後もメリヤス編みと模様編みは継続して編む。

脇のシェーピング

増し目段（表面）: 残り 2 目まで編み、右ねじり増し目、表 2。（＋ 1 目）

次段以降: 8 段ごとに増し目段をさらに 3 回編む。（＋ 3 目）

次段以降: 作り目から 24cm になるまで増減なく編み、表面の段で編み終える。

アームホールと肩、えりぐりのシェーピング

[6]を参照してアームホールの減目をし、終わったらアームホール丈が[17] cm になるまで増減なく編み、表面の段で編み終える。

[18]（P.206）を参照して前えりぐりと肩下がりを編む。

	XS	S	M	L	LL	3L	4L	5L	6L
1	44.5cm	45.5cm	46.5cm	48cm	49.5cm	50.5cm	51.5cm	52.5cm	54.5cm
2	35cm	40cm	45cm	50cm	55cm	58.5cm	63.5cm	68.5cm	73.5cm
3	58	66	74	82	90	102	110	118	126
4	40cm	45cm	50cm	55cm	60.5cm	63.5cm	68.5cm	73.5cm	78.5cm
5	68	76	84	92	100	110	118	126	134
6	2－1－2 2－2－1 1－3－1減	2－1－4 2－2－1 1－3－1減	2－1－3 2－2－1 2－3－1 1－3－1減	2－1－5 2－2－1 2－3－1 1－3－1減	2－1－5 2－2－2 2－3－1 1－3－1減	2－1－6 2－2－1 2－3－2 1－4－1減	2－1－6 2－2－2 2－3－2 1－4－1減	2－1－6 2－2－3 2－3－2 1－4－1減	2－1－8 2－2－3 2－3－2 1－4－1減
7	18	19	20	21.5	23	24	25	26	28
9	7.5cm	8.5cm	9.5cm	10cm	11.5cm	11.5cm	12.5cm	12.5cm	13.5cm
10	13	14	16	17	19	20	22	23	24
11	16cm	17cm		18.5cm		19.5cm		20.5cm	21.5cm
12	28	30		32		34		36	38
13	16cm	18.5cm	21cm	23.5cm	26cm	28cm	30.5cm	33cm	35.5cm
14	26	30	34	38	42	46	50	54	58
15	18.5cm	21cm	23.5cm	26cm	28.5cm	30.5cm	33cm	35.5cm	38cm
16	32	36	40	44	48	53	57	61	65
17	14.5cm	16cm	17cm	18.5cm	19.5cm	21cm	22cm	23.5cm	25cm
19	24cm	25.5cm		26.5cm		29cm		32cm	
20	38			42				46	
21	9 段平 12－1－3 11－1－1増	9 段平 10－1－4 7－1－1増	9 段平 6－1－4 8－1－2 7－1－1増	9 段平 6－1－7 5－1－1増	9 段平 4－1－7 6－1－2 7－1－1増	9 段平 4－1－7 6－1－2 7－1－1増	9 段平 4－1－11 3－1－1増	9 段平 4－1－11 3－1－1増	9 段平 2－1－5 4－1－8 5－1－1増
22	29cm	32cm	34.5cm	37cm	39.5cm	42cm	44.5cm	47cm	49.5cm
23	46	50	54	58	62	66	70	74	78
25	12cm	12.5cm	14cm	15cm	16.5cm	17.5cm	19cm	20cm	21.5cm

Sleeves ／袖

7 号針に指でかける作り目の方法（P.270 参照）で[20]目作る。

2 目ゴム編みを 5cm 編み（裏面の段から編み始める）、表面の段で編み終える。10 号針に持ち替え、1 段裏編みをしながら S・M は 2 目、3L ～ 6L は 4 目均等に増やす（XS、L、LL は増し目なし）。

[21]を参照してメリヤス編みを編みながら袖下の増し目をする。増し目は左右とも端に 2 目ずつ立て、右端側は左ねじり増し目、左端側は右ねじり増し目を編む。

袖山のシェーピング

1 ～ 2 段め：編み始めで 3 目ずつ伏せる。

3 ～ 4 段め：編み始めで 2 目ずつ伏せる。

5 段め（減目段）：表 1、左上 2 目一度、残り 3 目まで表編み、右上 2 目一度、表 1。

6 段め以降：[24]（P.206）を参照して減目をする（減目段では 5 段めと同様に編む）。

次の 2 段：編み始めで 2 目ずつ伏せる。

次の 2 段：編み始めで 3 目ずつ伏せる。

残った目を伏せ止めする。

FINISHING ／仕上げ

好みの方法でブロッキングし、肩をはぐ。

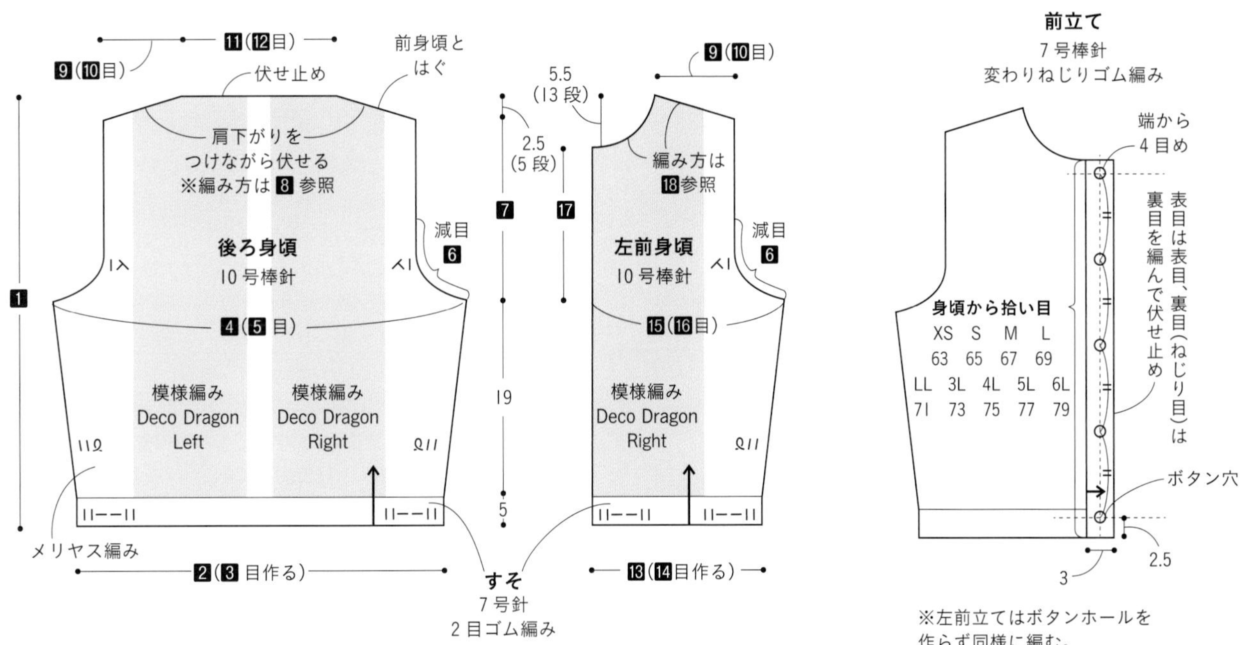

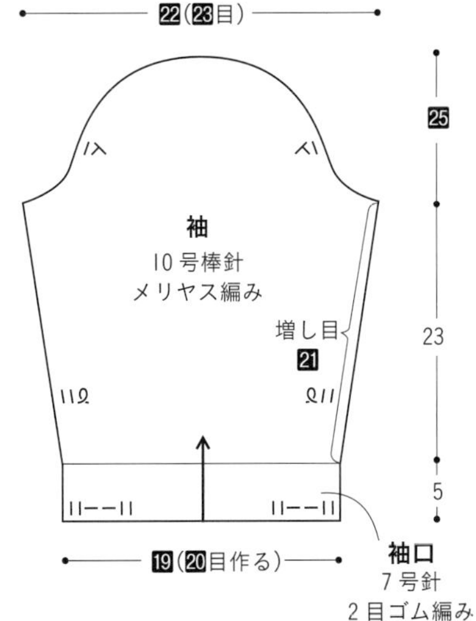

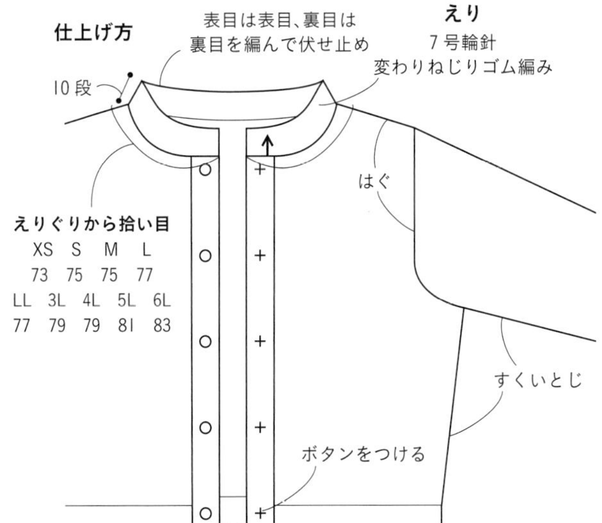

	8肩下がり	**18**前えりぐりと肩のシェーピング	**24**袖山の減目
XS	**1・2段め**：編み始めで5目ずつ伏せる。 **3〜6段め**：編み始めで4目ずつ伏せる。 残り28目を伏せる。	**1・3段め**：編み始めで3目伏せる。 **5・7段め**：編み始めで2目伏せる。 **9・11段め**：編み始めで1目伏せる。 **10段め**：編み始めで5目伏せる。 **12段め**：編み始めで4目伏せる。 1段増減なく編み、残り4目を伏せる。	2段ごとに1回、4段ごとに4回減目段を編み、1段増減なく編む。
S	**1〜4段め**：編み始めで5目ずつ伏せる。 **5・6段め**：編み始めで4目ずつ伏せる。 残り30目を伏せる。	**1段め**：編み始めで4目伏せる。 **3段め**：編み始めで3目伏せる。 **5・7段め**：編み始めで2目伏せる。 **9・11段め**：編み始めで1目伏せる。 **10・12段め**：編み始めで5目伏せる。 1段増減なく編み、残りの4目を伏せる。	2段ごとに2回、4段ごとに3回、2段ごとに2回減目段を編み、1段増減なく編む。
M	**1・2段め**：編み始めで6目ずつ伏せる。 **3〜6段め**：編み始めで5目ずつ伏せる。 残り30目を伏せる。	**1段め**：編み始めで4目伏せる。 **3段め**：編み始めで3目伏せる。 **5・7段め**：編み始めで2目伏せる。 **9・11段め**：編み始めで1目伏せる。 **10段め**：編み始めで6目伏せる。 **11段め**：編み始めで5目伏せる。 1段増減なく編み、残りの5目を伏せる。	2段ごとに2回、4段ごとに3回、2段ごとに4回減目段を編み、1段増減なく編む。
L	**1〜4段め**：編み始めで6目ずつ伏せる。 **5・6段め**：編み始めで5目ずつ伏せる。 残り32目を伏せる。	**1段め**：編み始めで4目伏せる。 **3・5段め**：編み始めで3目伏せる。 **7段め**：編み始めで2目伏せる。 **9・11段め**：編み始めで1目伏せる。 **10・12段め**：編み始めで6目伏せる。 1段増減なく編み、残りの5目を伏せる。	2段ごとに4回、4段ごとに2回、2段ごとに5回減目段を編み、1段増減なく編む。
LL	**1・2段め**：編み始めで7目ずつ伏せる。 **3〜6段め**：編み始めで6目ずつ伏せる。 残り32目を伏せる。	**1段め**：編み始めで4目伏せる。 **3・5段め**：編み始めで3目伏せる。 **7段め**：編み始めで2目伏せる。 **9・11段め**：編み始めで1目伏せる。 **10段め**：編み始めで7目伏せる。 **12段め**：編み始めで6目伏せる。 1段増減なく編み、残りの6目を伏せる。	2段ごとに5回、4段ごとに2回、2段ごとに6回減目段を編み、1段増減なく編む。
3L	**1〜4段め**：編み始めで7目ずつ伏せる。 **5・6段め**：編み始めで6目ずつ伏せる。 残り34目を伏せる。	**1段め**：編み始めで5目伏せる。 **3・5段め**：編み始めで3目伏せる。 **7段め**：編み始めで2目伏せる。 **9・11段め**：編み始めで1目伏せる。 **10・12段め**：編み始めで7目伏せる。 1段増減なく編み、残り6目を伏せる。	2段ごとに8回、4段ごとに2回、2段ごとに4回減目段を編み、1段増減なく編む。
4L	**1・2段め**：編み始めで8目ずつ伏せる。 **3〜6段め**：編み始めで7目ずつ伏せる。 残り34目を伏せる。	**1段め**：編み始めで5目伏せる。 **3・5段め**：編み始めで3目伏せる。 **7段め**：編み始めで2目伏せる。 **9・11段め**：編み始めで1目伏せる。 **10段め**：編み始めで8目伏せる。 **12段め**：編み始めで7目伏せる。 1段増減なく編み、残り7目を伏せる。	2段ごとに8回、4段ごとに2回、2段ごとに6回減目段を編み、1段増減なく編む。
5L	**1〜4段め**：編み始めで8目ずつ伏せる。 **5・6段め**：編み始めで7目ずつ伏せる。 残り36目を伏せる。	**1段め**：編み始めで6目伏せる。 **3・5段め**：編み始めで3目伏せる。 **7段め**：編み始めで2目伏せる。 **9・11段め**：編み始めで1目伏せる。 **10・12段め**：編み始めで8目伏せる。 1段平らに編み、残り7目を伏せる。	2段ごとに9回、4段ごとに2回、2段ごとに6回減目段を編み、1段増減なく編む。
6L	**1〜6段め**：編み始めで8目ずつ伏せる。 残り38目を伏せる。	**1段め**：編み始めで7目伏せる。 **3・5段め**：編み始めで3目伏せる。 **7段め**：編み始めで2目伏せる。 **9・11段め**：編み始めで1目伏せる。 **10・12段め**：編み始めで8目伏せる。 1段平らに編み、残り8目を伏せる。	2段ごとに8回、4段ごとに2回、2段ごとに9回減目段を編み、1段増減なく編む。

前立て

左右それぞれに身頃から表を見て7号針で拾い目をし（目数はP.205の図参照）、変わりねじりゴム編みを3cm編み（裏面の段から編み、裏面の段で終わる）、表目は表目、裏目は裏目を編みながら伏せ止めする。

右前立ては1cm編んだところで（裏面の段で終わる）、次のようにしてボタンホール段を編む。

準備：表を見て、右端から2.5cmの位置と左端から4目めの表目にPM（取り外し可能なもの）、2個のマーカーの間に均等に3個PM（すべて表目につける）。

ボタンホール段（表面）：[Mまで編む、RM、かけ目、裏目の左上2目一度] を5回、最後まで編む。

えり

NOTE：えりはジャーマンショートロウの方法（P.270参照）で引き返し編みをして編みます。

準備：表を見て、7号針で右前立ての端から左前立ての端まで拾い目をする（目数はP.205の図参照）。

引き返し編み1段め（裏面）：残り2目まで変わりねじりゴム編み、編み地を返す。

引き返し編み2段め：DS、残り2目まで変わりねじりゴム編み、編み地を返す。

引き返し編み3〜8段め：DS、前段のDSの手前に1目残るまで変わりねじりゴム編み、編み地を返す。

引き返し編み9段め（段消し）：DSを1目として編みながら、最後まで変わりねじりゴム編み。

引き返し編み10段め（段消し）：DSを1目として編みながら、最後まで変わりねじりゴム編み。

残った目を表目は表目、裏目（ねじり目）は裏目を編みながら伏せ止めする。

身頃に袖をつけ、脇と袖下をとじ合わせる。ボタンホール位置に合わせて左前立てにボタンをつける。

Pattern Substitution／模様の置き替え

1模様が23目程度の縦長の模様、または1模様の倍数が24目になる総柄で置き替えるのがおすすめです。Deco DragonのPSSは80ですが、PSSが85の模様でも問題なく置き替えられます。

Wheat（#86）はPSS 80で、最低21目で編めます。この模様を使ってきちんと置き替えたい場合は、左右の端に裏メリヤス編みを1目ずつ加えます。PSSが85のPlaid Medium（#16）は、右端に1目加えた19目を元の模様と置き替え、両端に裏メリヤス編み目を2目ずつ加えると、元の模様と同じ23目になります。

Deco Dragon Left

- □ 表面で表目、裏面で裏目
- ■ 表面で裏目、裏面で表目
- ねじり目
- RT
- LT

Topper

トッパー

中央のメリヤス編みを編み広げることで左右の模様編みのパネルに傾斜をつけます。脇はゴム編み部分だけをとじるので、プルオーバーというよりタバード（脇の開いたポンチョ風ベスト）です。左右の端にはアイコードの縁を本体と同時に編み、ネックや肩下がりのシェーピングもないのでシンプルに編めて、編み上がったら肩をはぎ、ゴム編み部分をとじるだけで完成です。

FINISHED MEASUREMENT／仕上がり寸法
※表参照

YARN／糸
Nature's Luxury の On Stage［メリノウール 50%・マルベリーシルク 30%・ベビーキャメル 20%、300m/100g］IL VOLO
※使用量は表参照

NEEDLE／針
・4 号［US3（3.25 mm）］の 60cm 以上の輪針（2 本）
・4 号［US3（3.25 mm）］の棒針 1 本またはかぎ針 5/0 号（引き抜きはぎ用）
※ゲージが合わない場合は必要に応じて号数を変えて調整しましょう。

NOTIONS／その他の道具
ステッチマーカー

GAUGE／ゲージ
26 目× 38 段（10cm 角・4 号針・メリヤス編み）

仕上がり寸法と糸量

サイズ	XS	S	M	L	LL	3L	4L	5L	6L
胴囲 (cm)	79	88	98	109	119	128	138	150	160
着丈 (cm)	39.5	40.5		43		44.5		45.5	
糸量 (かせ)	2	3			4			5	

STITCH PATTERNS／模様編み
2 目ゴム編み（4 の倍数＋ 2 目）
1 段め（表面）：表 2、＊裏 2、表 2；、＊～；をくり返す。
2 段め（裏面）：裏 2、＊表 2、裏 2；、＊～；をくり返す。

Damask（#95）
※編み方は P.211 チャート参照

PATTERN NOTES／メモ
前後身頃は同じものをボトムアップに編み、肩で引き抜きはぎをします。脇はゴム編み部分だけとじます。往復に編みますが、目数が多くなるため輪針を使用します（輪に編むわけではありません）。

Back & Front／前後身頃

4 号輪針に指でかける作り目の方法 (P.270 参照) で 3 目作る。
2 目ゴム編みを 5cm 編み（裏面の段から編み始める）、表面の段で編み終える。1 段裏編みを編み、次段から P.211 のチャートを参照して模様編みをする。7 段めからは中央のメリヤス編みの左右の端（2 目内側）で増し目をする。増し目が終わったら着丈になるまで増減なく編む。後ろ身頃を先に編み、編み終わったら糸を切り、そのまま休めておく。もう 1 本の輪針で前身頃を編み、糸端は残しておく。

FINISHING／仕上げ

P.211「仕上げ方」を参照して肩をはぎながら前後のえりぐりの目を伏せ、前後身頃のすそのゴム編みをとじ合わせる。好みの方法でブロッキングする。

Pattern Substitution／模様の置き替え

模様編みの目数が少ないため、PSS を気にせず置き替えても編み地の表情や仕上がり寸法に目立った影響はありません。オリジナルの比率を守るなら、Cherries（#91）や Eyelet Zigzag（#102）のようにパネルまたはパネルとして扱える 18～21 目の模様がおすすめです。目数が変わる場合はゴム編みのあとで目数を調整してください。

	XS	S	M	L	LL	3L	4L	5L	6L
1	39.5cm	40.5cm		43cm		44.5cm		45.5cm	
2	39.5cm	44cm	49cm	54.5cm	59.5cm	64cm	69cm	75cm	80cm
3	106	118	130	146	158	170	182	198	210
4	10	15	21	27	32	35	39	45	49
5	22	24		28	30	36	40	44	48
6	15cm	17cm	19.5cm	22cm	24cm	25.5cm	26.5cm	29cm	30.5cm
7	42	47	53	59	64	67	71	77	81
8	28cm	29cm		30.5cm	31cm	33.5cm	35cm	37cm	38cm
9	72	74		78	80	86	90	94	98

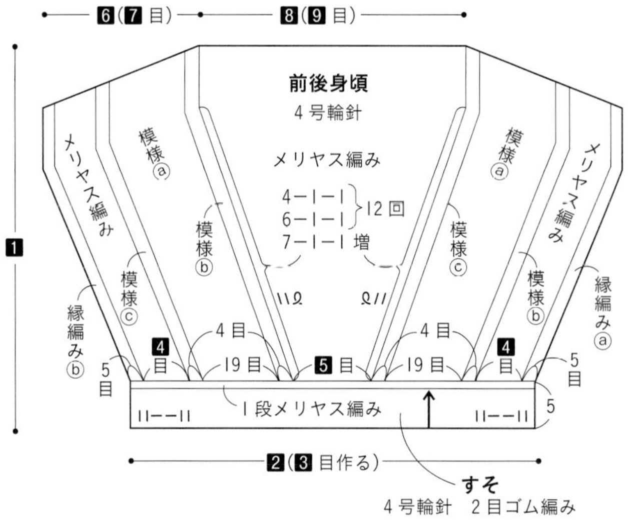

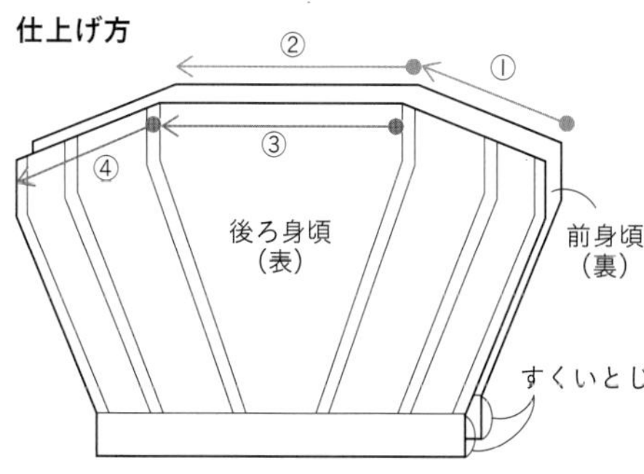

①前身頃の糸で前後身頃の右肩を引き抜きはぎする。
②前えりぐりの目を裏目の伏せ止めにする。最後の目はマーカーを外して伏せ、右針に残った目は前身頃の左針に戻し、糸を切る。
③糸をつけ、後ろえりぐりの目を表目の伏せ止めにする。最後の目はマーカーを外して伏せ、右針に残った目は後ろ身頃の左針に戻す。
④前後身頃の左肩を引き抜きはぎする。

模様ⓐ (Damask)

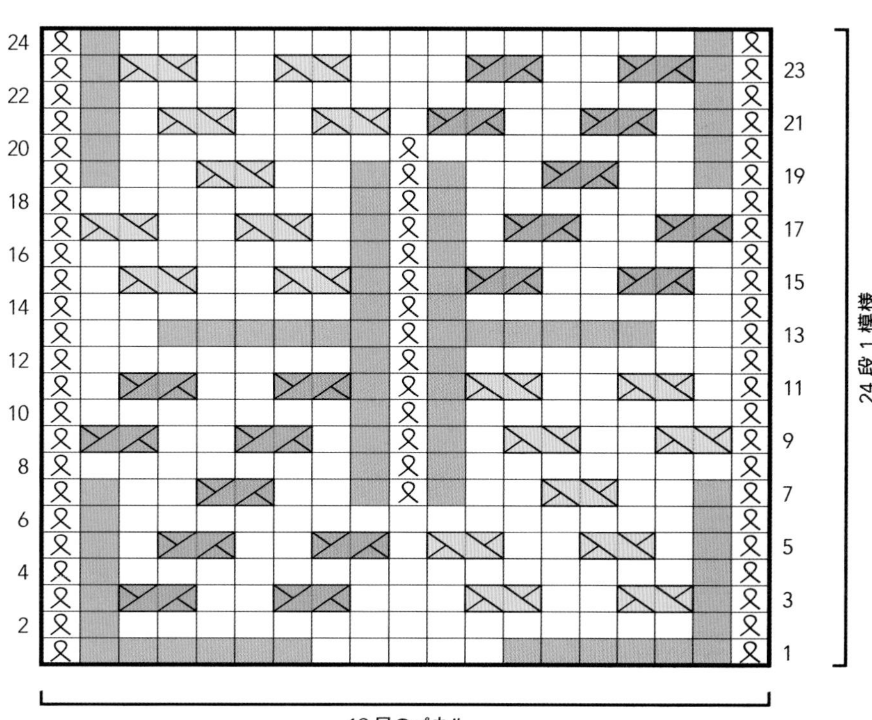

RT (表面)
LT (表面)
□ 表面で表目、裏面で裏目
■ 表面で裏目、裏面で表目
表面で表目のねじり目、裏面で裏目のねじり目
右ねじり増し目
左ねじり増し目
V 表面ですべり目、裏面で浮き目

前後身頃の模様編み

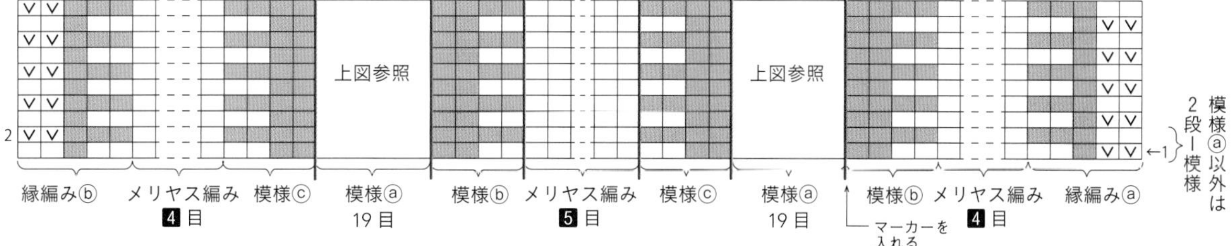

Hat & Mitts

ハット＆ミッツ

X と O モチーフの同じ模様を使いますが、しっかりフィットさせたい帽子は輪編み、指出しミトンは往復編みにするのが、それぞれに最適だと感じました。帽子は模様を 7 回くり返し 1 模様ごとに減目をすることで頭を包み込むドーム型にし、ミトンは 2 模様をゴム編みと組み合わせています。ミトンは編み方を簡単にするため、脇の一部をとじずに親指の通し口にしています。

FINISHED MEASUREMENT／仕上がり寸法
帽子：頭周り 49.5cm
ミトン：手のひら周り 19.5cm

YARN／糸
Neighborhood Fiber Co. の Studio DK［スーパーウォッシュメリノ 100%、251.5m/114 g］
Hollins Market　2 かせ

NEEDLE／針
帽子：※好みの小さな輪が編める針を使用
・2 号［US 2（2.75 mm）］の針
・5 号［US 4（3.5 mm）］の針
ミトン：
・2 号［US2（2.75mm）］棒針
・5 号［US2（3.5mm）］棒針
※ゲージが合わない場合は必要に応じて号数を変えて調整しましょう。

NOTIONS／その他の道具
ステッチマーカー

GAUGE／ゲージ
帽子：
① 26 目 × 36 段（10cm 角・5 号針・#96 Hugs & Kisses）
② #96 Hugs & Kisses の 1 模様 18 目のパネル＝幅 7 cm（5 号針）
ミトン：
① 23 目× 34 段（10cm 角・5 号針・メリヤス編み）
② #96 Hugs & Kisses の 1 模様 19 目のパネル＝幅 8cm（5 号針）
③ #96 Hugs & Kisses の 1 模様 49 段のパネル＝丈 13.5cm（5 号針）

STITCH PATTERNS／模様編み
1 目ゴム編み
［輪編み・往復編み］（偶数目）
すべての段：* 表 1、裏 1；、* 〜；を最後までくり返す。

Hugs & Kisses (#96)
※編み方はチャート参照

PATTERN NOTES／メモ
帽子は輪に編みます。ミトンは往復編みし、親指部分に開きを残して左右の端をとじ合わせます。

◎パターン中の略語
PM：Place Marker
→マーカーを入れる

SPECIAL TECHNIQUES／特別な技法

リブケーブルドキャストオン
表目と裏目を交互に作る 1 目ゴム編み用の作り目です。

バージョン A：右端が裏目、左端が表目の 1 目ゴム編み用。帽子、ミトンの右手用に使用。以下は偶数目作る場合。
①編み糸でスリップノットを作り、左針に通す。
②（糸を後ろにして）スリップノットに表目を編む。スリップノットは左針から外さず、左右の針先を突き合わせて右針にできた目を左針に移す。
③次のように裏目、表目を作る。
裏目：（糸を手前にして）左針先の 2 目の間に後ろから右針先を入れ、裏目を編むように糸をかけて引き出し、引き出したループを左針先に移す。
表目：（糸を後ろにして）左針先の 2 目の間に手前から右針先を入れ、表目を編むように糸をかけて引き出し、引き出したループを左針先に移す。
④③をくり返して必要目数分作る（スリップノットは数に入れず、偶数目作る。最後は裏目を作って終わる）。
作り目が終わったら、作り目の向きは変えずに次のように準備段を編む（その後輪に編む場合でも、準備段は往復に編む）。
準備段①（表面）：* すべり目 1、表 1；、* 〜；を最後にスリップノットが残るまでくり返し、スリップノットをほどく。
準備段②（裏面）：* 浮き目 1、表 1；、* 〜；を最後までくり返す。

バージョン B：右端が表目、左端が裏目の 1 目ゴム編み用。ミトンの左手用に使用。以下は偶数目作る場合。
①編み糸でスリップノットを作り、左針に通す。
②（糸を手前にして）スリップノットに裏目を編む。スリップノットは左針から外さず、左右の針先を突き合わせて右針にできた目を左針に移す。
③「バージョン A」手順③の順番を逆にして、表目、裏目の順に作り目をする。
④③をくり返し、必要目数の残りを作る（スリップノットは数に入れず、偶数目作る。最後は表目を作って終わる）。
作り目が終わったら、作り目の向きは変えずに次のように準備段を編む（その後輪に編む場合でも、準備段は往復に編む）。
準備段①（表面）：*表 1、すべり目 1；、*～；を最後にスリップノットが残るまでくり返し、スリップノットをほどく。
準備段②（裏面）：*表 1、すべり目 1；、*～；を最後までくり返す。

Hat／帽子

NOTE：好みのタイプの針、編み方で輪に編みます。
2 号針にリブケーブルドキャストオンのバージョン A、または好みの方法で 126 目作る。編み目がねじれないよう注意して輪にし、段の始めに PM。1 目ゴム編みで 4cm 編む。
5 号針に持ち替え、1 段表編み。
P.215 のチャートの本体 1 ～ 59 段めを編む。毎段 7 模様編み、59 段めを編むと残り 14 目になる。
糸端を長めに残し、糸を切る。
糸端を残りの目に通し、絞り止めする。

FINISHING／仕上げ

好みの方法でブロッキングする。

Mitts／ミトン

2 号針に左手用はリブケーブルドキャストオンのバージョン B、右手用は同じくバージョン A で 50 目作る（好みの作り目の方法でもよい）。往復に編む。
1 目ゴム編みを 2.5 cm 編み、表面の段で編み終える。
5 号針に持ち替え、1 段裏編み。
P.216 のチャートを参照し、1 段めで指定の位置にマーカーを入れて 49 段めまで編む。
2 号針に持ち替え、裏編みで 1 段編む。
1 目ゴム編みを 2.5cm 編み、目なりに伏せ止めする。

FINISHING／仕上げ

親指用に上側のゴム編みの下に 4cm の開きを残して両端をとじ合わせる。
好みの方法でブロッキングする。

Pattern Substitution／模様の置き替え

ミトン用の模様は元々 17 目の縦長の模様で、両端に裏目を加えて PSS は 90 になっていました。模様を置き替えるときには PSS の数値が近く、目数が 17 ～ 19 目の模様がおすすめです。総柄を 1 模様使用するのもよいかもしれません。
たとえば、Blackwork（#85）の最初と最後の目を裏メリヤス編み目に置き替えるとちょうどよくなります。PSS が 80 になる場合、編み地の幅がさらに 10％縮むということになりますが、ゴム編みに伸縮性があるため大きな問題にはならないでしょう。1 模様が 16 目の模様も、ゴム編みのあとで減目をするように調整すれば使えます。
帽子の場合は、もう少し手の込んだ置き替えが必要になります。編み始めは、上記と同様に 16 ～ 17 目の模様の両端に裏目を足して 18 ～ 19 目にすれば問題ありません。それ以降は帽子を構成する 1 模様に合うよう、P.258 の帽子の無地チャートに使いたい模様を記入し、減目に合わせてアレンジしてみてください。

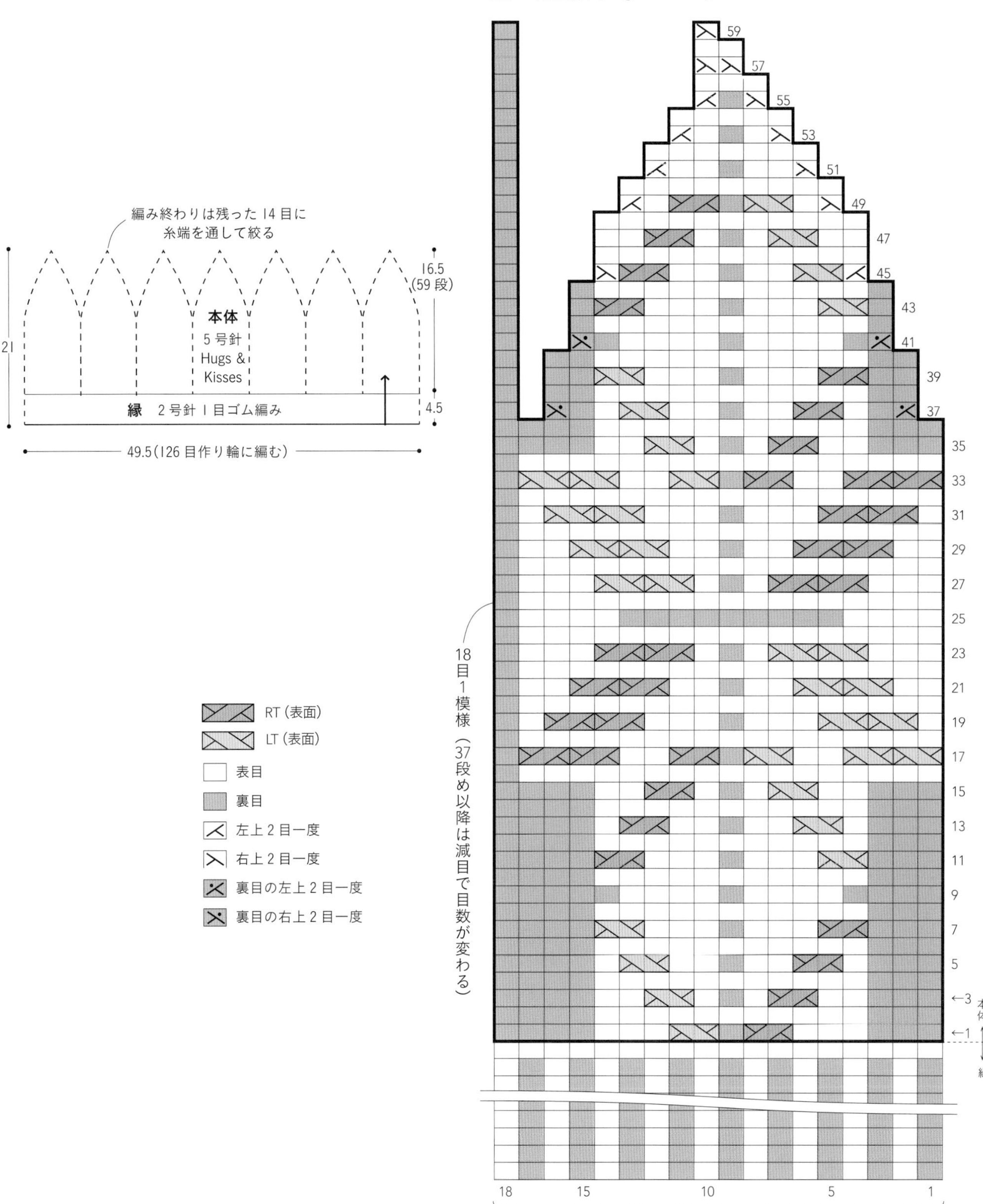

帽子の模様編み(Hugs & Kisses)
編み終わりは残った14目に糸端を通して絞る
本体
5号針
Hugs & Kisses
縁 2号針 1目ゴム編み
21
16.5 (59段)
4.5
49.5(126目作り輪に編む)
18目1模様(37段め以降は減目で目数が変わる)
RT(表面)
LT(表面)
表目
裏目
左上2目一度
右上2目一度
裏目の左上2目一度
裏目の右上2目一度
本体
縁
18目を7回編む

ミトン

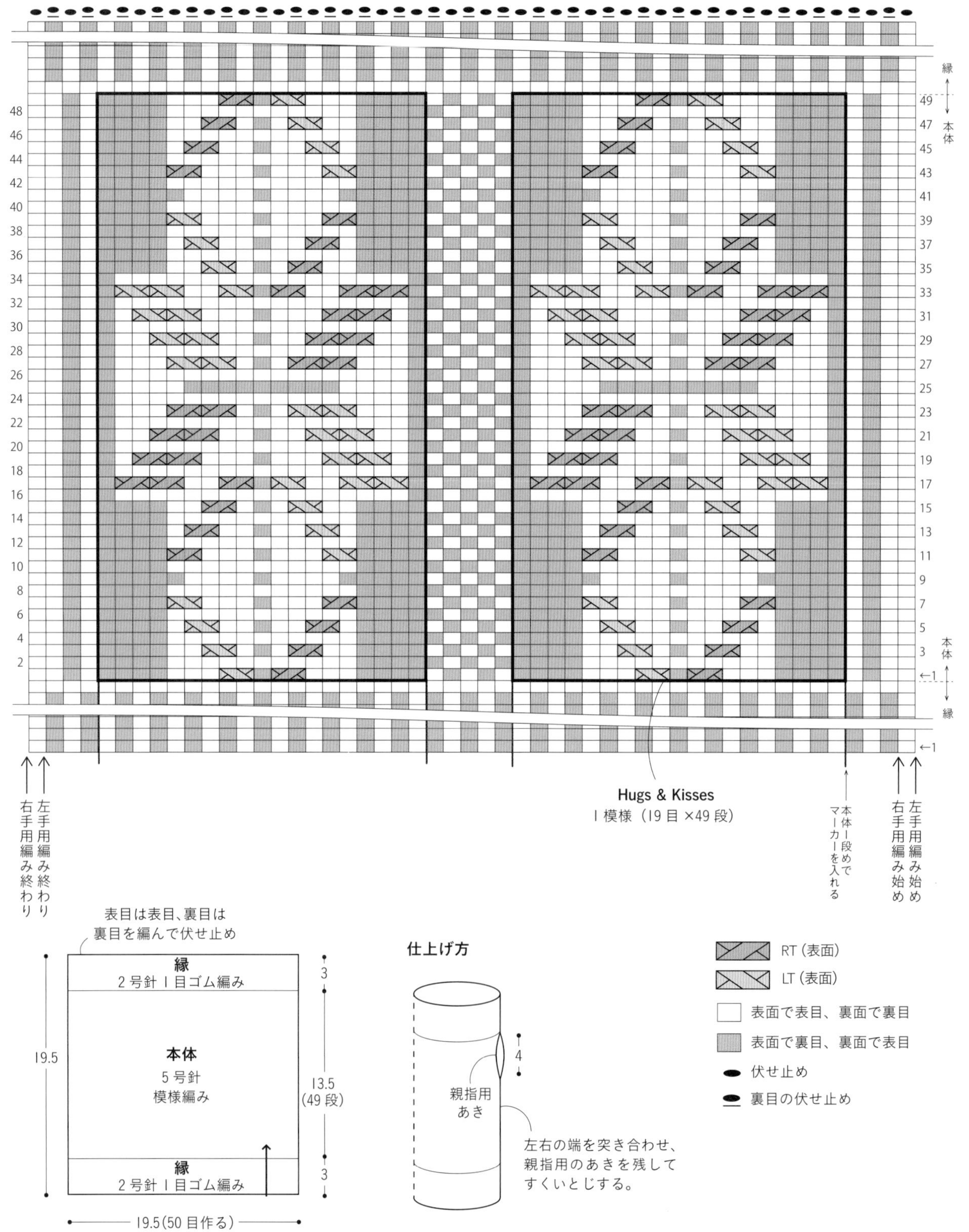
48
46
44
42
40
38
36
34
32
30
28
26
24
22
20
18
16
14
12
10
8
6
4
2
縁
49
47
本体
45
43
41
39
37
35
33
31
29
27
25
23
21
19
17
15
13
11
9
7
5
3
本体
←1
縁
←1
右手用編み終わり
左手用編み終わり
Hugs & Kisses
1模様（19目×49段）
本体1段めでマーカーを入れる
右手用編み始め
左手用編み始め
表目は表目、裏目は
裏目を編んで伏せ止め
縁
2号針 1目ゴム編み
本体
5号針
模様編み
縁
2号針 1目ゴム編み
19.5
3
13.5
(49段)
3
19.5(50目作る)
仕上げ方
4
親指用
あき
左右の端を突き合わせ、
親指用のあきを残して
すくいとじする。
RT（表面）
LT（表面）
表面で表目、裏面で裏目
表面で裏目、裏面で表目
伏せ止め
裏目の伏せ止め

Basic Pullover

ベーシックプルオーバー

タイトでもルースでもなく、短くも長くもないベーシックなクルーネックのプルオーバーですが、模様編みにより特別な一着に変身します。モックネックやタートルネックが好みなら、えりのゴム編みを長く。身頃は好みのスタイルに合わせて丈を短く、または長く。アレンジも自在です。模様はパネル状に身頃と袖の両方に配置し、シェーピングしやすくしています。

FINISHED MEASUREMENT／仕上がり寸法
※表参照

YARN／糸
Brooklyn Tweed の Arbor［アメリカ産ターギーウール 100％、132 m/50 g］
Heron
※使用量は表参照

NEEDLE／針
・4号［US3（3.25 mm）］棒針
・5号［US5（3.75 mm）］棒針
・4号［US3（3.25 mm）］40cm 輪針
※ゲージが合わない場合は必要に応じて号数を変えて調整しましょう。

仕上がり寸法と糸量

サイズ	XS	S	M	L	LL	3L	4L	5L	6L
バスト(cm)	83	91	103	112	123	132	144	152	164
着丈(cm)	57	58.5	59.5	61	62.5	63.5	65	66	67.5
糸量(かせ)	8	8	9	10	11	12	13	14	15

NOTIONS／その他の道具
ステッチマーカー

GAUGE／ゲージ
22目× 32段（10cm角・5号針・メリヤス編み）

STITCH PATTERNS／模様編み
2目ゴム編み
［往復編み］（4の倍数＋2目）
1段め（表面）：表2、*裏2、表2；、*～；を最後までくり返す。
2段め（裏面）：裏2、*表2、裏2；、*～；を最後までくり返す。

［輪編み］（4の倍数目）
すべての段：表1、裏2、*表2、裏2；、*～；を残り1目までくり返す、表1。

Open Pyramids（#103）
※編み方はP.221チャート参照

PATTERN NOTES／メモ
前後身頃を別々にボトムアップに編み、あとでとじ合わせます。えりぐりや袖山の減目をするときに、模様のツイストステッチやかけ目、減目が編めない場合はメリヤス編みで編みましょう。

※説明中の1～26はP.220・221の表を参照してください。

Back／後ろ身頃

4号輪針に指でかける作り目の方法（P.270参照）で2目作り、2目ゴム編みを5cm編み（裏面の段から編む）表面の段で編み終える。5号針に持ち替え、裏編みをしながら3の均等減目をし、次段からはP.221のチャートと表を参照して模様編みをする。編み始めから35.5cmになるまで増減なく編み、裏面の段で編み終える。

アームホール、えりぐりと肩下がりのシェーピング
メリヤス編みと模様編みを続けながら、6を参照してアームホールの減目をする（1目ずつの減目からは右端、左端とも同じ段で、それぞれ端に1目立てて行う）。アームホール丈（8段）まで残り2段になるまで増減なく編み、裏面の段で編み終える。9を参照してえりぐりと肩下がりのシェーピングをし、最後に残った目を伏せる。

Front／前身頃

アームホール丈が14cmになるまでは後ろ身頃と同様に編み、裏面の段で編み終える。

えりぐりと肩下がりのシェーピング
メリヤス編みと模様編みを続けながら、次のように編む。
1段め（表面）：15目編み、新しい糸をつけて前中心の16目を伏せる。最後まで編む。以後は2本の糸で左右の肩を交互に編む。
2・3段め：編み始め側を編み、反対側のえりぐりを4目伏せる。
4・5段め：編み始め側を編み、反対側のえりぐりを3目伏せる。
6・7段め：編み始め側を編み、反対側のえりぐりを2目伏せる。
8段め：増減なく編む。
9段め：左肩を残り3目まで編み、右上2目一度、表1。右肩を表1、左上2目一度、最後まで編む。

10 段め：増減なく編む。
11 ～ 16 段め：9・10 段めを 4 回くり返す。
次段以降：アームホール丈が8段になるまで増減なく編み、裏面の段で編み終える。肩下がりを編み（9の 3 段め以降の編み始め側の伏せ目のみ行う）、最後に残った目を伏せる。

Sleeves ／袖

4 号針に指でかける作り目の方法（P.270 参照）で17目作り、2 目ゴム編みを 5cm 編み（裏面の段から編み始める）、表面の段で編み終える。5 号針に持ち替え、1 段裏編みをしながら XS ～ LL・5L・6L は 1 目、3L・4L は 3 目均等に増やす。次段からは P.221 のチャートと表を参照して模様編みをし、20を参照して袖下の増し目をする。増し目は左右とも端に 2 目ずつ立て、右端側は左ねじり増し目、左端側は右ねじり増し目を編む。増し目が終わったら、編み始めから 46cm になるまで増減なく編み、裏面の段で編み終える。

袖山のシェーピング

メリヤス編みと模様編みを続けながら次のように編む。
1 ～ 4 段め：21（P.221）を参照して編む。
5 段め（減目段）：表 1、左上 2 目一度、残り 3 目まで編む、右上 2 目一度、表 1。
6 段め以降：2 段ごとに 5 段めの減目段を22回くり返す。
次の 4 段はサイズにより次のように編み、最後は残った目を伏せる。
XS・S：次の 4 段の編み始めで 2 目ずつ伏せる。
M・L：編み始めで次の 2 段は 2 目ずつ、その次の 2 段は 3 目ずつ伏せる。
LL ～ 5L：次の 4 段の編み始めで 3 目ずつ伏せる。
6L：編み始めで次の 2 段は 3 目ずつ、その次の 2 段は 4 目ずつ伏せる。

FINISHING ／仕上げ

肩をはいで袖をつけ、脇と袖下をとじ合わせる。4 号輪針でえりぐりから拾い目をして（P.221 仕上げ方参照。拾い目は後ろえりぐり中心から始める）2 目ゴム編みでえりを編み、目なりに伏せ止めする。好みの方法でブロッキングする。

Pattern Substitution ／模様の置き替え

CHAPTER 7 の模様のように透かし入りのタイプは幅がほとんど縮みません。PSS は 100 で、ゲージはメリヤス編みと同じです。このタイプの模様を置き替える場合、Seahook（#77）や Rune（#40）のように背景のメリヤス編みの面積が多いものを選びます。PSS が 100 に近いだけでなく、メリヤス編みが背景にあるため模様編みからメリヤス編みへ切り替えがスムーズになります。Single Flowers (#57) を不規則に配置してもよいでしょう。メリヤス編みの面積が広ければ、PSS の数値が 85 であっても大きな影響はありません。模様編みの幅を広げるなら、身頃はアームホールのシェーピングが終わったあとの目数に模様編みを収め、袖は袖口の増し目後の目数に模様を収めると、増減目が模様編みに影響せず、編みやすくなります。

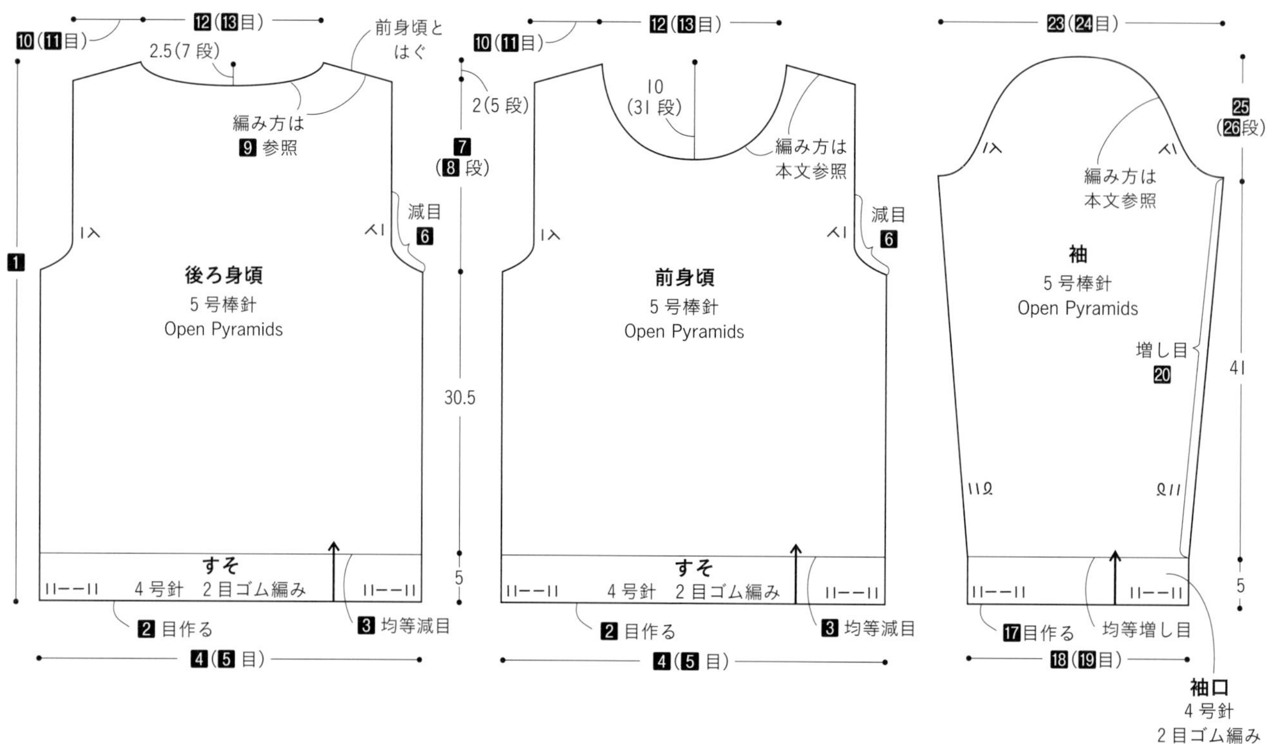

	XS	S	M	L	LL	3L	4L	5L	6L
1	57cm	58.5cm	59.5cm	61cm	62.5cm	63.5cm	65cm	66cm	67.5cm
2	98	110	122	134	146	158	170	182	194
4	41.5cm	45.5cm	51.5cm	56cm	61.5cm	66cm	72cm	76cm	82cm
5	89	99	111	121	133	143	155	165	177
6	2−1−2 2−2−1 1−3−1減	2−1−4 2−2−2 1−3−1減	2−1−3 2−2−2 2−3−2 1−4−1減	2−1−4 2−2−2 2−3−2 1−4−1減	2−1−6 2−2−4 2−3−2 1−4−1減	2−1−7 2−2−4 2−3−2 1−4−1減	2−1−6 2−2−4 2−3−3 1−4−1減	2−1−7 2−2−4 2−3−3 1−4−1減	2−1−7 2−2−4 2−3−4 1−4−1減
7	19.5	21	22	23.5	25	26	27.5	28.5	30
8	62	68	70	76	80	84	88	92	96
10	7.5cm			8.5cm		10cm	12cm	12.5cm	14cm
11	16	17		19		22	26	28	31
12	19.5cm			21.5cm		22.5cm		24cm	
13	43			47		49		53	
14	11.5	12.5	14	15	16.5	18	19	20.5	21.5
15	30	31		33		36	40	42	45
16	15			19		21		25	
17	50		54			58		66	
18	23.5cm		25.5cm			28cm		31cm	
19	51		55			61		67	
20	19段平 14−1−7 15−1−1増	15段平 12−1−9 9−1−1増	15段平 10−1−11 7−1−1増	21段平 8−1−13 7−1−1増	31段平 6−1−16 5−1−1増	21段平 8−1−8 6−1−7 5−1−1増	19段平 6−1−18 5−1−1増	19段平 6−1−18 5−1−1増	21段平 6−1−12 4−1−9 3−1−1増
22	15		17	19	21	23	25	27	29
23	31cm	33cm	36cm	38cm	41.5cm	43cm	45.5cm	48.5cm	51.5cm
24	67	71	79	83	89	93	99	105	111
25	12.5cm		14cm	15cm	16cm	17.5cm	18.5cm	20cm	21.5cm
26	40		44	48	52	56	60	64	68

3 均等減目の編み方

XS・3L	裏8、*裏目の左上2目一度、裏8;、*〜;を最後までくり返す。
S	裏9、*裏目の左上2目一度、裏7;、*〜;を残り2目までくり返す、裏2。
M・5L	裏10、*裏目の左上2目一度、裏8;、*〜;を残り2目までくり返す、裏2。
L	裏12、*裏目の左上2目一度、裏7;、*〜;を残り5目までくり返す、裏5。
LL	裏12、*裏目の左上2目一度、裏8;、*〜;を残り4目までくり返す、裏4。
4L	裏14、*裏目の左上2目一度、裏8;、*〜;を残り6目までくり返す、裏6。
6L	裏7、*裏目の左上2目一度、裏9;、*〜;を最後までくり返す。

身頃・袖

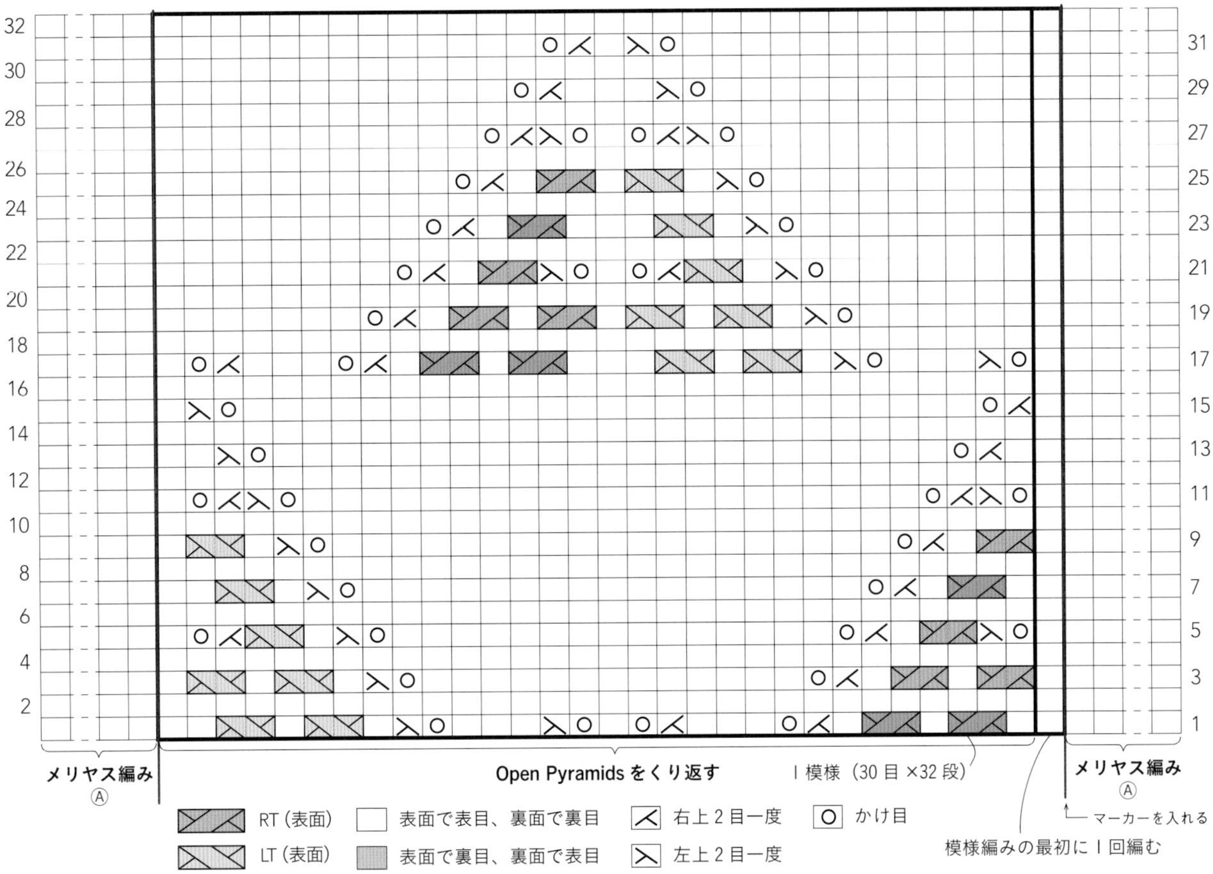

メリヤス編み Ⓐ　Open Pyramids をくり返す　1模様（30目×32段）　メリヤス編み Ⓐ

マーカーを入れる

模様編みの最初に1回編む

RT（表面）　表面で表目、裏面で裏目　右上2目一度　かけ目

LT（表面）　表面で裏目、裏面で表目　左上2目一度

前後身頃と袖の編み始め目数

	Open Pyramids のくり返し回数		メリヤス編みⒶ目数	
	身頃	袖	身頃	袖
XS	2回（61目）	1回（31目）	14目	10目
S	3回（91目）		4目	
M			10目	12目
L			15目	
LL	4回（121目）		6目	15目
3L			11目	
4L			17目	
5L	5回（151目）		7目	18目
6L			13目	

	9後ろえりぐりと肩下がりのシェーピング	**21袖山の減目**
XS	**1段め：**28目編み、新しい糸をつけて後ろ中心の19目を伏せる、最後まで編む。 **2段め：**編み始め側を編み、反対側のえりぐりを4目伏せる。 **3・4段め：**編み始めで6目伏せ、反対側のえりぐりを4目伏せる。 **5～7段め：**編み始めで5目伏せ、反対側のえりぐりを4目伏せる。	**1～4段め：**編み始めで2目伏せる。
S M	**1段め：**29目編み、新しい糸をつけて後ろ中心の19目を伏せる、最後まで編む。 **2段め：**編み始め側を編み、反対側のえりぐりを4目伏せる。 **3～6段め：**編み始めで6目伏せ、反対側のえりぐりを4目伏せる。 **7段め：**編み始めで5目伏せ、反対側のえりぐりを4目伏せる。	**1・2段め：**編み始めで3目伏せる。 **3・4段め：**編み始めで2目伏せる。
L LL	**1段め：**31目編み、新しい糸をつけて後ろ中心の23目を伏せる、最後まで編む。 **2段め：**編み始め側を編み、反対側のえりぐりを4目伏せる。 **3・4段め：**編み始めで7目伏せ、反対側のえりぐりを4目伏せる。 **5～7段め：**編み始めで6目伏せ、反対側のえりぐりを4目伏せる。	
3L	**1段め：**34目編み、新しい糸をつけて後ろ中心の25目を伏せる、最後まで編む。 **2段め：**編み始め側を編み、反対側のえりぐりを4目伏せる。 **3・4段め：**編み始めで8目伏せ、反対側のえりぐりを4目伏せる。 **5～7段め：**編み始めで7目伏せ、反対側のえりぐりで4目伏せる。	
4L	**1段め：**38目編み、新しい糸をつけて後ろ中心の25目を伏せる、最後まで編む。 **2段め：**編み始め側を編み、反対側のえりぐりを4目伏せる。 **3～6段め：**編み始めで9目伏せ、反対側のえりぐりを4目伏せる。 **7段め：**編み始めで8目伏せ、反対側のえりぐりを4目伏せる。	**1～4段め：**編み始めで3目伏せる。
5L	**1段め：**40目編み、新しい糸をつけて後ろ中心の29目を伏せる、最後まで編む。 **2段め：**編み始め側を編み、反対側のえりぐりを4目伏せる。 **3・4段め：**編み始めで10目伏せ、反対側のえりぐりを4目伏せる。 **5～7段め：**編み始めで9目伏せ、反対側のえりぐりを4目伏せる。	**1・2段め：**編み始めで4目伏せる。 **3・4段め：**編み始めで3目伏せる。
6L	**1段め：**43目編み、新しい糸をつけて後ろ中心の29目を伏せる、最後まで編む。 **2段め：**編み始め側を編み、反対側のえりぐりを4目伏せる。 **3～6段め：**編み始めで10目伏せ、反対側のえりぐりを4目伏せる。 **7段め：**編み始めで11目伏せ、反対側のえりぐりを4目伏せる。	

仕上げ方

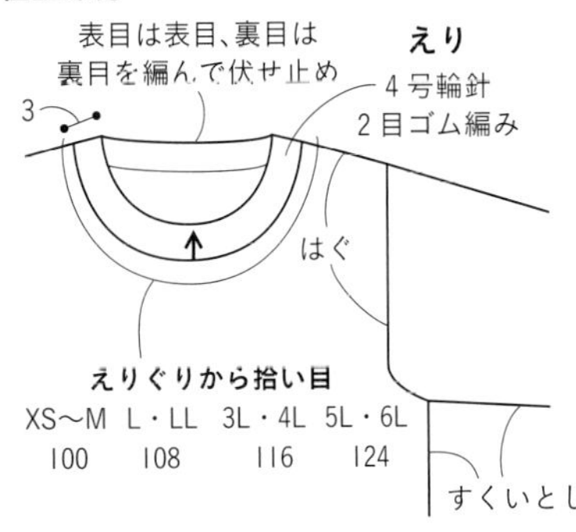

Shortie

ショーティー

ノースリーブのワンピースを上品に着たいときや、肌寒い日の軽い羽織りものに。袖が細めなので、重ね着にも適しています。前身頃の透かし模様は後ろえりまで続きます。後ろ身頃はメリヤス編みですが、Open Lattice のゲージはメリヤス編みと同じなので、後ろ身頃に模様を入れてもすてきです。丈が長めの Sketch Coat（P.232）と同様、着丈はお好みでアレンジ可能です。

FINISHED MEASUREMENT／仕上がり寸法
※表参照

YARN／糸
Blue Sky Fibers の Alpaca Silk［アルパカ 50%・シルク 50%、133m/50g］
#129 Amethyst
※使用量は表参照

NEEDLE／針
・2 号［US 2（2.75 mm）棒針
・5 号［US 4（3.5 mm)］棒針
・5 号［US 4（3.5 mm)］棒針 1 本またはかぎ針 6/0 号（引き抜きはぎ用）
※ゲージが合わない場合は必要に応じて号数を変えて調整しましょう。

NOTIONS／その他の道具
ステッチマーカー（取り外し可能なタイプ)、ステッチホルダーまたは別糸

GAUGE／ゲージ
26 目× 36 段（10cm 角・5 号針・メリヤス編み／ #106 Open Lattice)

仕上がり寸法と糸量

サイズ	XS	S	M	L	LL	3L	4L	5L	6L
バスト(cm)	92.5	104	114	121.5	133.5	144.5	155.5	165.5	175.5
着丈(cm)	32.5	32.5	33.5	33.5	35	36.5	37.5	37.5	39
糸量(かせ)	7	7	8	9	9	10	11	12	13

STITCH PATTERNS／模様編み
2 目ゴム編み（4 の倍数＋ 2 目)
1 段め（表面)：表 2、* 裏 2、表 2；、*～；を最後までくり返す。
2 段め（裏面)：裏 2、* 表 2、裏 2；、*～；を最後までくり返す。

Open Lattice（#106)
※編み方は P.225 チャート参照

PATTERN NOTES／メモ
前後身頃は別々にボトムアップに編み、肩ではぎ合わせます。前身頃から続けて編む後ろえりは、後ろ中心で引き抜きはぎし、後ろえりぐりにかがります。袖はアームホールから拾い目をして往復に袖口まで編みます。
肩下がりを編むときにツイストステッチを編む目数が足りないときには、その部分をメリヤス編みで編みましょう。

※説明中の❶～㉓は P.224 の表と P.225 の図を参照してください。

Back ／後ろ身頃

2 号棒針に指でかける作り目の方法 (P.270 参照) で目を作り（目数は P.225 の図参照)、2 目ゴム編みを 5cm 編み(裏面の段から編む)、裏面の段で編み終える。
1 段表編みをしながら M・L・4L・5L のみ均等に 2 目増やす。
5 号針に持ち替え、次段以降は表編みの段から❹ cm になるまでメリヤス編みを編み、裏面の段で編み終える。

肩下がりのシェーピング

メリヤス編みを続けながら、❻を参照して肩下がりのシェーピングをする。

Left Front ／左前身頃

2 号棒針に指でかける作り目の方法（P.270 参照）で目を作り（目数は P.225 の図参照)、P.225 のチャートを参照し前中心側に縁を編みながら 2 目ゴム編みを 5cm 編み（裏面の段から編む)、表面の段で編み終える。
5 号針に持ち替え、浮き目 2。裏編みをしながら S・3L・5L は 1 目増やし、LL と 4L は 1 目減らす（XS・M・L・6L は増減なし)。
次段からはメリヤス編みと模様編みで目数調整段から❹cm になるまで編み、裏面の段で編み終える。

肩下がりのシェーピングと後ろえり

メリヤス編みと模様編みを続けながら、後ろ身頃と同様に肩下がりのシェーピングをする（❻の奇数段の伏せ目のみ行い、15 段めで終わる)。次段からは P.225 のチャートを参照して後ろえりを⓯ cm に

なるまで増減なく編み、糸端を15cm程度残して切る。編み目はステッチホルダーまたは別糸に移しておく。

Right Front／右前身頃

左前身頃と左右対称に編む。P.225のチャートは右から縁、Open Lattice、メリヤス編みの順に編み、肩下がりのシェーピングの前は表面の段で編み終える。

肩下がりのシェーピングは❻の偶数段の伏せ目のみ行い、16段めで終わる。続けて後ろえりを⓯cmになるまで増減なく編み、裏面の段で編み終える。糸は切らずに残しておく。

後ろえりと肩をはぐ

左右の後ろえりを外表に合わせ、右前身頃の糸を使って編み終わりの目を表から引き抜きはぎする。肩をはぎ合わせ、後ろえりを後ろ身頃のえりぐりにかがる（「仕上げ方」①〜③参照）。

Sleeves／袖

取り外し可能なマーカーを前後身頃の袖位置につける。表面を見て、マーカーの間から5号棒針で拾い目をする（目数は図参照）。

次段からは⓴を参照して袖下の減目をしながら、往復にメリヤス編みをして袖を編む。減目は左右に2目ずつ立て、右端側は左上2目一度、左端側は右上2目一度を編む。表面の段で編み終える。

2号棒針に持ち替え、㉑の均等減目段を編む。

2目ゴム編みを7.5cm編んで裏面の段で編み終え、目なりに伏せる。

FINISHING／仕上げ

脇と袖下をとじ、好みの方法でブロッキングする。

Pattern Substitution／模様の置き替え

CHAPTER 7の模様のように透かし入りのタイプは幅がほとんど縮みません。PSSは100で、ゲージはメリヤス編みと同じです。

透かし入り以外の模様と置き替える場合は、Carp（#45・PSS 95）のようにPSSがなるべく100に近いものがおすすめです。

PSSがより小さい模様（より縮む模様）にしたい場合は、目数を増やすとよいでしょう。たとえば、58目のパネルの模様を幅を変えずにPSSが80のX & O Lattice（#59）に置き替えるには、11〜12目加える必要があります。12目加えるとパネルは70目になるので、70目にX & O Latticeをどう配置するかを決めます。1模様14目＋2目なので、14目×5回＝70目。2目を省くか、70目に2目を足すか、この場合はどちらにしても模様の表情が大きく変わることはありません。増やした分の目はゴム編みの上、そして肩下がりとえりにも分散して加えることをお忘れなく。

	XS	S	M	L	LL	3L	4L	5L	6L
❶	32.5cm		33.5cm		35cm	36.5cm	37.5cm		39cm
❷	45.5cm	50cm	55cm	59.5cm	65.5cm	69.5cm	75.5cm	80.5cm	85.5cm
❸	118	130	144	156	170	182	196	208	222
❹	23cm		24cm		25.5cm	27cm	28cm		29.5cm
❺	82		86		92	98	100		106
❼	15cm	17cm	19.5cm	21cm	24cm	26cm	28.5cm	31cm	33.5cm
❽	39	44	51	55	62	68	74	80	87
❾	15.5cm	16cm		17.5cm			18.5cm		
❿	40	42		46			48		
⓫	23.5cm	27cm	29.5cm	31cm	34cm	37.5cm	40cm	42.5cm	45cm
⓬	61	70	77	81	88	98	104	110	117
⓭	24	25	24	24	27	29	27	29	28
⓮	34	42	50	54	58	66	74	78	86
⓯	7.5cm	8.5cm		9cm			9.5cm		
⓰	9cm	10cm				11.5cm			
⓱	22	26				30			
⓲	15cm	16.5cm	18cm	19cm	20.5cm	21.5cm	23cm	24cm	25.5cm
⓳	30cm	32.5cm	35.5cm	37.5cm	40cm	42.5cm	45.5cm	47.5cm	50cm
⓴	46段平 8−1−9 11−1−1減	22段平 8−1−12 11−1−1減	24段平 6−1−16 9−1−1減	30段平 6−1−15 9−1−1減	50段平 4−1−18 7−1−1減		80段平 2−1−22 5−1−1減		74段平 2−1−25 5−1−1減
㉑	*裏5、裏目の左上2目一度；、*〜；を残り2目までくり返し、裏2。(50目になる)			*裏5、裏目の左上2目一度；、*〜；を残り10目までくり返し、裏10。(58目になる)		*裏5、裏目の左上2目一度；、*〜；を残り2目までくり返し、裏2。(62目になる)		*裏4、裏目の左上2目一度；、*〜；を残り6目までくり返し、裏6。(66目になる)	
㉒	22.5cm			25.5cm		27.5cm		30cm	
㉓	58			66		72		78	

❻肩下がりのシェーピング

XS	**1・2段め**：編み始めで4目ずつ伏せる。 **3〜16段め**：編み始めで5目ずつ伏せる。 残りの40目を伏せる。
S	**1〜8段め**：編み始めで5目ずつ伏せる。 **9〜16段め**：編み始めで6目ずつ伏せる。 残りの42目を伏せる。
M	**1〜10段め**：編み始めで6目ずつ伏せる。 **11〜16段め**：編み始めで7目ずつ伏せる。 残りの42目を伏せる。
L	**1・2段め**：編み始めで6目ずつ伏せる。 **3〜16段め**：編み始めで7目ずつ伏せる。 残りの46目を伏せる。
LL	**1〜4段め**：編み始めで7目ずつ伏せる。 **5〜16段め**：編み始めで8目ずつ伏せる。 残りの46目を伏せる。
3L	**1〜8段め**：編み始めで8目ずつ伏せる。 **9〜16段め**：編み始めで9目ずつ伏せる。 残りの46目を伏せる。
4L	**1〜12段め**：編み始めで9目ずつ伏せる。 **13〜16段め**：編み始めで10目ずつ伏せる。 残りの48目を伏せる。
5L	**1〜16段め**：編み始めで10目ずつ伏せる。 残りの48目を伏せる。
6L	**1〜2段め**：編み始めで10目ずつ伏せる。 **3〜16段め**：編み始めで11目ずつ伏せる。 残りの48目を伏せる。

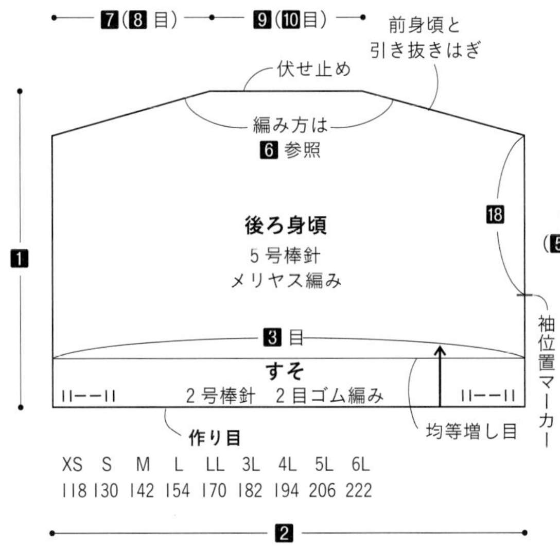

7(8目)
9(10目)
前身頃と
引き抜きはぎ
伏せ止め
編み方は
6 参照
後ろ身頃
5号棒針
メリヤス編み
1
18
3 目
すそ
2号棒針　2目ゴム編み
均等増し目
袖位置マーカー
5
作り目
XS S M L LL 3L 4L 5L 6L
118 130 142 154 170 182 194 206 222
2

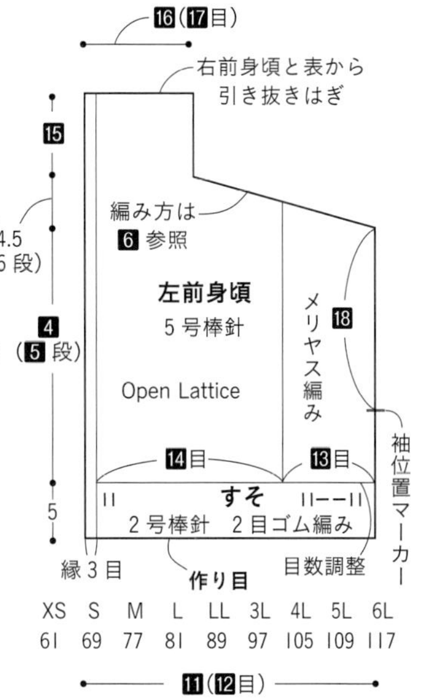

16(17目)
右前身頃と表から
引き抜きはぎ
15
4.5
(16段)
4
(5段)
4
(5段)
編み方は
6 参照
左前身頃
5号棒針
Open Lattice
メリヤス編み
18
14目
13目
すそ
2号棒針　2目ゴム編み
5
5
袖位置マーカー
縁3目
作り目
目数調整
XS S M L LL 3L 4L 5L 6L
61 69 77 81 89 97 105 109 117
11(12目)

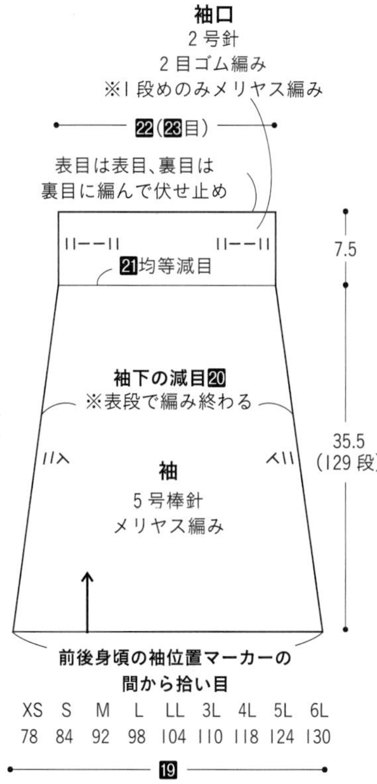

袖口
2号針
2目ゴム編み
※1段めのみメリヤス編み
22(23目)
表目は表目、裏目は
裏目に編んで伏せ止め
7.5
21均等減目
袖下の減目20
※表段で編み終わる
袖
5号棒針
メリヤス編み
35.5
(129段)
前後身頃の袖位置マーカーの
間から拾い目
XS S M L LL 3L 4L 5L 6L
78 84 92 98 104 110 118 124 130
19

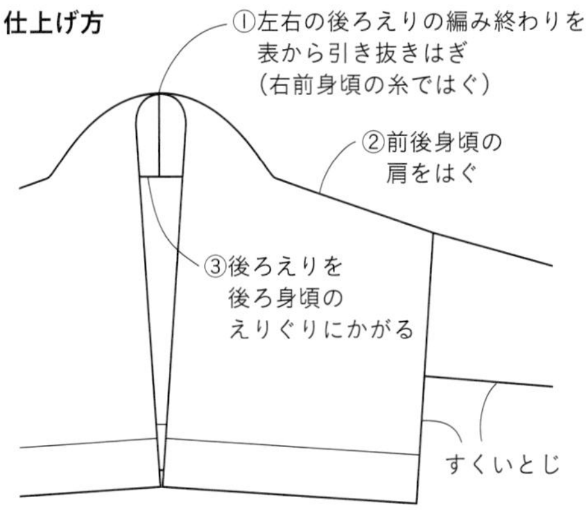

仕上げ方
①左右の後ろえりの編み終わりを
表から引き抜きはぎ
(右前身頃の糸ではぐ)
②前後身頃の
肩をはぐ
③後ろえりを
後ろ身頃の
えりぐりにかがる
すくいとじ

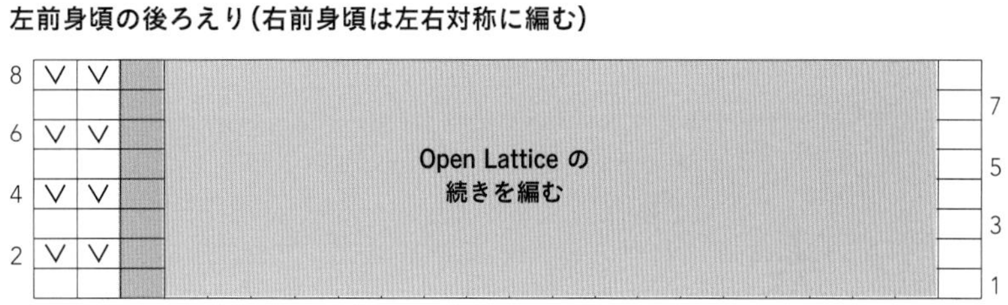

左前身頃の後ろえり(右前身頃は左右対称に編む)
Open Lattice の
続きを編む
8 6 4 2
7 5 3 1

左前身頃の編み始め(右前身頃は左右対称に編む)　※右前身頃の縁は偶数段で「表1、裏2」、奇数段で「すべり目2、裏1」と編む。
縁3目
Open Lattice 14目
マーカーを入れる
メリヤス編み 13目
この8段をくり返す
5cm編む
身頃
すそ
←1(作り目)
1模様(4目×8段)

RT(表面)
LT(表面)
表面で表目、裏面で裏目
表面で裏目、裏面で表目
裏面で裏目の左上2目一度
裏面で裏目の右上2目一度
かけ目
表面ですべり目、裏面で浮き目
目数調整段

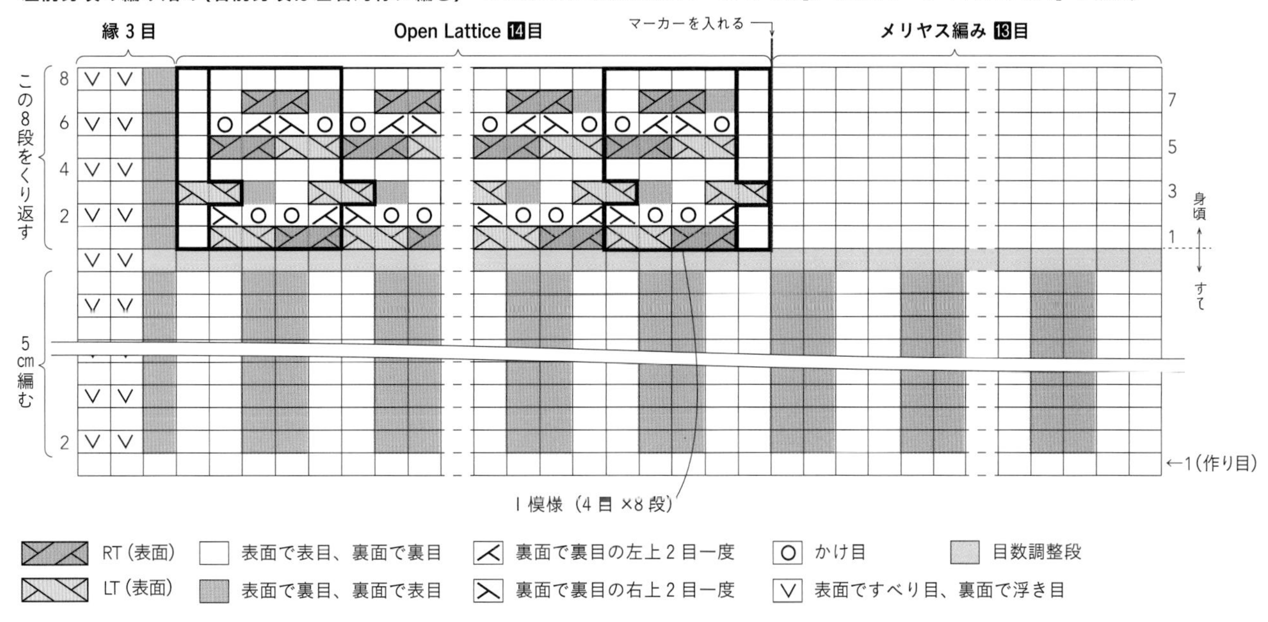

Extreme Yoke Pullover

エクストリームヨークプルオーバー

エクストリーム（極端）なのはデザインではなく、毎段ツイストステッチを編む編み方をさしています。ただ、輪編みでつねに編み目を見ながら編むことができるので、毎段操作するほうがむしろ編みやすいかもしれません。ヨークの編み始めで引き返し編みをして、身頃丈に前後差をつけます。使用している糸はエレガントで軽く、思いのほか編み進みが早く、着心地も快適です。

FINISHED MEASUREMENT／仕上がり寸法
※表参照

YARN／糸
Quince & Co. の Tern［アメリカ産ウール 75%・シルク 25%、202m/50g］Terra Cotta
※使用量は表参照

NEEDLE／針
・2 号［US 2（2.75 mm）］の 60cm 以上の輪針を 2 本
・2 号［US 2（2.75 mm）］の好みの小さい輪を編むための針
・2 号［US 2（2.75 mm）］以下の両先針 1 本（前後すその接続用）
※ゲージが合わない場合は必要に応じて号数を変えて調整しましょう。

NOTIONS／その他の道具
ステッチマーカー（取り外し可能なタイプ）、ステッチホルダーまたは別糸

GAUGE／ゲージ
29 目× 42 段（10cm 角・2 号針・メリヤス編み）

仕上がり寸法と糸量

サイズ	XS	S	M	L	LL	3L	4L	5L	6L
バスト (cm)	80	90.5	100.5	110.5	120.5	130.5	140.5	150.5	160.5
着丈 (cm)	47.5			52			56.5		
糸量 (かせ)	6	7	7	8	9	10	11	12	12

PATTERN NOTES／メモ
身頃は前後のすそを別々に編んだあと、つなげて脇下まで輪に編みます。袖も袖口から脇下まで輪に編み、身頃とつなげてヨークを輪に編みます。
Sashiko Compact を輪に編むと、途中で段の始めのマーカーが移動するため、段の始めには取り外し可能なマーカーを使うと便利です。

◎パターン中の略語
PM：Place Marker →マーカーを入れる
SM：Slip Marker →マーカーを移す
RM：Remove Marker →マーカーを外す

STITCH PATTERNS／模様編み
フラットガーターリブ
［往復編み］（6 の倍数＋ 2 目）
1 段め（表面）：＊表 2、裏 1；、＊～；を残り 2 目までくり返す、表 2。
2 段め（裏面）：表 3、＊裏 2、表 4；、＊～；を残り 5 目までくり返す、裏 2、表 3。

［輪編み］（6 の倍数目）
1 段め：表 1、＊裏 1、表 2；、＊～；を残り 2 目までくり返す、裏 1、表 1。
2 段め：裏 2、＊表 2、裏 4；、＊～；を残り 4 目までくり返し、表 2、裏 2。

Sashiko Compact（#113）
※編み方は P.229 チャート参照

※説明中の1～26は P.228 の図と P.230 ～ 231 の表を参照してください。

Back and Front Hem ／前後身頃のすそ

NOTE：すそは前後それぞれを往復に編みます。
2 号棒針に指でかける作り目の方法 (P.270 参照) で2目作り、1 段裏編み。次段からはフラットガーターリブを 7cm 編み、裏面の段で編み終える。後ろすそは編み目を針に残して糸を切り、前すそは糸をそのままにしておく。

Body ／身頃

接続段（表面）：表面を見て、後ろすその左端の 2 目を両先針に移し、前すその右端の 2 目と重ねて持つ（後ろすその目を下にする）。＊前すその糸と右針で前すその 1 目めと両先針の 1 目めを一緒に表編み、PM、前すその 2 目めと両先針の 2 目めを一緒に表編み；。次の目からは前すそ側の輪針で前すそが残り 2 目になるまで3の均等

減目を編む。後ろすその右端の２目を両先針に移し、前すその残り２目と重ねて持つ（後ろすそを下にする）。*～；の手順でもう一度編み、[3]の均等減目、表１（これで最初のＭの位置にくる）。次段から輪に編む。

次段以降：XS～Ｍは５段、Ｌ～3Lは９段、4L～6Lは13段増減なく表編み。

ウエストのシェーピング

減目段：*表２、左上２目一度、Ｍの手前に４目残るまで表編み、右上２目一度、表２、SM；、*～；をくり返す。（－４目）

次段以降：減目段を６段ごとに６回編む。[8]目になる。

次段以降：接続段から[6] cmになるまで増減なく表編み。

バストのシェーピング

増し目段：*表２、左ねじり増し目、Ｍの手前に２目残るまで表編み、右ねじり増し目、表２、SM；、*～；をくり返す。（＋４目）

次段以降：増し目段を６段ごとに３回編む。[12]目になる。

次段以降：作り目から[1] cmになるまで増減なく表編み。最後は編み始めのＭの手前に脇マチ（[10]目）の半分の目数を残して編み終える。

前後身頃を分ける：[10]目を伏せ（途中でRM)、Ｍの手前に脇マチの半分の目数が残るまで表編み、[10]目を伏せ（途中でRM)、最後まで表編み。身頃は前後それぞれ[9]目になる。糸は切らず、編み目は針に残しておく。

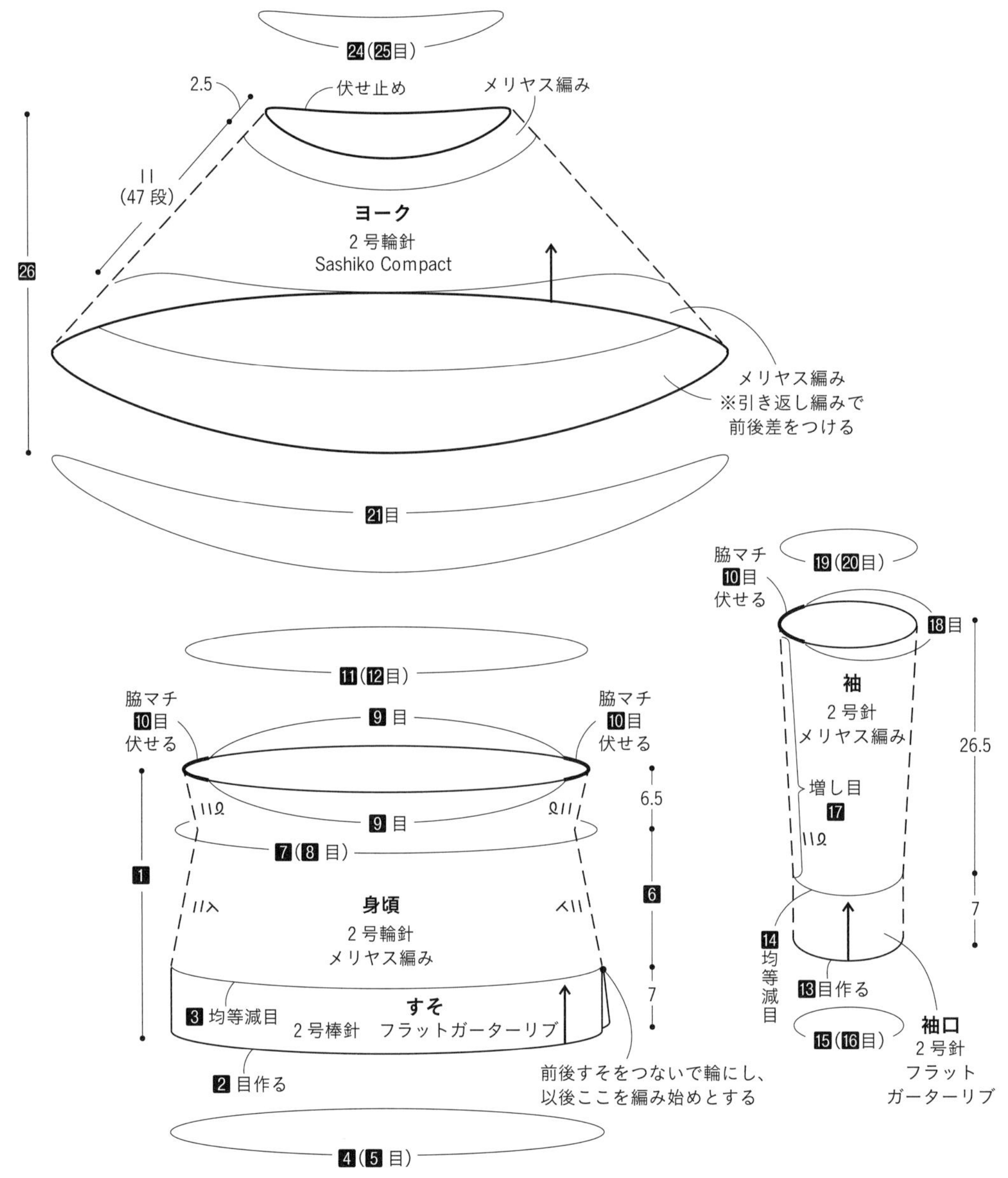

Sleeves／袖

小さい輪を編むための針に指でかける作り目の方法で13目作る。ねじれないように輪にして、段の始めにPM。フラットガーターリブを7cm輪に編む。

1段め：14の均等減目をする。16目になる。

次段以降：17を参照し袖下で増し目をしながらメリヤス編みで袖を編む。増し目は段の始めの前後に2目ずつ立て、編み始め側は左ねじり増し目、編み終わり側は右ねじり増し目を編む。20目になる。最終段は編み始めのMの手前に脇マチの半分の目数を残して編み終える。

次段：10目を伏せ（途中でRM）、最後まで表編み。

糸を切り、編み目をステッチホルダーまたは別糸に移す。

もう片方の袖も同様に編み、編み目は針に残しておく。

Yoke／ヨーク

接続段：身頃に残した糸を使い、表編みで左袖、PM、前身頃、PM、右袖、PM、後ろ身頃の順に編む。編み始めにもPM。21目になる。

次段：表編み。

次段：22の減目段を編む。

前後差をつける

NOTE：ジャーマンショートロウの引き返し編み（P.270参照）で後ろ身頃側の丈を長くして身頃に前後差をつけます。

準備：前中心のXS・LL～5Lは23目、S～L・6Lは22目の左右に取り外し可能なマーカーをつける。右をM①、左をM②とする。

引き返し編み1段め（表面）：M①まで表編み、編み地を返す。

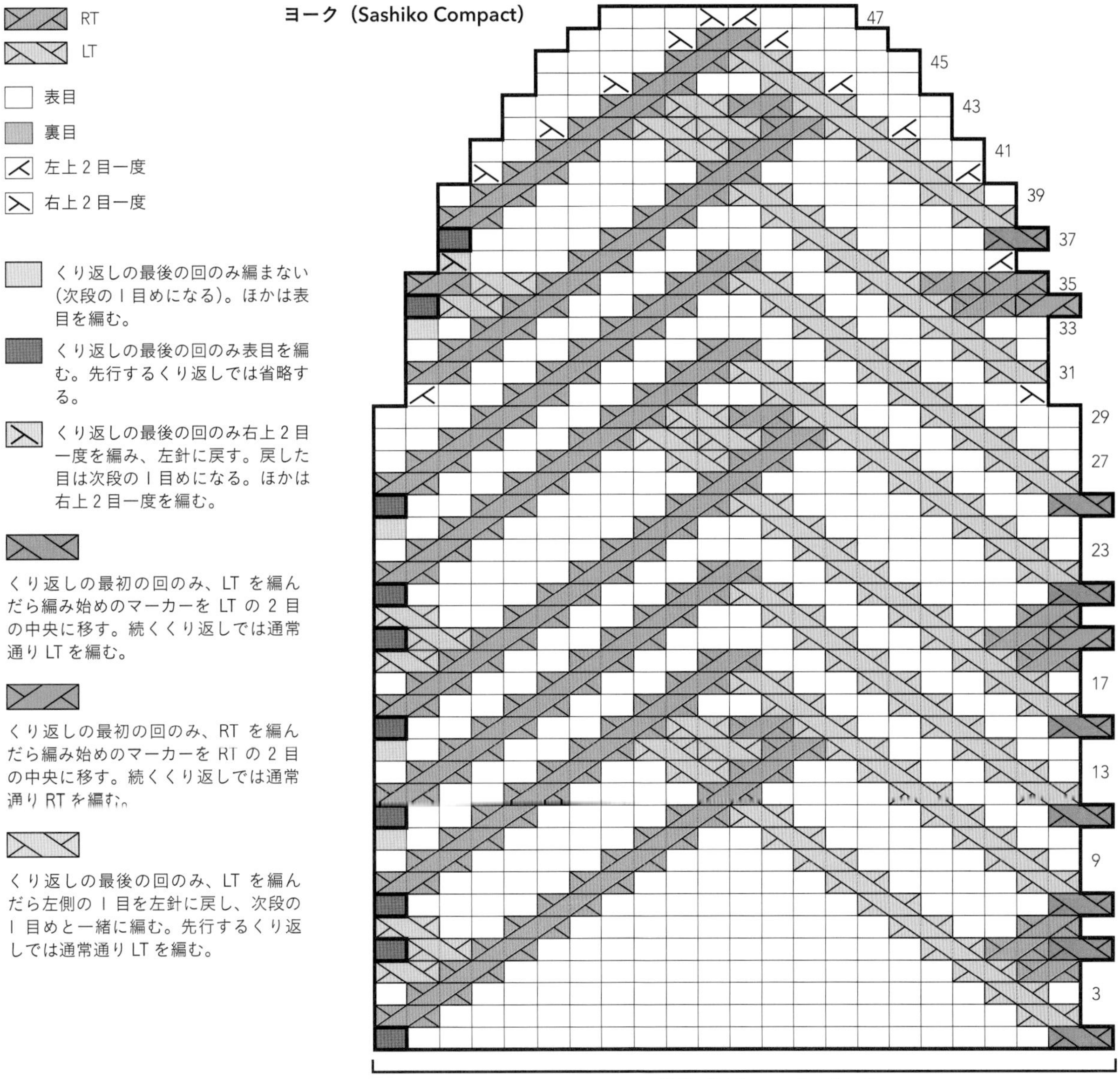

RT

LT

表目

裏目

左上2目一度

右上2目一度

くり返しの最後の回のみ編まない（次段の1目めになる）。ほかは表目を編む。

くり返しの最後の回のみ表目を編む。先行するくり返しでは省略する。

くり返しの最後の回のみ右上2目一度を編み、左針に戻す。戻した目は次段の1目めになる。ほかは右上2目一度を編む。

くり返しの最初の回のみ、LTを編んだら編み始めのマーカーをLTの2目の中央に移す。続くくり返しでは通常通りLTを編む。

くり返しの最初の回のみ、RTを編んだら編み始めのマーカーをRTの2目の中央に移す。続くくり返しでは通常通りRTを編む。

くり返しの最後の回のみ、LTを編んだら左側の1目を左針に戻し、次段の1目めと一緒に編む。先行するくり返しでは通常通りLTを編む。

ヨーク（Sashiko Compact）

47 45 43 41 39 37 35 33 31 29 27 25 23 21 19 17 15 13 11 9 7 5 3 1

22目1模様（最後は8目になる）

引き返し編み 2 段め（裏面）：DS、M②まで裏編み、編み地を返す。
引き返し編み 3 段め：DS、前段の DS の手前に 3 目残るまで表編み、編み地を返す。
引き返し編み 4 段め：DS、前段の DS の手前に 3 目残るまで裏編み、編み地を返す。
次段以降：3・4 段めを XS ～ M は 8 回、L ～ 3L は 12 回、4L ～ 6L は 16 回くり返す。
次段（表面）：編み始めの M まで表編み。ここから再び輪に編む。
次段：表編みをしながら DS も 1 目として編んで段消しをする。
次段：RM（編み始めの M）、23目表編みをして PM。ここを新たな段の始まりとして、次の目から Sashiko Compact を編み始めの M まで編む（途中の M はすべて外す）。
NOTE：編み始め位置を変えることで、前中心が模様の 1 ～ 2 目めになります（ただし左右どちらかに 1 目ずれる場合もあります）。
次段以降：模様の 47 段めまで編む。

3L（5L）のみ
次段：* 左上 2 目一度、表 19（3）；、* ～；を最後までくり返す。25目になる。

4L（6L）のみ
次段：* 左上 2 目一度、表 5（1）、［左上 2 目一度、表 6（2）］を 2（6）回；、* ～；を最後までくり返す。25目になる。

上記以外のサイズ
次段：表編み。

次段以降：メリヤス編みを増減なく 2.5cm 編む。すべての目を伏せ止めする。

FINISHING ／仕上げ

身頃と袖の脇マチをはぎ合わせ、好みの方法でブロッキングする。

Pattern Substitution ／模様の置き替え

この作品の場合、じつのところ模様の置き替えは簡単ではありません。ヨークの模様を置き替えたい場合は、P.258 のヨークの無地チャートに置き替えたい模様を書き出し、チャートを埋めてみてください。選ぶ模様は PSS 80 ～ 90 のものがおすすめです。範囲が広いように感じますが、問題なく置き替えられることは確認済みです。

	XS	S	M	L	LL	3L	4L	5L	6L
1	28cm			30.5cm			33cm		
2	134	146	158	176	188	200	218	230	248
3	表 10、* 左上 2 目一度、表 10；、* ～；を 10 回くり返す。	表 16、* 左上 2 目一度、表 16；、* ～；を 7 回くり返す。	表 30、* 左上 2 目一度、表 29；、* ～；を 4 回くり返す。	表 20、* 左上 2 目一度、表 17；、* ～；を 8 回くり返す。	表 29、* 左上 2 目一度、表 29；、* ～；を 5 回くり返す。	表 49、* 左上 2 目一度、表 47；、* ～；を 3 回くり返す。	表 34、* 左上 2 目一度、表 28；、* ～；を 6 回くり返す。	表 46、* 左上 2 目一度、表 43；、* ～；を 4 回くり返す。	表 34、* 左上 2 目一度、表 28；、* ～；を 7 回くり返す。
4	84cm	94.5cm	105cm	114.5cm	125cm	134.5cm	145cm	154.5cm	165cm
5	244	274	304	332	362	390	420	448	478
6	14.5cm			17cm			19.5cm		
7	74.5cm	85cm	95cm	105cm	115cm	125cm	135cm	145cm	155cm
8	216	246	276	304	334	362	392	420	450
9	100	113	128	140	155	169	182	196	211
10	16	18		20			22		
11	80cm	90.5cm	100.5cm	110.5cm	120.5cm	130.5cm	140.5cm	150.5cm	160.5cm
12	232	262	292	320	350	378	408	436	466
13	72			78			90		
14	表 5、* 左上 2 目一度、表 10；を 5 回、左上 2 目一度、最後まで表編み。（－ 6 目）			表 6、* 左上 2 目一度、表 11；を 5 回、左上 2 目一度、最後まで表編み。（－ 6 目）			表 7、* 左上 2 目一度、表 13；を 5 回、左上 2 目一度、最後まで表編み。（－ 6 目）		
15	23cm			25cm			29cm		
16	66			72			84		
17	16 段平 14 － 1 － 6 12 － 1 － 1 増	16 段平 10 － 1 － 6 8 － 1 － 3 12 － 1 － 1 増	16 段平 8 － 1 － 9 6 － 1 － 2 12 － 1 － 1 増	16 段平 10 － 1 － 2 8 － 1 － 8 12 － 1 － 1 増	16 段平 6 － 1 － 14 12 － 1 － 1 増	16 段平 6 － 1 － 8 4 － 1 － 9 12 － 1 － 1 増	16 段平 6 － 1 － 12 4 － 1 － 3 12 － 1 － 1 増	16 段平 6 － 1 － 6 4 － 1 － 12 12 － 1 － 1 増	12 段平 4 － 1 － 22 12 － 1 － 1 増
18	64	68	72	74	82	88	94	100	108
19	28cm	30cm	31cm	31.5cm	35cm	37cm	40cm	42cm	45cm
20	80	86	90	94	102	108	116	122	130
21	328	362	400	428	474	514	552	592	638
23	18	10	16	0	7	21	13	6	21
24	39.5cm	45cm	47.5cm	50cm	53.5cm	56cm			
25	112	128	136	144	152	160			
26	19.5cm			21.5cm			23.5cm		

22ヨークの減目

XS	*表10、[左上2目一度、表19]を2回、左上2目一度、表10、SM、表7、[左上2目一度、表12]を6回、左上2目一度、表7、SM；、*～；をくり返す。(－20目)
S	*表16、[左上2目一度、表32]を1回、左上2目一度、表16、SM、表18、[左上2目一度、表36]を2回、左上2目一度、表17、SM；、*～；をくり返す。(－10目)
M	*表7、[左上2目一度、表12]を4回、左上2目一度、表7、SM、表7、[左上2目一度、表14]を7回、左上2目一度、表7、SM；、*～；をくり返す。(－26目)
L	*表6、[左上2目一度、表10]を5回、左上2目一度、表6、SM、表6、[左上2目一度、表12]を9回、左上2目一度、表6、SM；、*～；をくり返す。(－32目)
LL	*表4、[左上2目一度、表6]を9回、左上2目一度、表4、SM、表9、[左上2目一度、表6]を17回、左上2目一度、表8、SM；、*～；をくり返す。(－56目)
3L	*表7、[左上2目一度、表6]を9回、左上2目一度、表7、SM、表1、[左上2目一度、表9]を15回、左上2目一度、表1、SM；、*～；をくり返す。(－52目)
4L	*表6、[左上2目一度、表7]を9回、左上2目一度、表5、SM、表6、[左上2目一度、表12]を12回、左上2目一度、表6、SM；、*～；をくり返す。(－46目)
5L	*表4、[左上2目一度、表11]を7回、左上2目一度、表3、SM、表7、[左上2目一度、表13]を12回、左上2目一度、表7、SM；、*～；をくり返す。(－42目)
6L	*表5、[左上2目一度、表10]を8回、左上2目一度、表5、SM、表9、[左上2目一度、表14]を12回、左上2目一度、表8、SM；、*～；をくり返す。(－44目)

Sketch Coat

スケッチコート

編みやすく、着やすいシンプルなコートは、ツイストステッチの質感や線を展開する絶好のキャンバスになります。前端は編みっぱなしの状態で延長し、首周りをやさしく包むえりに。ここでは往復編みで編む方法を紹介していますが、スティーク処理を経験したことのあるニッターなら、身頃を輪に編み、前開きとアームホールをスティークで処理して編んでもよいでしょう。

FINISHED MEASUREMENT／仕上がり寸法
※表参照

YARN／糸
Brooklyn Tweed の Shelter[アメリカ産ターギーコロンビアウール 100%、128m/50g] Stormcloud
※使用量は表参照

NEEDLE／針
・6 号［US5（3.75 mm)］棒針
・8 号［US7（4.5 mm)］棒針
・8 号［US7（4.5 mm)］棒針 1 本またはかぎ針 7/0 号（引き抜きはぎ用）
※ゲージが合わない場合は必要に応じて号数を変えて調整しましょう。

NOTIONS／その他の道具
ステッチマーカー（取り外し可能なタイプ)、ステッチホルダーまたは別糸

GAUGE／ゲージ
① 21.5 目× 28 段（10cm 角・8 号針・#115 Sketch）
② #115 Sketch の 1 模様 35 目のパネル＝幅 16cm（8 号針）

仕上がり寸法と糸量

サイズ	XS	S	M	L	LL	3L	4L	5L	6L
バスト(cm)	93	105.5	115.5	122	133.5	146	157	167.5	177
着丈(cm)	78.5								
糸量(かせ)	10	11	12	13	14	15	16	17	19

STITCH PATTERNS／模様編み
2 目ゴム編み（4 の倍数＋ 2 目）
1 段め（表面）：表 2、* 裏 2、表 2；、*〜；を最後までくり返す。
2 段め（裏面）：裏 2、* 表 2、裏 2；、*〜；を最後までくり返す。

Sketch（#115）
※編み方は P.236 チャート参照

PATTERN NOTES／メモ
前後身頃は別々にボトムアップに編み、肩をはぎ、前身頃から続けて編んだ後ろえりを後ろ中心で引き抜きはぎし、身頃にかがりつけます。袖はアームホールから拾い目をし、袖口まで往復編みします。チャートの模様を編みながら肩下がりを編む際、ツイストステッチを編む目数が足りないときにはその部分をメリヤス編みで編みましょう。

※説明中の❶〜⑳は P.234 〜 236 の表と図を参照してください。

Back／後ろ身頃

6 号棒針に指でかける作り目の方法 (P.270 参照) で目を作り（目数は P.235 の図参照）、2 目ゴム編みを 7.5cm 編み（裏面の段から編む）、表面の段で編み終える。
8 号針に持ち替え、❹の均等減目段を編む。❸目になる。
次段以降：最初と最後を 1 目ずつ表目にし（表面で表目、裏面で裏目を編む）、間は Sketch を編む（各サイズの編み始め・編み終わり位置は P.236 のチャート参照）。作り目から 73.5cm になるまで増減なく編み、裏面の段で編み終える。

肩下がりのシェーピング
模様編みを続けながら、P.236 の❺を参照して肩下がりのシェーピングをする。最後に残る後ろえりぐり分の編み目（❾目）も伏せる。

Left Front／左前身頃

6 号棒針に指でかける作り目の方法（P.270 参照）で目を作り（目数は P.235 の図参照)、P.235 のチャートを参照し前中心側に縁を編みながら 2 目ゴム編みを 7.5cm 編み（裏面の段から編む)、表面の段で編み終える。
8 号針に持ち替え、⓬の均等減目段を編む。⓫目になる。
次段以降：次段からは後ろ身頃側の端は 1 目表目（表面で表目、裏面で裏目を編む)、Sketch、前中心側の 3 目はゴム編みから続けて縁を編み、作り目から 73.5cm になるまで増減なく編み、表面の段で編み終える（各サイズの Sketch の編み始め・編み終わり位置は P.236 のチャート参照)。

肩下がりのシェーピングと後ろえり
模様編みを続けながら、後ろ身頃と同様に肩下がりのシェーピング

をする（❺の奇数段の伏せ目のみ行い、13段めで終わる）。次段からはP.235のチャートを参照して後ろえりを⓭cmになるまで増減なく編み、糸端を15cm程度残して切る。編み目はステッチホルダーまたは別糸に移しておく。

Right Front／右前身頃

左前身頃と左右対称に編む。P.235のチャートは右から縁、Sketch、表目1目の順に編み、⓬の均等減目段は最初の「浮き目2、表1」を「表1、裏2」と変えて段の最後に編む。肩下がりのシェーピングの前は表面の段で編み終える。

肩下がりのシェーピングは❺の偶数段の伏せ目のみ行い、14段めで終わる。続けて後ろえりを⓭cmになるまで増減なく編み、裏面の段で編み終える。糸は切らずに残しておく。

後ろえりと肩をはぐ

左右の後ろえりを外表に合わせ、右前身頃の糸を使って編み終わりの目を表から引き抜きはぎする。前後身頃の肩をはぎ合わせ、後ろえりを後ろ身頃のえりぐりにかがる（「仕上げ方」①〜③参照）。

Sleeves／袖

取り外し可能なマーカーを前後身頃の袖位置につける（袖がかさばらないよう、マーカー間の長さは袖幅＋2.5cmになっている）。表面を見て、マーカーの間から8号棒針で拾い目をする（目数は図参照）。

次段以降：最初と最後を1目ずつ表目にし（表面で表目、裏面で裏目を編む）、間はSketchを編む（各サイズの編み始め・編み終わり位置はP.236のチャート参照）。⓲を参照して袖下の減目をする。減目は左右に1目ずつ立て、右端側は左上2目一度、左端側は右上2目一度を編む。表面の段で編み終える。⓴目になる。

6号棒針に持ち替え、1段裏編みをしながら均等に2目増やす。

2目ゴム編みを7.5cm編んで裏面の段で編み終え、目なりに伏せる。

FINISHING／仕上げ

脇と袖下をとじ、好みの方法でブロッキングする。

Pattern Substitution／模様の置き替え

PSSが85前後であれば、本書のどの模様でも置き替えが可能です。私が気に入っている模様のなかで簡単に置き替えられるのは、Diamonds Allover（#5）、Plaid Medium（#16）、Triplet Weave Filled（#26）、Rattan Filled（#61）など。ただし、各パーツの目数に合うように、編み始め位置と編み終わり位置を設定し直す必要があります。

	XS	S	M	L	LL	3L	4L	5L	6L
❶	78.5cm								
❷	46cm	51.5cm	56.5cm	60cm	65.5cm	71cm	77cm	82.5cm	87cm
❸	99	111	121	129	141	153	165	177	187
❹	裏7、[裏目の左上2目一度、裏13]を6回、裏目の左上2目一度、最後まで裏編み。	裏7、[裏目の左上2目一度、裏15]を6回、裏目の左上2目一度、最後まで裏編み。	裏8、[裏目の左上2目一度、裏12]を8回、裏目の左上2目一度、最後まで裏編み。	裏4、[裏目の左上2目一度、裏9]を12回、裏目の左上2目一度、最後まで裏編み。	裏4、[裏目の左上2目一度、裏10] を12回、裏目の左上2目一度、最後まで裏編み。	裏4、[裏目の左上2目一度、裏11] を12回、裏目の左上2目一度、最後まで裏編み。	裏4、[裏目の左上2目一度、裏12] を12回、裏目の左上2目一度、最後まで裏編み。	裏4、[裏目の左上2目一度、裏13] を12回、裏目の左上2目一度、最後まで裏編み。	裏9、[裏目の左上2目一度、裏11] を14回、裏目の左上2目一度、最後まで裏編み。
❻	15.5cm	17.5cm	20cm	22cm	23.5cm	26.5cm	29.5cm	31.5cm	34cm
❼	33	38	43	47	51	57	63	68	73
❽	15.5cm	16.5cm			18cm			19cm	
❾	33	35			39			41	
❿	23.5cm	27cm	29.5cm	31cm	34cm	37.5cm	40cm	42.5cm	45cm
⓫	50	56	61	66	71	77	83	88	94
⓬	浮き目2、表1、裏7、[裏目の左上2目一度、裏15]を2回、裏目の左上2目一度、最後まで裏編み。	浮き目2、表1、裏4、[裏目の左上2目一度、裏10]を4回、裏目の左上2目一度、最後まで裏編み。	浮き目2、表1、裏4、[裏目の左上2目一度、裏6]を7回、裏目の左上2目一度、最後まで裏編み。	浮き目2、表1、裏4、[裏目の左上2目一度、裏8]を6回、裏目の左上2目一度、最後まで裏編み。	浮き目2、表1、裏6、[裏目の左上2目一度、裏10]を5回、裏目の左上2目一度、最後まで裏編み。	浮き目2、表1、裏5、[裏目の左上2目一度、裏8]を7回、裏目の左上2目一度、最後まで裏編み。	浮き目2、表1、裏4、[裏目の左上2目一度、裏7]を9回、裏目の左上2目一度、最後まで裏編み。	浮き目2、表1、裏6、[裏目の左上2目一度、裏8]を8回、裏目の左上2目一度、最後まで裏編み。	浮き目2、表1、裏5、[裏目の左上2目一度、裏7]を10回、裏目の左上2目一度、最後まで裏編み。
⓭	8.5				9.5			10	
⓮	8cm	8.5cm		9cm	9.5cm				10cm
⓯	17	18		19	20				21
⓰	18cm	19.5cm	20.5cm	21.5cm	23cm	24.5cm	25.5cm	27.5cm	28.5cm
⓱	33.5cm	36.5cm	38.5cm	40cm	43.5cm	46.5cm	48.5cm	51.5cm	54.5cm
⓲	9段平 8－1－1 10－1－6 15－1－1減	9段平 6－1－5 8－1－5 13－1－1減	9段平 6－1－5 8－1－5 13－1－1減	9段平 6－1－12 11－1－1減	9段平 4－1－6 6－1－8 11－1－1減	9段平 4－1－15 6－1－2 11－1－1減	9段平 2－1－1 4－1－18 9－1－1減	9段平 2－1－3 4－1－17 9－1－1減	9段平 2－1－9 4－1－14 9－1－1減
⓳	26cm		28cm		30cm			31.5cm	
⓴	56		60		64			68	

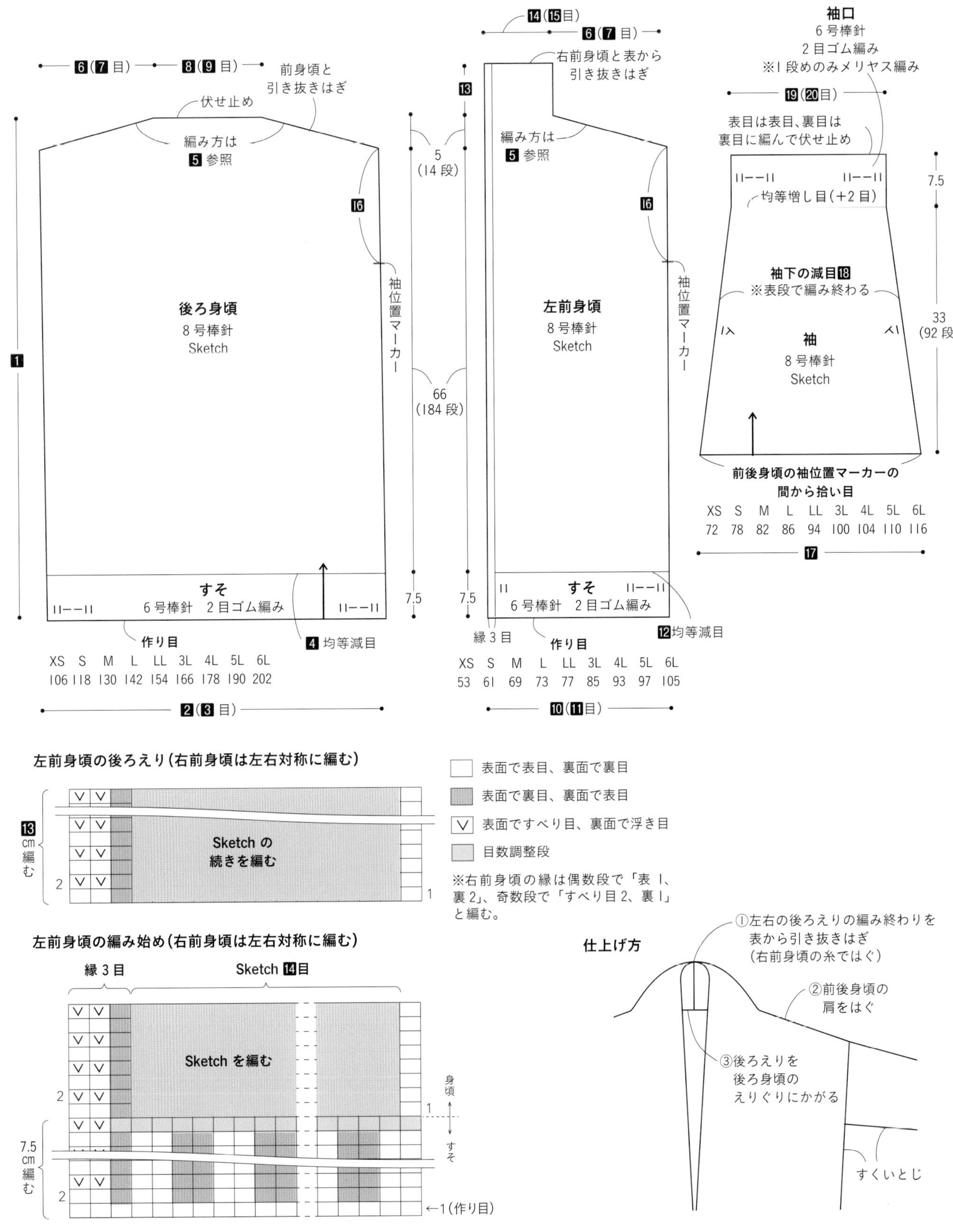

前身頃と
引き抜きはぎ
伏せ止め
編み方は
5 参照
16
袖位置マーカー
後ろ身頃
8号棒針
Sketch
1
すそ
6号棒針　2目ゴム編み
作り目
4 均等減目
XS S M L LL 3L 4L 5L 6L
106 118 130 142 154 166 178 190 202
2(3目)
6(7目)
8(9目)
14(15目)
13
右前身頃と表から
引き抜きはぎ
5
(14段)
66
(184段)
7.5
左前身頃
8号棒針
Sketch
縁3目
12均等減目
XS S M L LL 3L 4L 5L 6L
53 61 69 73 77 85 93 97 105
10(11目)
袖口
6号棒針
2目ゴム編み
※1段めのみメリヤス編み
19(20目)
表目は表目、裏目は
裏目に編んで伏せ止め
均等増し目(+2目)
袖下の減目18
※表段で編み終わる
袖
8号棒針
Sketch
33
(92段)
前後身頃の袖位置マーカーの
間から拾い目
XS S M L LL 3L 4L 5L 6L
72 78 82 86 94 100 104 110 116
17
左前身頃の後ろえり(右前身頃は左右対称に編む)
13 cm編む
Sketch の
続きを編む
表面で表目、裏面で裏目
表面で裏目、裏面で表目
表面ですべり目、裏面で浮き目
目数調整段
※右前身頃の縁は偶数段で「表1、裏2」、奇数段で「すべり目2、裏1」と編む。
左前身頃の編み始め(右前身頃は左右対称に編む)
縁3目
Sketch 14目
Sketch を編む
身頃
すそ
7.5 cm編む
←1(作り目)
仕上げ方
①左右の後ろえりの編み終わりを
表から引き抜きはぎ
(右前身頃の糸ではぐ)
②前後身頃の
肩をはぐ
③後ろえりを
後ろ身頃の
えりぐりにかがる
すくいとじ

身頃・袖の模様編み(Sketch)

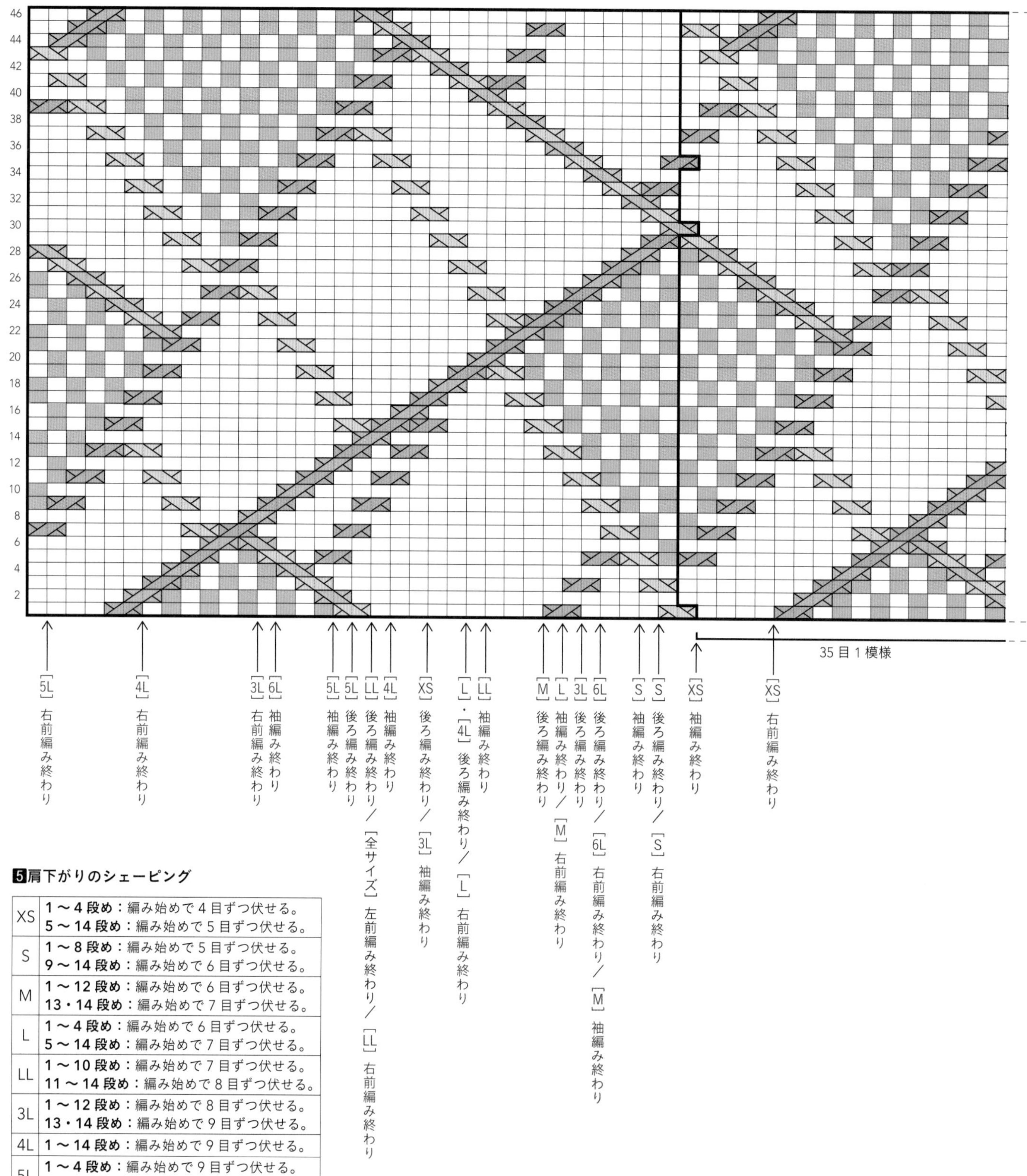

5 肩下がりのシェーピング

XS	**1～4段め：**編み始めで4目ずつ伏せる。 **5～14段め：**編み始めで5目ずつ伏せる。
S	**1～8段め：**編み始めで5目ずつ伏せる。 **9～14段め：**編み始めで6目ずつ伏せる。
M	**1～12段め：**編み始めで6目ずつ伏せる。 **13・14段め：**編み始めで7目ずつ伏せる。
L	**1～4段め：**編み始めで6目ずつ伏せる。 **5～14段め：**編み始めで7目ずつ伏せる。
LL	**1～10段め：**編み始めで7目ずつ伏せる。 **11～14段め：**編み始めで8目ずつ伏せる。
3L	**1～12段め：**編み始めで8目ずつ伏せる。 **13・14段め：**編み始めで9目ずつ伏せる。
4L	**1～14段め：**編み始めで9目ずつ伏せる。
5L	**1～4段め：**編み始めで9目ずつ伏せる。 **5～14段め：**編み始めで10目ずつ伏せる。
6L	**1～8段め：**編み始めで10目ずつ伏せる。 **9～14段め：**編み始めで11目ずつ伏せる。

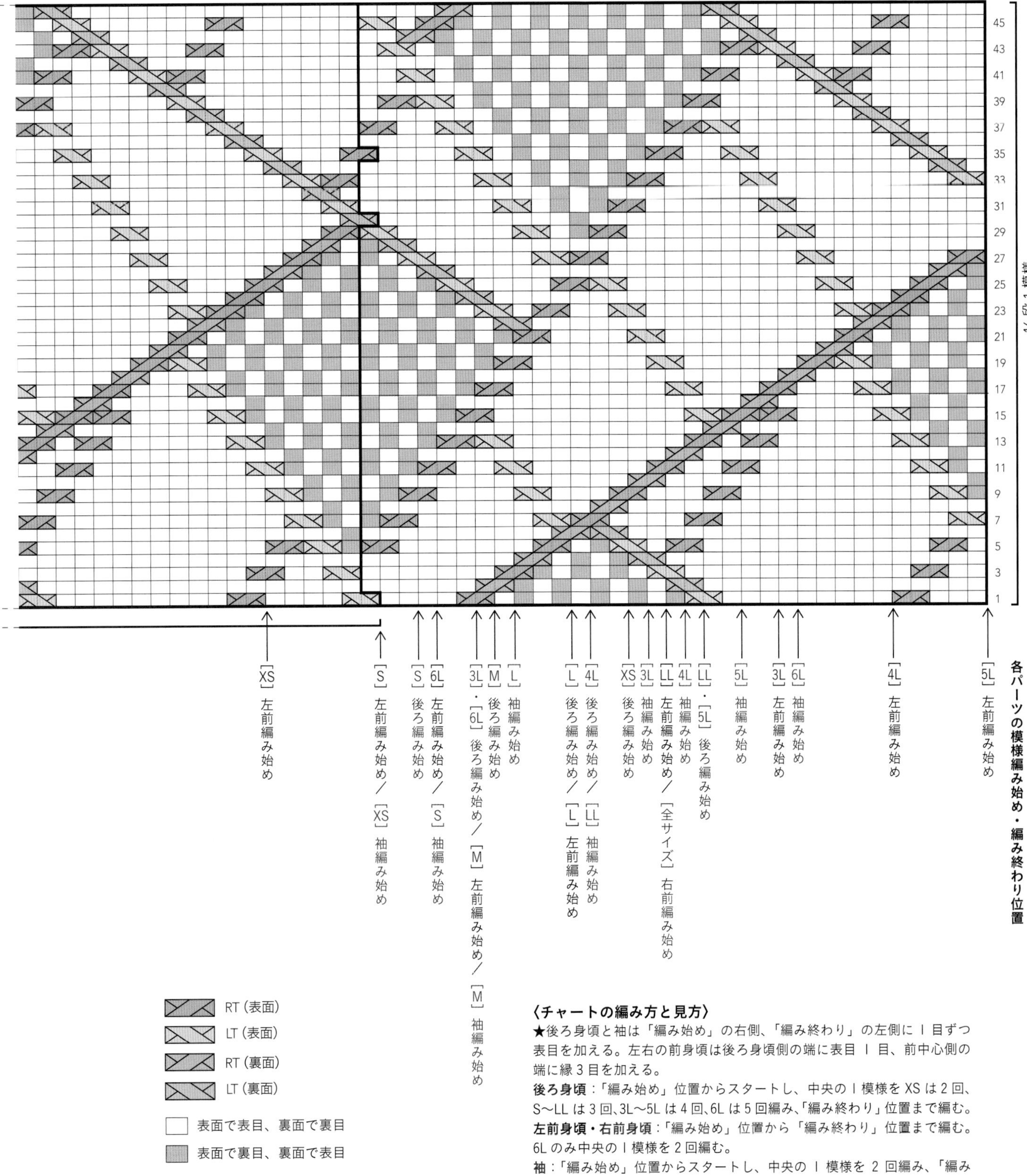

〈チャートの編み方と見方〉

★後ろ身頃と袖は「編み始め」の右側、「編み終わり」の左側に 1 目ずつ表目を加える。左右の前身頃は後ろ身頃側の端に表目 1 目、前中心側の端に縁 3 目を加える。

後ろ身頃：「編み始め」位置からスタートし、中央の 1 模様を XS は 2 回、S〜LL は 3 回、3L〜5L は 4 回、6L は 5 回編み、「編み終わり」位置まで編む。

左前身頃・右前身頃：「編み始め」位置から「編み終わり」位置まで編む。6L のみ中央の 1 模様を 2 回編む。

袖：「編み始め」位置からスタートし、中央の 1 模様を 2 回編み、「編み終わり」位置まで編む。

Snowflake Scarf

スノーフレークスカーフ

六角形をひとつずつ、外側から内側へと減目をしながら編みます。それを組み合わせるとユニークで使い勝手のいいスカーフができます。六角形は一直線に並べてつなぎ合わせていますが、V字形にしたり、三日月形にカーブさせてつなぐこともできます。ガーター編みで編み始めるので仕上げに縁を編む必要がなく、モチーフは編みつなぐため、仕上げのとじはぎも不要です。

FINISHED MEASUREMENT／仕上がり寸法
※六角形モチーフ1枚
幅①：28cm（角から角まで）
幅②：24cm（辺から辺まで）

YARN／糸
Blue Sky Fibers の Spud & Chloë Fine［スーパーウォッシュウール80%・シルク20%、227 m/65 g］#7810 Lipstick　3かせ

NEEDLE／針
・4号［US3（3.25mm）］60cm 輪針
・4号［US3（3.25mm）］の好みの小さい輪を編むための針
※ゲージが合わない場合は必要に応じて号数を変えて調整しましょう。

NOTIONS／その他の道具
ステッチマーカー

GAUGE／ゲージ
28目×36段（10cm角・4号針・メリヤス編み）

STITCH PATTERNS／模様編み
Water Lily（#118）
※編み方はP.241チャート参照

PATTERN NOTES／メモ
まず六角形のモチーフを1枚輪に編みます。2枚め以降は5辺分の目を作り、残りの1辺分はすでに編んだ六角形の1辺から拾い目をします。作り目はすべて指でかける作り目で作ります。

◎パターン中の略語
PM：Place Marker →マーカーを入れる
SM：Slip Marker →マーカーを移す

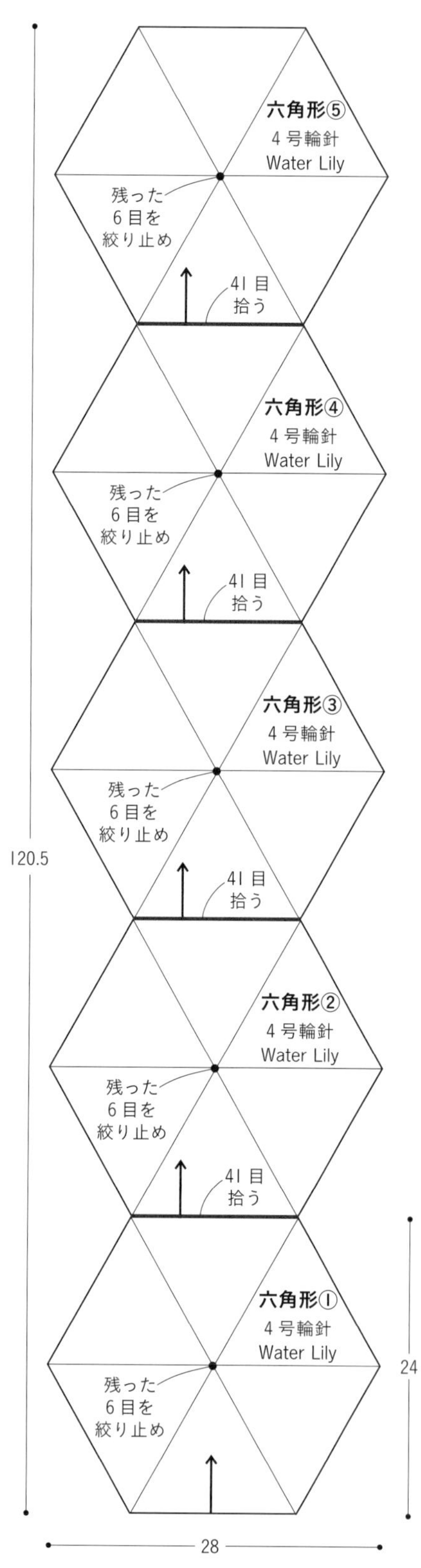

Hexagon 1 ／六角形①

4 号輪針に指でかける作り目の方法（P.270 参照）で［41 目作る、PM］を 6 回。246 目になる。

編み目がねじれないよう注意して輪にする。最後のマーカーが編み始めの目印になる。

準備段：［SM、裏 1、マーカーまで表編み］を 6 回。

次段：裏編み。

減目段：［SM、裏 1、左上 2 目一度、マーカーの手前に 2 目残るまで表編み、右上 2 目一度］を 6 回。234 目になる。

次段：裏編み。

次段以降：Water Lily を 51 段めまで編む（マーカー 2 個の間で 1 模様編み、全体で 6 回くり返す）。残り 6 目になる。

糸端を長めに残して切り、残った目に糸端を通し、絞り止めする。

Hexagon 2 ／六角形②

4 号輪針に指でかける作り目の方法で［41 目作る、PM］を 5 回、六角形①の表を見て 1 辺から 41 目拾い、PM。246 目になる。

六角形①の準備段以降と同様にして六角形モチーフを編む。

Hexagon 3 ／六角形③〜⑤

六角形②と同様に編むが、すでに編んだ六角形モチーフから拾い目をする際は、ひとつ前のモチーフを編むときに編みつないだ辺の反対側の辺から拾う。

FINISHING ／仕上げ

好みの方法でブロッキングする。

Pattern Substitution ／模様の置き替え

CHAPTER 9 の 10 種類の模様であれば、とくに変更を加えることなく置き替えることができます。

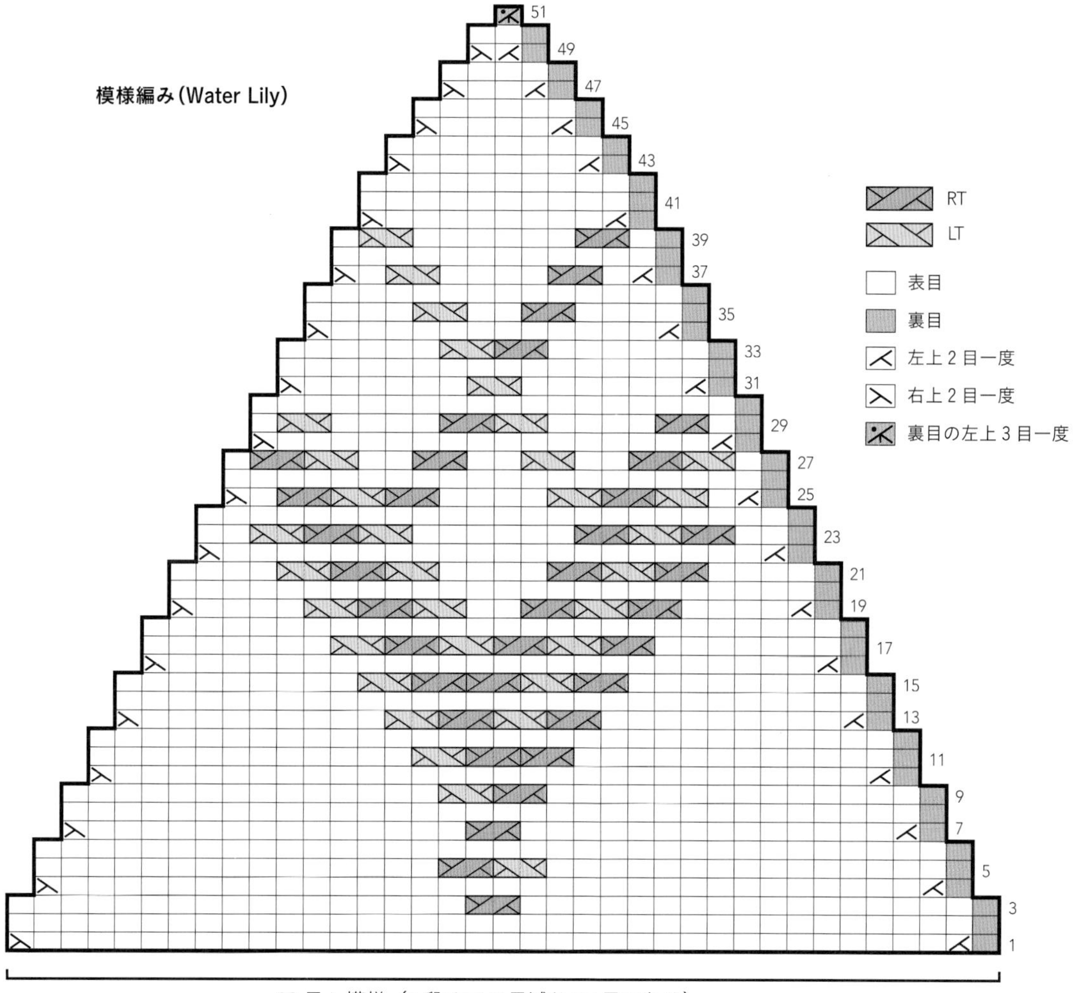

Hexagon Pullover

ヘキサゴンプルオーバー

たっぷりしたプルオーバーの身頃を彩る雪の結晶のような模様は、三角形のモチーフ6枚を組み合わせた六角形でできています。六角形の1辺は、そのまま活かしてラグランスリーブに。六角形1枚は脇下マチと袖を先に編んでおき、6辺分の拾い目と作り目をして編み始めます。ネックとすそは最後に六角形の上辺と底辺からそれぞれ拾い目をして編み出しています。

FINISHED MEASUREMENT／仕上がり寸法
※表参照

YARN／糸
mYakのBaby Yak Medium［ベビーヤク100%、117m/50g］Mustard
※使用量は表参照

NEEDLE／針
・5号［US4（3.5mm）］棒針
・5号［US4（3.5mm）］40cm輪針
・6号［US6（4mm）］棒針
・6号［US6（4mm）］80 cm輪針
・6号［US6（4mm）］の好みの小さい輪を編むための針
※ゲージが合わない場合は必要に応じて号数を変えて調整しましょう。

NOTIONS／その他の道具
ステッチマーカー

GAUGE／ゲージ
21目×32段（10cm角・6号針・メリヤス編み）

仕上がり寸法と糸量

サイズ	XS	S	M	L	LL	3L	4L	5L	6L
バスト(cm)	91.5	101.5	109	122	134.5	142	152.5	165	172.5
着丈(cm)	55.5	58	59	60.5	63	65.5	69.5	72	74.5
糸量(かせ)	9	10	11	12	13	14	16	17	19

STITCH PATTERNS／模様編み
2目ゴム編み（4の倍数＋2目）
1段め（表面）：表2、*裏2、表2；、*〜；を最後までくり返す。
2段め（裏面）：裏2、*表2、裏2；、*〜；を最後までくり返す。

Droid（#122）
※編み方はP.246チャート参照

PATTERN NOTES／メモ
最初に脇下の三角形と袖を2枚ずつ編みます。前後身頃の六角形は、脇下の三角形からの拾い目・袖山からの拾い目・作り目という3つの要素を組み合わせて輪郭を作り、中心へと編んでいきます。すそのゴム編みは、脇下の三角形、または身頃から拾い目をし、合計4枚編みます。

◎パターン中の略語
PM：Place Marker→マーカーを入れる

※説明中の❶〜⓳はP.244の表とP.245の図を参照してください。

Underarm Triangle／脇下マチの三角形

NOTE：脇下マチの三角形は同じものを2枚編みます。
6号棒針に指でかける作り目の方法（P.270参照）で❷目作り、1段裏編みをする（裏面）。以下往復にメリヤス編みを編む。

三角形のシェーピング
❸を参照して減目をくり返し、三角形を編む。減目段は表面か裏面かにより、次のように編む。最後に残った4目は伏せ止めする。
表面の減目段：表1、左上2目一度、残り3目まで表編み、右上2目一度、表1。
裏面の減目段：裏1、裏目の右上2目一度、残り3目まで裏編み、裏目の左上2目一度、裏1。

Sleeves／袖

5号棒針に指でかける作り目の方法（P.270参照）で❼目作り、2目ゴム編みを7.5cm往復に編み（裏面の段から編む）、表面の段で編み終える。6号棒針に持ち替える。

袖下のシェーピング
1段め（裏面）：裏編み。
次段以降：❽を参照し、メリヤス編みを編みながら袖下の増し目をする。増し目段では左右の端に2目立て、右端は左ねじり増し目、左端は右ねじり増し目を編む。増し目が終わると❿目になる。

袖山のシェーピング
メリヤス編みを編みながら、⓫を参照して袖山の減目をする。減目段は表面か裏面かにより、脇下マチの「三角形のシェーピング」と

同様に編む。最後に残った２目は伏せ止めする。

Back & Front ／前後身頃

NOTE：身頃は前後をそれぞれ輪に編みます。このセクションの作り目はすべてケーブルキャストオン（P.270 参照）を使用します。

ベースを作る

次のように拾い目、作り目をくり返して六角形のベースを作る。

①脇下マチ（１枚め）の表面を見て、６号輪針で編み終わり側から三角形の左辺に沿って⓮目拾う、PM。

②編み地を返し、⓮目作る。再度編み地を返して PM。

③脇下マチ（２枚め）の表面を見て、作り目側から三角形の右辺に沿って⓮目拾う、PM。

④袖（１枚め）の表面を見て、袖山の右端に沿って⓮目拾う、PM。

⑤編み地を返し、⓮目作る。再度編み地を返して PM。

⑥袖（２枚め）の表面を見て、袖山の左端に沿って⓮目拾う、PM。ここが次段以降の編み始めとなる。

⑦輪にして１段表編み。合計⓯目になる。

六角形のシェーピング

メリヤス編みを編みながら、⓰を参照して減目をする。減目段ではマーカーで区切った三角形の左右の端で減目をする（段全体では 12 か所）。減目は三角形ごとに、脇下マチの「三角形のシェーピング」の「表面の減目段」と同様に編む。目数が減って編みづらくなったら適宜小さい輪を編むための針に替えて編む。減目が終わると全サイズとも 234 目（三角形１個につき 39 目）になる。

次段以降：P.246 のチャートを参照して Droid を 51 段めまで編む（毎段６模様編む）。糸端を長めに残して切り、残った６目に通して引き絞る。

すそを編む（身頃２枚を編み終えてから編む）

脇下マチの作り目から、５号棒針で表を見て⓱目拾う。次段からは P.246 のチャートを参照して減目をしながら２目ゴム編みを 16 段編み、目なりに伏せ止めする。

同様にもう１枚の脇下マチ、前後身頃のすそからも拾い目をしてあと３枚すそを編む。

FINISHING ／仕上げ

好みの方法でブロッキングする。

肩をはぐ（LL ～ 6L のみ）

「仕上げ方」を参照して左右の肩をそれぞれはぐ。

	XS	S	M	L	LL	3L	4L	5L	6L
❶	23cm	26cm	27.5cm	30.5cm	33.5cm	35cm	39cm	41cm	43cm
❷	48	54	58	64	70	74	80	86	90
❸	２段平 ３－１－８ ４－１－13 ３－１－１減	２段平 ３－１－16 ４－１－８ ３－１－１減	２段平 ３－１－21 ４－１－５ ３－１－１減	１段平 ２－１－１ ３－１－29 減	１段平 ２－１－６ ３－１－27 減	１段平 ２－１－８ ３－１－27 減	１段平 ２－１－11 ３－１－27 減	１段平 ２－１－16 ３－１－25 減	１段平 ２－１－18 ３－１－25 減
❹	25.5cm	26.5cm	27.5cm	28cm	29.5cm	30.5cm	32.5cm	33.5cm	35cm
❺	81	85	88	90	94	98	104	108	112
❻	24cm		26cm			28cm		32cm	
❼	50		54			58		66	
❽	23 段平 30－１－２ 28－１－１ ２－１－１増	23 段平 16－１－２ 14－１－４ ２－１－１増	23 段平 14－１－２ 12－１－５ ２－１－１増	23 段平 ８－１－11 ２－１－１増	23 段平 ８－１－８ ６－１－４ ２－１－１増	23 段平 ８－１－８ ６－１－４ ２－１－１増	23 段平 ６－１－14 ４－１－１ ２－１－１増	23 段平 ８－１－５ ６－１－８ ２－１－１増	23 段平 ６－１－12 ４－１－４ ２－１－１増
❾	27.5cm	30.5cm	33.5cm	37cm	38cm	40cm	43cm	45cm	47.5cm
❿	58	64	70	78	80	84	90	94	100
⓫	３－１－１ ２－１－13 ４－１－13 １－１－１　減	３－１－１ ２－１－17 ４－１－12 １－１－１　減	３－１－１ ２－１－20 ４－１－12 １－１－１　減	３－１－１ ２－１－27 ４－１－９ １－１－１　減	３－１－１ ２－１－27 ４－１－10 １－１－１　減	３－１－１ ２－１－29 ４－１－10 １－１－１　減	３－１－１ ２－１－33 ４－１－９ １－１－１　減	３－１－１ ２－１－36 ４－１－８ １－１－１　減	３－１－１ ２－１－39 ４－１－８ １－１－１　減
⓬	26cm	27cm	29cm	29.5cm	30.5cm	32cm	33cm	34cm	35.5cm
⓭	82	86	92	94	98	102	106	108	114
⓮	47	53	57	63	69	73	79	85	89
⓯	282	318	342	378	414	438	474	510	534
⓰	６段平 ７－１－３ ３－１－１減	３段平 ４－１－２ ５－１－４ ３－１－１減	２段平 ４－１－８ ３－１－１減	２段平 ３－１－10 ４－１－１ ３－１－１減	１段平 ２－１－３ ３－１－12 減	１段平 ２－１－５ ３－１－12 減	１段平 ２－１－８ ３－１－12 減	１段平 ２－１－13 ３－１－10 減	１段平 ２－１－15 ３－１－10 減
⓱	52	56	60	64	68	76	80	84	88
⓲	55.5	58	59	60.5	63	65.5	69.5	72	74.5
⓳	91.5	101.5	109	122	134.5	142	152.5	165	172.5

えりを編む

表を見て 5 号輪針で * 袖山または肩線からえりぐりに沿って目を拾い（目数は「仕上げ方」参照）、PM；、* ～；をくり返し、輪にする。P.246 のチャートを参照してえりを編み、目なりに伏せる。
袖下をとじ合わせる。

Pattern Substitution ／模様の置き替え

この作品の模様は、CHAPTER 9 の 10 種類の模様ならどれでも置き替えることができます。

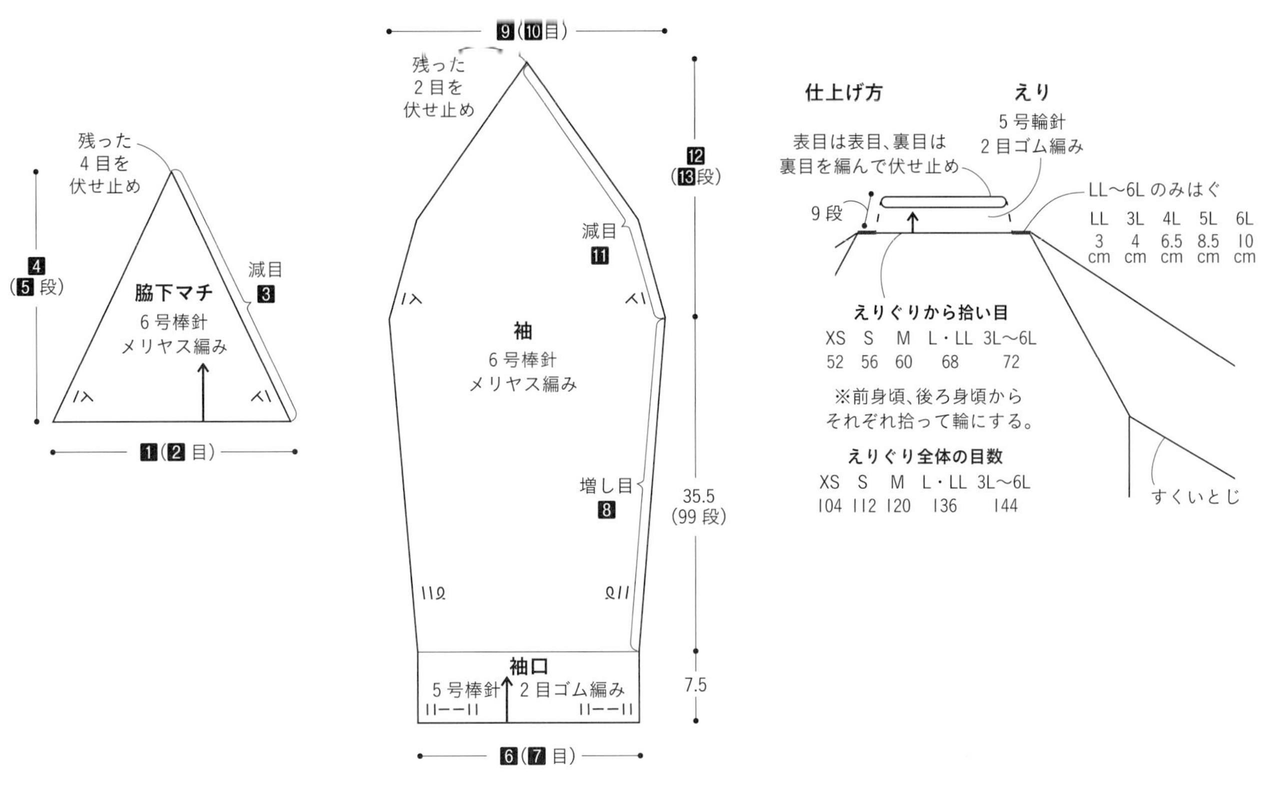

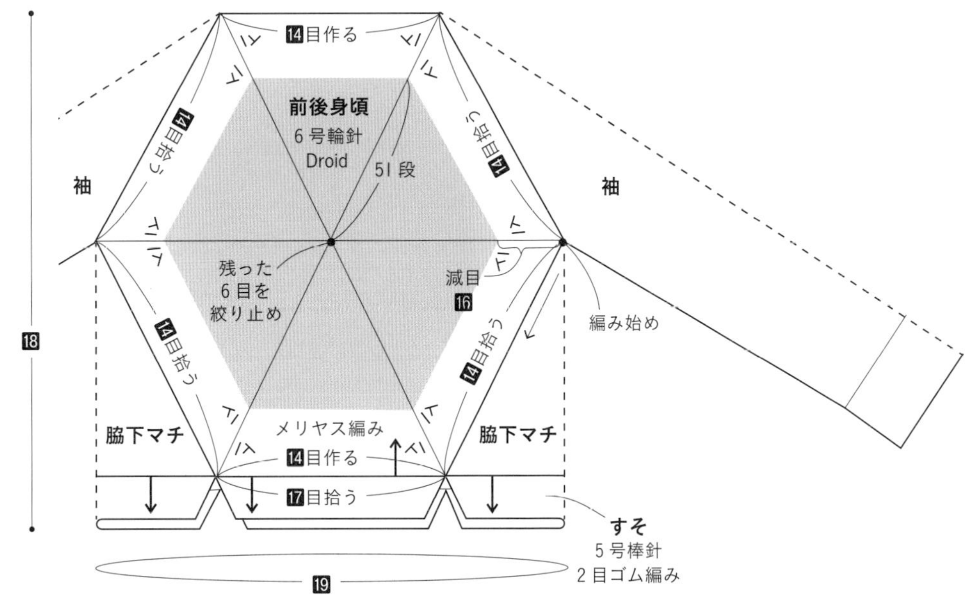

前後身頃の模様編み(Droid)

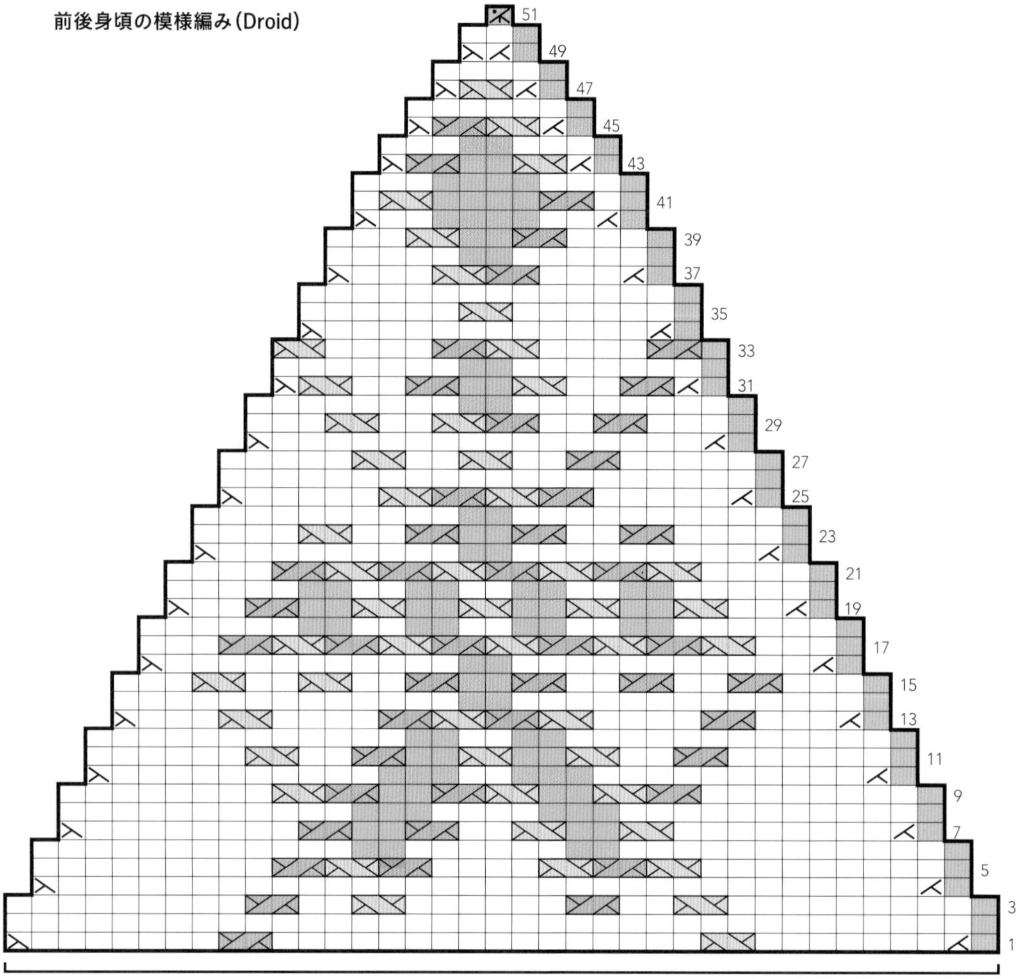

39目1模様（1段めで2目減り37目になる）

すそ(前後身頃、脇下マチからそれぞれ拾い目をして合計4枚編む)

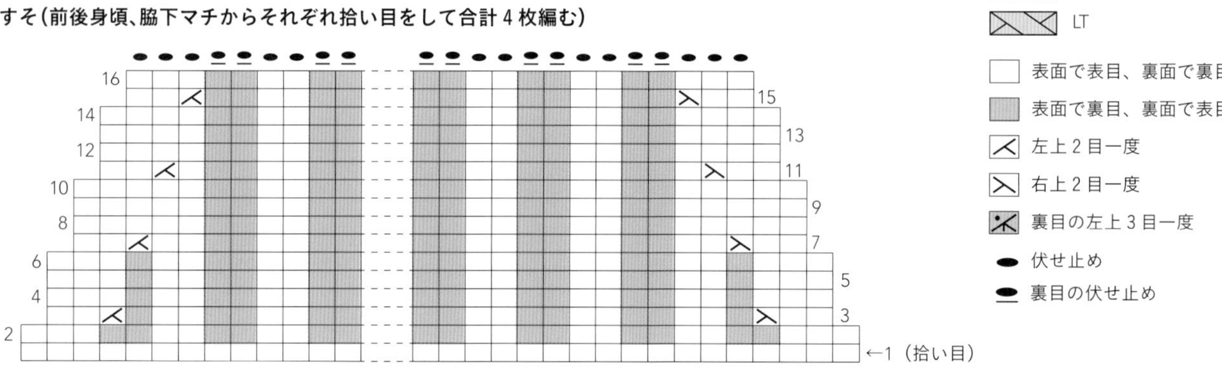

えり

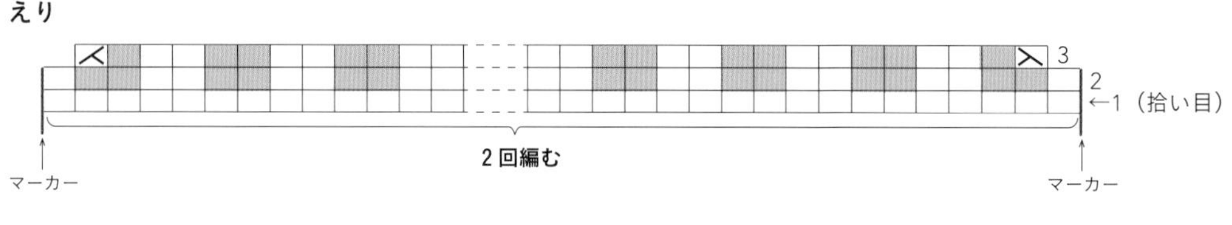

〈編み方〉
XS・S：2段めまで編み、3段め以降も2段めと同様に7段編む。
M〜6L：3段めまで編み、2・3段めを3回くり返す。（合計ー16目）
最後は目なりに伏せ止めする。

PART III

DESIGNING YOUR OWN

自分でデザインする

最後のパートは、ツイストステッチを使ったオリジナルのパターンをデザインすること、
そしてデザインするためのさまざまな要素についてのガイドです。
まずは私自身がデザインするときの素材集めやインスピレーションを得るプロセスを紹介し、
新しい模様を実際に描き出すときに役立つ各種チャートフォーマットの使い方を解説。
最後にツイストステッチの模様をデザインする際の 10 のポイントをレッスンします。

CHAPTER 10

Getting Started

始めましょう

無限の可能性を秘めた世界で、
何かを始めるのは誰にとっても大変なことです。
私自身はというと、まずは方向性を絞り込み、
出発するための枠組みを定めます。
P.253 ～ 257 の各種プランニンググリッドは、
模様の構想をまとるときに役立ちます。
P.258 ～ 259 の無地チャートは、
PART II 内の作品アレンジ用。
元の模様をオリジナル模様や本書中のほかの
模様に置き替えるときに使えます。
パソコンの描画ソフトを使わない方に
役立つアイテムです。
さらに P.252 には、ツイストステッチ模様の
パーツライブラリーをまとめました。
これらを活用して、オリジナルの模様を
創り出すという新たな冒険を始めましょう。

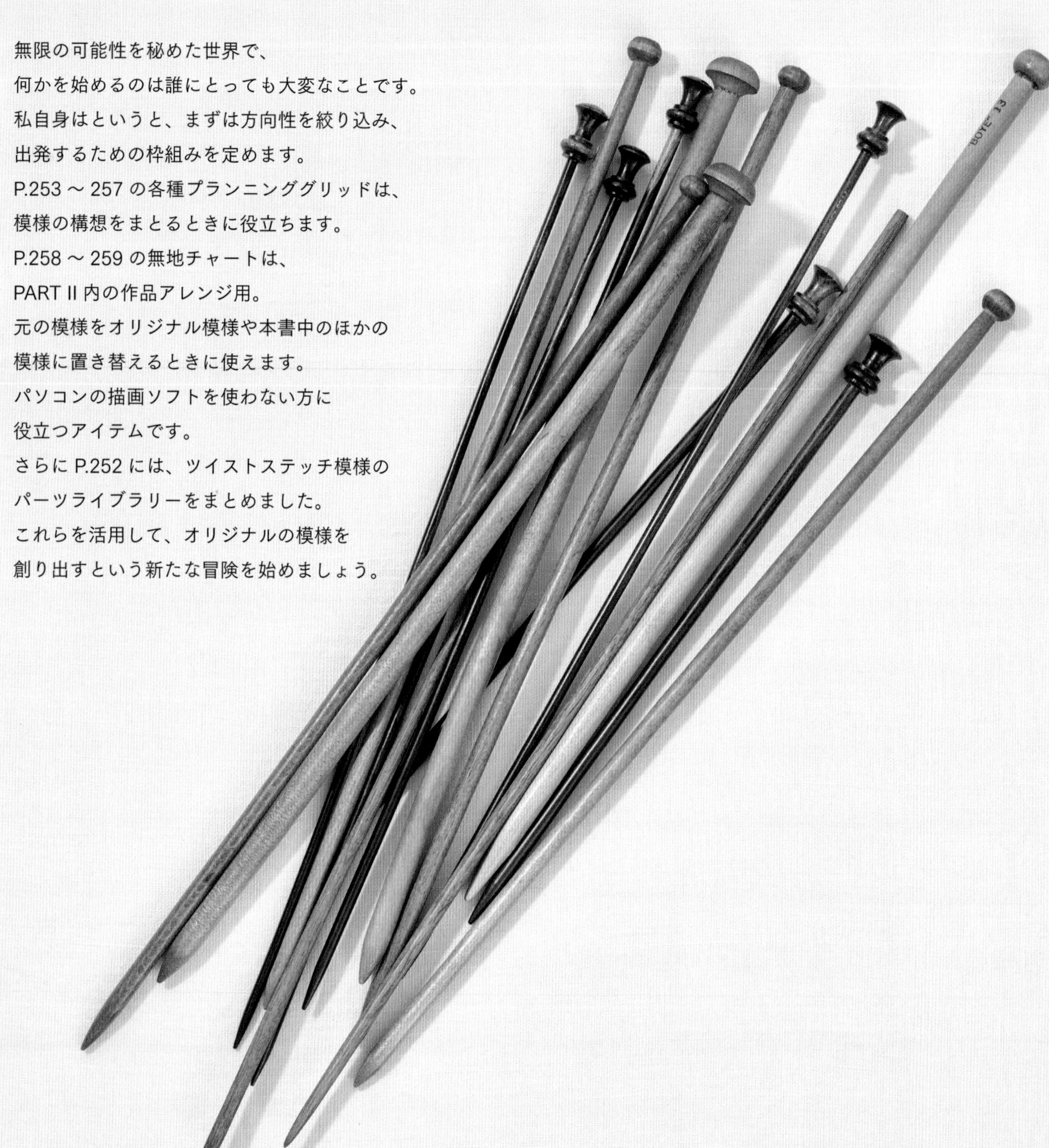

インスピレーションの種

この本の企画段階で、私は長時間 Pinterest（ピンタレスト）（インターネット上の写真共有サービス）を眺め、編み物以外の手工芸に目を向けてデザインを始めるきっかけを探りました。とくにインスピレーションを得る題材が多かったのはテキスタイルの分野で、着目したのはブラックワーク、刺し子、キルティング、パッチワーク、ダマスク織、ツイルなど。ほかの分野でも、タイルデザイン、レンガ、壁紙、折り紙、建築の装飾などからインスピレーションを得ました。それらの画像を集め、フォルダーに分けるために類似点を探す作業は、アイディアを絞り込む上でとても有効でした。

デザイン作業を始めると、アイディアを選び、模様とあれこれたわむれることに没頭しました。チャート化し、テストニットをするなかで、やむなく変更してまったく新しい模様に変わることもあります。模様のデザインにおいて急がず余裕をもって臨むことがどれほど役立つか、強調してもしきれません。

私が好きな仕事の進め方は、集中してたくさんの新しいアイディアを手がけること。そのなかでいくつかは仕上げ、その他のものは「寝かせる」方法です。1回試しただけで、そのアイディアを捨ててしまうようなことはしないでください。しばらく寝かせて、数時間後・数日後・数か月後に再び取り組んでみましょう。当初とはまったく違った目で見ることができ、課題を克服できるかもしれませんから。

パーツライブラリー

新たにツイストステッチの模様を創り出すときの出発点となるよう、パーツを視覚的に確認できるライブラリーをまとめました。

水平線パーツ

右上がり斜線パーツ

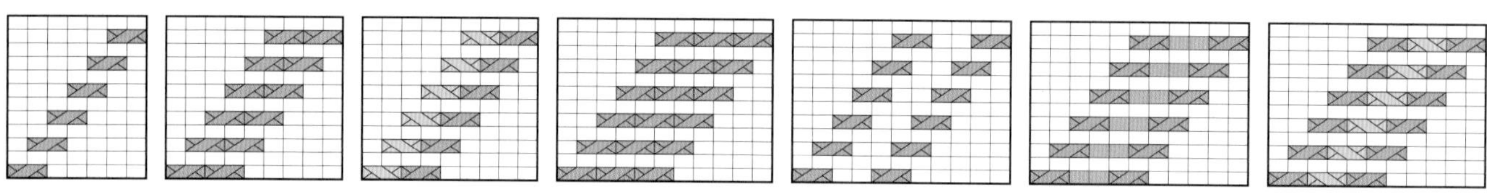

左上がり斜線パーツ

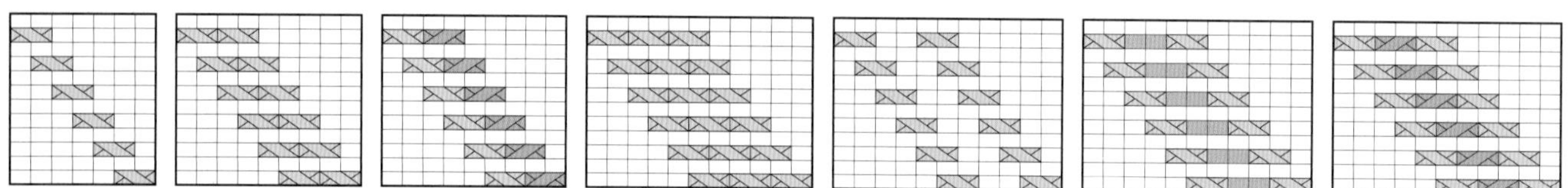

鋭角斜線パーツ

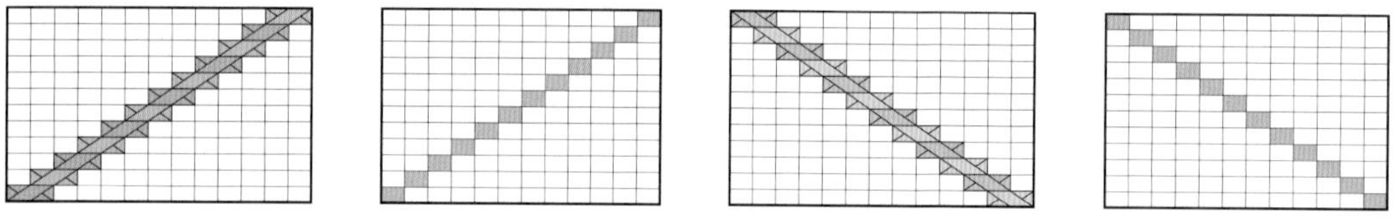

垂直線パーツ

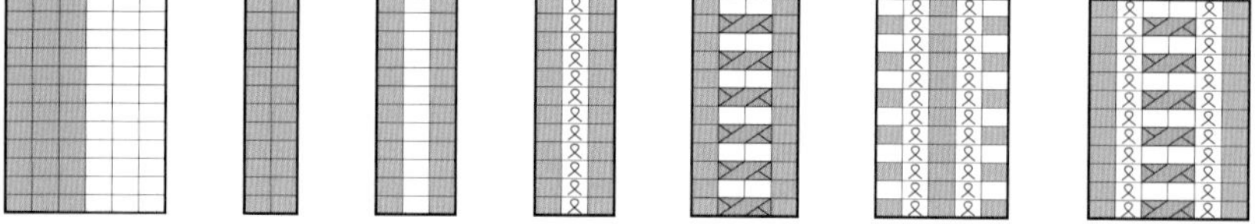

RT（表面）
LT（表面）
RT（裏面）
LT（裏面）

表面で表目、裏面で裏目
表面で裏目、裏面で表目
表面で表目のねじり目、裏面で裏目のねじり目

背景・空間用パーツ

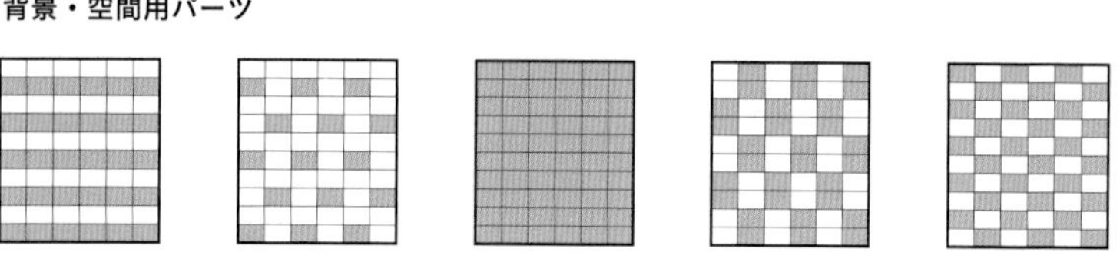

プランニンググリッド

ニッターズグリッド（基本の編み物用方眼）

本書のチャートはすべてこのグラフ用紙で表示しています。メリヤス編みの編み目と同様にツイストステッチの編み目も横長なので、縦横の比率が編み目に近いマス目のグラフ用紙にチャートを描いたほうが最終的な編み地のイメージをより正確に描けます。P.259までの各種グリッドも含め、方眼用紙は自由にコピーして使ってください。

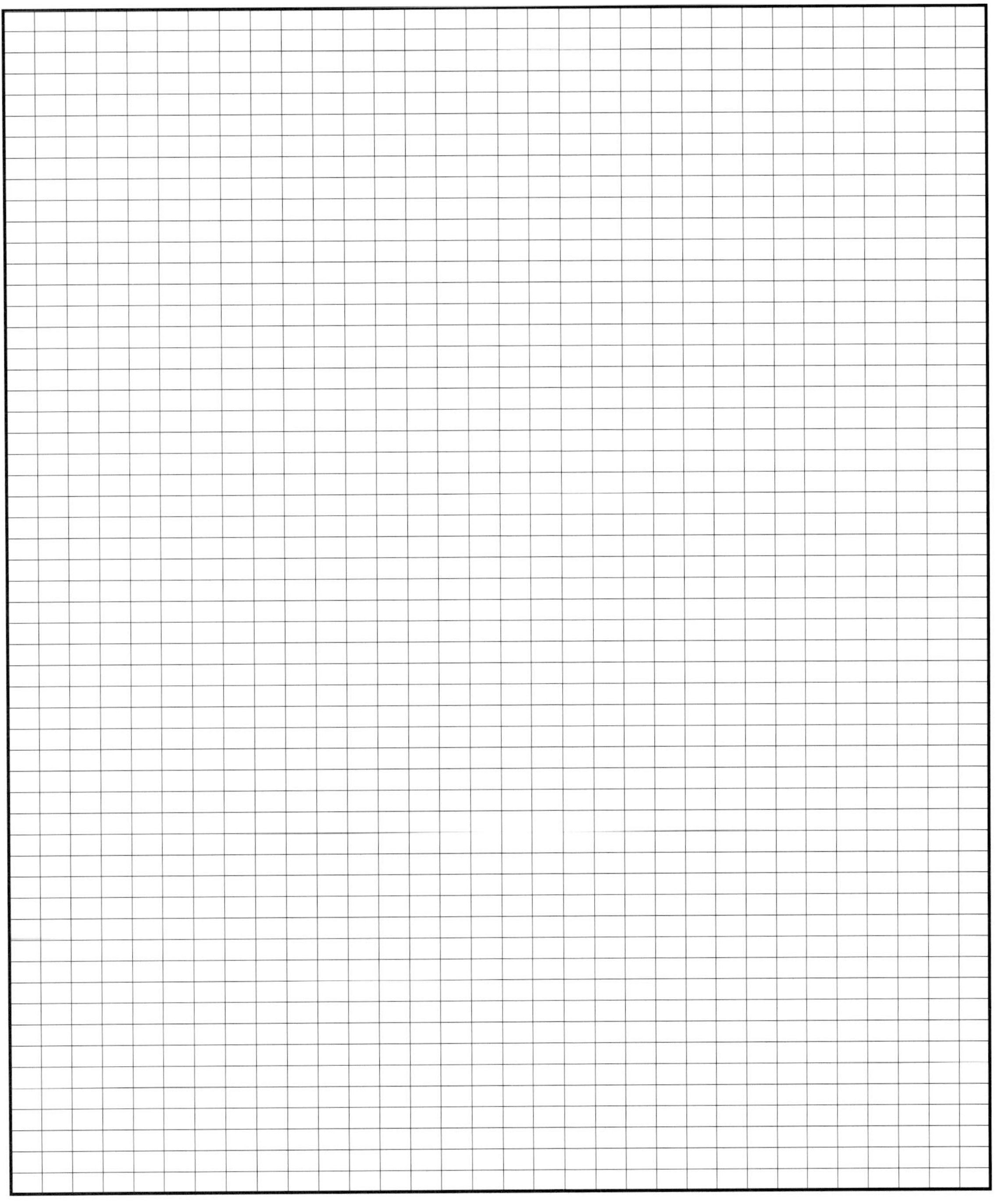

斜めのグリッド

この方眼は、斜めのツイストステッチ模様をデザインするときに使います。デザインの草案がまとまったら、RT と LT の記号を使ってニッターズグリッド（P.253）に模様を書き直します。次にスウォッチを編んで新しいデザインをテストしてみます。グリッドの使い方をイメージしやすくするために、右にデザインの記入例を示します。

斜め＋水平のグリッド

このグリッドは、斜めと水平方向の要素を含むツイストステッチ模様をデザインするときに使います。模様のデザイン案が固まったら、要素をニッターズグリッド（P.253）に書き写してチャートを完成させ、スワッチを編んで新しいデザインをテストしてみましょう。

斜め＋垂直のグリッド

このグリッドは、斜めと垂直方向の要素を含むツイストステッチ模様をデザインするときに使います。使い方はほかのグリッドと同じ。デザイン案が固まったら、要素をニッターズグリッド（P.253）に書き写してチャートを完成させ、スワッチを編んで新しいデザインをテストします。

縦＋横＋斜めのグリッド

このページは斜め、水平方向、縦方向の要素を含むツイストステッチ模様をデザインするときに使います。模様のデザイン案が固まったら、要素をニッターズグリッドに書き写し、スワッチを編んでテスト。テスト結果に応じて調整し、模様を完成に近づけていきます。

自分だけの特別なデザインに

オリジナルのツイストステッチをこのページのチャートに落とし込んで、Hat（P.212／帽子用チャート）、Extreme Yoke Pullover（P.227／ヨーク用チャート）、Snowflake Scarf（P.238／ヘキサゴン用チャート）、Hexagon Pullover（P.242／ヘキサゴン用チャート）の新しいバージョンを作りましょう。チャートはオリジナル模様をアレンジするときだけでなく、元の模様を本書のほかの模様に置き替える際にも使えます。
あらかじめそれぞれの作品ページでゲージ確認をしておきましょう。

ヨーク用チャート

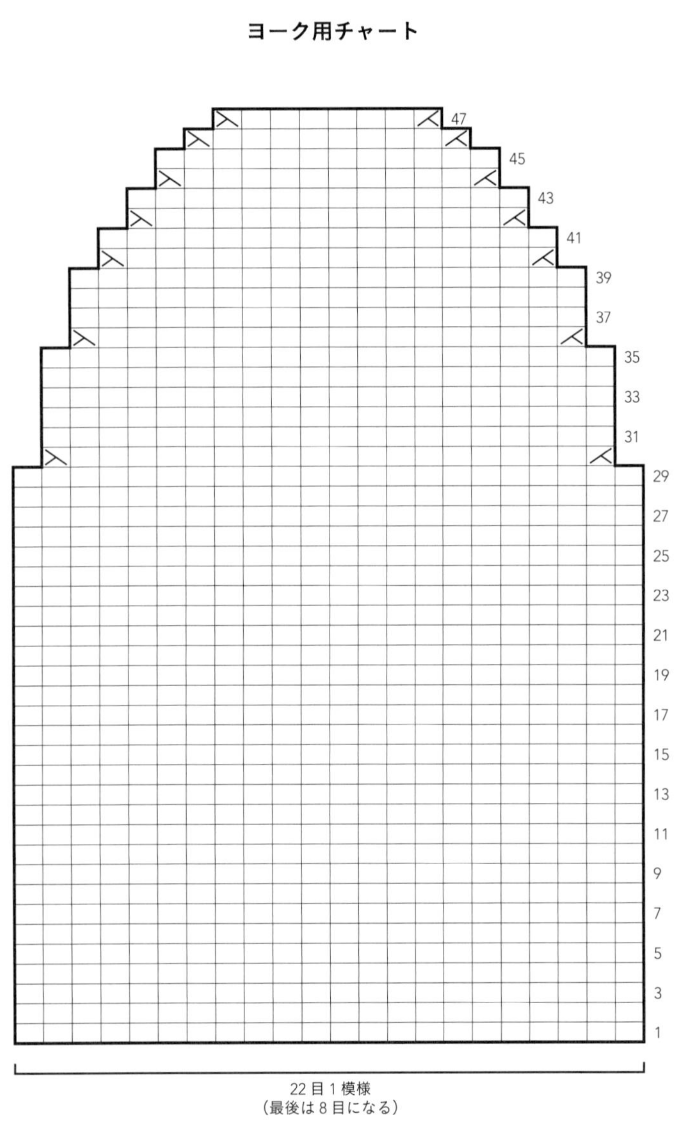

22目1模様
（最後は8目になる）

帽子用チャート

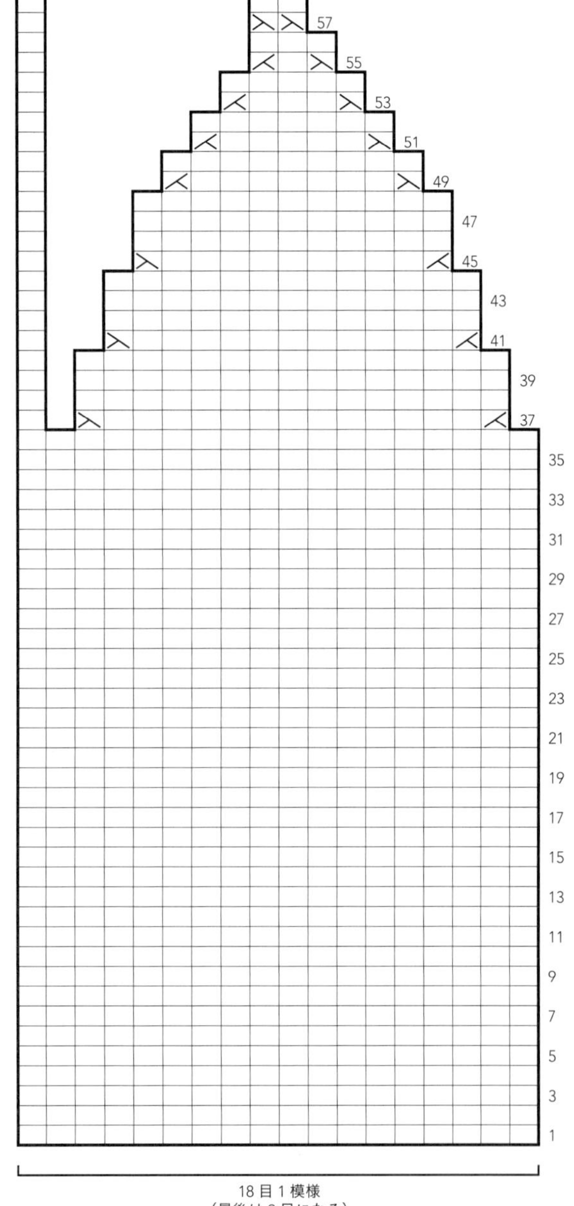

18目1模様
（最後は2目になる）

ヘキサゴン用チャート

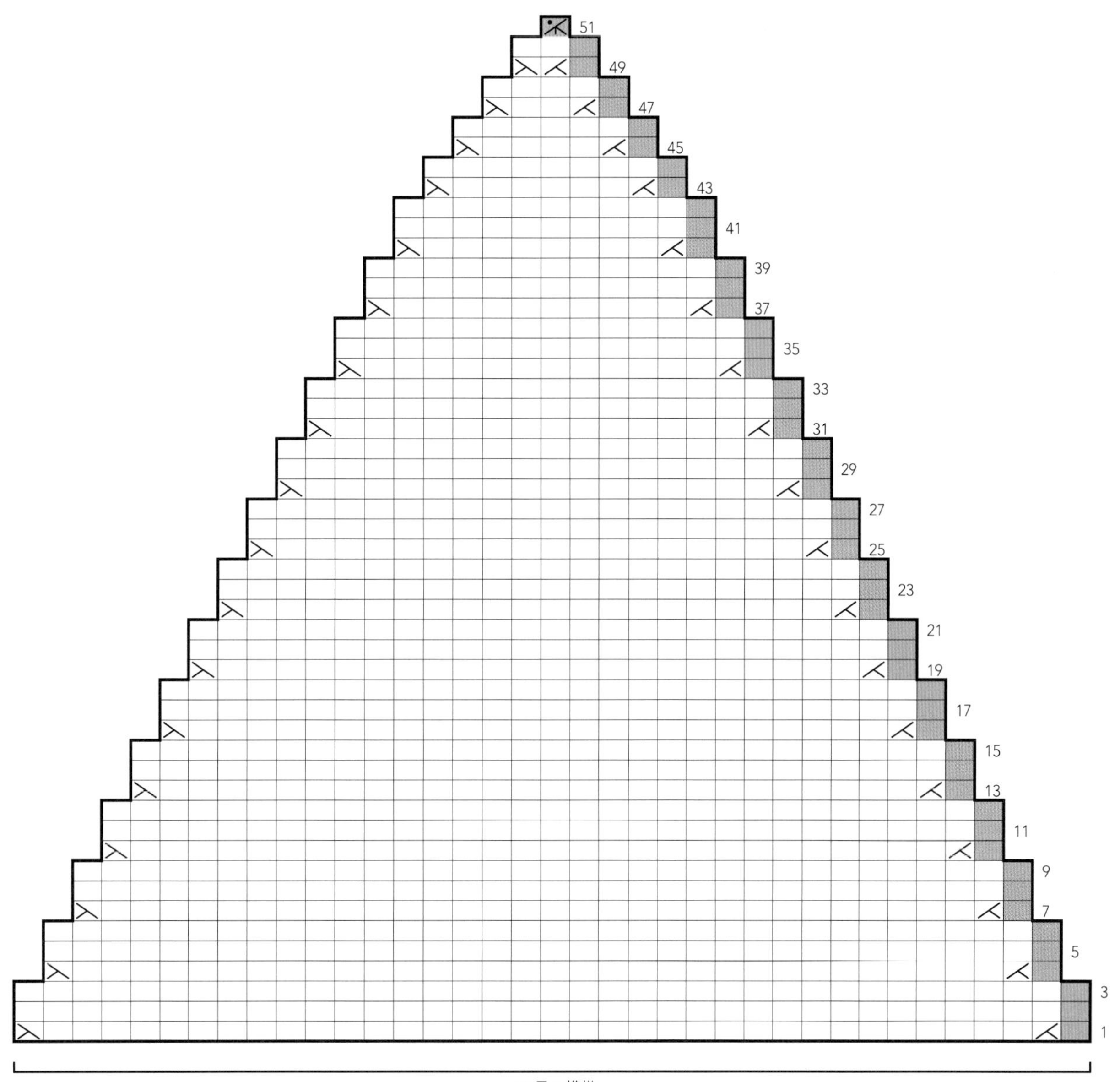

51
49
47
45
43
41
39
37
35
33
31
29
27
25
23
21
19
17
15
13
11
9
7
5
3
1
39 目 1 模様
（1 段めで 2 目減り 37 目になり、最後は 1 目になる）

CHAPTER 11

Ten Lessons

模様作りのレッスン 10

ここからは、私がツイストステッチの模様を
デザインする過程で学んだいくつかの秘訣を
みなさんにシェアしたいと思います。
手順に沿ったハウトゥーではありませんが、
みなさんがデザインの旅に出かけるときに
役立つであろうノウハウを集めてみました。
内容はデザインする上でのちょっとしたコツや、
デザインを展開させるいろいろな技法など。
私がデザインを進める過程で
気づいたことも加えました。

1　角の作り方

ツイストステッチのラインを一方向に編んだあとで、角を作る最も簡単な方法は、ツイストステッチを編んだ2目を次の表面の段で編むときにツイストの左右を逆方向に変え、次の表面の段以降も変更後の向きでツイストステッチのラインを編んでいくというもの。こうするとZirconia (#10) の左右の端のような、やや丸みをおびた角ができます。はっきりとした鋭角を作る場合は Diamond (#1) の上下の端のように、ふたつ並んだツイストステッチの内側の2目でツイストステッチを編みます。Droplets (#87) のように方向を変える前に数段まっすぐに編むと、カーブを描いたような丸みをおびたラインになります。

ZIRCONIA

DIAMOND

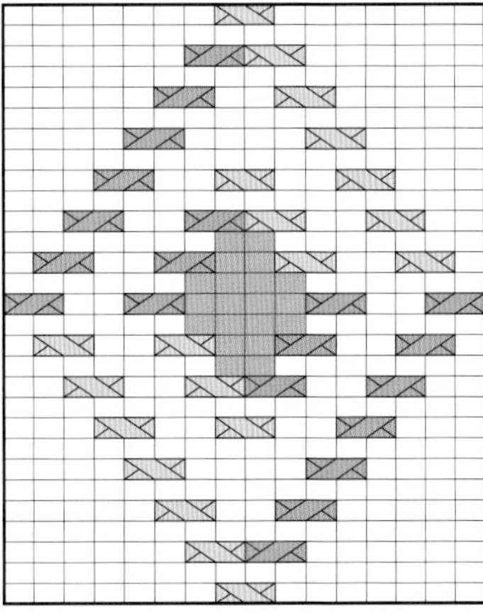

DROPLETS

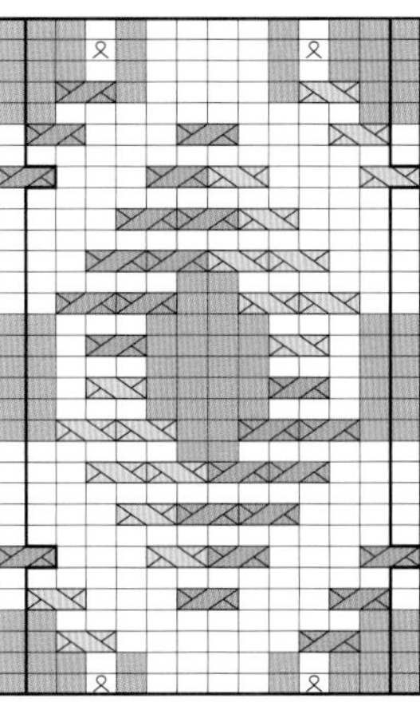

② 裏目で模様を際立てる

模様の背景にメリヤス編みを使う場合、斜線は比較的はっきりと目立つのですが、垂直線はいまひとつ。垂直線を際立てるにはひと工夫が必要です。その工夫が、線の左右に裏目を配置すること。

たとえば Starburst (#73) の中心のミニケーブルは左右に裏目を配置しているため、はっきり識別できます。一方、裏目を配置しなかった Spire (#75) のミニケーブルは、周囲のメリヤス編みと同化して判別しにくくなっています。

角の外側も同様で、鮮明にしたい場合には Stack (#6) のように周囲のメリヤス編みとの間に裏目を配置することで、輪郭を際立てることができます。

ただ、個人的には加える裏目の数は極力少なくしつつ、模様が際立つような仕上がりをめざしています。くり返しになりますが、裏目の配置が妥当かどうかを判断するには、スワッチを編むのが一番。それが成功への鍵です。

STARBURST

SPIRE

STACK

3 サイズを変えてみる

気に入った模様のデザインが定まっても、そこで満足しないでください。大きめ・小さめのバージョンも試してみましょう。新たに編んだものを気に入るかもしれませんし、3通りとも（またはそれ以上）満足する結果になるかもしれません。

試し編みをした模様は、すべてチャートを保存しておきましょう。たとえ今求めている結果が得られなかったとしても、いつか役に立つかもしれませんし、いずれそこから新たなアイディアが生まれることだってあり得ます。

Plaid Medium（#16）は、私がこのシリーズのなかで最初にデザインした模様でした。この模様から、センター部分の大きさを保ちながら斜線を拡大したのがPlaid Vast（#15）、そして斜線の数を減らして短くし、センター部分もせまくして、全体的に縮小してできたのがPlaid Small（#52）です。

PLAID MEDIUM

PLAID VAST

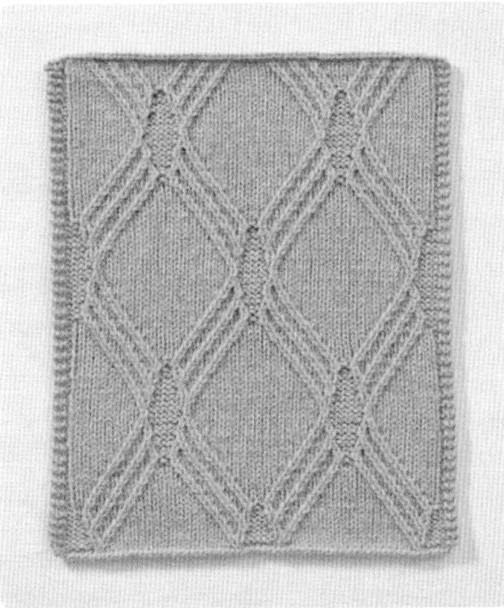

PLAID SMALL

④ 取り除いてみる

総柄から部分的にモチーフを取り除くことで、模様の新しいバリエーションができます。
Smocking (#64) は編み地の全体をひとつの模様（モチーフ）でおおう総柄です。この状態から、下部の模様を部分的に取り除き、中心から模様を入れ始め、編み地の幅全体に編み広げたのが Smocking Grow (#66) です。
さらに模様の内側の一部を取り除くと、バロック調でレーシーな Smocking Fancy (#67) になります。まだ見ぬ多くの模様が、オリジナルの総柄から新たに生まれ変わるのを待っています。
このような新しいバリエーションを導き出して記録する際は、パソコンの描画ソフトを使うのが最も簡単です。まずは模様で１ページをおおいつくして総柄を作り、このページをコピーしてモチーフを部分的に取り除いていくのです。このように進めて行くと、新たな模様からまた次のバリエーションが派生します。これを続けて行き止まりだと感じたら、新しい総柄で同様に試してみましょう。

SMOCKING

SMOCKING GROW

SMOCKING FANCY

5 線の太さを変えてみる

もしもデザインした模様のラインについて「少し細いな」、「もっと強調したいな」、「バリエーションをつけたいな」などと感じた場合は、ラインを二重にして太くしてみてください。

Single Flowers (#57) がその具体例です。この模様では、大小の幾何学的な花の形の模様のバリエーションで、一重線と二重線の見え方の違いを示しています。

6 模様を進化させる

模様をデザインしていると、ひとつのデザインが次のデザインに姿を変えていく（進化していく）ことがよくあります。そのきっかけになるのは、線を何本か延長する、ツイストを追加する、方向を変えるなど、ほんの少しの変更です。Diagonal Columns (#33)、Braids (#34)、Mini Os (#35) のように、わずかな変更でひとつの模様がさまざまに変化します。Twirl (#68) から Blanket Star (#71) や Big Star (#72) への展開はそれほどわかりやすくはありませんが、これも展開例のひとつ。Twirl を構成する3つの並行四辺形を完璧に並べるには、かなりの時間を費やしました。せっかくそれだけの時間をかけて作った模様なので、再利用して新たな模様を作れば、苦労が報われると思いついたのです。Blanket Star、Big Star、さらに Arrows (#70) は、そんな思いつきから描画ソフト上で Twirl の要素を組み替えて遊んでみたらできあがった、自分でも驚きの模様たちです。

ARROWS

BLANKET STAR

BIG STAR

⑦ リピートをテストする

デザインした模様をチャートに書き込んだら、きちんとリピートできるかどうかも確認しましょう。
たとえば下の Blackwork のチャートのように、最初に書いた模様の上下左右にも同じ模様を書き込み、実際に編んでテストしてみます。縦にも横にも問題なく模様がつながり、イメージ通りの連続模様になっていれば、テストは終了。模様のデザインも完成です。
私自身、今までこの方法で重大なエラーをたくさん発見してきました。

BLACKWORK

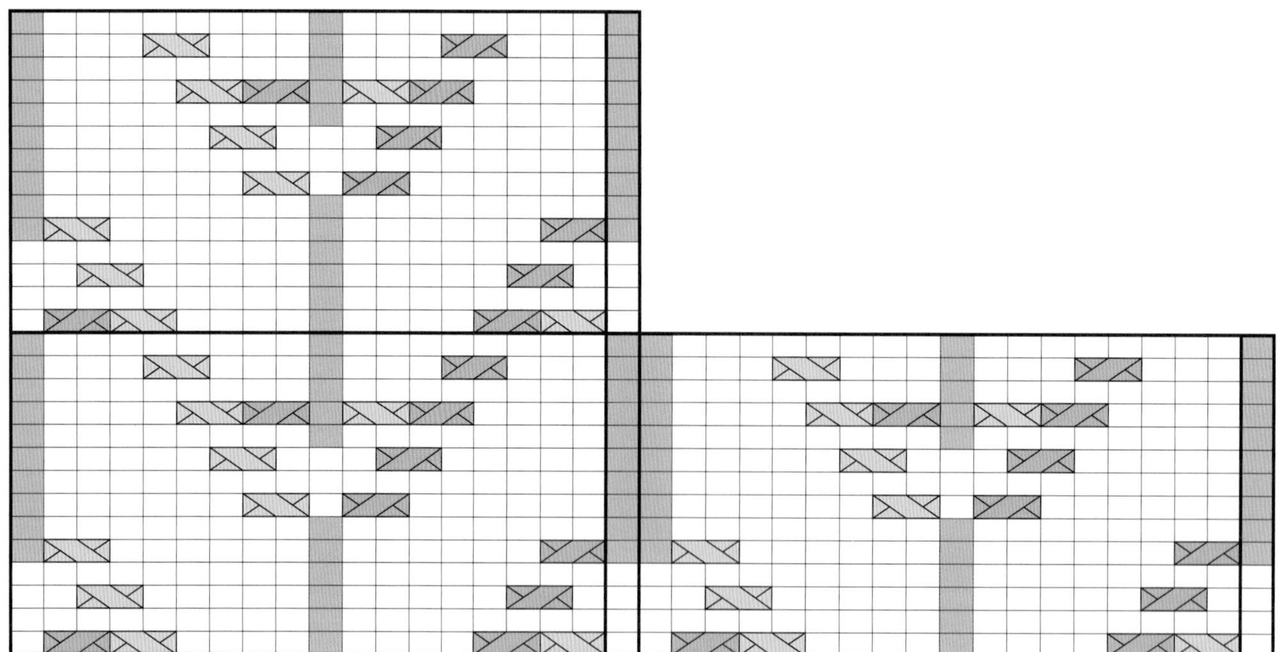

8 バリエーションの作り方

ひとつのモチーフが種となり、そこからたくさんのアイディアが芽生える可能性があります。

ここではピラミッド形のモチーフを例に、古くからある定番的な手法で、新たなデザインを作る過程を紹介します。

+手法❶重ねる：最初に作ったピラミッド形のモチーフを積み重ねてコラムにしたのが Pyramid Columns (#8)。これがシリーズの基本形です。

+手法❷上下反転：Pyramid Columns のピラミッド形モチーフをひとつ置きにひっくり返して上下対称にすると、Zirconia (#10) のダイヤモンド形になります。

+手法❸反復：ピラミッド形のモチーフを縦に2分割し、左右に反復させると Pyramid Split (#11) になります。

+手法❹ハーフドロップ：Pyramid Columns の右側のコラムを半模様分ずらす（このことをハーフドロップと呼んでいます）と、Pyramid Half Drop (#9) になります。

このようにアレンジをすることで、デザインは次々に展開していきます。

このあとのふたつのレッスンでは、さらにデザインの展開にまつわるヒントを紹介します。

PYRAMID COLUMNS

ZIRCONIA

PYRAMID SPLIT

PYRAMID HALF DROP

9 もう一歩先へ

模様のデザインの展開手法として、再びピラミッドモチーフをもとにもう一歩進めたテクニックも紹介します。そのテクニックとは、モチーフの配置のバランスを変えること。
ピラミッドモチーフを全面に散らしたデザインを考えたき、私は当初下のチャートのように、ピラミッドモチーフが上下左右で重ならない、チェス盤のような配置にしていました。でも、チャートを見ただけで間延びしておもしろみに欠ける模様であることがわかりました。そこで間の目数を少しずつ減らしてピラミッドモチーフを寄せた結果、問題が解消され、右の Pyramids Overlap (#7) になりました。

PYRAMIDS OVERLAP

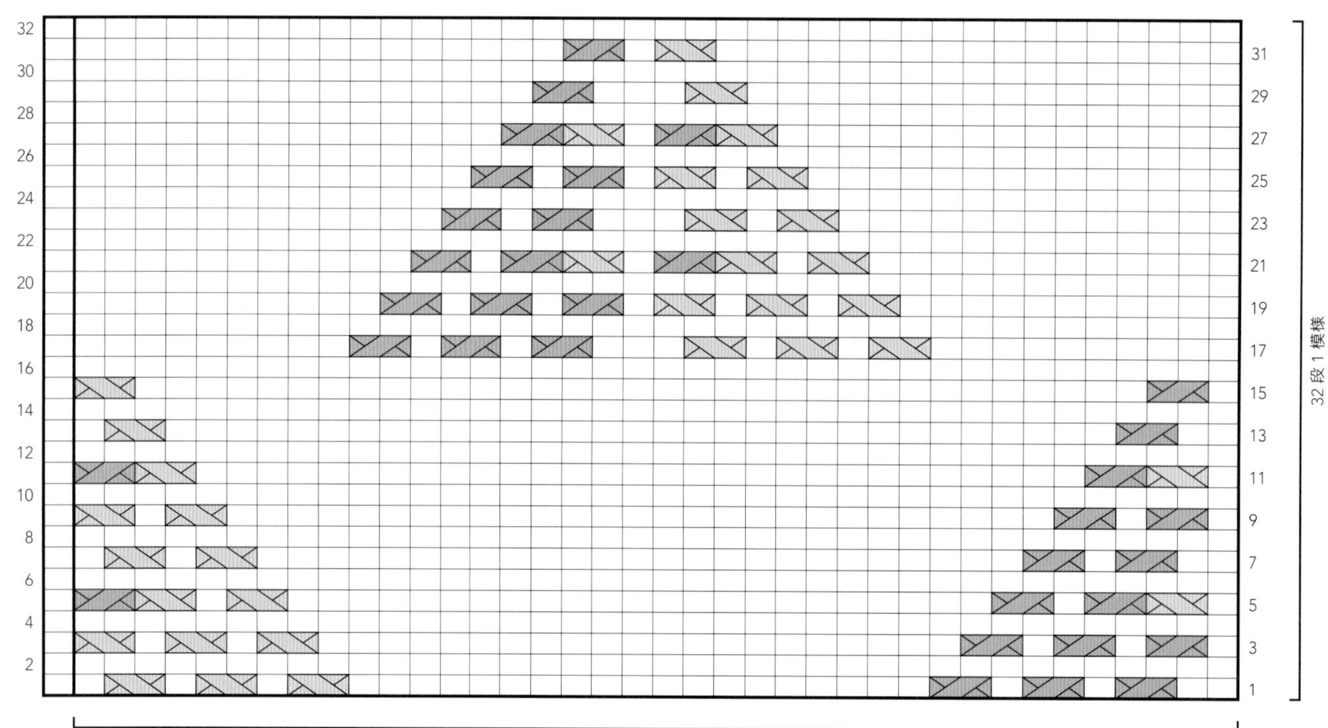

10 より簡単な方法を探る

P.30 の Triangle Half Drop (#12) を見てみましょう。この模様のチャートを最初に見たとき、私は瞬間的に「長い斜線をつなげるとどうなるだろう？」、「きっとカッコよくなるのでは？」と思い、実際に試してみました。ところが 1 模様 10 目を保ち、斜線がつながるようにチャートに落とし込んでみると、失望しました。右端のチャートのように、1 模様の段数が 80 段にもなってしまったのです。数学的に 1 模様の段数を妥当なものに計算し直す方法はあるはずですが複雑になりすぎると思い、代わりに模様の間の目数を増やしてみました。すると幸いにも、早々に解決することができました。

2 目追加し 12 目 1 模様にすることで、1 模様の段数は左のチャートのように 48 段に落ち着いたのです。

このできごとから、デザインにまつわる大好きなアドバイスを思い出します。

「何か考えついたら、それをより簡単にする方法を探ろう」

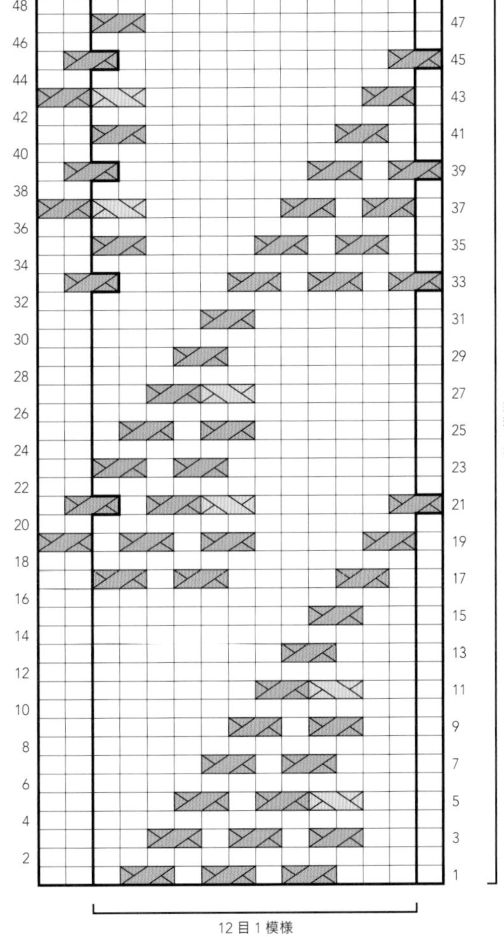

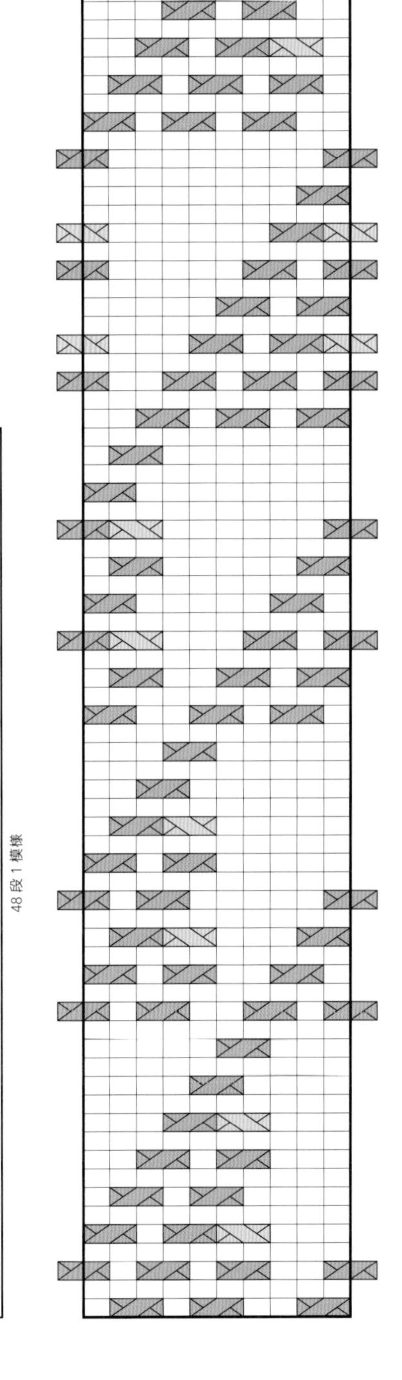

SPECIAL TECHNIQUES

スペシャルテクニック

LONG-TAIL CAST-ON ／指でかける作り目

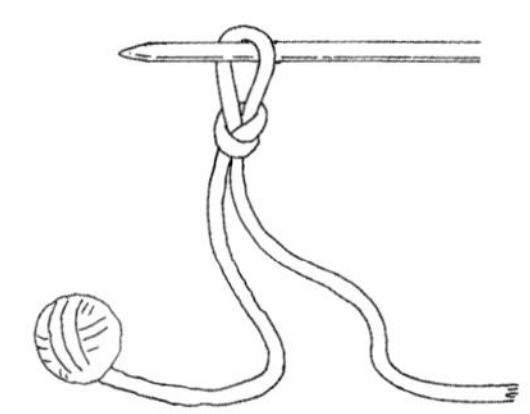

①糸端を編み地幅の約３倍残してスリップノットを作り、右手に持った編み針にかける。

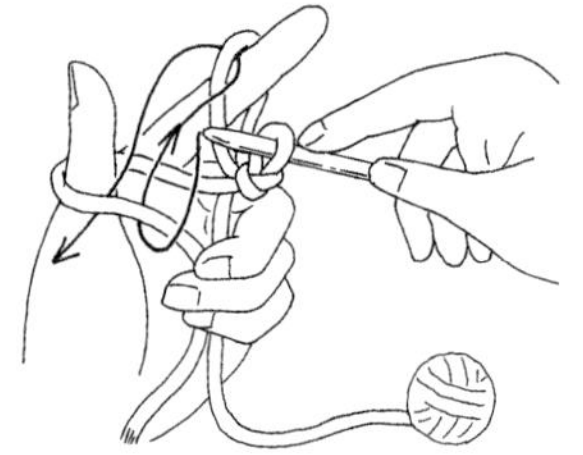

②左手の親指に糸端側、人差し指に糸玉側の糸をかけ、針先を矢印のように動かして糸をかける。

③親指の糸をいったん外し、矢印のように親指を動かしてもう一度糸をかけ、引きしめる。

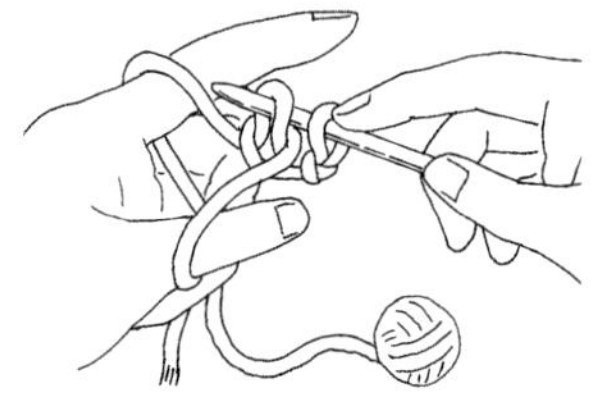

④１目できる。必要目数になるまで②〜③をくり返す。

CABLE CAST-ON ／ケーブルキャストオン（編みながら作る作り目）

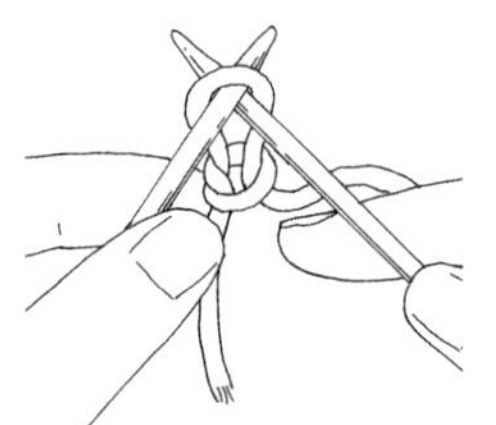

①糸端を 5cm 程度残してスリップノットを作って左針にかけ、右針を表目を編むように入れる。

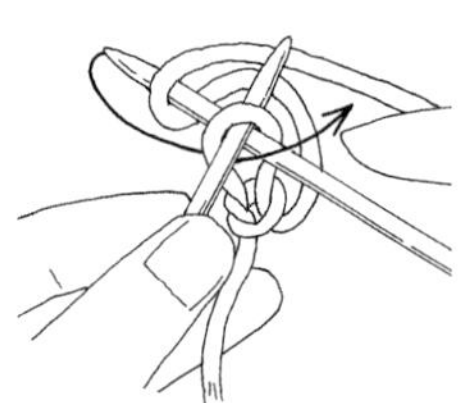

②右針に糸をかけ、スリップノットから引き出す。

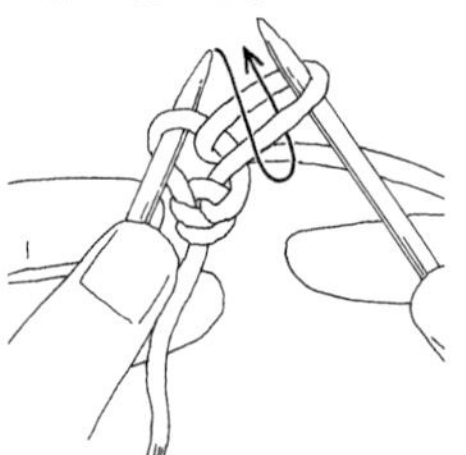

③右針にできたループに矢印のように左針を入れ、ループを左針に移す。

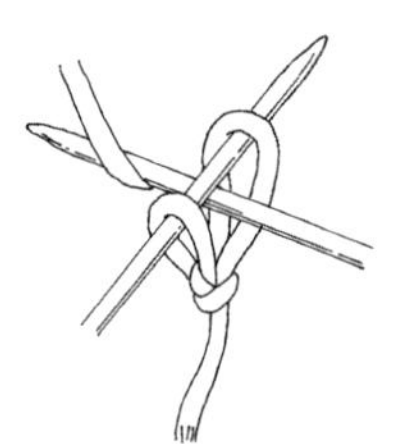

④左針にできた２目の間に右針を入れ、糸をかけて引き出す。

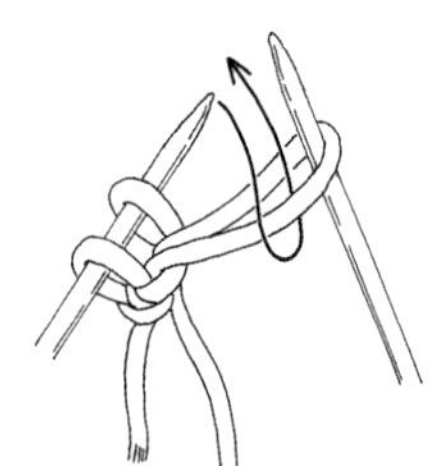

⑤右針にできたループを左針に移す。④からここまでを必要目数になるまでくり返す。★編み地から続けて作り目をする場合は、右端の２目の間に右針を入れ、同様にして目を作る。

3-NEEDLE BIND-OFF ／引き抜きはぎ

編み針に編み目が残ったままの２枚の編み地（どちらかの編み糸を切らずに残しておく）を中表に合わせ、２本の編み針は針先を右に向けて重ね、左手で持つ。同じ号数の編み針、または１号太い編み針１本を右手に持つ。右針の針先を手前の編み地の１目めに表目を編むように入れ、続けて向こう側の編み地の１目めにも表目を編むように入れ、編み糸で２目を一緒に表目に編む。＊手前の編み地と向こう側の編み地の次の目にも表目を編むように右針を入れ、２目一緒に表目に編む。右針の右側の目を左側の目にかぶせ、針から外す；。＊〜；を右針に１目残るまでくり返し、その目に糸端を通して引きしめる。

※同様のはぎはかぎ針を使用して引き抜き編みをくり返すことでもできます。その場合、かぎ針は使用した棒針と同じくらいの太さのものを使用します。

GERMAN SHORT ROW ／ジャーマンショートロウ

引き返し位置まで編んだら、編み地を返す。糸を編み地の手前に置き、１目めに裏目を編むように右針を入れて右針に移し、編み糸を右針の上から編み地の向こう側へ移す。これで右針に移した目が引き上げられ、編み目の足が右針にかかり２目に見える状態になる。これがダブルステッチ（Double Stitch ／略して DS）。次に編む目が表目の場合は、編み糸を編み地の向こう側に置いたまま、ダブルステッチがゆるまないように編み糸をしっかり引いて続きを編む。次に編む目が裏目の場合は、編み糸を編み地の手前に移してから次の目を編む。

引き返し編みが終わり次段を編むとき、または既存の DS を次に編むときは、DS を１目として表目または裏目（編み地に合わせる）に編み、段消しをする。編み目の数を数える際は、つねに DS（の２本の糸）を１目としてカウントする。

Acknowledgments

謝辞

本書を執筆するにあたり、サンプルニッターの Janet D'Alesandre、Patricia McMullen、Nancy Brown、Lynn Marlow、Elke Probst、Martha Wissing、Barbara Khouri、みなさんには終始頼りっぱなしでした。ウエアと小物の制作だけでなく、気長にそして理知的に私が書いた指示書の問題点を発見してくれるなど、計り知れないサポートに心から感謝します。

Caroline Goddard の写真、そして Emily Nora O'Neil のスタイリングが、この本を魅力的にしてくれたことに、とても感謝しています。ふたりは本書のプロジェクトに知性と見識、そして共通の美意識をもたらしてくれた強力なチームです。そしてモデルの Jordan Blackwell と Lilly Turmelle にも感謝します。

ウエアのグレーディングという私がやりたくない仕事を得意としていて、すべて喜んで引き受けてくれた Barbara Khouri には重ねて感謝します。

この本は、長年楽しく一緒に仕事をしてきた Sue McCain の努力とテクニカル編集の才能なくしては実現しませんでした。そして編集担当の Shawna Mullen にも感謝します。彼女は私と同じくシーラカンスに魅了されている貴重な仲間でもあります。

そして私の夫、John Ranta には特別な感謝を捧げます。

何度となく食事を作ってくれたこと、私が編みものをする間ミステリー映画を観ながらつき合ってくれたこと、私が執筆中にたびたび発するうめき声にも耐えてくれたこと、そして私の人生に孫をもたらしてくれたことに感謝しています。

そしてそのすばらしい 6 人の孫たち。Loki、Edith、Ollie、June、Atticus、Tobi は今 4 歳から 9 歳で、私と同じように科学、読書、物語を話すこと、釣り、キャンプが大好き。マシュマロを焼くときや粘土遊び、カヤック、指編みをするとき、バースデーケーキを食べるときの最高の仲間たちです。

著者紹介

ノラ・ゴーン　Norah Gaughan

1961 年、アメリカ・ニューヨーク生まれのニットデザイナー。ブラウン大学で生化学とアートを学んだのち、ニットデザイナーに。80 年代からアメリカの主要な編み物雑誌、ハンドメイド雑誌でデザインを発表してきたほか、大手糸メーカーのデザインディレクターも務めた。近年はブルックリン・ツイードのデザインチームのメンバーとしての活動に加え、個人でもデザイナー、指導者として活躍。現在は老舗編み物雑誌『Vogue Knitting』の編集長も務めている。『ノラ・ゴーンのケーブル編みソースブック』（小学館、原題『Norah Gaughan's Knitted Cable Sourcebook』）、『Norah Gaughan:40 Timeless Knits』など、著書多数。

翻訳者紹介

西村知子　Tomoko Nishimura

ニットデザイナー、翻訳家。日本手芸協会手編み師範。京都市生まれ。ニューヨークですごした幼少時代、祖母や母の影響で編み物に興味を持つ。学生時代から手編みのオリジナル作品を手がけるように。社会人になってからは通訳・翻訳を仕事とする一方で編み物の研鑽も重ね、やがてその両方を活かした編み物の仕事がライフワークとなる。現在は英文パターンを用いたワークショップや講座、編み物関連の通訳や翻訳、オリジナルデザインの提案など、幅広く活躍している。

日本語版制作スタッフ

翻訳　西村知子

編集　笠井良子（小学館 CODEX）

ノラ・ゴーンの
ツイストステッチソースブック

Norah Gaughan's Twisted Stitch Sourcebook

2022 年 9 月 27 日　初版第 1 刷発行

著者　　　ノラ・ゴーン

発行人　　川島雅史

発行所　　株式会社　小学館

〒101-8001　東京都千代田区一ツ橋 2-3-1

電話：編集 03-3230-5585　　販売 03-5281-3555

印刷・製本　株式会社シナノパブリッシングプレス

販売　　　中山智子

宣伝　　　細川達司

Printed in Japan ISBN 978-4-09-307012-6